微言新声

——中国石油新媒体这5年

《微言新声——中国石油新媒体这5年》编委会 编

石油工业出版社

内容提要

本书由中国石油集团官方新媒体编辑部进行整理，汇编了"中国石油"微信公众号、微博、抖音、快手发布的精选图文、视频内容，对讲好石油故事、创造良好舆论氛围、宣传品牌形象起到了积极作用。

本书可供社会各界人士，尤其是从事媒体宣传工作人员参考阅读。

图书在版编目（CIP）数据

微言新声：中国石油新媒体这5年 /《微言新声：中国石油新媒体这5年》编委会编. —北京：石油工业出版社，2020.11
ISBN 978-7-5183-4288-4

Ⅰ. ①微… Ⅱ. ①微… Ⅲ. ①石油工业—传播媒介—概况—中国 Ⅳ. ①G206.2

中国版本图书馆CIP数据核字（2020）第202006号

策划编辑：李　中　袁　月
责任编辑：沈瞳瞳
责任校对：刘晓雪
封面设计：周　彦　李　欣
出版发行：石油工业出版社
　　　　　（北京市朝阳区安华里二区 1 号楼 100011）
网　　址：www.petropub.com
编 辑 部：(010) 64523687　图书营销中心：(010) 64523633
经　　销：全国新华书店
印　　刷：北京中石油彩色印刷有限责任公司

2020年11月第1版　2020年11月第1次印刷
740×1060毫米　开本：1/16　印张：28.25
字数：430千字

定　价：98.00元
（如发现印装质量问题，我社图书营销中心负责调换）
版权所有，翻印必究

《微言新声——中国石油新媒体这5年》
编 委 会

主　任：李家民

副主任：孙明旭

编　委：沈　中　巩　凯　张　勇　程心能　李占彬

　　　　艾中秋　李生儒　郭　影　赵国彬　杜红印

　　　　洪　毅　吕阳春　王胜波　郑江伟　赵沿旭

《微言新声——中国石油新媒体这5年》
编 辑 部

主　编：张　勇　崔泽华

副主编：郭　影　郑江伟　曹海东

编辑组：宋清海　杜赛男　张可烨　高文政　叶　斐

　　　　单嘉钰　孙艾平

前言

2015年11月3日，我们扬帆起航，从"心"出发。

2020年11月3日，我们5岁了。在这1827天里，我们发布了365.4万字、12467幅图片、2554小时短视频，拥有了633万粉丝，收获56亿全网传播量、401.3万条评论、109.6万次点赞……

5年里，在众人关注的目光下，我们茁壮成长。2015年，获评能源新媒体大选"最佳图片类作品"。2016年，获评国务院国有资产监督管理委员会（以下简称"国资委"）"最受关注的央企TOP10"，及中国能源报组织评选的"能源企业百强微信公号TOP10""能源行业最具影响力公号"。2018年，获评国资委"十大影响力央企微博""微博十大社会责任央企榜样"。此外，2016—2019年连续4年获评国资委"中央企业最具影响力新媒体账号"，2017—2018年连续两年获评国资委"中国企业年度热门博文榜TOP10"。

如今的我们，在能源领域诸多大号中自成一格。还曾记得，我们在第一篇推文中这样写道，"没有什么可以把人轻易打动，除了真实、真诚。"回首这5年的如歌岁月，我们用心点亮每一个平常的日子，凝聚温暖，迸发力量。

关于声音。

我们一直致力于做好中国石油的传声筒，努力发声。我们的声音，始终与党中央保持高度一致，牢牢把握正确舆论导向，认真贯彻落实中国石油天然气集团有限公司党组的有关指示。

声无小而不闻，行无隐而不形。这5年里，从静音到拥有633万粉丝的音量，我们的声音，正变得越来越洪亮、越来越高亢。我们围绕中心、服务大局，我们聚焦国家大势、着眼企业大事，将一个个充满石油力量的音符，谱写成一首首气壮山河的歌曲。

声音凝聚力量。有计划、成系列的时政报道，让我们厚重而有内涵，为我们赢得广泛认可，让我们领先于央企同行。精心策划的"新中国成立70周年""五四100周年""中国国际进口博览会"和提质增效等专题报道，被外部媒体广泛转载引用……每一篇文章都如同一缕阳光，驱散阴霾，灿烂人心。

关于肩膀。

在"战疫情我们在行动"中，我们同石油人一起用行动，为武汉加油，为祖国加油。

在"决战脱贫攻坚的石油力量"中，我们见证千千万万老乡在中国石油的帮扶政策下，走向幸福的小康生活。

在"这里是……"中，我们跟随大庆油田、玉门油田、塔里木油田……共同追溯那风雨沧桑的数十载岁月，谱写一首首为油拼搏的壮丽史诗。

在"突发事件"中，面对地震、洪水、暴雪等自然灾害，我们也从未失声，同中国石油一起，闻"讯"而动，逆流而上，彰显央企担当。

一直以来，我们的肩膀上都承担着重塑中国石油良好形象的职责和使命，提升媒体与公众对集团公司企业形象的正面认知。我们将最新信息、中国石油集团部署、石油人的坚强意志，通过照片、漫画、海报、短视频等形式，鲜活地呈现在广大员工和读者面前。一篇篇充满力量的推文，坚定了信心、鼓舞了士气、提升了干劲。

如今，我们的全网传播总量突破56亿。这预示我们肩上的担子会越来越重。越是艰险越向前。我们将继续用使命和激情书写责任与担当，用文字传递信仰与力量。

关于面孔。

即使身患重疾，也没有让两鬓染霜的"油痴"陈建军停下勘探的脚步，他踏遍玉门油田沟沟壑壑，让生命与祁连山同辉。

赵博和郑晓丽这对博士夫妻，双双扎根油气勘探，踏戈壁、战沙漠，他们无悔的青春与激情，与这片"无人禁区"的荒漠一道，燃烧和绽放。

还有这样一群坚守者，他们不畏蜀道之难，每日穿行于荒寂的山林之中，用双脚丈量土地，用责任与担当默默奉献，只为千家万户餐桌上的那点热乎气……

总有一种力量让我们泪流满面。在这五年里，我们见证了石油人的坚守，也体会了石油人的担当。我们将镜头和文字聚焦在一个憨笑、一则剪影、一双冻坏的手、一副挂霜的眉、一尊坚毅的雕像……那是一个又一个平凡的石油人，更是写满了"爱国、敬业、求实、奉献"的石油魂！

关于足印。

在海拔5000米的雪域高原上，中国石油在这里生生造了个"天堂"。那曲双湖县的石油人，传承着"老西藏精神"，用厚实的肩膀扛起大写的央企责任。

在"死亡之海"塔克拉玛干沙漠，肖洪和他的妻子，与风沙斗争，和寂寞同行，用坚韧与汗水灌溉荒芜，守护着绿洲，保卫着沙漠公路。

在中国最北端的漠河，中俄原油管道漠大线首站站长张青春，从2010年建站就开始坚守。由于多年工作在外无法照料家人，孩子一度连他的电话都不接，他只好手写家书以尽父责。

5年来，我们一路行走，北闯深山，南越河川，西入大漠，东抵海岸……祖国的大江南北，都留有我们的足印。我们同"行走石油"一起，在大漠戈壁、在边关重镇、在丛林湿地，走进石油人的24小时，只为探寻沙海茫茫中的那抹红，只为用笔尖去记录最真实的石油力量。一路行走，一路见证。无数个动人的故事，如同一朵朵展蕊怒放的宝石花，落英在大地上。行程路线数万千米，但我们的串串足迹依旧在延伸。

关于智慧。

我们竭力让每个在手机屏幕前的读者，能够在第一时间获得能源政策与石油动态的权威解读，得到最真实可靠的信息。

我们每日查阅浩如烟海的资料，解锁粉丝生活中的能源困惑，"燃气灶点不着,多次扭动点火开关!结果很可怕!""92 号和 95 号汽油加错了,怎么办?""加满一箱油,为什么有时跑 500 千米,有时跑 460 千米?"……

让读者的生活更加安全和便捷,是我们的责任,也是我们的智慧所在。

关于往事。

40 多年来,"大庆精神""铁人精神""好汉坡精神""八三精神"……这些刻骨铭心的石油精神,早已融入每个石油人的血脉筋骨。"有条件要上,没有条件创造条件也要上""宁肯少活 20 年,拼命也要拿下大油田""我为祖国献石油"……一声声振聋发聩的口号,一句句滚烫的誓言,依然回荡在耳畔。

正是父辈们的披荆斩棘、筚路蓝缕,用自己的满腔热忱和克己奉公,换来了伟大复兴的民族自信,让中国告别了积贫积弱。也正是因为他们改革、创新的魄力,使得中国石油走向世界,跻身世界 500 强。老一辈身上那闪耀的光芒赋予了新一代石油人奋力前行的方向,给予他们建设世界一流综合性国际能源公司的无穷力量。

往事不能忘。在面对新形势新使命,我们将继续以习近平新时代中国特色社会主义思想为指导,传递更多"好声音",唱响主旋律,弘扬正能量,让中国石油的精神与文化矢志不渝、历久弥新。

春秋五载,我们风采依然,从未因循守旧,也不会畏缩不前。我们会为每一次进步喝彩,也会躬身自省。学无止境,达者为先。我们需要将这一篇篇精彩的"微言"汇聚成书,这将劝诫我们戒骄戒躁,也将激励我们精进不休、竿头日上,发出"新声"。

凡是过往,皆为序章。前行路上,我们信心满满。未来,我们将向着太阳,一路奔跑,从"心"出发。

中国石油新媒体编辑部

目录

001 | 从"心"出发

| 声音 |

005 | 习近平致信祝贺大庆油田发现 60 周年

007 | 习近平在辽宁考察，第一站中国石油辽阳石化！

008 | 中国石油集团党组召开扩大会议，全面部署疫情防控工作！

010 | 中国石油集团党组致全体干部员工和家属的信

014 | 定了！中国石油提质增效专项行动这么干！

018 | 中国石油集团董事长、党组书记戴厚良：在疫情与油价双重大考中当好顶梁柱

025 | 中国石油集团召开 2020 年领导干部会议

030 | 中国石油集团董事长、党组书记戴厚良：为打赢脱贫攻坚战贡献石油力量

035 | 学习贯彻党的十九届五中全会精神，党组具体要求来了！

037 | 今天，中国石油新增一家成员企业！

039 | 世界 500 强，第 4 位！

040 | 五年时光，雕琢出怎样一个中国石油？

043 | 明天，他们将代表百万中国石油人出席"十九大"

047 | 五年来，中国石油有哪些重大改革？一张图看尽

049 | 中国石油完成公司制改制！石油人的铁饭碗一去不复返？

051 | 硬核！70年！一部中国石油科技创新简史！

055 | 今天，向祖国报道！

057 | 转发！绝不做"剩男剩女"！

| 肩膀 |

061 | 国家领导人见证！中国石油喜提两项大奖！

063 | 刚刚，30余家境外供应商与中国石油签约

067 | 新疆玛湖地区发现十亿吨级砾岩油田

068 | 中国石油又获重大突破！亿吨级增储战场已形成！

071 | 今年，一亿吨

077 | 中国石油勘探发现10亿吨级大油田及万亿立方米页岩气大气区！

079 | 油气勘探获重大发现！塔里木油田第二个万亿立方米大气区横空出世！

081 | 中亚管道上游气源已恢复到正常供气水平

085 | 产量和保供量双双增加100亿立方米，中国石油产供储销贸全线发力迎冬供

088 | 世界最严排放标准，中国石油这次"玩"大了！

091 | 中国石油的"金山银山"！2.9257亿呐！

093 | 4.8亿元的道路工程为她三次停工……

| 096 | 中国石油首个碳中和林诞生，种在这里！

| 098 | 因为这个，中国石油关停了千口油井……

| 103 | 1995 年抚顺石化的那一场大雨

| 105 | 四川 7.0！新疆 6.6！大震面前，我们在行动

| 109 | 告急！鄱阳湖急剧"变大"，警报拉响，我们来了！

| 111 | 即刻出发！中国石油星夜驰援武汉

| 114 | 中国石油向湖北捐款 5000 万元，驰援疫情防控一线

| 118 | 中国石油：口罩等医卫用料多产、快供、保一线！

| 121 | 中国石油：决不让湖北人民吃一顿冷饭、冷菜！

| 124 | 中国石油向湖北 39 家定点医院捐供天然气！价值 2000 万元

| 125 | 中国石油：一手抓防控，一手抓生产！

| 130 | 中国石油：6 条口罩生产线火速建成！熔喷料、熔喷布齐了！

| 133 | 宏图大道加油站！全国唯一获评"全国抗击新冠肺炎疫情先进集体"的加油站

| 138 | "00 后"县城成长记

| 141 | 生活实苦，惟愿你们不再"白头"……

| 144 | 他们不脱贫，我就不回家

| 148 | 中国石油助力脱贫攻坚特别报道·"三区三州"

| 155 | 真的变了！

| 158 | 说好的"一个也不能少"

| 161 | 32 年、28 个省区、476 个县区、70 多亿资金、千万帮扶地群众受益

| 164 | 扶贫开发，中国石油一直在路上

- 166 | 汽油 5 块多？这么便宜？
- 170 | 7 年了，告诉你谁才是中国石油的 VIP……
- 173 | 50 千米？明年还来！

| 面孔 |

- 179 | 今天，送别陈建军
- 186 | 有他们在，不断油！
- 188 | 今天头条是他们，加油员！
- 192 | 64 人，守护一座"岛"
- 195 | 入疆第一站，一个没有本地人的小镇
- 198 | 零下 20 摄氏度的一天
- 202 | 美女博士西游炼化记
- 205 | 沙漠里的 90 后
- 207 | 今天，我的朋友圈被这张图片刷屏了
- 209 | 咦，听说你是中国石油的？
- 212 | 我低调我不说，基层女工在央视综艺节目里红了
- 214 | 换下工装，她们美得让你泪崩……
- 216 | 就在昨天，"石油孩子"又霸气拿下一个世界冠军
- 219 | 这个地方比北京更难落户，有人却天天在此，令人艳羡！
- 221 | 因为他的一封信，我们建了一座加油站！
- 225 | 24 小时　蜀道难

229 | 车祸、昏迷、女司机……现场谁的羽绒服？

232 | 你来中国石油几年了？

236 | "无人禁区"里的博士夫妻　他们的爱情没有风花雪月　只有大漠孤烟

238 | 他们的神秘身份竟是……

241 | 塔拉拉没有周末

244 | 18年，三件大事，一个亏欠

247 | 连续28天见不到太阳，天天吃土豆，就这样，这个中国人在北极待了两年半……

250 | 石油大院那些阳光灿烂的日子

252 | 油田孩子的十个特征，你占了几个？

| 足印 |

257 | 这里是长庆……

261 | 这里是辽化……

264 | 这里是玉门……

268 | 这里是青海销售……

271 | 这里是大庆油田……

273 | 高原上的格桑花

276 | 两个人！如何让"死亡之海"变得风情万种？

278 | "油N代"的选择

281 | 中国石油不算一家"精明"的公司

283 | 我有故事，你有酒吗？

286 | 没有"天堂"，那就生生造出一个"天堂"

291 | 冰雪石油主题海报震撼发布

293 | 巡线工老亓的日与夜

295 | 这份工作陌生到让你咋舌

298 | 寻找这个时代遗失的工匠

300 | 这是你我都没见过的"80后"

302 | 一封来自中国最北极的手写家书

305 | 神州北极"桃花源记"

308 | 冬季作战"特种兵"

311 | 这条八千米长的铁路上，冰雪就是命令

313 | 曹爽的第22个冬天

| 智慧 |

317 | 口罩来了!

321 | 除了口罩用自主熔喷专用料开发成功，还有……

327 | 原油期货每桶-37.63美元，暴跌300%，我们该怎么办？

330 | 假！假！假！你戴的口罩可能没用！

332 | 李约瑟说中国有"第五大发明"

334 | 加油站的这个"救命按钮"，99.99%的人都不知道！

| 336 | 福利！中国石油一年拿出 9000000000 元钱给员工加油？！
| 339 | CT 做到"海底两万里"……
| 341 | 这种加油卡是骗人的！
| 344 | 在中国都是谁在卖油？
| 347 | 两桶油的油有什么区别？可不可以混加？
| 349 | "假柴油"炼制过程触目惊心，你还敢用吗？
| 352 | 实名购买汽油？买点儿油怎么这么难啊
| 354 | 冬季油耗飙升？除了暖风原因，还有……
| 356 | 更好的机油会让汽车更省油吗？
| 359 | 国际油价这么低，油井一关，买买买不好吗？
| 362 | 加满一箱油，为什么有时跑 500 千米，有时跑 460 千米？
| 364 | 德国汽油无色？国内汽油泛黄？国外月亮比国内圆？
| 367 | 加油站这么做，是在偷车主们的油吗？
| 369 | "油品不行就推燃油宝，是让我交智商税？"
| 371 | 燃气灶点不着，多次扭动点火开关！结果很可怕！
| 373 | "夏天，汽油越来越不耐烧了！"
| 376 | 车主当心新骗局！加了 200 块钱的油，油表竟原地不动！
| 379 | 92 号和 95 号汽油加错了，怎么办？
| 381 | 这个区域手机扫码支付，很危险！

往事

- 385 | 新年忆故人："石油赤子"康世恩
- 388 | 余秋里、康世恩、王进喜、薛崇仁、王继谔、王警民、陈家良、李松安、张忠生、徐寅福……
- 392 | 铁人"学霸"是如何炼成的
- 394 | 她用生命为大地命名
- 398 | 从13米山丘到一座城池
- 402 | 走了十万八千里，还是错过了
- 404 | 1962，中国女合伙人
- 406 | 西方人为何用桶装石油？
- 408 | "三桶油"的前世今生
- 411 | 揭秘世界三大石油家族
- 415 | 这一天，解放军有个师放下钢枪
- 418 | 一张图记清楚中国各大油田年龄
- 420 | 老君庙不老

- 423 | 中国石油新媒体矩阵

从"心"出发

我们来了,这是我们在网络"朋友圈"里和你的第一次见面。

或许,你早已熟悉了我们的存在:那是大漠戈壁上孤独傲立的一座井架,或是异国战火中坚守在油井旁的一抹红色,又或是高速路旁宝石花标志下的灿烂笑容……

不过,从今天起,我们将会成为你的触手可及。

六十年来,我们的每一个举动,都是缘于我们的关注:奉献能源,创造和谐。

六十年前,我们关注的是,让中国早日摘掉"贫油"的帽子,让重新站起来的国家与人民不被扼住能源的咽喉,所以我们有了"宁肯少活二十年,拼命也要拿下大油田"的铁人,有了融入民族精神的大庆精神铁人精神,有了一支"我为祖国献石油"的铁军,也才有了中国工业腾飞的基石。

三十年前,我们关注的是,融入世界体系的中国,所以"中国石油"应运而生:由分散到集中,由国内而海外,中国石油借此跻身世界500强,从世界各国滚滚涌入的油气,映射着改革开放的中国拥抱世界的步伐。

今天,我们关注的是,你。漫漫半个多世纪中,我们已经认识到,能够融入如此多的普通人的生活有多么难得——每个人一生"吃穿住行"要耗掉8469千克石油,也许不曾察觉,但你我早已密不可分;如今,我们常常告诫自己,要充分发掘每一个可能来给人们带去便利,因为我们知道，最有意义的事情之一就是，让生活在中国大地上的所有人因为中国石油而联系得更加紧密、生活得更加幸福。

没有什么可以把人轻易打动，除了真实、真诚。我们深深知道，我们有很多缺点和不足，还远谈不上让大家满意。所以，我们觉得有必要、也有责任和你无缝对接。我们希望为你在网络建立社区，为你创建贴身服务，为你度身定制新业务，让我们以更直接、更体贴的方式相互帮助，相互交流。

社交平台是属于朋友们的空间，我们希望从此以后能够常伴左右，一起体会无论是常识的力量，还是常人的悲欢。感谢科技，让我们有机会更深地融入你的生活，成为你人生旅程的一部分。

能有新的空间服务于你，是我们莫大的荣幸。

声音

都是
英雄。
HERO

每一个这样的你，

武汉加油·中国加油

习近平致信祝贺大庆油田发现 60 周年

CNPC 中国石油　2019 年 9 月 26 日

今天上午，在庄严的国歌声中大庆油田发现 60 周年庆祝大会在大庆市举行。在举国上下欢庆新中国成立 70 周年之际，我们迎来了大庆油田 60 岁的生日。

在大庆油田发现 60 周年之际，中共中央总书记、国家主席、中央军委主席习近平发来贺信，代表党中央向大庆油田广大干部职工、离退休老同志及家属表示热烈的祝贺，并致以诚挚的慰问。

习近平致大庆油田发现 60 周年的贺信

值此大庆油田发现 60 周年之际，我代表党中央，向大庆油田广大干部职工、离退休老同志及家属表示热烈的祝贺，并致以诚挚的慰问！

60 年前，党中央作出石油勘探战略东移的重大决策，广大石油、地质工作者历尽艰辛发现大庆油田，翻开了中国石油开发史上具有历史转折意义的一页。

60年来，几代大庆人艰苦创业、接力奋斗，在亘古荒原上建成我国最大的石油生产基地。大庆油田的卓越贡献已经镌刻在伟大祖国的历史丰碑上，大庆精神、铁人精神已经成为中华民族伟大精神的重要组成部分。

站在新的历史起点上，希望大庆油田全体干部职工不忘初心、牢记使命，大力弘扬大庆精神、铁人精神，不断改革创新，推动高质量发展，肩负起当好标杆旗帜、建设百年油田的重大责任，为实现"两个一百年"奋斗目标、实现中华民族伟大复兴的中国梦作出新的更大的贡献！

习近平

2019 年 9 月 26 日

国务院就大庆油田发现 60 周年发贺电

在全国上下喜迎中华人民共和国成立 70 周年之际，大庆油田迎来发现 60 周年的重要时刻，国务院向大庆油田广大干部职工、离退休老同志及家属，表示热烈祝贺和亲切慰问！

大庆油田的发现和开发，在中国石油发展史上具有历史转折意义，由此开始了我国石油工业的跨越式发展。六十年来，以王进喜、王启民为代表的几代大庆石油人艰苦创业、拼搏奋进，把大庆油田建成了我国最大的石油生产基地，取得了令世人瞩目的辉煌业绩，为保障国家能源安全、促进经济社会发展作出了重要贡献。大庆油田孕育形成的大庆精神、铁人精神，成为中华民族伟大精神的重要组成部分，激励着中国人民不畏艰难、勇往直前。六十年一甲子，筚路蓝缕、岁月峥嵘，大庆油田的光辉发展历程充分证明，中国人民有信心、有办法、有能力创造非凡成绩，不断夺取中国特色社会主义新胜利。

决胜全面建成小康社会、实现中华民族伟大复兴的中国梦对保障我国能源安全提出了新的更高要求。希望大庆油田全体干部职工以习近平新时代中国特色社会主义思想为指导，全面贯彻落实党的十九大精神，按照党中央、国务院决策部署，认真践行新发展理念，继承发扬大庆精神、铁人精神，持续深化改革、降本增效，坚持稳油增气、内外并举，积极培育新动能，着力推动高质量发展，奋力谱写新篇章，为保障我国油气安全稳定供应、推动东北全面振兴全方位振兴、实现"两个一百年"奋斗目标和中华民族伟大复兴的中国梦作出新的更大贡献！

国务院

2019 年 9 月 23 日

习近平在辽宁考察,第一站中国石油辽阳石化!

CNPC 中国石油　2018 年 9 月 27 日

　　9月27日上午,习近平乘车前往中国石油辽阳石化公司,开始在辽宁考察。这也是习近平东北之行的第三站。此前,他先后考察了黑龙江省农垦建三江管理局、齐齐哈尔市和吉林省松原市,26日晚抵达辽宁。

♪ 抖音

@中国石油
为了口罩,我们拼了!两天时间,2880米熔喷布生产线项目电缆敷设完成!

中国石油集团党组召开扩大会议，全面部署疫情防控工作！

CNPC 中国石油　2020 年 1 月 27 日

1月26日（农历正月初二），集团公司党组在京召开扩大会议，传达学习中央政治局常务委员会会议精神，部署新型冠状病毒感染疫情防控工作。党组书记戴厚良主持会议并讲话，徐文荣、刘跃珍、吕波、徐吉明出席会议。

会上，戴厚良传达了习近平总书记在中央政治局常务委员会会议上的重要讲话精神，徐文荣通报了《北京市人民政府关于进一步明确责任加强新型冠状病毒感染的肺炎预防控制工作的通知》文件要求，听取了《集团公司强化新型冠状病毒感染的肺炎疫情应对工作方案》汇报。会议原则同意方案所作安排，根据会议讨论意见，要求细化完善后抓紧组织落实。

戴厚良在总结讲话中指出，习近平总书记在农历正月初一主持召开中央政治局常务委员会会议，专门听取新型冠状病毒感染的肺炎疫情防控工作汇报并发表重要讲话，对疫情防控特别是患者治疗工作进行再研究、再部署、再动员，充分体现了以习近平同志为核心的党中央对疫情防控工作的高度重视，对人民健康高度负责的责任担当和为民情怀。

戴厚良强调，要认真学习贯彻习近平总书记的重要讲话精神，深刻认识新型冠状病毒感染肺炎疫情防控工作的重要性和紧迫性，增强"四个意识"、坚定"四个自信"、做到"两个维护"，切实把员工生命安全和身体健康放在第一位，把疫情防控工作作为当前最重要的工作来抓，以更坚决态度、更严格举措、更果断行动，切实把党中央各项决策部署和北京市通知要求落到实处，坚决打赢疫情防控阻击战。

戴厚良要求，一要坚决落实习近平总书记提出的各级领导干部靠前指挥要求，充分认识当前疫情防控形势，加强组织领导，外防输入、内防扩散，进一步把全体员工动员起来。要严格落实单位责任，各单位各部门主要领导要立即结束休假，返回工作所在地，组织有关防控应对工作。要规范个人防控责任，每名员工都要本着对社会负责的要求，做好个人及家属的疫情防控工作。特别是从疫区返回工作所在地的员工，要严格执行在家隔离观察14天等有关要求。充分发挥联防联控机制作用，将单位责任、个人责任和宝石花医疗集团责任认真落实到位，全面做好相关疫情防控工作。

二要科学有序防控，切实做到早发现、早报告。要高度重视防控工作，做到"底数要清""责任要清""来访人员要清"，按照"宁可十防九空，不能失防万一"的要求，关口前移，加强进入工作场所人员体温检测，严控传染源输入。要坚持分级分类管理，制定应急工作预案，统筹做好总部机关、企事业单位、基层一线员工等防疫工作。各单位各部门要认真细致做好筛查，实行日报告、零报告制度。

三要保障生产运行和油气供应，加强产运销协调，做好成品油、天然气等的市场供应。要加强舆论引导，及时报告防控工作进展，宣传解读有关政策措施，增强员工自我防病意识。

四要加强沟通和汇报，保障各项工作有序进行。要及时向上级汇报集团公司相关工作安排部署。在国务院国资委统筹安排下，做好对湖北等地疫情防控支持工作。宝石花医疗集团要落实属地管理，做好病患救治和防控等工作，切实履行好应尽职责。

五要加强监督检查，确保各项工作措施不打折扣落实到位。要加强部门间的合作联动。各级领导干部特别是主要领导要守土有责、守土尽责，深入防控第一线，加强指导，经受住考验。

集团公司总经理助理、股份公司管理层成员，总部各部门、纪检监察组、各专业公司等有关负责同志参加会议。

记者｜孟庆璐 李妍楠　统筹｜马莹莹

中国石油集团党组致全体干部员工和家属的信

CNPC 中国石油　2020 年 2 月 6 日

中国石油全体干部员工和家属：

　　新型冠状病毒感染的肺炎疫情发生以来，习近平总书记高度重视，把人民群众生命安全和身体健康放在第一位，亲自指挥、亲自部署，作出一系列重要指示，领导全国人民打响了一场疫情防控的人民战争，打响了疫情防控的总体战。集团公司党组坚决贯彻习近平总书记重要指示精神，迅速落实党中央、国务院决策部署和中组部、国务院国资委党委要求，把防控疫情、打赢阻击战作为当前最重要的工作来抓，全面动员、全面部署、全面加强，紧紧依靠广大干部员工和家属，严实细快、精准落实，推进疫情防控各项工作，筑起共同防疫的钢铁长城。

　　疫情就是命令，防控就是责任。"战疫"打响以来，中国石油各级党组织和各单位各部门按照集团公司党组关于防控工作各项要求，坚持

分级分类管理，充分发挥联防联控机制作用，全力做好疫情防控、油气保障供应和生产经营工作；及时调整生产方案，加快生产消毒剂等防护品原料，确保原料供应充足。春节期间，超过 30 万名石油员工坚守岗位，为生产平稳运行和疫情防控作出了贡献。集团公司党组向奋战在疫情防控各条战线的同志们致以亲切问候和崇高敬意！向理解支持和配合参与疫情防控的广大家属表示衷心感谢！

人民利益高于一切，生命安全重于泰山。百万石油人及家属是我们最宝贵的财富，守护干部员工和家属的生命安全和身体健康，是我们最大的任务、最深切的牵挂。当前，疫情防控工作进入关键阶段，特别是春节后一系列重点工

作相继开启，疫情防控形势更加严峻、任务更加艰巨，不容丝毫侥幸懈怠，出不得半点闪失。中国石油各级党组织和各单位各部门要把疫情防控工作作为当前压倒一切的政治任务，坚决贯彻落实习近平总书记重要讲话和指示精神，增强"四个意识"，坚定"四个自信"，做到"两个维护"，始终把干部员工和家属的生命安全和身体健康放在第一位，思想再统一、认识再提高、工作再主动、措施再加力。

全体员工、广大家属们，中国石油是我们共同的家园，管控疫情、战胜疫情是我们共同的责任。我们要充分发挥党委领导作用、基层党组织战斗堡垒作用和共产党员先锋模范作用，领导干部靠前指挥，党员干部冲锋在前，广大党员勇挑重担，主动加压、自觉分忧、连续作战，为疫情防控再作新贡献。每个单位、每个层级、每名员工、每个家庭，都要心手相连、齐心协力、团结奋战，积极投身这场特殊的人民战争。

全体员工、广大家属们，这场"疫情"阻击战，既是一场遭遇战，更是一场攻坚战。中国石油有着"苦干实干""三老四严"的优良传统，有着"困难面前有我们，我们面前无困难"的大庆精神铁人精神，有着独特的组织优势、制度优势和文化优势，只要我们坚定信心、同舟共济、科学防治、精准施策，组织各方力量开展防控，制定周密方案，采取有效措施，就一定能够遏制疫情蔓延势头。

全体员工、广大家属们，这场特殊的"战争"，是与看不见的敌人较量，是同时间赛跑。打赢是目标，要害是防控，关键是组织，落实是重点。希望大家增强全局观念，积极配合本单位本部门关于疫情监测、排查、预警等各项工作，切实做到早发现、早报告、早隔离、早救治，切断传染途径，切实阻击疫情，确保办公场所、生产场所、经营场所零疫情。各单位要认真开展疫情防治知识宣传，普及健康知识，科学解惑释疑，教育引导干部员工不信谣不传谣，增强自我防护能力，提升防病意识和健康素养。严格按照规定，落实早发现、早报告、早隔离、早治疗措施，对确诊、疑似、医学隔离观察、从疫情严重地区返岗员工及家属等要实行"一人一策"，建立档案、专门负责、跟踪防控，每个环节都不能有漏洞，确保万无一失。要主动做好相关人员的思想政治工作、关心关爱工作和困难帮扶工作等，对长时间在岗工作的同志，要及时安排轮岗休息，做好心理疏导。

全体员工、广大家属们，中国石油队伍百万之众，一个也不能落下。要不断强化自我防护意识，增强自我保护能力和措施。从外地返回居住工作地的员工及家属，都要配合做好健康询问检查，及时动态报告有关情况，自觉做好自我隔离、居家观察。在防控疫情的关键时期，全体干部员工及家属要最大限度减少外出活动，注意个人卫生和防护，不聚会不走访，保持理性科学的态度和积极向上的心态，将爱心和智慧汇聚成战胜疫情的磅礴力量。

人心齐，泰山移。只要我们同舟共济、团结一心，就没有迈不过去的坎儿。我们坚信，在以习近平同志为核心的党中央坚强领导下，中国石油全体员工和广大家属不懈奋斗，我们必将赢得这场疫情防控阻击战的最后胜利！

中共中国石油天然气集团有限公司党组
2020 年 2 月 5 日

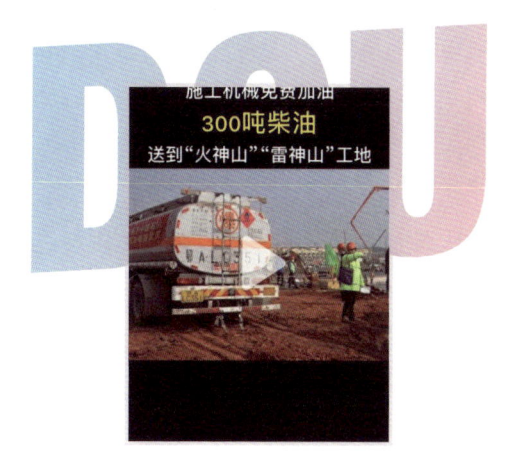

定了！中国石油提质增效专项行动这么干！

CNPC 中国石油　2020 年 4 月 16 日

4月16日，集团公司召开提质增效动员推进会，深入分析当前面临的形势，部署提质增效专项行动，动员广大干部员工认清形势，统一思想、坚定信心、直面挑战。集团公司党组书记、董事长戴厚良出席并讲话，强调要深入学习贯彻习近平总书记重要讲话和指示批示精神，认真落实党中央、国务院决策部署，认真落实党组的部署要求，提高政治站位、增强大局意识，敢于斗争、善于斗争，扎实推进提质增效专项行动，广泛开展"战严冬、转观念、勇担当、上台阶"主题教育活动，坚决打赢疫情防控阻击战和效益实现保卫战，奋力夺取疫情防控和生产经营改革发展"双胜利"。

党组副书记、总经理李凡荣主持会议，党组副书记、副总经理徐文荣作"战严冬、转观念、勇担当、上台阶"主题教育活动方案说明，党组成员、总会计师刘跃珍通报集团公司一季度经营效益及提质增效专项行动部署推进情况，党组成员、副总经理段良伟传达全国安全生产电视电话会议精神，党组领导吕波、焦方正、徐吉明出席会议。

戴厚良指出，要认清形势、统一思想，切实增强推进提质增效的紧迫感。今年以来，面对新冠肺炎疫情和国际油价断崖式下跌带来的严重冲击，集团公司党组坚决贯彻落实习近平总书记重要指示批示精神和党中央、国务院决策部署，以"战时状态"统筹做好疫情防控、油气保供、复工复产和改革发展等工作，经过全体干部员工的共同努力，目前公司生产建设总体恢复正常，企业大局保持稳定。尽管公司各项工作总体运行平稳，但新冠肺炎疫情和油价暴跌"两只黑天鹅"叠加而至，对油气市场供应端和需求端造成双重挤压，集团公司生产经营受到的冲击前所未有。今后一个时期，世界经济下行风险加剧，国际油价可能保持较长一段时间的低位震荡运行，公司国际业务疫情防控形势压力增加，国内防范疫情输入压力不断加大，油气行业面临的形势依然非常严峻。

困难面前有我们，我们面前无困难。一方面要充分认清形势的严峻性、复杂性、长期性，牢固树立底线思维，丢掉幻想、直面挑战，敢于斗争、善于斗争。另一方面也要看到有利条件和光明前景，习近平新时代中国特色社会主义思想是我们攻坚克难的"定盘星"，国家陆续出台的一系列政策措施为我们带来了机遇，集团公司体量规模大、韧性比较强、政治文化优势突出，要用全面、辩证、历史的眼光看待当前的困难和风险因素，保持战略定力，进一步坚定信心、振奋精神，趋利避害、化危为机。

戴厚良要求，要聚焦重点、持续发力，全力以赴推进提质增效专项行动。一分部署，九分落实。要把提质增效作为当前最紧迫的任务，坚持问题导向、目标导向、结果导向，采取超常规思维、革命性举措，坚决完成各项任务目标。经营上精打细算，全力打好市场攻坚战，公司从上到下，从销售企业、生产企业和总部机关都要强化市场意识和竞争意识，精准识变、主动求变、快速应变，研究市场、适应市场、开拓市场，抢占先机，保量保效，把握市场竞争的主动权。生产上精耕细作，提高投入产出率，各生产建设板块和企业要结合自身特点，在优化运行方案、优化生产组织、优化装置和产品结构等方面狠下功夫，确保实现投入产出最大化。管理上精雕细刻，提升以财务为中心的管理效能，企业负责人要认真研究"财务三张表"，据此抓好企业的生产经营和改革发展；加强投资和资产管理，提高资产质量；加强价值管理，改善盈利水平，树立"一切成本均可降"的理念，大力压降成本费用，立足长远建立健全以市场为导向的成本倒逼机制，树立"企业不消灭亏损，亏损终将消灭企业"的理念，加大亏损企业治理力度，全力完成底线目标。加强现金流管理，提高资金运作水平，推进降杠杆减负债，大力压降"两金"占用。技术上精益求精，发挥科技的支撑和引领作用，坚持事业发展科技先行、技术立企，把提质增效和战略发展的基点牢固建立在科技进步和创新驱动上。

戴厚良强调，要慎终如始、精准施策，毫不松懈地抓好疫情防控和安全环保工作。必须始终保持清醒头脑，克服麻痹思想、厌战情绪、侥幸心理和松劲心态，坚决落实"外防输入、内防反弹"的疫情防控方针，坚持"以人为本、质量至上、安全第一、环保优先"理念，针对关键环节和风险点，采取更有针对性和实效性的措施，抓紧抓实抓细各项工作。要坚守底线，加强国际业务疫情防控，坚持把员工的生命安全和身体健康放在首位，主要领导要亲自上手、亲自督促、亲自落实；突出重点，持续巩固国内疫情防控成效，坚持应急处置和常态化防控相结合，加强对重点人群、重点场所的防控，织密织牢防控网，严防疫情反弹；标本兼治，扎实抓好安全环保工作，层层压实责任，抓好上半年QHSE审核，加强"三项纪律"检查，狠反"三违"。

戴厚良强调，要强化党建、抓实教育，凝聚夺取疫情防控和生产经营改革发展"双胜利"的强大合力。各级党组织要高度重视，把"战严冬、转观念、勇担当、上台阶"主题教育活动作为贯穿全年、覆盖全员的一项重点工作和基础性工程来抓，与提质增效专项行动有机融合、一体推进。要切实发挥党组织"把方向、管大局、保落实"的领导作用，扎实履行好领导责任和保落实责任，形成纵向到底、横向到边，一级抓一级、层层抓落实的工作格局，为夺取"双胜利"提供政治保证。要大力弘扬石油精神和大庆精神铁人精神，继承发扬石油会战和艰苦创业年代的革命干劲、拼命精神，以一流的工作标准、一流的工作质量，创造更好的工作业绩，真正把"熬冬"变成"冬训"，为夺取"双胜利"激发内生动力。要切实发挥宣传思想工作的引导作用，动员广大干部员工增强忧患意识、坚定必胜信念，主动加压、勇挑重担，团结一心、共克时艰，为夺取"双胜利"提供思想保证。要切实发挥领导干部和两级机关的带头示范作用，坚守初心、勇担使命，善于把握和创造机遇，以敢于斗争、敢于胜利的精神和"逢山开路、遇水架桥"的智慧，直面突出问题，为夺取"双胜利"提供组织保证。

就贯彻落实会议精神，李凡荣强调，要深入学习贯彻落实习近平总书记重要讲话和指示批示精神，把贯彻落实本次会议精神与集团公司党组近期系列会议精神结合起来，加大宣传教育，一体抓好学习贯彻。要把握关键，切实推动提质增效工作部署落实到位，细化分解目标，明确进度要求，层层落实责任，健全工作机制，确保各项工作同频共振、务求实效。要坚守底线，密切关注国内外形势变

化，统筹抓好疫情防控和安全环保工作，坚决筑牢安全环保防线，着力保持企业大局稳定。要充分调动引导广大干部员工凝聚求变共识、形成求实合力、达到求进实效，以高质量的主题教育推动提质增效工作取得更大成果。

  会议以视频形式召开。总经理助理、管理层成员，总部部门、纪检监察组、专业公司主要负责同志，各企事业单位领导班子成员、机关处室及二级单位相关同志等在主分会场参会。

记者 ｜ 李妍楠　海报制作 ｜ 张可烨

♪ 抖音

见证历史！
美国西得州轻质原油期货
5月结算价收于每桶-37.63美元
较前一日价格暴跌约300%。

@中国石油
#提质增效　油价史上首现负数！每桶-37.63美元！

中国石油集团董事长、党组书记戴厚良：
在疫情与油价双重大考中当好顶梁柱

CNPC 中国石油 2020 年 5 月 5 日

  5月4日，中共中央党校主办的《学习时报》刊发中国石油天然气集团有限公司董事长、党组书记戴厚良所著文章《在疫情与油价双重大考中当好顶梁柱》。全文如下，一起学习吧！

  党的十八大以来，习近平总书记先后八次对中国石油作出重要指示批示。特别是2016年6月，针对当时低油价给石油企业经营带来的严峻考验，习近平总书记作出"大力弘扬以'苦干实干''三老四严'为核心的石油精神"的重要批示，为我们提振士气、战胜低油价挑战提供了强大的思想武器。当前，面对新冠

肺炎疫情和低油价的双重考验，中国石油党组重温习近平总书记的重要批示，更加感到以习近平同志为核心的党中央高瞻远瞩和对石油工业的殷切期盼。中国石油党组和百万石油员工始终坚持以习近平新时代中国特色社会主义思想为指导，增强"四个意识"、坚定"四个自信"、做到"两个维护"，提高政治站位、增强大局意识，努力发挥中央企业大国重器和顶梁柱作用，奋力夺取疫情防控和生产经营改革发展"双胜利"，为扎实做好"六稳"工作、落实"六保"任务作出应有贡献。

认清形势、直面挑战，牢固树立决战勇气必胜信心，勇担政治责任

察势者明，驭势者赢。今年以来，突如其来的新冠肺炎疫情和油价断崖式下跌影响叠加而至，对油气市场供应端和需求端造成双重挤压，中国石油生产经营受到前所未有的冲击。

面对严峻形势，中国石油党组坚决贯彻落实以习近平同志为核心的党中央决策部署，先后召开11次党组会和68次疫情防控工作领导小组会，围绕"稳经营、强管理、防风险、保安全"，以"战时状态"统筹做好疫情防控、油气保供、复工复产和改革发展等工作。经过全体干部员工共同努力，公司生产建设总体恢复正常，企业大局保持稳定，各项工作总体运行平稳。但我们也清醒地看到，今后一个时期，世界经济下行风险加剧，公司国际业务疫情防控形势压力增加，国内防范疫情输入压力加大，油气行业面临的形势依然非常严峻。

困难面前有我们，我们面前无困难。在剧烈变化的外部环境下，我们将始终保持清醒头脑，用全面、辩证、历史的眼光看待当前的困难和风险因素，一方面充分认清形势的严峻性、复杂性、长期性，增强忧患意识，树立底线思维，丢掉幻想、直面挑战；另一方面认识到我国经济稳中向好、长期向好的基本趋势没有改变，看到有利条件和光明前景，无惧严峻挑战，保持战略定力，坚定必胜信心，努力化危为机。紧紧抓住国家陆续出台一系列政策措施带来的机遇，充分发挥中国石油体量规模大、韧性比较强、政治文化底蕴深厚的优势，坚定推进建设世界一流综合性国际能源公司上台阶，成为党和国家最可信赖的骨干力量，在攻坚克难、为国分忧中发挥石油铁军的重要作用，在这一前所未有的大战大考中交出出色答卷。

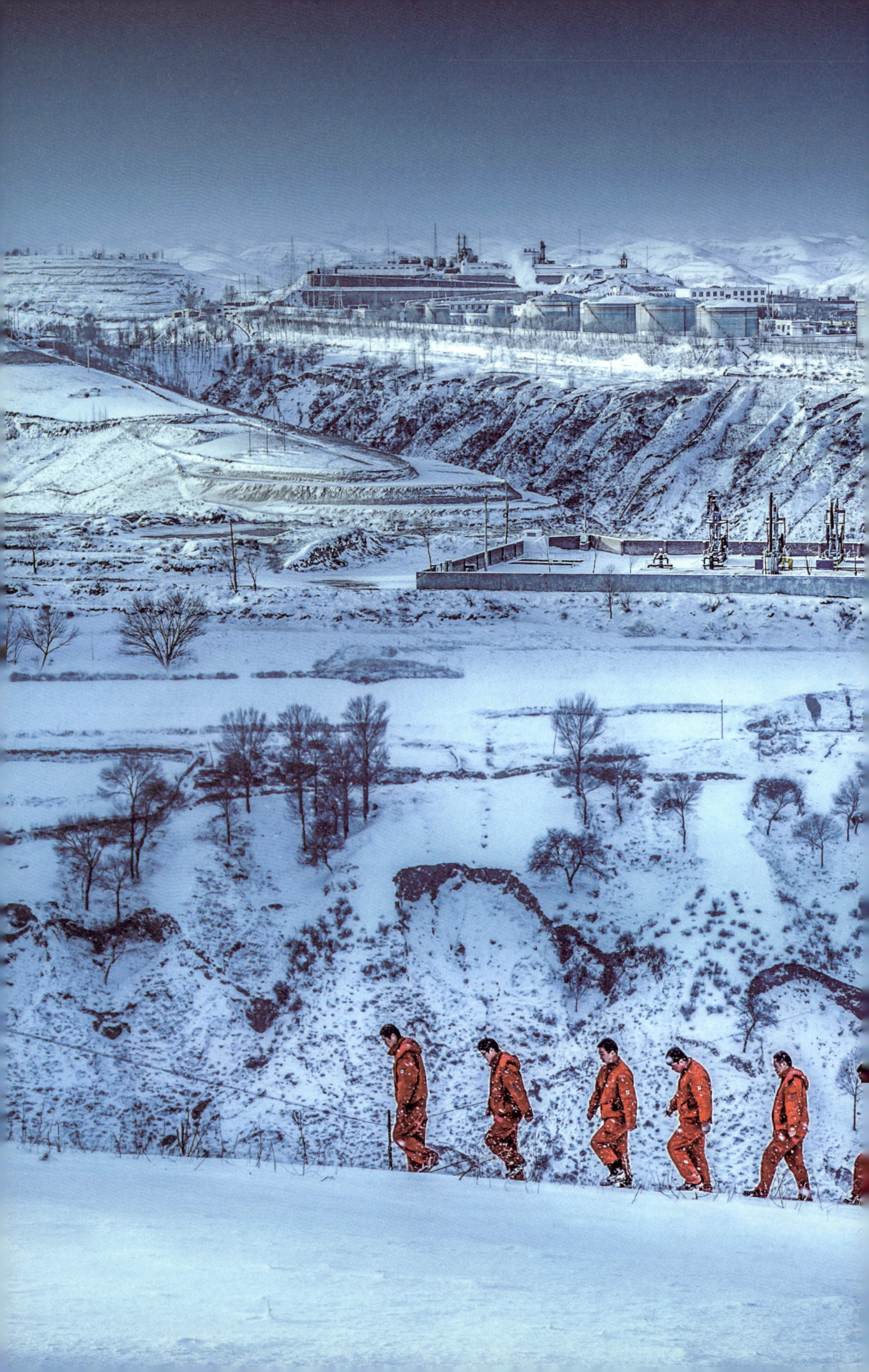

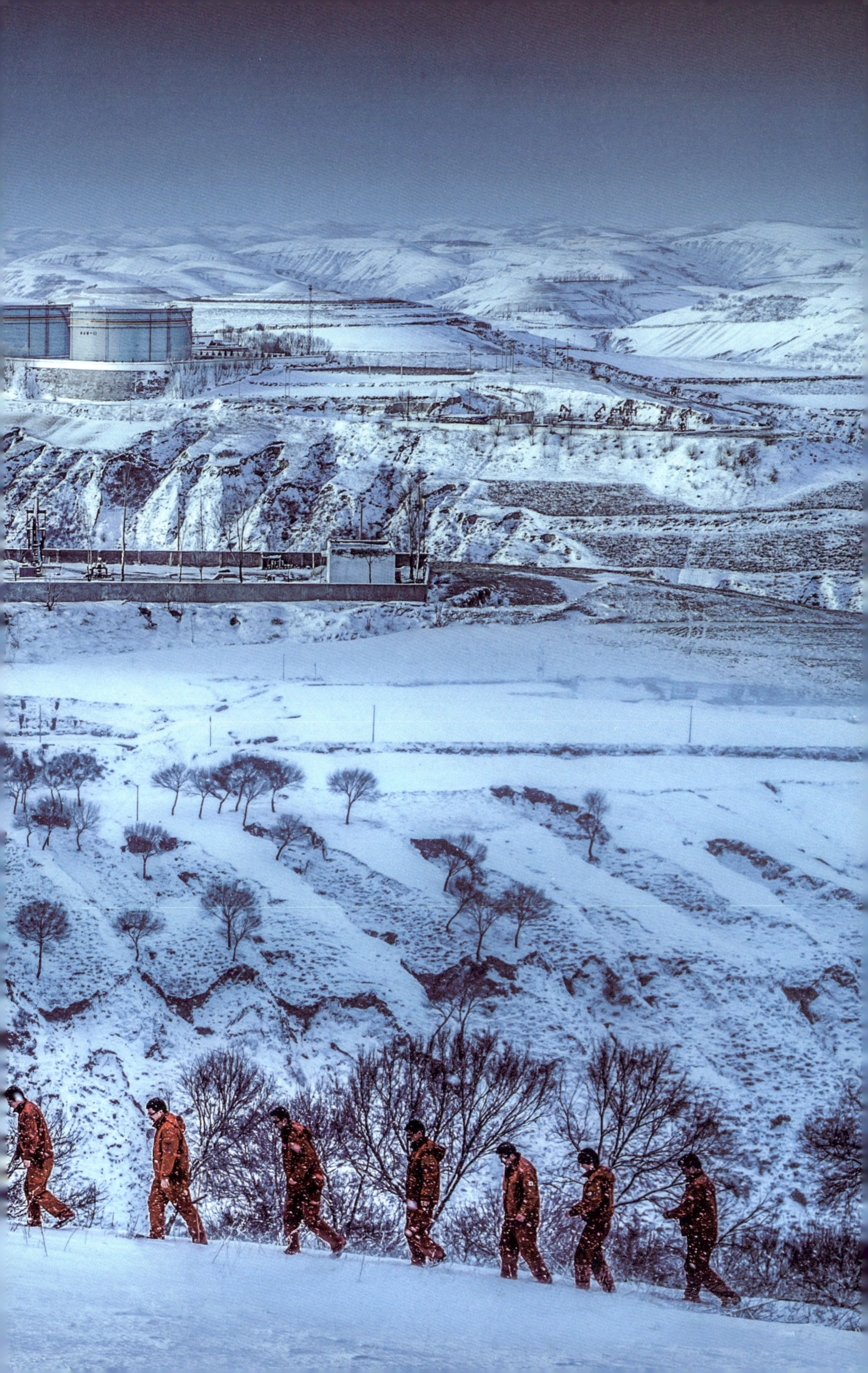

聚焦重点、持续发力，以提质增效推进高质量发展，勇担经济责任

中国石油把提质增效作为当前最紧迫的任务，坚持问题导向、目标导向、结果导向，以超常规思维，大力采取革命性措施降低成本，以科技创新和管理创新，支撑企业渡过难关。

经营上精打细算，全力打好市场攻坚战。公司从上到下，销售企业、生产企业和总部机关，都强化市场意识和竞争意识，精准识变、主动求变、快速应变，研究市场、适应市场、开拓市场，抢占先机，保量保效，把握市场竞争的主动权。生产上精耕细作，着力提高投入产出率。各生产建设板块和企业结合自身特点，在优化运行方案、优化生产组织、优化装置和产品结构等方面狠下功夫，确保实现投入产出最大化。管理上精雕细刻，提升以财务为中心的管理效能。树立"油价变化取决于市场，控制成本取决于自身"和"一切成本均可降"的理念，加强投资和资产管理、价值管理、现金流管理，大力压降成本费用，加大亏损企业治理力度，改善盈利水平，全力实现底线目标。技术上精益求精，充分发挥科技的支撑和引领作用。坚持事业发展科技先行、技术立企，把提质增效和战略发展的基点牢固建立在科技进步和创新驱动上。

慎终如始、精准施策，统筹抓好疫情防控安全环保，勇担社会责任

安全是发展的前提和基础，也是企业综合管理水平的体现。在疫情防控和复工复产的关键时期，安全的重要性愈加凸显。中国石油以"万无一失"的态度，全力织牢疫情防控网和安全生产网两道"安全网"。

在疫情防控方面，中国石油始终保持清醒头脑，克服麻痹思想、厌战情绪、侥幸心理和松劲心态，坚决落实"外防输入、内防反弹"的疫情防控方针，抓紧抓实抓细常态化疫情防控。我们着力加强国际业务疫情防控，坚持把员工的生命安全和身体健康放在首位，牢牢守住"零疫情"底线。我们持续巩固国内疫情防控成效，认真落实中央及企业所在地方党委政府的疫情防控要求，坚持应急处置和常态化防控相结合，加强对重点人群、重点场所的防控，严防疫情反弹。

在安全生产方面，坚持"安全第一、环保优先"理念，牢固树立发展决不能以牺牲安全为代价的红线意识，按照"识别大风险、消除大隐患、杜绝大事故"的要求和全员、全过程、全天候、全方位的原则，层层压实责任，针对关键环节和风险点标本兼治，坚决杜绝重特大事故发生。

强化党建、抓实教育，凝聚夺取"双胜利"强大合力，践行使命担当

坚持党的领导、加强党的建设，是国有企业的"根"和"魂"。针对当前严峻形势，我们在全集团范围内开展"战严冬、转观念、勇担当、上台阶"主题教育，作为贯穿全年、覆盖全员的一项重点工作和基础性工程，与提质增效专项行动有机融合、一体推进。

切实发挥党组织"把方向、管大局、保落实"的领导作用，为夺取"双胜利"提供政治保证。切实提高政治站位，扎实履行领导责任和保落实责任，坚决落实提质增效专项行动方案的部署安排，进一步细化分解目标任务，形成纵向到底、横向到边，一级抓一级、层层抓落实的工作格局。

大力弘扬石油精神和大庆精神铁人精神，为夺取"双胜利"激发内生动力。石油精神和大庆精神铁人精神，始终是石油人不畏艰难、勇往直前的宝贵精神财富。在疫情和油价双重考验下，尤其需要继承发扬石油会战和艰苦创业年代那样一种革命干劲、那样一种拼命精神，高唱"我为祖国献石油"主旋律，以"有条件要上，没有条件创造条件也要上"的勇气和坚韧，以"越是艰险越向前"的信心和决心，以一流的工作标准、一流的工作质量，创造更好的工作业绩，真正把"熬冬"变成"冬训"，强体魂、上台阶。

努力把宣传思想工作做深做细，为夺取"双胜利"提供思想保证。我们充分发挥企业思想政治工作优势，围绕干部员工关注的热点、难点，广泛组织开展专题形势任务宣讲，讲清楚"战严冬"的形势和任务，讲清楚"转观念"的方向和要求，讲清楚"勇担当"的措施和责任，讲清楚"上台阶"的目标和评价体系，坚持全心全意依靠职工群众办企业，引导和动员广大干部员工增强忧患意识、坚定必胜信念，主动加压，勇挑重担，共克时艰，真正把百万石油人的心凝聚起来，干事创业。

切实发挥好领导干部和两级机关的带头示范作用，为夺取"双胜利"提供组织保证。大战大考面前，我们要求公司各级领导干部坚守初心、勇担使命，善于把握和创造机遇，以敢于斗争、敢于胜利的精神和"逢山开路、遇水架桥"的智慧，直面那些"躲不开、绕不过、拖不得"的硬骨头，带领广大员工在企业生产经营和改革发展的实践中建功立业。

新中国石油工业的发展历经多次严峻大考，每闯过一道难关，就前进一大步。其中一条重要经验是，思想政治工作与生产经营紧密结合，"抓生产从思想

入手，抓思想从生产出发"，凝聚强大精神力量。站在新的历史关口，面对新一轮大考，更需要在习近平新时代中国特色社会主义思想的指导下，把企业生产经营面临的危机，转化为增强抗风险能力、升华石油精神新时代内涵的契机，为做强做优做大国有企业彰显央企担当。

站在中华民族伟大复兴的战略全局和世界百年未有之大变局的时代背景下，中国石油百万员工将紧密团结在以习近平同志为核心的党中央周围，直面挑战，拼搏奋斗，投身百年未有之大变局，坚决打赢疫情防控阻击战和效益实现保卫战，为保障国家能源安全，为确保完成决战决胜脱贫攻坚目标任务，全面建成小康社会，谱写新的石油篇章！

文章来源｜《学习时报》2020年5月4日第4版
文｜中国石油天然气集团有限公司董事长、党组书记戴厚良

#提质增效# #油宝播报# 【中国石油各企事业单位深入开展提质增效专项行动】2020年5月，中国石油提质增效专项行动扎实推进。在四川盆地，蓬探1井测试大获成功，为西南油气田提质增效注入底气；在铁人的故乡，提质增效专项活动宣讲层层推进，为广大石油干部职工"战严冬"增添信心；在西北边陲，由新疆、吉林、吐哈3个油田联合部署的吉木萨尔高密度三维勘探项目收官……

中国石油集团召开 2020 年领导干部会议

CNPC 中国石油   2020 年 7 月 28 日

7月28日,中国石油天然气集团有限公司(以下简称"集团公司")2020年领导干部会议以视频形式在北京召开。

会议主要任务:以习近平新时代中国特色社会主义思想为指导,深入学习贯彻党的十九大和十九届二中、三中、四中全会精神,落实党中央、国务院关于全面深化国有企业改革的决策部署,总结回顾集团公司成立以来治理体系和治理能力建设的探索实践,研究部署推进公司治理体系和治理能力现代化的思路目标和重点任务,动员公司上下进一步解放思想、改革创新,坚持和完善中国特色现代企业制度,优化完善治理体系,提升治理能力和水平,为建设世界一流综合性国际能源公司提供有力保证。

28日上午,集团公司董事长、党组书记戴厚良作题为《深入学习贯彻党的十九届四中全会精神,推进公司治理体系和治理能力现代化》的讲话。

集团公司总经理、党组副书记李凡荣通报生产经营和提质增效情况。

党组副书记、副总经理徐文荣主持会议。

下午,戴厚良作总结讲话,李凡荣主持会议。大庆油田等8家企业作大会交流发言,西南油气田等8家企业作大会书面交流。集团公司领导刘跃珍、吕波、焦方正、徐吉明、段良伟、黄永章,外部董事王久玲、刘国胜、王用生,以及审计署有关同志出席会议。

戴厚良指出,中国石油的发展史,是一部气势恢宏的艰苦创业史,也是一部持续深化改革、建立健全中国特色现代企业制度的探索史。集团公司成立以来治理体系和治理能力建设的探索实践,为中国石油各项事业的发展进步提供了有力保障。

今年以来,面对新冠肺炎疫情和超低油价带来的前所未有的挑战冲击,中国石油坚决贯彻党中央关于疫情防控、做好"六稳"工作、落实"六保"任务等部署要求，落实公司年初工作会议关于"六个迈上新台阶"的安排，加强党的领导党的建设，统筹做好疫情防控、复工复产和生产经营改革发展工作，组织开展"战严冬、转观念、勇担当、上台阶"主题教育，发动全员提质增效，倾力支持全国疫情防控大局和经济社会发展，油气产业链供应链总体平稳运行，企业大局保持稳定，在特殊困难时期有效发挥了集团公司的制度优势和治理效能。

　　集团公司成立以来治理体系和治理能力建设的探索实践，充分展现了中国特色现代企业制度的强大生命力和重要优势，也为新时代集团公司推进治理体系和治理能力现代化提供了重要经验。主要是：坚持党对国有企业的全面领导，加强党的创新理论武装，提高政治站位、站稳政治立场，确保公司始终沿着正确方向前进的重要优势；坚持以保障国家能源安全为己任，强化战略引领，主动融入国家重大战略和经济社会发展全局，全面履行经济责任、政治责任、社会责任的重要优势；坚持全集团"一盘棋"，强化上下游协调、甲乙方协作、国内外协同，综合一体化整体发展的重要优势；坚持深化改革、创新驱动，与时俱进优化完善体制机制，有效激发动力活力的重要优势；坚持扩大开放合作，参与全球能源治理，打造能源合作利益共同体，实现互利共赢、共同发展的重要优势；坚持依法

合规治企，强化规范运作，防范化解重大风险，建设法治企业的重要优势；坚持德才兼备、选贤任能，实施人才强企，培养造就大批优秀人才的重要优势；坚持紧紧依靠职工群众办企业，维护员工合法权益，保持企业和队伍大局稳定的重要优势；坚持共同理想信念和价值追求，弘扬石油精神和大庆精神铁人精神，以先进文化铸魂育人的重要优势。

戴厚良强调，要提高站位，充分认识推进公司治理体系和治理能力现代化的重要性紧迫性。当今世界正经历百年未有之大变局，我国全面建成小康社会和脱贫攻坚进入决战决胜时刻，集团公司正处在建设世界一流综合性国际能源公司的关键时期。推进公司治理体系和治理能力现代化，是贯彻落实总书记重要指示批示精神和党中央决策部署、彰显国企责任担当的实际行动，是顺应国内外宏观大势、有效应对风险挑战的迫切需要，是解决公司突出矛盾、实现战略目标的内在要求。

戴厚良指出，推进公司治理体系和治理能力现代化的总体思路是，以习近平新时代中国特色社会主义思想为指引，深入贯彻党的十九大和十九届二中、三中、四中全会精神，贯彻落实新发展理念，按照"坚持高质量发展、坚持深化改革开放、坚持依法合规治企、坚持全面从严治党"的兴企方略，紧紧围绕完善中国特色现代企业制度，遵循"专业化发展、市场化运作、精益化管理、一体化统筹"治企准则，突出问题导向、目标导向、结果导向，构建与现代化经济体系相适应、具有中国石油特点的体制机制和制度体系，不断增强企业竞争力、创新力、控制力、影响力、抗风险能力，把制度优势更好地转化为治理效能，为建设世界一流综合性国际能源公司提供有力保证。

戴厚良强调，推进公司治理体系和治理能力现代化的总体目标是，到2025年，公司党的领导与公司治理有机统一，管理体制顺畅高效，市场化经营机制建立健全，制度体系基本成熟定型，公司治理体系和治理能力现代化取得显著成效。到2035年，各方面制度更加健全完善，体制机制更加科学高效，基本实现公司治理体系和治理能力现代化。到21世纪中叶，全面实现公司治理体系和治理能力现代化，充分彰显中国特色现代企业制度优越性。

戴厚良要求，要紧紧围绕"发展、改革、调整、管理、创新、党建"总体工作布局，坚持问题导向，找准治理短板，全力推进各项重点任务落实，加快形成更加成熟、更加定型的体制机制和制度体系，构建与世界一流综合性国际能源公司相适应的治理体系。

一是优化完善党的领导与公司治理有机统一的体制机制。要认真贯彻中央企业党委（党组）落实党的领导融入公司治理的制度性意见，细化党委（党组）在决策、执行、监督各环节的权责和工作方式，健全完善党的领导体制和法人治理结构，建立党的领导与公司治理有机统一的机制，健全完善党的建设制度体系，健全完善监督体系，使党组织在公司治理结构中的法定地位制度化、规范化、程序化。二是优化完善公司战略体系。要站在"两个大局"的高度，深入贯彻国家能源安全新战略，准确把握能源转型大趋势，借鉴国际大公司有益经验，更加突出创新驱动，更加突出资源的低成本、多元化、可持续，更加突出市场导向，更加突出提升国际化经营能力，更加突出绿色低碳，持续完善公司战略体系，强化战略全过程管理，更好发挥战略对公司治理体系建设的引领作用。三是优化完善管理体制和组织体系。要坚持价值引领、效益导向，加强统筹规划、稳妥实施，简政放权、瘦身健体，构建完善定位明确、界面清晰、责权统一、协调运转的高效能管理体制和组织体系。优化完善公司管理体制，加快建设价值型总部，健全完善授权管理体系，加快建设全球共享服务体系，健全完善风险防控体系。四是优化完善市场化机制。要深化市场化机制改革，完善统一开放、竞争有序的市场体系，使市场在资源配置中真正发挥决定性作用。要坚持市场化方向，完善内部经营机制；正确处理国家、企业、员工的利益关系，深化三项制度改革；推进全产业链各业务领域扩大开放，深化混合所有制改革。五是优化完善科技创新体制机制。要牢牢把握新一轮技术革命和产业革命机遇，强化科技创新治理体系建设，健全有利于激发科技创新活力的体制机制，大力推进数字化转型，提升集团公司科技实力和智能化水平，更好地发挥科技在推进公司治理体系和治理能力现代化中的支撑作用。六是优化完善制度体系。要不断改进制度内容体系，完善制度管理体系，逐步推动各方面制度更加成熟定型，构建系统完备、科学规范、运行有效的公司制度体系。要着力推进各层级制度建设，明晰各层级制度制定权限与责任，实现制度上下贯通。着力推进各领域制度建设，实现制度衔接呼应。健全制度形成机制，提高制度质量。要以制度建设为根本抓手，深化全面合规管理，努力建设法治企业。

戴厚良强调，提升治理能力和水平，根本在于加强党的领导，关键是要建设一支适应新时代要求，懂治理、会治理、善治理的高素质专业化干部队伍，核心在于强化制度执行，把制度优势转化为治理效能。

一要加强党对治理体系和治理能力建设的领导，统一意志和行动，加强顶层设计，切实扛起责任，注重发挥基层积极性，确保各项目标任务全面落实到位。二要解放思想、更新治理理念，牢固树立价值创造理念、守正创新理念、依法合规理念、共治共享理念，为治理体系建设注入强大思想动力。三要提高领导干部治理能力，重点提升政治领导能力、战略决策能力、改革创新能力、风险防控能力、依法治企能力。四要提高全员制度意识和制度执行力，巩固发展自身制度优势，扬长避短、持续改进。

李凡荣通报了2019年度业绩考核、生产经营和提质增效情况。

他指出，今年以来，面对复杂严峻形势，集团公司统筹推进疫情防控、复工复产、生产经营和改革发展各项工作，大力实施提质增效专项行动，疫情防控取得重大战略成果，提质增效成效逐步显现，主营业务平稳受控运行，安全环保形势总体稳定，保持了油气产业链总体平稳运行。

在分析了集团公司生产经营面临的形势后，李凡荣强调，要保持战略定力、强化底线思维，坚决落实党中央"六稳""六保"要求，认真贯彻集团公司党组决策部署，按照"四个坚持"兴企方略，遵循"四化"治企准则，着力加强党的全面领导，着力推进油气产供储销体系建设，着力深化改革创新，着力稳经营、强管理、防风险、保安全，全面完成各项任务目标，努力保障国家能源安全，实现"十三五"圆满收官。

重点抓好以下工作：一要坚持严防不怠，切实抓好疫情防控和安全环保工作，完善常态化防控机制，做好防洪防汛、防地质灾害等工作，努力提升本质安全水平。二要坚持"四精"要求，深入推进提质增效专项行动，实施优化增效、降本增效、经营增效和创新增效，打好打赢效益实现保卫战。三要坚持稳油增气，大力推动国内勘探开发效益发展，夯实立足国内保障国家能源安全的资源基础。四要坚持结构调整，持续深化炼化业务转型升级，坚定减油增化方向，努力增收增效。五要坚持量效兼顾，大力推进优质网络开发，优化调整营销策略，着力改善成品油营销质量。六要坚持统筹优化，优化天然气资源配置和销售结构，提升市场营销能力。七要坚持优质高效，努力提高国际化经营能力和水平。八要坚持服务主业，大力提升支持业务服务保障和竞争能力。九要坚持深化改革，不断增强企业发展动力活力。

总经理助理、管理层成员，总部各部门、纪检监察组、专业公司主要负责人，各企事业单位领导班子成员，党组巡视组巡视专员在主分会场参会。

记者｜陈玉强 李妍楠

中国石油集团董事长、党组书记戴厚良：
为打赢脱贫攻坚战贡献石油力量

CNPC 中国石油   2020 年 9 月 21 日

9月21日，中共中央党校主办的《学习时报》刊发中国石油天然气集团有限公司董事长、党组书记戴厚良所著文章《为打赢脱贫攻坚战贡献石油力量》，全文如下：

坚决打赢脱贫攻坚战，是党中央作出的庄严承诺，是习近平总书记亲自决策、亲自部署、亲自督战的重大政治任务，也是人类反贫困历史上的辉煌新篇章。

中国石油始终把这一重大政治任务扛在肩上，深入贯彻习近平总书记关于脱贫攻坚工作的重要讲话和指示批示精神，以高度的政治责任感和历史使命感，不

中国石油驻村工作队为驻村点群众发放新鲜蔬菜

断探索和创新具有石油特色的扶贫路径和发展模式，为助力打赢脱贫攻坚战、实现贫困地区可持续发展贡献石油力量。

提高站位，勇于担当，凝心聚力抓脱贫

决战决胜脱贫攻坚使命光荣，责任重大。中国石油充分认清脱贫攻坚重要性、紧迫性和艰巨性，始终把脱贫攻坚作为大事要事来抓，时刻保持战时状态，紧绷思想之弦。

始终以习近平总书记关于扶贫工作的重要论述为根本遵循。近年来，习近平总书记40多次国内考察涉及扶贫，连续6年新年贺词强调扶贫工作，就脱贫工作作出100多次重要批示，亲自主持召开6次跨省份脱贫攻坚座谈会并发表重要讲话。密集周详的研究部署和抓铁有痕的行动实践，充分体现了习近平总书记高度的政治责任、强烈的历史担当和炽热的人民情怀，表明了脱贫攻坚在总书记心中的分量和一抓到底的决心。中国石油党组始终以习近平总书记关于扶贫工作的重要论述为脱贫攻坚行动指南，多次召开会议集中学习习近平总书记扶贫开发系列重要讲话以及党中央国务院扶贫开发最新文件精神，从增强"四个意识"、坚定"四个自信"、做到"两个维护"的政治高度，从全面建成小康社会、实现中华民族伟大复兴中国梦的历史高度，深刻领会扶贫工作的战略地位、基本方略和实践路径，切实把总书记重要论述转化为战之必胜的坚定信念。

努力用强大思想政治工作优势凝聚起脱贫攻坚的磅礴力量。人心齐，泰山移。大战大考面前，中国石油深入做好宣传思想工作，在全集团范围内开展形势任务主题教育，广泛组织专题宣讲，引导和动员广大干部员工统一思想、坚定信念，协同扶贫工作相关部门和单位，加大石油特色扶贫故事、先进典型人物等总结宣传力度，全面展示帮扶工作对贫困地区群众生活改变、经济社会发展所作贡献，满腔热情地为脱贫攻坚奏唱"进行曲"，积极弘扬正能量。通过思想上的发动和行动上的带动，百万石油人心往一处想、劲往一处使、拧成一股绳，构建形成全员广泛参与的大扶贫格局，筑牢助力打赢脱贫攻坚战坚强后盾。

坚决克服新冠肺炎疫情和低油价严峻形势带来的不利影响。2020年是脱贫攻坚决胜之年，决战任务艰巨。面对疫情和低油价给生产经营带来的前所未有冲击，中国石油不等不靠、不惧挑战，召开几十次党组会和疫情防控工作领导小组会，围绕稳经营、强管理、防风险、保安全主题，以战时状态统筹做好疫情防控、油气保供、复工复产和改革发展等工作。特别是坚持把扶贫工作放在十分突

出的位置，精力不分散、频道不游移，创新扶贫工作方式，利用视频连线等多种形式，组织召开定点扶贫与对口支援工作领导小组会议，持续加大帮扶资金投入和使用力度，积极对接帮扶项目，保持脱贫帮扶攻坚态势，保障脱贫措施落实到位。

周密组织，严格落实，体系建设保脱贫

完善工作机制，强化扶贫工作组织保障。机构设置上，集团公司党组全面承担责任，成立定点扶贫与对口支援工作领导小组，党组书记、董事长任组长，各党组成员定期赴现场开展调研、督导推动工作，实现定点扶贫县全覆盖；人员配备上，优选青年骨干满编配齐扶贫办工作人员，对选派的挂职干部坚持评级择优、尽锐出战、从严管理，加大关心关爱、培养考核力度；制度建设上，出台集团公司定点扶贫与对口支援项目资金管理办法和工作评价办法，建立会议机制、调研机制、项目日常监管、挂牌督战机制；工作运行上，各部门、各单位牢固树立"一盘棋"意识，有序衔接、相互配合、齐抓共管，推动扶贫工作高效开展。

持续改进作风，建设风清气正扶贫生态。扶贫领域作风问题每减少一分，贫困群众获得感就会增加一分。按照中央纪委国家监委关于2018年至2020年持续开展扶贫领域腐败和作风问题专项治理的部署要求，中国石油坚持问题导向、坚持精准监督、坚持抓长抓新、坚持标本兼治，持续开展自查自纠与专项治理，切实防止形式主义、官僚主义，不搞花拳绣腿、表面文章，杜绝敷衍塞责、弄虚作假，切实防止数字脱贫、算账脱贫、"注水"达标，用作风建设成果促进各项帮扶举措落实见效，不让扶贫腐败滋生，不让脱贫任务空转，不使贫困群众寒心。

严格管控项目，全程打造扶贫阳光民心工程。扶贫工作需要真情实意，也要真金白银。虽然近几年经营压力较大，但中国石油坚持摘帽不摘责任、摘帽不摘政策、摘帽不摘帮扶，每年持续增加投入，补齐帮扶对象发展短板。扶贫资金是贫困群众的"救命钱""保命钱"和减贫脱贫的"助推剂"。为确保每一分钱都花在刀刃上，中国石油加强扶贫资金阳光化管理，严格项目过程监管与进度督查，严格资金审批拨付，让资金使用更加公开透明，确保项目按期保质投运、资金高效安全运行。同时，注重加强与政府沟通，关注已建成项目的运行和带贫益贫情况，把脱贫攻坚工作做得更扎实、更过硬、更惠民。

聚焦重点，企地携手，模式创新真脱贫

脱贫不是一时一事，而是要久久为功。经过多年探索，中国石油创新扶贫模式，从解决贫困地区和贫困群众最急需、最迫切的关键重点问题入手，精准发力、持续用力，真扶贫、扶真贫、真脱贫。

突出消费扶贫，精心打造石油扶贫网。消费扶贫是帮助贫困地区增收脱贫最为有效方式，也是石油人参与脱贫攻坚最直接手段。中国石油积极发挥渠道优势和专业化优势，解决制约贫困地区农产品销售的痛点、难点和堵点问题，在货源组织、货品包装、物流运输、商品销售等方面提供"一站式"服务。2019年以来，中国石油在乌鲁木齐、北京等地多次召开消费扶贫对接会与产品展销会，参展58个国家级贫困县1100多种特色扶贫产品，助力提升扶贫产品知名度和影响力。借助中国石油"扶贫馆"平台，通过线上线下、内部外部相结合的多元化销售模式，湖南炎陵黄桃、甘肃通渭县的苦荞茶、贵州的白酒、西藏的格桑泉、大凉山的特级橄榄油等众多贫困县特色产品走出深山，进入员工家庭、单位食堂、矿区超市和加油站，进而走向全国人民的餐桌，走向更广阔的市场。这种企地协作模式，解决了贫困地区长远发展问题，也解决了企业需求问题，形成多赢式扶贫格局。

突出产业扶贫，努力提高脱贫含金量。授人以鱼不如授人以渔。中国石油坚持把培育产业作为推动脱贫攻坚的根本出路，充分发挥自身优势，树立"育产业、强主体、拓市场、创品牌、建机制"扶贫理念，在解决"两不愁三保障"、增强贫困群众获得感和满足感的基础上，重点在实现产品商品化、生产链条化、产业规模化等方面下大力气，推动实现特色产业可持续性发展，助力贫困地区增强"造血"功能。为带动外出务工人员返乡就业，解决留守儿童和空巢老人等社会问题，中国石油启动"妈妈返乡就业计划"。重点扶持劳动密集型合作社，通过土地流转、稳定分红和劳务用工，为贫困户增收，助力稳定脱贫。在河南台前县、范县和贵州习水县，中国石油携手中国扶贫基金会，开展乡村旅游扶贫示范项目，以村民合作社为依托，通过搭建连接乡村和外部的平台，发展特色文创产业，推动农村自然资源保护与产业结构优化调整的有机结合，实现脱贫攻坚与乡村振兴的有机衔接。

突出智力扶贫，增强贫困地区脱贫能力。扶贫必扶智。为破解贫困代际传递难题，切实增强贫困地区、贫困群众脱贫能力和内生动力，中国石油坚持将智力

扶贫作为精准扶贫重要举措，立足地方实际需求，在产业发展、教育医疗、就业技能等方面开展一系列特色培训项目。通过优选师资力量、制定详细计划、开展助学等措施确保培训成效，帮助摆脱意识和思维贫困，用知识和技能改变命运，为贫困地区实现就地脱贫提供人才保障。2015年以来，中国石油在豫、川、黔、赣、冀、云、甘、青8省20个国家级贫困县实施"旭航"助学项目，5年来11400人次贫困高中生获得助学金支持，1130名高三毕业生获得升学奖励。开展"益师计划"教师培训，累计培训教师6000多人次。与阿里巴巴、苏宁、京东等电商平台合作，开办电子商务扶贫和乡村旅游扶贫培训班，带动各地特色农副产品上线和乡村旅游经济发展，中国石油10个定点扶贫县已全部成为商务部电子商务示范县。

"十三五"以来，中国石油累计投入扶贫资金18亿元，覆盖集团公司帮扶的10个定点扶贫县，以及所属企业帮扶的1175个村，共选派挂职干部600余人次，其中驻村第一书记近400人次，派出驻村工作队540支、人员4350人次，受益人口超过350万人。目前，中国石油仍承担着10个定点扶贫县的帮扶任务，数量为央企最多。截至今年2月份，中国石油定点扶贫与对口支援县（市、区）全部实现脱贫摘帽。

在脱贫攻坚决战决胜之年，中国石油将继续以习近平新时代中国特色社会主义思想为指导，紧盯目标不松劲、履职尽责不懈怠、精准发力不停步，以更高标准、更大力度、更实举措持续做好扶贫工作，全面完成全年各项目标任务，为打赢精准脱贫攻坚战贡献石油智慧和石油力量。

文章来源｜学习时报 文｜中国石油天然气集团有限公司董事长、党组书记戴厚良

@中国石油 #抗击疫情 央企行动#【战"疫"坚守 助力春耕】2020年2月，在新冠肺炎疫情还没有出现"拐点"之前，安徽省的乡野间的"春耕"却如约而至。"返乡大军"的归来，战"疫"的战火迅速蔓延到了扶贫村，防疫工作的严峻可想而知。这样严峻的形势下，有一支队伍依然在农户和田地间步履匆匆，他们肩负着脱贫攻坚和疫情防控双重责任，他们都有一个共同的名字：中国石油安徽销售公司扶贫驻村工作队。

学习贯彻党的十九届五中全会精神，党组具体要求来了！

2020 年 11 月 13 日

11 月 12 日，集团公司党组理论学习中心组组织贯彻落实党的十九届五中全会精神专题学习研讨班第二次学习研讨。集团公司党组书记、董事长戴厚良主持并强调，要深入学习贯彻党的十九届五中全会精神和《习近平谈治国理政》第三卷，以党的创新理论成果武装头脑、凝聚共识，坚定信念信心，保持战略定力，在危机中育先机、于变局中开新局，推动世界一流综合性国际能源公司建设迈上新台阶，在全面建设社会主义现代化国家新征程上展现新作为。

研讨班传达学习了习近平总书记在党的十九届五中全会上的重要讲话精神，习近平总书记关于《中共中央关于制定国民经济和社会发展第十四个五年规划和二〇三五年远景目标的建议》的说明，《习近平谈治国理政》第三卷相关综述，习近平总书记署名文章《国家中长期经济社会发展战略若干重大问题》。同时会议结合"十四五"规划的编制工作进行深入研讨。集团公司党组领导李凡荣、段良伟、刘跃珍、吕波、焦方正、徐吉明、黄永章参加学习研讨并做发言。

戴厚良指出：《习近平谈治国理政》第三卷集中展示了马克思主义中国化的最新成果，充分体现了我们党为推动构建人类命运共同体贡献的智慧方案，是全面系统反映习近平新时代中国特色社会主义思想的权威著作。党的十九届五中全会是在我国即将进入新发展阶段、实现中华民族伟大复兴的关键时期召开的一次重要会议，以习近平同志为核心的党中央为我国未来发展擘画了宏伟蓝图，充分体现了以习近平同志为核心的党中央谋划未来的远见卓识和继往开来的历史担当，充分反映了我们党团结带领人民接续推进"两个一百年"奋斗目标的坚定信心和坚强决心，在党和国家发展进程中具有全局性、历史性意义。实践再次证明，有习近平同志作为党中央的核心、全党的核心领航掌舵，有全党全国各族人民团结一心、顽强奋斗，我们就一定能够战胜前进道路上出现的各种艰难险阻，一定能够在新时代把中国特色社会主义更加有力地推向前进。

戴厚良强调：要把学习贯彻党的十九届五中全会精神和《习近平谈治国理政》第三卷，作为当前和今后一个时期的首要政治任务，在学懂弄通做实上下功夫，原原本本学、全面系统学、深入思考学、联系实际学，真正做到学深悟透、入脑入心，努力掌握全会精神的丰富内涵和核心要义，确保抓紧抓实抓出实效。

戴厚良指出，新发展成就奠定了新征程的坚实基础。党的十九届五中全会高度评价决胜全面建成小康社会取得的决定性成就，为各项事业的蓬勃发展提供了丰富的沃土和广阔的空间。集团公司始终坚持党的全面领导，扎实做好"六稳"工作、落实"六保"任务，公司经营管理水平显著提升，综合实力持续增强，保障国家能源安全的能力显著增强，党的领导、党的建设全面加强。

新发展阶段揭示了我国所处的时代方位。站在"两个一百年"奋斗目标的历史交汇点上，要咬定世界一流目标不放松，积极对标国内外先进水平，找差距、补短板、固优势、强基固本，苦练内功，推动从严管党治党、高质量发展、自主创新能力、重大风险防范能力、企业形象建设等迈上新台阶，全面提升企业核心竞争力。

新发展理念为高质量发展提供方向引领。要坚定不移贯彻新发展理念，更加突出创新驱动，更加突出资源的低成本多元化可持续，更加突出市场导向，更加突出提升国际化竞争和运营能力，更加突出绿色低碳，加快形成崇尚创新、注重协调、倡导绿色、厚植开放、推进共享的机制和环境。要以推动高质量发展为主题，坚持做强做优做大国有资本和国有企业，切实推进公司治理体系和治理能力现代化。

新发展变化给开创新局提供历史机遇。要增强机遇意识和风险意识，保持战略定力，善于在危机中育先机、于变局中开新局。把公司发展放在国家能源战略、世界能源格局中去定位和思考，大力推进各项重点工作，打造高质量发展新引擎。

新发展格局为构建以国内大循环为主体、国内国际双循环相互促进明确了战略重点。要紧紧围绕完善中国特色现代化企业制度，遵循"专业化发展、市场化运作、精益化管理、一体化统筹"的治企准则，切实把制度优势更好地转化为治理效能，为建设世界一流综合性国际能源公司提供有力保证。要加快推进"十四五"发展规划编制，立足长远抓当前，以科学的规划引领集团公司高质量发展。

会议听取了集团公司"十四五"发展规划编制相关工作汇报和学习宣传贯彻党的十九届五中全会精神工作方案等。总经理助理、管理层成员，总部部门、纪检监察组、专业公司以及部分企事业单位负责同志参加会议。

来源 | 中国石油报　记者 | 杨碧泓　李妍楠

今天，中国石油新增一家成员企业！

2020 年 11 月 30 日

11 月 30 日，中国石油家族又添新丁，"昆仑数智科技有限责任公司"正式成立！（以下简称"昆仑数智"），它标志着中国石油推进数字化转型智能化发展迈出重要一步。

戴厚良对新的公司提出什么要求？

集团公司董事长、党组书记戴厚良在揭牌仪式上对新成立的昆仑数智寄予厚望——"昆仑数智"要志存高远、脚踏实地，全力做好起步开局各项工作，在集团公司推进数字化转型中发挥好先锋队作用，为集团公司创建世界一流企业、推进治理体系和治理能力现代化作出贡献。

发展数字经济、推动数字化转型是我国经济社会发展的重大战略，是满足人民日益增长的美好生活需要的重大举措，也是企业迈向高质量发展的必由之路。成立昆仑数智，是集团公司党组立足"两个大局"，充分研判数字化转型发展需要做出的一项重大决策，是中国石油推动数字产业优势整合、数字资产深度研用、数字商业模式重塑的重要部署。

要明确定位谋划发展，以创新思维应对变局开拓新局。昆仑数智要深入研究产业互联网发展趋势，聚焦信息及通信技术的应用研究和服务实施，做好顶层设计，提供一体化解决方案，全力打造集团公司数字化转型、智能化发展的新引擎，也为同行能源企业和流程工业的数字化转型提供优质服务。

要以市场导向完善治理，以改革举措增强动力激发活力。昆仑数智从组建开始，要按照市场化的改革方向去推进，始终遵循"四化"治企准则，创新体制机制，充分调动各方面积极性，以"数字产业化和产业数字化"的改革，助推集团公司治理体系和治理能力现代化。

要一体统筹拓宽视野，牢固树立合作共赢、开放共享的理念，立足企业服务行业，立足国内放眼全球，加强内部协同，强化产融结合，加快"产学研用"协作，科学培养和引进数字经济人才，打造智能发展新平台，培育发展能源经济的新业态新模式，着力构建数字化智能化开放共享的创新生态。

昆仑数智是家什么公司？

当今时代，数字革命方兴未艾。云平台、物联网、5G、大数据、人工智能等新兴技术正加快与实体经济融合。

为深入学习贯彻习近平总书记关于数字中国、网络强国、新型基础设施建设等的重要讲话精神，更好地发挥信息化对集团公司治理体系和治理能力现代化的支撑和促进作用，在前期调研论证基础上，经集团公司党组研究决定，成立"昆仑数智科技有限责任公司"。

昆仑数智聚焦信息及通信技术的应用研究和服务实施，逐步构建集咨询、设计、研发、交付、运营于一体的完整价值链，提升数字产业化和产业数字化服务能力，全力打造集团公司数字化转型、智能化发展的新引擎，也为同行能源企业和流程工业的数字化转型提供优质服务。

记者｜黄祺茗 陈玉强　统筹｜隋英琦 张可烨

世界 500 强，第 4 位！

CNPC 中国石油　2020 年 8 月 11 日

8月10日，《财富》杂志发布了2020年《财富》世界500强排行榜。今年排行榜上，最引人注目的变化无疑是中国大陆的企业实现了历史性跨越：中国大陆（含香港）入围公司数量达到124家，历史上第一次超过了美国（121家）。加上中国台湾地区企业，中国共有133家企业上榜。中国石油排名第4位。

2019年，我们坚持创新驱动、深化改革，有效激发企业内生动力活力，推动高质量发展迈上新台阶。出台加快推进科技创新驱动公司高质量发展指导意见，配套实施三个文件，一批核心技术相继突破，中东碳酸盐岩油藏亿吨级产能工程及高效开发获国家科技进步一等奖。通过持续的技术进步助推增储上产，准噶尔盆地高探1井等一批风险探井取得重要突破，发现10亿吨级庆城大油田，以及四川页岩气和塔里木博孜—大北两个万亿立方米大气区，原油产量占全国一半以上，天然气产量接近全国产量的70%，提高了油气供应和保障国家能源安全的能力。

稳准推进重大改革举措，公司治理进一步完善。专业公司授权事项进一步扩大，三项制度改革加快实施，"三供一业"等剥离企业办社会职能改革任务全面完成。2019年，公司营业收入2.77万亿元、利润总额1203.6亿元、净利润595.9亿元，同比分别增长1.2%、8.9%和39.2%，国内上缴税费3486.8亿元，同比增长3.8%。稳居世界500强第4位、50家大石油公司第3位。

素材来源｜国资小新《财富》杂志　文｜宋清海

五年时光，雕琢出怎样一个中国石油？

CNPC 中国石油　2017 年 10 月 16 日

五年时间，对于一个人来说，不短不长，却也极为重要。你可能从婴儿踏进幼儿园；你可能从未婚成为已婚；你可能从爸爸变成爷爷……不仅是身份的转变，更多的是内在的沉淀。

五年的时间对一个国家来说，同样重要。我们的国家变得更加强大、更加自信。

那么，五年时光对一个企业来说意味着什么？而今中国石油人停在这里，认真地回想，仔细地端详，五年时光，到底雕琢出一个怎样的中国石油？今天，小编用几组图片对比，来展现中国石油砥砺奋进的这五年。

渤海装备

从一片荒地到整齐干净的工厂，这是五年来渤海装备福建钢管项目从无到有的过程。自项目开工建设至今，天南海北的建设者汇聚到福建省福州市连江县可门经济开发区。他们背井离乡、克服地质条件复杂、施工难度极大、潮热多雨多台风气候等诸多困难，在与台湾隔海相望的我国东南沿海万亩滩涂造地上，建起达到"国内领先、国际一流"水平的数字化自动化预精焊螺旋缝埋弧焊管生产线。

锦州石化

五年前，锈迹斑斑的大油罐变成如今"颜值"超高

的大油罐，不仅美观，而且提升了安全系数。

五年前，现场杂草丛生、油桶满地。五年后，工作现场整洁如新，关键设备升级改造，锦州石化生产的成品油已远销海外，品牌家喻户晓。

辽阳石化

事物时时刻刻都在发生变化，只有求新求变才能立于不败之地。辽阳石化这五年同样在变化着：他们为适应市场变化的需求和俄油逐渐变重的趋势，在俄油一次加工能力每年 900×10^4 吨不变的基础上，通过新建和改扩建部分装置、配套油品储运及公用工程等设施，将重油加工方案由目前的延迟焦化—加氢裂化的重油加工路线改为渣油加氢—重油催化裂化—加氢裂化的加工路线。

兰州石化

两山相对，黄河中流，南是皋兰山，北是白塔山，金城兰州就坐落在这两山夹一河的狭长地带中。五年前，这里全是裸露的黄土，光秃秃的，连一棵草都很

难见到。如今，在兰州石化人的辛勤劳作下，荒山一点点变绿了。鸟语花香，亭台长廊，蓝天白云，绿水青山，犹如置身于世外绿色森林，昔日的荒山早已变成今天的"绿色氧吧"。

北京管道

五年前的原站场，站场主要设备有 2 台往复式压缩机、1 路进站阀组、6 台售气机、1 台干燥橇。五年后，在原站场基础上增加了 2 台往复式压缩机、1 路进站阀组、2 台售气机、1 台干燥橇，与此同时，站场加气量由 4000 万立方米增加到 1 亿立方米。

五年前，黄土地上陕京三线榆林首站建设项目还在建设中。五年后的今天，陕京管道人精耕细作，原本荒凉的黄土地上又新增加了一座现代化的压气站。榆林压气站目前整合了陕京一线、二线、三线压气站功能，年设计输气能力由五年前的 200 亿标准立方米攀升至如今的 350 亿标准立方米。他们正在为保卫祖国的蓝天绿水奋斗着。

海洋工程

五年后的今天，亚马尔液化天然气（LNG）项目，地处俄罗斯亚马尔半岛北极圈内。正是这个全球纬度最高、规模最大的 LNG 项目的建设，打破了"土地的尽头"的寂寥。

从上面我们不难看出，五年时光，中国石油人以不畏艰险的勇气、执着奋进的毅力，雕琢出了一个创新、高颜值、有内涵的中国石油！在中国共产党第十九次全国代表大会即将召开之际，向祖国献上了一份厚礼。

素材来源 | 渤海装备 兰州石化 辽阳石化 北京管道 海洋工程 锦州石化

文 | 宋清海

#油宝播报# 深圳市坪山区龙田街道龙田社区石陂头村，随着最后一道焊口焊接完成、检测合格，西气东输深圳 LNG 外输管道全线贯通。深圳 LNG 外输管道是国家"互联互通"首批重点工程，由中国石油西气东输公司负责投资建设，2019 年 4 月开工，建成后将形成海外进口 LNG 气源与"中亚气""中缅气"结网集输，为保障广东地区清洁能源供应、实现"南气北送"奠定坚实基础。

明天，他们将代表百万中国石油人出席"十九大"

CNPC 中国石油　2017年10月17日

　　明天，中国共产党第十九次全国代表大会将隆重召开，盛会将至，群情振奋。全体中国石油人对即将召开的"十九大"满怀期盼，对国家、民族的未来满怀憧憬。问题来了，那么中国石油有哪些代表将出席此次盛会呢？

　　今天，让我们一起倾听他们的故事……

陈小玲：加油站空间不大，但舞台很大

　　提及加油员，你的脑海中最先浮现的是什么？提枪加油、迎来送往这是一个加油员最常有的动作。说起来十分容易，但其中艰辛却鲜为人知。或许我们可以从在加油站工作了19年的陈小玲身上了解这份艰辛。每年八、九月份，泸州最热的季节。酷暑时分，加油棚下，最高温度40℃以上，即便站着不动，汗水也能黏住衣服。陈小玲还记得，12年前的盛夏，刚去中国石油四川泸州销售分公司龙马加油站上班，跑来跑去加油的她，几趟下来，衣服能拧出一把水。班没上几天，陈小玲身上开始长红斑，后来化脓了。一天晚上，脱袜子时，她不小心从脚后跟硬生生撕下一块皮，钻心的痛。陈小玲这才意识到，自己对油品过敏。就是这样一个对油品过敏的新人，却在短短几年时间内成长为龙马连片加油站党支部书记。刚到龙马加油站，陈小玲遇到一个难题：龙马大道要封闭施工8个月，道路封了不就得关门吗？陈小玲创新思路，通过与运管、绿化、交警、社区等多次沟通协商，从加油站进口侧面打开一堵墙，通过小路绕进加油站，龙马加油站的销量几乎没受影响。可不久后，又来一道禁令：加油站门口刚修好的路禁止货车通行。龙马加油站以柴油销售为主，销量将受到严重影响。陈小玲再次创新思路，"车子进不来，可以送出去呀"，她组织员工把油送到站外去，送到货车跟前去，还把油送到了高速公路、工地、港口、矿山……几年来，龙马加油站平均每

天外送油料两万升，一年超过 5000 吨，相当于一座中型加油站的销量。陈小玲还把加油服务基本功总结为"加油十三步曲"、开创加油站连片管理模式。2014 年，加油站连片管理模式在龙马试水，陈小玲的管理范围从一座站到三座站再到五座站。目前，龙马连片加油站 48 名员工中，拥有高中级工 21 人，一半以上成为技术标兵和业务骨干。这些天然的师资力量，最终让中国石油四川销售经理人学院第二分院落户于此，陈小玲走上了院长岗位，学院也被命名为小玲学院。从今年 5 月开班授课至今，小玲学院已举办 4 期，培训学员 159 人，学员遍布全川。

杨义兴：离咖啡很远，离创新很近

在西北一个没有洋快餐也找不到咖啡厅的小县城里，杨义兴时常有机会和"老外工程师"用英语交流技术事项，也张口闭口谈国际油价如何如何，中东、北美、沙特这些词在他眼里好像就是住在左邻右舍的"张三""李四"和"王二麻子"。杨义兴是长庆油田第十采油厂的修井工。2016 年 1 月 8 日，长庆油田凭借"5000 万吨级特低渗—致密油气田勘探开发与重大理论技术创新"获得 2015 年度国家科技进步奖一等奖，杨义兴的一线修井工具创新在这项长达 7 年的科研项目中是最基层的部分。常年在鄂尔多斯盆地陕西和甘肃交界的山沟里摸爬滚打，"赶上极端天气吃的运不上来就饿着。"对杨义兴来说，喝咖啡显得有些不切实际，但和那些喝着咖啡谈创业的人一样，杨义兴离创新很近。2011 年 11 月 15 日凌晨两点，杨义兴所在修井大队负责的中国首例水平石油井怀平 6 井打捞成功。这在中国此前并无先例，没有经验可借鉴，也没有配套工具。经多组人马尝试都未能成功，眼看这口井每天损失大量的原油产量，修井大队队长涂建"吃不下睡不着"。终于，一个月之后，杨义兴和同事把原有的工具特性组合到一起，发明出底部带"弹性抓手"管状打捞工具，又利用液体可夹带小件落物回流的原理，成功打捞出落物。长庆油田当场给参与打捞的十几名主力队员发了 5 万元奖金，记"特殊贡献奖"。杨义兴说，奖励级别是根据挽回的经济损失来计算的，这次打捞怀平 6 井挽回经济损失 2000 余万元。近几年有不少私企挖他，"年薪几百万的都有""说实话也动摇过"，但他选择留下。理由是"私企不可能下这么大力气培养我"。

肉孜麦麦提·巴克：23 年砥砺之路，从和田巴郎到石油专家

"锦绣河山美如画，祖国建设跨骏马。我当个石油工人多荣耀，头戴铝盔走天涯……"20 世纪 60 年代，一曲《我为祖国献石油》表达出石油工人气壮山河的豪迈气概，这首歌曲是石油工人心灵的写照，也激励着一代代石油人投身祖国石油工业的建设。

20 年后，南疆和田的一位巴郎告别茫茫戈壁，走进油田、走进克拉玛依，成为了一名光荣的石油工人。他自学汉语，梳理采油岗位可能出现的 100 多项问题和导致问题的 600 多种原因，并编写了 50 多万字的双语对译培训教材；他自建网站，收录了石油生产专业性文章 4000 余篇，石油百科名词解释上万条，注册用户多达 13000 多个，点击量达到 40 多万人次；作为宣讲员，他在疆内外的大学、企业、社区、农村做了 200 多场报告……肉孜麦麦提·巴克，新疆油田公司重油开发公司采油作业五区采油 6 班班长，一位从和田县的偏僻村庄里走出的小巴郎，如今已成为全国优秀共产党员、全国劳动模范、中国石油集团技能专家，成了知识型现代产业工人楷模。这背后，是他对"知识改变命运"的笃信和作为共产党员的无私担当。2005 年的一天，肉孜麦麦提·巴克正式成为一名共产党员。也是从那一刻起，他暗下决心："要回报社会，帮助更多需要帮助的人，

通过实际行动践行共产党员无私奉献的精神。"为了帮助更多的少数民族员工学好汉语、掌握技术，他编写了《少数民族员工采油实际操作拼音教材》《少数民族员工专业汉语学习手册》等，已被新疆油田公司作为少数民族员工培训教材使用。此外，他还创办了"红柳石油网"，上传了很多专业性资料，供有需要的人免费下载使用。目前，网站收录石油生产专业性文章 4000 余篇，专业培训和鉴定资料 200 余篇，成果及技术革新 300 余篇。除此之外，肉孜麦麦提·巴克还经常在中国石油驻疆企业、克拉玛依各基层单位和南疆进行宣讲，他的故事鼓舞了很多人。

伟大的事业，源于伟大的梦想。环顾世界，很少有民族，能像中华民族那样，历尽如此多的苦难与辉煌；也很少有国家，在持续奋斗中，始终坚持同一个梦想。明天，他们将代表百万中国石油人出席党的"十九大"，他们将传达百万中国石油人的心声：做党和国家最可信赖的骨干力量。

放飞兴油梦，追逐中国梦，中国石油始终与祖国同行。

素材来源｜中国石油网　文｜宋清海

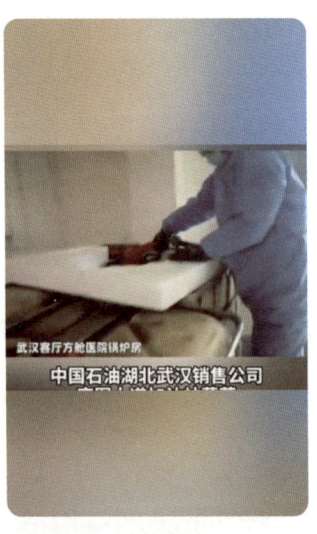

五年来，中国石油有哪些重大改革？一张图看尽

CNPC 中国石油 2017 年 10 月 21 日

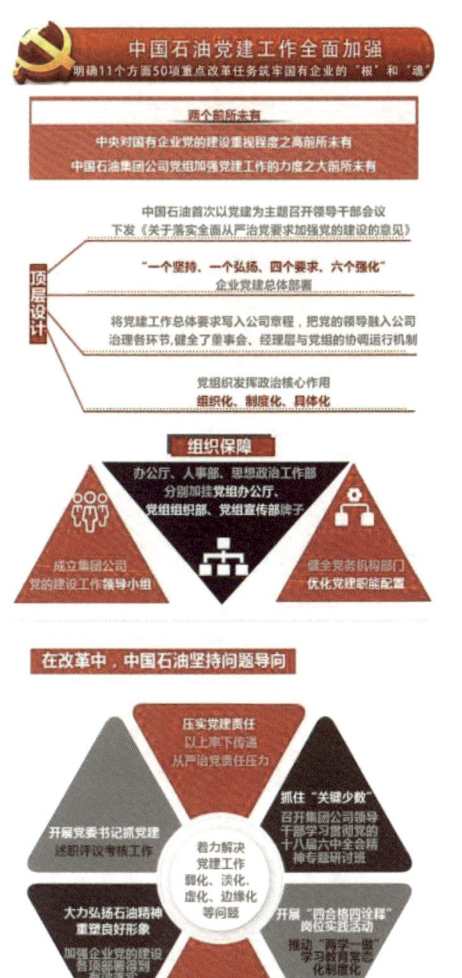

10 月 17 日，中国共产党第十九次全国代表大会举行新闻发布会，新闻发言人庹震向中外记者表示，党的十九大将对今后五年和未来一个时期中国改革发展作出新的战略部署，将站在更高起点上，谋划和推进改革，坚定不移将改革进行到底。改革只有进行时、没有完成时。中国改革的方向已经明确、不会动摇；中国改革的步伐坚定向前、不会放慢。

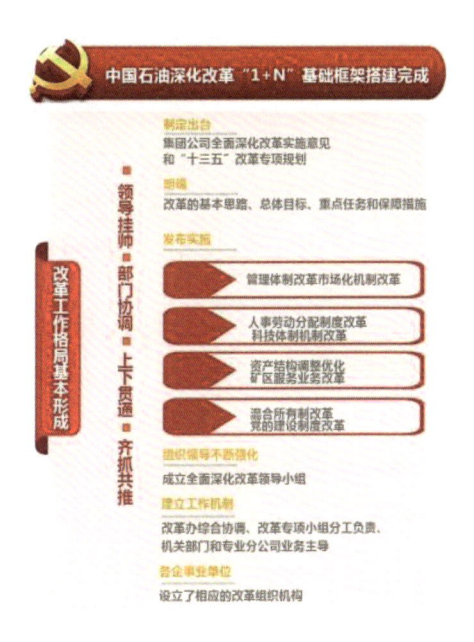

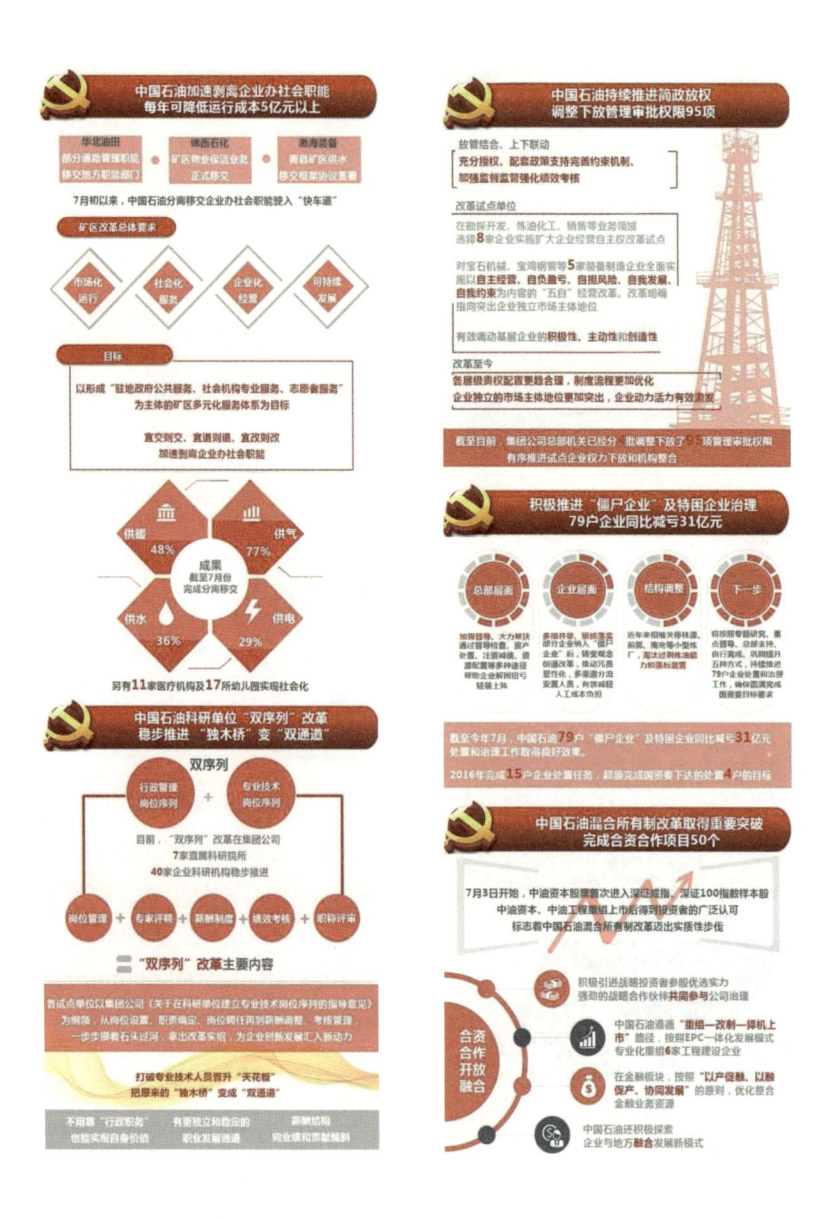

中国石油紧跟党的步伐，在改革的道路上也一直没有停歇，可以说一路改革、一路奋斗、一路创新。2014年3次、2015年4次、2016年8次，中国石油先后组织召开18次改革领导小组会议，研究审议53项重大改革议题，安排部署150多项改革任务。有媒体形容，这是中国石油近年来最具雄心的改革。

责任编辑｜杜赛男　制图｜张可烨

中国石油完成公司制改制！
石油人的铁饭碗一去不复返？

CNPC 中国石油　2017 年 12 月 21 日

12月19日下午，中国石油天然气股份有限公司公告称，"中国石油天然气集团公司"（以下简称"集团公司"）完成改制并更名。公告披露，经国务院国有资产监督管理委员会批准，集团公司由全民所有制企业整体改制为有限责任公司（国有独资），改制后名称变更为"中国石油天然气集团有限公司"。集团公司原有业务、资产、资质、债权、债务等均由改制后的公司承继，股东、公司住所、法定代表人、经营范围等均保持不变。

公司制改制是贯彻落实党中央、国务院决策部署的要求，今年7月国务院办公厅印发了《中央企业公司制改制工作实施方案》，根据国资委的安排，69家集团公司及2600多户下属企业年内将完成改制工作。

公司制改制对中国石油集团公司意义重大，有助于完善公司法人治理结构，形成有效制衡的公司法人治理结构和灵活高效的市场化经营机制，实现企业治理体系和管控能力的现代化。推动中国特色现代国有企业制度建立，真正实现加强党的领导和完善公司治理的有机统一。

公司制改制实现出资人所有权和企业法人财产权的分离，赋予企业独立的法人财产权，促使企业真正成为依法经营、自负盈亏、自担风险、自我约束、自我发展的市场主体，着力激发企业内生活力，切实转换经营机制，实现更好更快发展。

公司制改制既是国资委的统一安排，也是推进混合所有制改革的基础性制度。过去集团公司和下属企业是按照20世纪80年代的企业法注册的，这些全民所有制企业在法律形式、履行责任、规范行为等方面，不完全适应社会主义市场经济和建立现代企业制度要求。全民所有制企业没有明确股东，产权属全民所有。理论上，资产处置、转让等都是无法做的。

如今随着公司制改制的完成，公司明确了股东、治理结构和公司章程，资产处置就有了合法性。业内专家指出，公司制改制是混改、资产证券化等一系列改革的前置条件，对于央企建立现代企业制度至关重要。

改制后的公司将遵循《公司法》，注重现代产权制度，建立明确的以资产为纽带的现代国有产权管理体系。

中国石油进行公司制改制后，有些媒体断言：石油人的铁饭碗一去不复返。对于广大石油人关注的职工利益是否受影响的问题，中国石油集团公司改革与企业管理部有关负责人表示，此次公司制改制，在劳动关系方面，劳动合同签订主体并未发生根本变化，只是公司名称的变化，根据《中华人民共和国劳动合同法》第三十三条"用人单位变更名称、法定代表人、主要负责人或者投资人等事项，不影响劳动合同的履行"，现有员工正在履行的劳动合同继续有效，其权利和义务由改制后公司承继。

完成公司制改制后，依据公司营业执照等资料，由改制后公司向属地相关部门申请变更公司社会保险参保登记信息，并继续按时足额为员工缴纳各项社会保险费。

中国石油集团公司党组高度重视公司制改制工作，把公司制改制工作列为下半年六项重大改革工作之首，成立了董事长任组长的改制工作领导小组，明确改革与企业管理部牵头，办公厅、财务部、人事部、法律事务部等11个机关部门共同推进的工作机构。建立集团公司批复二级企业、二级企业批复下属企业的方案审批制度，突出了企业在推进改制工作中的主体责任，基本形成了一级抓一级、层层抓落实的工作机制。目前，下属企业的改制工作总体完成。

素材来源｜中国石油报

硬核！70年！一部中国石油科技创新简史！

CNPC 中国石油　2019 年 7 月 28 日

近日，庆祝新中国成立 70 周年中国石油科技创新成就展在北京召开，本次展览的主题是："激荡辉煌 扬帆远航"。

荣光掠影

中国石油发展史就是一部科技创新史。七十年硕果累累，七十载科技报国，期间共获得各类国家级科技奖项 617 项，省部级以上科技奖项近 5000 项。

星空璀璨

石油腾飞，科技图强。七十年来，中国石油之所以取得了多项"第一"和"之最"，正是源自科技创新的支撑与引领。穿越历史，仰望星空，回味新中国成立以来中国石油在勘探开发、炼油化工、油气销售、国际化经营、工程技术、工程建设、装备制造等业务领域拥有重大科技创新支撑的"第一"与"之最"。

绚丽绽放

七十年砥砺前行，强科技硕果累累。中国石油在各主营业务领域取得了具有重大影响力的 83 项获奖成果。特别是十八大以来的重大科技创新成果，全方位反映多角度展现了科技创新对中国石油集团跨越式高质量发展的支撑和引领作用。

第一阶段：大庆渤海湾突破，亿吨产量傲群雄（1949—1980）。

新中国成立，原油产量 7 万吨，中国现代石油工业起步。玉门油田，成为新中国石油工业摇篮。1959 年，松基三井，石破天惊，发现大庆油田；陆相生油理论，开发设计技术研究，理论创新，实践突破。1962 年，营 2 井喷油，复式油气理论创举,环渤海湾油气突破。1957年,吉林"三大化",新中国第一大化工基地。1963年,"五朵金花",突破技术封锁,攻克流化催化裂化,中国石油工业上下游初步成龙配套。

此阶段,中国石油年产油量突破1亿吨,缓和了特殊时期能源供应极其紧张的局面,支撑国家度过了严重失调的国民经济时期,周恩来总理宣布,中国石油产品基本自给。

获奖情况:国家技术发明二等奖17项,其他国家级获奖186项,共计203项。

第二阶段:西部挺进大发展,东部夯实稳增长(1981—1990)。

沙漠深层勘探,银河地震处理,凝析气田理论首创,助力西部大开发。轮南2井,获高产油气,塔里木大发现。塔中1井喷气,发现高产气田。沙漠公路惠民,技术领先国际。东部全面调整,控水稳油、三次采油,理论技术领先,稠、高、低联动。东部稳定增长。

此阶段,中国石油积极实施国家"稳定东部,发展西部"战略,原油年产量创历史新高1.25亿吨。

获奖情况:国家自然科学奖4项、国家技术发明二等奖1项、国家科技进步特等奖2项、一等奖12项,其他国家级获奖163项,共计182项。

第三阶段:两种资源共推进,旗舰出海融"五通"(1991—2005)。

中标塔拉拉,开启海外合作的先河。苏丹油田高效开发,喀土穆炼油厂建成投产,海外油气上下游配套。收购PK公司,中国大收购典范。阿姆河气田投产,为跨境输气工程奠定资源基础。2002年,大庆油田连续27年稳产5千万吨创奇迹,控水稳油技术建奇功;克拉2、苏里格勘探技术夯实西气东输气源;三次采油年产量达到1千万吨。

此阶段,中国石油积极实施国家"利用国内国外两种资金、两种资源、两个市场"的战略方针,原油年产量超过1.6亿吨,其中海外油气权益年产量达到了2260万吨。

获奖情况:国家自然科学奖4项、国家技术发明二等奖3项、国家科技进步特等奖1项、一等奖12项,其他国家级获奖127项,共计147项。

第四阶段:气贯山河狂飙进,四大通道连八方(2006—2012)。

天然气成因理论、水平井压裂技术等,助力天然气产量从年产366亿立方米上升到798亿立方米、超低渗透油田有效规模开发,四大气区快速上产,推动天

然气产业链形成发展。大庆油田持续4千万吨高产稳产创奇迹,技术驱动立新功;长庆油田超低渗透油气革命,油气年产量上升到4千万吨;海外油气权益产量超过5千万吨(2011年)。

此阶段,中国石油积极履行保障国家油气安全责任,年产油气超过2亿吨,油气战略通道关键技术逐步形成,中哈原油管道、中俄原油管道建成,西气东输2线投产,西南通道开始建设,海上通道逐步推进。

获奖情况:国家自然科学奖1项、国家技术发明二等奖5项、国家科技进步特等奖1项、一等奖5项、国际合作奖1项,其他国家级获奖45项,共计58项。

第五阶段:创新驱动建一流,昂首阔步新时代(2013—2019)。

特低渗透—致密油气理论技术助力长庆油田油气产量突破5千万吨(2013年)并持续稳产。中国石油的天然气产量突破1千亿立方米(2017年)并持续稳产,形成了关键理论技术;凹陷区砾岩油藏勘探理论技术指导发现玛湖特大型油田;中东巨厚复杂碳酸盐岩油藏亿吨级产能高效开发技术等,支撑海外权益产量持续超过5千万吨,首次突破9800万吨。水平井体积压裂技术助力页岩油气规模有效开发。油气管道系统完整性关键技术确保油气通道运行安全。收获中国石油历史上炼油领域第一个国家科技进步一等奖,千万吨炼厂百万吨乙烯技术体系完备。

页岩气工业示范区、龙王庙特大型气藏理论与技术等带动西南增长极快速建设；煤层气开发走上规模效益化；页岩油理论认识创新，资源战略接替迎曙光。创新驱动建设双一流企业。

此阶段：中国石油积极落实习近平总书记关于加大勘探开发力度的重要批示精神，争当"一带一路"倡议的先行典范，大力发展天然气清洁能源，圆满完成汽油、柴油质量升级，推动绿色发展建设美丽中国。

获奖情况：国家技术发明二等奖 6 项、国家科技进步奖一等奖 5 项，其他国家级获奖 16 项，共计 27 项。

十八大以来，中国石油集团高度重视科技创新工作，共取得 40 项重大标志性科技创新成果，其中上游勘探开发、工程技术装备 28 项，下游炼油化工 12 项。以上所有科技创新成果的取得，是因为建立了一套适合公司业务发展的科技创新体系。

2006—2015 年中国石油 10 年间的重大科技创新成果图书《中国石油科技进展丛书（2006—2015 年）》展示 46 本。

扬帆远航

奋进新时代，展示新担当。中国石油紧紧围绕全面建成世界一流综合性国际能源公司和世界一流示范企业的目标，坚持党对科技工作的领导，坚持实施创新战略，坚持业务主导、自主创新、强化激励、开放共享，加快突破关键核心技术，加快推进体制机制改革，加快建设一流人才队伍，加快构建开放创新生态，大力提升创新能力和竞争能力，驱动中国石油高质量发展，为我国建设世界科技强国贡献石油力量。

素材来源 | 科技管理部　文 | 撒利明　章卫兵

今天，向祖国报道！

CNPC 中国石油　2019 年 10 月 1 日

今天，新中国成立 70 周年，举国欢腾。从 1949 年到 2019 年，盛世华诞，这是壮丽的七十年，又是两万五千多个平凡的日夜，这是中华人民共和国的来时路，又是无数人的记忆史，不同的年代，不改的山河梦，不同的地域，不减的赤子情，不同的面孔，不变的中国心，在每个中国人的心中，祖国究竟意味着什么？

近日，共青团中央发起了"我和国旗合个影"活动。引起了巨大的反响。在这样特殊的日子里，又怎么能少了石油人的身影。

虽然他们中的很多人仍然需要假期坚守在岗位上，但他们依然用自己的方式，表达着对祖国的热爱。他们拿出国旗，纷纷合影，在天南海北，向祖国报到！

中国石油东方物探海洋物探处的队员们在南美洲阿根廷海域的 BGP 先锋号船头为祖国送上祝福，向祖国报到！

中国石油辽阳石化的员工为庆祝新中国成立 70 周年，和国旗合影，祝福祖国国泰民安，繁荣昌盛！向祖国报到！

中国石油西部钻探克拉玛依钻井公司在南缘施工的井队员工和国旗合影，祝福祖国繁荣昌盛。向祖国报到！

中国石油抚顺石化芳烃抽提车间的党员们穿着整齐的工服戴好安全帽，手中拿着小五星红旗来到装置现场。重温入党誓词，齐唱国歌，同国旗合影。向祖国报到！

中国石油管道公司沈阳输油气分公司铁岭输油站是东北管网最大的中间枢纽，建站 40 多年来，累计为国家输送原油 13 亿吨。今天，员工们为祖国加油，祝福祖国繁荣昌盛、国泰民安。向祖国报到！

中国石油上海销售公司苗圃加油站的员工和国旗合影。向祖国报到！

中国石油长庆油田采油六厂青年员工在延安革命纪念馆广场上高举国旗、拉开"祖国万岁"的横幅，举行国旗下宣誓活动，火红的工服映衬着火红的旗帜，

向祖国报到！

中国石油大连石化的员工们，十一期间仍然坚守岗位，在工作中为祖国点赞，向祖国报到！

中国石油大庆石化的员工，头顶宝石花，身处大庆蓝，在装置现场的晴空下，为祖国母亲庆生！向祖国报到！

中国石油乌鲁木齐石化公司炼油厂的设备技术员王国庆，就像他的名字一样，他和祖国同一天过生日。每年的国庆他基本都在值班，用保证装置平稳运行让更多人度过一个稳定祥和的节日，更要用自己的行动为祖国庆生。向祖国报到！

中国石油西部钻探试油公司 S80319 队的员工们在遥远的新疆玛湖 025 井大班作业现场与国旗合影。向祖国报到！

中国石油中油（新疆）石油工程有限公司中俄东线天然气管道工程（长岭—永清）线路施工第六标段项目施工现场和国旗合影，向祖国报到！

中国石油昆仑能源海南中油深南能源 LNG 储备库员工们与国旗合影，在祖国最南端祝福祖国繁荣昌盛！向祖国报到！

光阴滔滔，歌声坦坦，这是我们共同走过的 70 年，我和我的祖国"一刻也不能分割"。

文 | 杜赛男

图片素材来源 | 东方物探海洋物探处 廖晓阳、辽阳石化、西部钻探克拉玛依钻井公司 侯丽红、抚顺石化 吕爽、管道公司沈阳输油气分公司 孙秀丽、上海销售公司 郑尹杰、长庆油田采油六厂 蒋博、大连石化 杨倩 宋典明、大庆石化 袁小芳、乌鲁木齐石化 冉然、西部钻探试油公司 马勇、中油（新疆）石油工程有限公司 王强、昆仑能源

转发！绝不做"剩男剩女"！

CNPC 中国石油　2020 年 8 月 24 日

　　中共中央总书记、国家主席、中央军委主席习近平近日对制止餐饮浪费行为作出重要指示。他指出，餐饮浪费现象，触目惊心、令人痛心！"谁知盘中餐，粒粒皆辛苦。"尽管我国粮食生产连年丰收，对粮食安全还是始终要有危机意识，今年全球新冠肺炎疫情所带来的影响更是给我们敲响了警钟。

　　今天我们走进一段饥饿的年代，1960 年、1961 年、1962 年被称作"三年困难时期"。而大庆石油会战正是在那段时间开展的，缺衣少粮是常态。

　　1960 年 10 月，会战的 5 万大军尚处在脚跟未稳、半饥半饱之中的激战时刻，黑龙江省委和省政府来了一个要命的电文：素有中国北大仓之称的黑龙江省的储备粮已过"危险线"，大庆会战人员的粮食定量必须按国家规定全线下调。钻工从每月 56 斤减至 45 斤，采油工从 45 斤减至 32 斤，干部、专家和机关人员一律减到 27 斤，而且每人每月还要省下两斤爱国粮。面对艰难处境，石油工人大量开荒种地，大挖野菜，节约代用，填饱肚子。"每人每天 3 斤野菜，要当命令来执行！早晚喝稀饭野菜汤，中午吃野菜加粮食的菜团子！"尽管采取了一切可以采取的措施，饥荒还是不可避免地来临了。工人们每天"两稀一干"，饿得受不了了，就喝一口酱油汤、咸盐水坚持工作。

　　"最早食堂做饭的时候是 1：9 的比例，即 1 份代食品，9 份粮食，到了最艰苦的时候，实在没有东西吃，大家都饿得不行了，变成了 5：5 的比例。就靠这个，度过了最严寒的冬天和最饥荒的时候。"张学杰老人回忆。树皮、草籽、麦麸、野菜……要知道，工人们要出力气啊，抬起的都是几百斤的设备！因为长期缺乏营养，4000 多人患上了严重的浮肿病。看着虚胖，走几步路就出汗，身上用手轻轻一按就一个坑，半天都弹不回去。就是在这样艰苦的环境中，他们用青春，甚至是生命换来了大庆油田。就是这样一段历史，它无时无刻地在提醒我

们：铭记历史，牢记石油工人优良传统，绝不铺张浪费，珍惜粮食！

最后，我们倡议：杜绝"舌尖上的浪费"从我做起！

素材来源 | 大庆油田 长庆油田 大庆石化 西南油气田新闻中心 昆仑能源

文 | 宋清海　制图 | 张可烨

肩膀

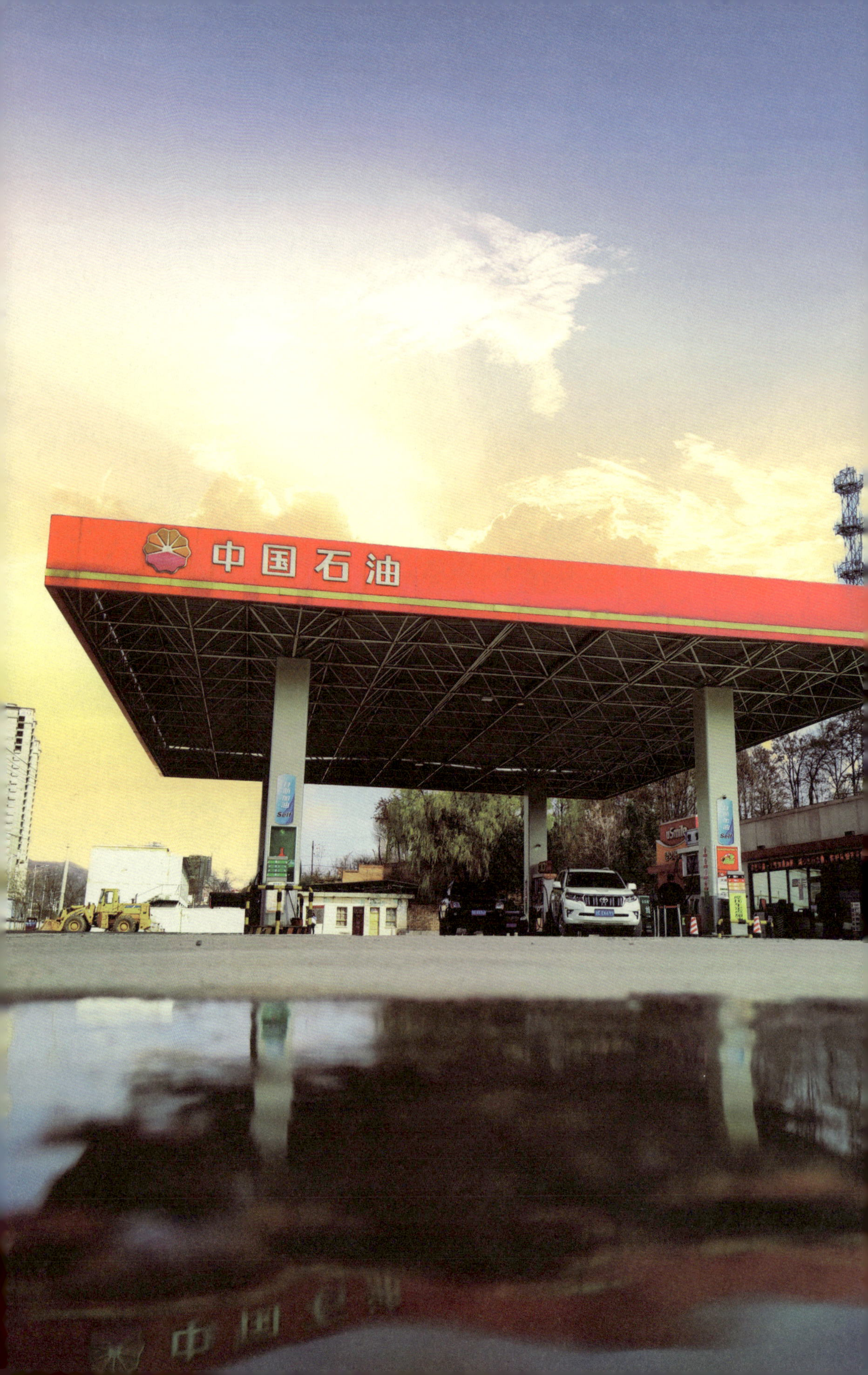
中国石油
Self

国家领导人见证！中国石油喜提两项大奖！

CNPC 中国石油　2019 年 1 月 8 日

中国石油 2 项成果喜获 2018 年度国家科学技术奖！

国家科技进步奖一等奖——"凹陷区砾岩油藏勘探理论技术与玛湖特大型油田发现"！

国家技术发明奖二等奖——"油气管道系统完整性关键技术与工业化应用"！

中共中央、国务院 8 日上午在北京人民大会堂隆重举行国家科学技术奖励大会。习近平、李克强、王沪宁、韩正等党和国家领导人出席会议活动。习近平等为获奖代表颁奖。李克强代表党中央、国务院在大会上讲话。韩正主持大会。2018 年度国家科学技术奖共评选出 278 个项目和 7 名科技专家。

2018 年度国家科学技术进步奖一等奖项目"凹陷区砾岩油藏勘探理论技术与玛湖特大型油田发现"：

主要完成人：支东明，唐勇，匡立春，陈新发，雷德文，李国欣，何文渊，曾军，瞿建华，阿布力米提·依明，潘建国，何开泉，徐洋，许江文，覃建华。

主要完成单位：中国石油天然气股份有限公司新疆油田分公司，中国石油天然气股份有限公司勘探开发研究院，中国石油集团东方地球物理勘探有限责任公司，中国石油集团工程咨询有限责任公司，南京大学，中国石油大学（华东），长江大学，西南石油大学，中国石油大学（北京），中国石油集团测井有限公司。

刚刚捧回国家科技进步一等奖奖牌的新疆油田公司副总经理、总地质师支东明激动地说："玛湖大油田的发现是经过几代石油人坚持不懈努力探索的结果，是中国石油勘探战线'我为祖国献石油'精神的集中体现，更是全体石油人的荣光。"2016 年，国内原油产量低于 2 亿吨安全底线。"立足国内、发现大油田、保底 2 亿吨"已上升为国家重大战略之一。中国石油践行国家战略，挑战凹陷区不发育规模粗粒沉积，难以形成规模效益油气藏的传统学科认识，以准噶尔盆地玛湖凹陷为试验区，探索凹陷区砾岩这一全新勘探领域。历经十余载艰辛攻关，依靠自主创新，填补了理论认识空白，在国际上创立了凹陷区砾岩油藏勘探理论技术体系，创新了3项理论认识和3项技术，发现了玛湖十亿吨级特大型砾岩油田。

此成果已获中国石油重大发现特等奖1项，省部级科技进步一等奖3项，2016年、2017年连续两年荣获中国地质学会"十大找矿成果"。此成果也标志着油气勘探新领域探索成功，使世界资源潜力巨大的凹陷区砾岩有望成为21世纪油气勘探的重大接替领域。

此外，中国石油大学（北京）、中油管道检测技术公司、中国石油集团管材研究所等完成的"油气管道系统完整性关键技术与工业化应用"，发明了管道三维三轴高清漏磁内检测器及高精度变形检测装置、油气生产大型动力机组精确诊断系统、管道及动力设施完整性评价技术、管道不停输修复等技术，解决了我国管道内检测精度低、螺旋焊缝不能检测、动设备全面微弱早期诊断难、完整性评价不能量化等关键性技术难题，喜获2018年度国家技术发明奖二等奖。

据悉，近年来，中国石油将创新列为集团"十三五"规划四大战略之一，让创新成为引领发展的第一动力。"十二五"以来，中国石油已累计获得国家科技奖40项。

中央和国家机关有关部门、军队有关单位负责同志，国家科技领导小组成员，国家科学技术奖励委员会委员，2018年度国家科学技术奖获奖代表及亲属代表，首都科技界代表和学生代表等约3300人参加大会。

素材来源 | 中国石油报 新华社 澎湃新闻 新疆油田

刚刚，30 余家境外供应商与中国石油签约

2020 年 11 月 5 日

11 月 5 日，在第三届中国国际进口博览会举办之际，以"风雨同舟、共谋发展、共创未来"为主题的中国石油国际合作论坛暨签约仪式在上海成功举办。

本次论坛开启了"国际油气企业高层对话"，围绕后疫情时代维护油气产业链供应链稳定发展、全球能源形势展望与能源转型、国际油气合作新模式以及应对低油价战略举措等议题，中国石油与各方展开深入研讨与交流。

中国石油天然气集团有限公司董事长戴厚良、麦肯锡公司全球资深董事合伙人洪晟、埃克森美孚（中国）投资有限公司董事长万立帆分别发表了主旨演讲，论坛开幕式由中国石油天然气集团有限公司副总经理吕波主持，国际能源论坛（IEF）前秘书长孙贤胜主持了"国际油气企业高层对话"。

中国石油天然气集团有限公司董事长戴厚良在演讲中指出，2020 年是非同寻常的一年，百年未有之大变局正加速演进，新冠肺炎疫情全球大流行，叠加油价暴跌，能源行业面临的风险与挑战前所未有。疫情使世界经济深度衰退，逆全球化进一步加剧，单边主义、保护主义盛行，国际贸易和投资大幅萎缩。能源行业作为世界经济发展的晴雨表，受经济下滑影响明显。全球油气市场严重供过于求，国际油价深度下跌，甚至由于规则不完善出现了史无前例的负油价。

戴厚良表示，全球能源产业正面临着全方位、颠覆性的深刻变革，能源转型是大势所趋。一是能源供给结构进一步清洁低碳化，氢能、风能、太阳能、生物质能等新能源、可再生能源项目成为国际油气公司转型、保持竞争力的重要选择；二是能源利用效率不断提高，"电气化"水平逐步提升，对传统油气行业的冲击影响不容低估；三是新一代能源技术创新持续推进，IPC 技术、云平台、物联网、5G、大数据、人工智能等新技术与实体经济的深度融合将成为全球能源转型的重要驱动力量。传统能源企业将不得不加速变革推动转型以适应新趋势。

同时，新趋势也孕育着新机遇，为能源国际合作提供了新动能、新领域、新方向。能源合作的范围进一步扩大，形式更加多元化、综合化。通过加强合作共克时艰、发掘新机遇、谋求可持续发展，无疑是全球能源企业正确的选择。

戴厚良指出，面对复杂严峻的国际政治经济形势，坚定不移推进国际合作，助力中国和全球油气市场复苏，打造世界企业公民，一直是中国石油的责任和担当。今年是中国"十三五"规划的收官之年，也是"十四五"规划的布局之年。作为一家综合性国际能源公司，中国石油始终把发展放在全球能源格局中去定位和思考，确立了建设世界一流综合性国际能源公司的战略目标，逐步形成了创新、资源、市场、国际化和绿色低碳五大发展战略，构建了上下游、甲乙方、国内外综合一体化发展格局。面对今年的严峻形势，中国石油迅速做出反应，制定实施提质增效行动方案。目前，公司生产经营逐步恢复正常，6月份以来已实现月度正常盈利，前三季度已实现利润大幅转正。

戴厚良表示，"十四五"期间，中国石油将坚定不移贯彻新发展理念，坚持稳中求进工作总基调，以推动高质量发展为主题，紧紧围绕建设世界一流综合性国际能源公司目标，更加突出创新驱动，更加突出资源的低成本多元化可持续，更加突出市场导向，更加突出提升国际化竞争运营能力，更加突出绿色低碳。希望通过我们的努力，到2025年基本实现高质量发展，到2030年全面实现高质量发展目标。

戴厚良表示，中国石油今天取得的成绩，离不开资源国政府与国际同行的大力支持，也离不开各战略合作伙伴、供应商、服务商的鼎力相助、精诚合作。行业的冬天终将过去，但其对能源行业的加速转型和国际化经营模式的改变是实质性的、长远的。唯有转变思维、主动求变，才能在全球能源转型中抓住机遇；唯有扩大合作、顺势而为，才能保存实力，创造价值。

在未来，中国石油愿继续秉承"开放、包容、合作、共赢"理念，与各国合作伙伴、各界朋友一起，深化全产业链国际合作，构建新型能源合作伙伴关系，关注新的合作领域，找到新的合作方向，创造新的合作方式。

戴厚良指出，未来一个时期，中国石油一方面将在天然气及LNG一体化、页岩气开发和深水超深水等重点业务领域加快创新与合作步伐；另一方面，将发力新能源新材料领域，塑造新业态，围绕产业链部署创新链，依靠创新链提升价值链，加快数字化转型，推动公司创新与合作迈上新台阶。

此外，世界能源格局正呈现多元化、清洁化、低碳化，绿色低碳是未来发展方向。习近平主席在第 75 届联合国大会上提出，中国将力争于 2030 年前达到二氧化碳排放峰值，2060 年前实现碳中和。因此碳捕集、利用与封存（CCUS）是实现碳中和的重要渠道，由中国石油主导的新疆 CCUS 中心是油气行业气候倡议组织（OGCI）在全球部署的首批 5 个 CCUS 产业促进中心之一，体现了中国石油参与全球气候治理的决心。

戴厚良表示，未来，中国石油将通过合资合作，早日建成 CCUS 示范项目，助力构建"低碳、清洁、安全、高效"的能源体系；坚持油气并举、常非并重，加快天然气业务发展；打造绿色低碳能源产业增长极，走出一条有中国特色的能源转型之路，努力实现 2060 年"净零"目标。

戴厚良表示，面对新形势新挑战，在高度专业化分工的今天，孤军奋战没有前途，唯有构建新型能源合作伙伴关系，进一步深化国际合作、取长补短，才能实现互利共赢，不断创造新的价值。为此，他提出三点倡议：

第一，共同营造开放包容的合作环境。世界石油工业一直是全球化的先锋，因其独特的大宗商品属性和世界范围内的流通属性，更加需要开放、包容、非歧视的行业发展生态，共同保障全人类的能源资源安全。中华文化讲究一个"和"字，让我们以和为贵、和气生财，在开放包容的合作环境中和谐发展。

第二，共同激活创新引领的合作动能。让我们共同致力于消除"数字鸿沟"，研究能源合作的新业态新模式，加快数字领域国际合作，应用数字技术推动油气行业的增长和转型，打造发展新平台，推动能源经济不断焕发生机活力。

第三，共同开创互利共赢的合作局面。让我们加强战略合作，依托重点骨干项目，推动油气合作示范区建设，推动油气基础设施实现互联互通；大力开展人文交流、人才培养和技术合作，建立和培育多样化伙伴关系，不断形成更多务实合作成果。

吕波表示，2020 年，新冠肺炎疫情全球蔓延，严重冲击世界经济，全球油气市场也出现前所未有的剧烈动荡，引发对长期能源投资和安全供应的担忧。我国政府始终坚持科学防控疫情，积极复工复产，始终坚定不移地扩大改革开放，持续优化营商合作环境，大力推动形成以国内大循环为主体、国内国际双循环相互促进的新发展格局。昨天第三届中国国际进口博览会如期举办，正是印证我国抗击疫情斗争取得的重大胜利和坚定不移全面扩大开放的决心之举。

据悉，在中国石油国际合作论坛期间，中国石油分别与沙特阿拉伯石油公司、斯伦贝谢、西门子、贝克休斯、卡特彼勒和霍尼韦尔等 30 余家境外供应商签署了 30 多份采购合同。国资委、中国石化、中国海油国际咨询机构以及中国石油主要业务领域合作伙伴与供应商的相关负责人共计 160 多人参加了论坛。

据悉，中国目前已是全球第五大产油国，第一大炼油国和第一大石油消费国。中国石油自 1993 年开启国际化发展道路，截至目前，中国石油国际化经营的规模实力已在全球同类国家石油公司中居于首位。

多年来，中国石油始终秉持优势互补、互利共赢的理念，坚持"引进来"与"走出去"相结合，通过多种方式开展国际合作与交流。特别是参与"一带一路"建设七年来，中国石油目前在全球 35 个国家参与投资和运营 95 个油气项目，2019 年海外油气权益产量当量首次突破 1 亿吨，成为中国企业国际化经营的里程碑。

未来，中国石油将继续拓宽国际油气领域合作，搭建更高层次的合作平台，推动全球油气资产组合管理；坚持多元合作和全球资源配置，构建新的高端战略联盟，发展以战略供应商关系管理为主线的集中采购和当地采购；加强资本合作，着力提升国际商务运作和资本运营水平；共同参与全球能源治理，加强在节能减排、企业社会责任履行等方面的合作。

新疆玛湖地区发现十亿吨级砾岩油田

CNPC 中国石油　2017 年 12 月 1 日

　　11 月 30 日,中国石油新疆油田公司对外发布,在新疆准噶尔盆地玛湖凹陷中心区发现十亿吨级玛湖砾岩大油区。这是目前发现的世界上最大的砾岩油田。

　　1955 年,位于准噶尔盆地西北缘断裂带的克拉玛依 1 号井喷出黑色油流,发现了新中国第一个大油田——克拉玛依油田。自 20 世纪 90 年代以来,新疆油田跳出西北缘断裂带走向玛湖地区勘探,但由于国内外缺乏凹陷区砾岩油藏理论指导和勘探技术支撑,勘探成效甚微。2005 年中国石油针对资源潜力、沉积、成藏模式不清等勘探难题,集中优势科技资源,围绕碱湖烃源岩生油模式、浅水扇三角洲沉积模式、源上砾岩大油区成藏理论及砾岩勘探关键技术等方面的难题展开攻关,玛湖地区勘探随之连获重大发现。"玛 131 井获得工业油流开启了该区域油气勘探新的序幕。"中国石油集团专家唐勇介绍到,玛湖剩余资源巨大,通过近期整体研究发现,还有已出油圈闭未交储量 4 亿吨、新发现圈闭资源量 8 亿吨,玛湖地区还具备再发现 10 亿吨以上储量的资源条件。据新疆油田公司介绍,在持续勘探发现的同时,产能建设顺利推进。2016—2017 年玛湖地区已新建产能 138 万吨,"十三五"期间计划建产 600 万吨以上,玛湖地区已成为新疆油田规模增储和上产的石油新基地。"玛湖地区的环烷基原油属于世界原油中的稀缺资源。"唐勇认为,玛湖地区勘探成果不仅为我国能源安全提供保障,而且对新疆社会发展、加快"一带一路"建设提供了坚实的资源基础,同时为其他凹陷区砾岩勘探提供理论技术,让再造一个克拉玛依油田成为现实。

中国石油又获重大突破！亿吨级增储战场已形成！

CNPC 中国石油 2019 年 2 月 28 日

2 月的最后一天，中国石油又传捷报！中国石油大港油田页岩油勘探开发实现重要突破！形成亿吨级增储战场！

截至 2 月 27 日，大港油田页岩油水平井官东 1701H 井、官东 1702H 井已自喷超 260 天，原油日产稳定在 20～30 立方米，官东地区已形成亿吨级增储战场，标志着中国石油在渤海湾盆地率先实现陆相页岩油工业化开发。

关于页岩油

"页岩油"这个名词大家一定不陌生，能源圈"热词榜"上的"常客"，今天小编要好好跟大家好好聊聊关于这位"红人"的相关信息。

什么是页岩油？有什么特殊之处？首先我们要了解页岩。页岩是含油气盆地中具有页片状的泥质岩，而页岩油就是储集在页岩之中的石油资源。之所以说他特殊，主要有以下原因：首先，页岩油是源内成藏，而常规油藏和致密油等都是源外成藏。简单地说就是，常规油藏在生油岩中形成后，往往会运移聚集到其他地方成藏，而页岩油则继续留在生油岩中。也就是说，如果按照以往经验，我们根本不会考虑在生油岩中找油，而页岩油的突破也为我们打开了新世界的大门。其次，页岩的储集性能较常规油藏差很多，渗透率极低。常规油气储集性能很好，渗透率 50 个毫达西以上甚至上千个毫达西，而页岩油的储集能力多用纳米级来表征。这也解释了为什么以前普遍认为页岩油不具备自然产能。

页岩油的开采难度

在现场第一次见到页岩岩心时，大家都震惊了。"这看着跟磨刀石一样""滴水都渗不进去，里面真的有油吗？"你没有听错！就是有油，而且含量还不低！

相关人员告诉小编，100斤这样的石头差不多就含有1斤油。有小伙伴说："页岩油的开采几乎就是在磨刀石的石头缝里要油"，这话一点没错，其难度也可想而知。还有不少朋友看到过相关新闻，北美页岩油勘探开发方面已经取得很好成效，美国已经率先实现了页岩油的规模化商业开采，心生羡慕。但小编必须要说，国内外页岩油地质条件有很大差别。地质条件上讲北美是海相盆地，地层年代老，页岩面积大，分布稳定，演化程度高。而我国目前来看多是中新生代陆相盆地，页岩层系分布相对复杂，演化程度也低一些。陆相盆地地质条件复杂，地面条件也较复杂，需要在理论研究和工程技术方面加大科技攻关和投入，学习借鉴国外先进技术，加强联合攻关，特别要立足实际，加大自主创新力度，才能取得成功。

页岩岩心

大港油田岩心库

针对难题采取的对策

为了攻克这些难关，大港油田采取了以下措施：

（1）创新理念，破解常规油勘探观念禁区，成功定位陆相页岩油勘探开发主战场；

（2）深化研究，进行厘米级岩心精细描述和上万块次的分析，创新形成破解认识"雾区"；

（3）强化攻关，创新形成了3项国内外专利技术和16项配套技术，支撑了页岩油勘探开发；

（4）大胆实践，通过勘探开发一体化、地质工程一体化等管理创新，带动页岩油勘探开发整个产业链向高端迈进。

经过三年多创新实践，官东1701H、官东1702H两口页岩油水平井以260

余天的长时间稳产，累产上万立方米，实现了陆相页岩油工业化开发，为中国陆相页岩油革命奠定了重要基础。

页岩油勘探开发具有重要意义

我国是全球第二大石油消费国，原油对外依存度突破 70%。页岩油勘探开发对我们来说意味着什么？据 IEA 国际能源署预测，中国页岩油资源丰富，可采资源量约 45 亿吨，仅次于俄罗斯和美国，全球排第三位，是未来重要的战略性接替资源。

加快页岩油业务发展是中国石油贯彻落实习近平总书记关于大力提升国内勘探开发力度的重要批示精神，保障国家能源安全的战略举措。

大港油田陆相页岩油勘探开发实现重要突破，官东地区亿吨级增储战场的形成，推动了国内陆相页岩油的勘探开发，为打造我国新的石油增长极奠定了基础，对于保障国家能源安全和经济发展具有重大意义。

文｜康梦颖　制图｜张可烨

今年，一亿吨

CNPC 中国石油　2019 年 8 月 1 日

2019 年海外油气权益产量当量将突破 1 亿吨！

7 月 27 日，紧随中国石油集团领导干部会议，中国石油集团 2019 年国际合作与外事工作会议在京召开。93 家中国石油集团海外业务发展相关企业的 260 多名代表，深入学习习近平外交思想和中央外事工作会议精神，贯彻落实第二届"一带一路"国际合作高峰论坛，以及刚刚结束的中国石油 2019 年领导干部会会议精神。会议系统总结"十三五"以来国际化经营、外事及"一带一路"建设成果，深入分析面临的形势任务，安排部署"十三五"后两年工作，进一步统一思想、勇担责任使命，大力提升国际化经营和外事工作水平，推进世界一流综合性国际能源公司建设。会议表彰了 2016—2018 年度"一带一路"油气合作先进单位和个人，外事工作先进单位和个人。6 家荣获先进单位的代表交流分享了国际合作与外事工作经验。

"十三五"前三年，抓住"一带一路"建设机遇，充分发挥综合一体化优势，海外油气权益产量当量年均增长 1000 万吨

进入"十三五"以来，在国家推进"一带一路"建设的大环境中，中国石油乘势而上，大力实施国际化战略，充分发挥综合一体化优势，推进海外油气业务优质高效发展，各项工作亮点纷呈，取得了一系列重要成果。

海外战略布局持续完善，在 34 个国家运营管理着 92 个油气合作项目，上中下游产业链协同发展局面更加凸显。综合实力显著增强，国际化经营规模实力位居中国企业前列。

海外油气产量当量快速增长，经营效益连创新高。中油国际积极应对各种风险挑战，及时调整经营策略，强化勘探管理，狠抓老油田稳产和新区上产，自主

勘探成效显著，油气开发水平持续提升，重点工程建设有序推进，五大油气合作区建设不断迈上新台阶，油气储量产量稳步增长，三年新增油气可采储量当量2.3亿吨，油气权益产量当量年均增长1000万吨。

国际贸易规模持续扩大，实现量效齐增。充分利用国内国外两种资源两个市场，积极服务油气两条业务链，全面落实四大战略通道资源，加快推进海外三大油气运营中心建设，保障了企业生产经营的顺畅运行和产业链价值增值。强化制度建设和流程管理，稳健开展期货交易，用好上期所等期货平台。2018年实现贸易量4.8亿吨，销售收入突破1万亿元。截至目前，贸易营销网络遍及80多个国家和地区。

海外工程服务业务结构不断优化，保障能力和盈利能力显著提升。围绕海外重点增储上产工程，密切甲乙方配合，优化施工资源，提升管理标准和技术实力。目前，海外工程服务业务年均新签合同额超过100亿美元，共有1356支服务队伍在77个国家和地区开展业务。工程技术服务业务加大统一协调力度，控制队伍总量，开展提速提质提效工程，海外收入和利润持续增长。工程建设业务规范成员企业管理，强化现场和质量管控，优化施工流程，深化战略合作，内部施工效率和外部高端市场份额持续提升。

装备制造出口业务强化"制造+服务"，产品质量和服务水平大幅提升，物资装备出口到80多个国家。金融支持业务有效发挥"四个平台"职能，为海外业务提供一揽子服务保障，产融结合的红利持续释放。

深化国内对外合作，质量效益快速提升。国内对外合作坚持"走出去"与"引进来"相结合，深化与国际同行的互利双赢。2018年，国内对外合作油气当量产量突破1000万吨。利用对外合作平台，学习借鉴先进理念，完善项目管理模式，加大新技术新工艺的引进力度，有效发挥了对上游和海外业务的推动作用、技术管理创新的示范作用和对外开放的窗口作用。

加强外事管理，为国际化经营保驾护航。按照党和国家关于外事工作的新精神新要求，完善外事管理工作机制，确保了重大交流合作顺利开展。深入开展国际交流与合作，成功举办"一带一路"圆桌会议和中俄能源商务论坛等。全力提升中国石油的品牌价值和影响力。2019年，中国石油在全球品牌价值500强中，位列第35位，行业排名第2。

落实"一带一路"倡议，"五通"建设进展顺利。中国石油与"一带一路"沿线节点国家成功签署一批重要协议，扩大了合作成果。中亚天然气管道、中哈原油管道等油气通道发挥设施连通作用，年输油能力达到 6300 万吨、输气能力 602 亿立方米。亚洲油气运营中心、欧洲油气运营中心和中亚俄罗斯资源市场持续完善，"一带一路"沿线地区油气贸易规模年均增长 10% 以上。中国石油先后为海外 17 个国家 29 个产能合作项目提供投融资支持，金额高达 400 多亿美元。中国石油企业累计在沿线国家捐资助学、架桥修路、赈灾救灾、改善医疗、培养人才和支持当地文化生活设施建设，惠及当地人口超过 300 万人。

强化改革创新，海外业务的发展基础更加牢固。中国石油通过理顺海外油气业务体制机制，搭建了权责清晰、反应快速、管理高效的组织架构，管理体制更加优化。通过强化技术攻关与集成，完善了对口技术支持体系，加速瓶颈技术突破，加快国内先进技术国外推广应用。通过开展海外项目 HSSE 体系审核，提升本质安全水平。经过 20 多年的发展，中国石油国际化经营规模和实力得到大幅提升。

"十三五"后两年，保持战略定力，打造油气合作利益共同体，2020 年，海外油气权益产量当量要达到 1 亿吨以上

当前，全球能源行业进入大变革大调整时期。一方面，中国石油的发展仍处于重要战略机遇期，海外业务发展存在很多有利因素和条件。另一方面，全球油气地缘政治复杂多变，全球原油需求增长放缓等挑战严峻，油气行业数字化变革和转型更加紧迫，对国际业务优质高效发展提出更高要求。面对新形势挑战，"十三五"后两年，中国石油将进一步增强责任感和使命感，提高政治站位，保持战略定力，充分发挥集团整体优势，优化资产结构和布局，深化高端合作，持续发力、久久为功。切实肩负起"一带一路"建设主力军的责任使命，实现海外业务优质高效发展。

着力抓好海外勘探开发和生产运行，确保产量效益双增长。按照"做优中亚俄罗斯、做大中东、做强非洲、做特美洲、做实亚太"的思路，以经济效益为中心，努力推进由传统生产与管理向精益化生产与管理转变，由靠投资拉动向靠创新驱动转变，由生产经营型向生产经营与资产经营并重转变。通过加大勘探力度，夯实资源基础；深化精细开发，确保产量稳中上升；抓好重大项目建设，提高产量贡献；加大新项目开发力度，增强发展后劲；开展资产优化，持续提升创效能力。2020 年，海外油气权益产量当量要达到 1 亿吨以上。

着力抓好国际贸易运营水平，提升全球油气资源配置能力。发挥好与油气生产、炼化、销售的协同创效作用，积极探索海外上游业务和油气贸易业务深度融合的新途径新模式，加速构建全球油气贸易体系，2020年国际贸易量达到5.5亿吨。服务国内炼化加工需要，降低原油采购成本。加大成品油出口力度，优化天然气进口，组织好LNG资源采购，保障国内市场稳定供应。按照"优化全球资源、提升资源价值、融通全球市场"的功能定位，持续完善欧洲、亚洲、美洲油气运营中心建设，布局中东中亚，不断拓宽新的发展空间。

着力抓好海外工程服务业务能力提升，不断扩大市场份额和盈利空间。坚持市场化、专业化方向，不断完善甲乙方运作机制，保持合理队伍规模，扩大高端市场份额，提高自我发展能力。2020年新签合同额和营业收入分别达到150亿美元和120亿美元左右。工程技术服务业务要加快管理和技术创新，打造综合服务商，持续提升市场竞争力、品牌影响力和国际化运营能力。工程建设业务要突出油气田地面、油气储运、炼化工程三大核心业务，紧盯新能源和海上等新兴业务，培育特色优势，优化业务结构，力争"十三五"末设计、制造、施工及EPC能力全面达到国际先进水平。装备制造企业要加快转型升级，调整产品结构，大力推动中亚、中东、东南亚等地区的产能合作，不断扩大装备产品出口规模。金融支持要全面强化平台功能建设，发挥境外资金集中管理中心、境外信贷中心和境外融资中心职能，降低海外业务融资成本。国内对外合作要抓好现有项目执行，力争在风险勘探、非常规油气、未动用储量、老油田提高采收率等领域开发一批新项目，强化新技术和先进管理经验的引进推广，处理好与合作伙伴的关系，2020年完成油气当量1200万吨。

着力抓好"一带一路"油气互联互通，打造更加紧密的利益共同体。以大型油气合作项目为抓手，将"一带一路"区域建设成为海外油气业务主要效益贡献区、跨境通道资源保障区、国内外市场联动调节区、优势服务产能重要合作区。积极构建与"一带一路"沿线资源国政府、合作伙伴的定期交流机制。积极参与国家"一带一路"国际合作高峰论坛，继续办好"一带一路"油气合作圆桌会议、中俄能源商务论坛，坚持共商共建共享原则，合作开发大项目，推进油气战略通道建设，推动油气合作向更宽领域、更深层次、更高水平发展。积极履行社会责任。尊重业务所在地的文化习俗，建立与资源国长期稳定的合作关系，将业务发展融入当地经济社会发展，扩大就业机会，支持属地企业发展，积极创造社会价值。持续提升中国石油形象和品牌美誉度。

着力抓好科技创新、精益管理和风险防控工作，发挥引领支撑作用。以科技创新为龙头，带动管理升级，推动重大风险防范化解，实现要素驱动向创新驱动转变。加大瓶颈技术突破力度。以国家和中国石油重大专项为依托，确定科技创新主攻方向，完善科技条件平台建设，优化项目管理模式，重点解决好海外复杂油气田勘探等技术难题，创新发展全球油气资源评价方法。推行精益管理。持续对标国际一流，学习借鉴国际同行经验，构建符合国际惯例、与海外业务发展阶段相匹配的管理体系。严格管控风险。持续完善HSSE管理体系，抓好关键领域体系审核，加强承包商管理，提升改进运行效果。着力抓好海外队伍建设。加强人才队伍建设，建立梯队培养制度，加大优秀人才引进和使用力度，畅通人才成长通道。对急需高端人才，探索推行适合薪酬分配形式，薪酬水平可率先与市场接轨。构建职业经理人和市场化用工体系，调动各类人才的积极性。

新征程时不我待，新目标催人奋进。自开展国际油气合作26年来，尤其是进入"十三五"以来，中国石油国际合作以建设世界一流综合性国际能源公司为目标，攻坚克难，稳健发展，国际化经营规模和实力大幅提升。面向未来，奋战在中国石油国际合作与外事工作战线的全体干部员工将一如既往地不畏艰难、砥砺前行，以更加奋发有为的精神状态，开创海外业务优质高效发展新局面，为推动集团公司高质量发展、推进"一带一路"建设、保障国家能源安全做出新贡献。

数说中国石油国际合作

成果：

（1）过去三年海外新增油气可采储量当量2.3亿吨，油气权益产量当量年均增长1000万吨。

（2）2018年实现国际贸易量4.8亿吨，海外销售收入突破1万亿元。截至目前，贸易营销网络遍及80多个国家和地区。

（3）海外工程服务年均新签合同额超过100亿美元，共有1356支服务队伍在77个国家和地区开展业务，物资装备出口到80多个国家。

（4）2018年，国内对外合作油气当量产量突破1000万吨。

（5）中国石油在全球品牌价值500强中，位列第35位，行业排名第2。

（6）中亚天然气管道、中哈原油管道等年输油能力达到6300万吨、输气能力602亿立方米。

（7）亚洲油气运营中心、欧洲油气运营中心和中亚俄罗斯资源市场持续完善，"一带一路"沿线地区油气贸易规模年均增长 10% 以上。

（8）先后为海外 17 个国家 29 个产能合作项目提供投融资支持，金额高达 400 多亿美元。

（9）在沿线国家捐资助学、架桥修路、赈灾救灾、改善医疗、培养人才和支持当地文化生活设施建设，惠及当地人口超过 300 万人。

目标：

2020 年，海外油气权益产量当量要达到 1 亿吨以上，国际贸易量达到 5.5 亿吨，海外工程服务业务新签合同额和营业收入分别达到 150 亿美元和 120 亿美元左右，国内对外合作要完成油气当量 1200 万吨。

素材来源 | 中国石油报　特约记者 | 陆如泉　记者 | 孙秀娟 张景瑜

#油宝播报# 【亚洲陆上最深井诞生！塔里木油田轮探 1 井深度达 8882 米】中国石油重点风险探井轮探 1 井钻至 8882 米后转入钻井完井阶段，成为亚洲陆上第一深井。轮探 1 井位于新疆轮台县境内，目的层为寒武系肖尔布拉克组，对塔里木油田建设 3000 万吨大油气田、寻找战略接替层系具有重要意义。

中国石油勘探发现 10 亿吨级大油田及万亿立方米页岩气大气区！

CNPC 中国石油　2019 年 9 月 29 日

9 月 29 日，中国石油在北京召开油气勘探成果新闻发布会，公布了两项非常规油气领域的重大勘探成果。今年在鄂尔多斯盆地长 7 生油层内勘探获得重大发现，新增探明地质储量 3.58 亿吨，预测地质储量 6.93 亿吨，发现了 10 亿吨级的庆城大油田。在四川盆地页岩气勘探获得重大进展，在长宁—威远和太阳区块新增探明页岩气地质储量 7409.71 亿立方米，累计探明 10610.30 亿立方米，形成了四川盆地万亿立方米页岩气大气区。

发布会上，中国石油天然气股份有限公司副总裁李鹭光介绍了鄂尔多斯盆地长 7 生油层内勘探和四川盆地页岩气勘探工作开展情况和中国石油在非常规油气领域发展前景，并回答了媒体记者提问。

近年来，中国石油全面贯彻落实习近平总书记关于大力提升勘探开发力度，保障我国能源安全的重要指示批示精神，按照"国内勘探与生产业务加快发展规划方案"总体部署，加大科技创新和关键技术攻关，解放思想、大胆探索，积极向生油气源岩内挺进，在鄂尔多斯盆地、四川盆地取得了重大勘探成果。

在生油层内非常规勘探开发领域，中国石油在成藏地质理论、工程技术、规模有效开发等方面持续攻关，在鄂尔多斯、准噶尔、渤海湾、松辽、三塘湖等盆地生油层内勘探开发见到初步成效。特别是在鄂尔多斯盆地，自 20 世纪 70 年代勘探发现长 7 油层以来，历尽艰辛，先后经历了"生烃评价、兼探认识""探索技术、提产提效"及"规模勘探、示范建设"三个阶段的不断探索和实践，实现了资源的有效开发。自 2011 年以来，针对长 7 源内油藏，开展了以水平井 + 体积压裂、工厂化作业为主的技术攻关试验，攻克了一批"卡脖子"技术难题，显著提高了单井产量，形成了勘探开发配套技术，2019 年新增探明石油地质储量 3.58 亿吨、预测地质储量 6.93 亿吨，发现了储量规模超 10 亿吨的庆城大油田，目前基本建成百万吨级的开发示范区，预计今年产油 64 万吨，近几年具备建成 300 万吨的产油能力。鄂尔多斯盆地长 7 生油层内石油资源实现规模有效勘探开发的重大成果，对我国生油层内石油资源的勘探开发具有重要的战略意义和引领示范作用。

在页岩气勘探开发领域，中国石油在四川盆地建成长宁—威远和昭通两个国家级页岩气示范区，创造了国内第一口页岩气直井、第一口页岩气水平井、第一口具有商业价值的页岩气水平井、第一座页岩气"工厂化"作业平台等 10 多项国内第一，逐步形成了适合四川盆地复杂地质地貌条件下的页岩气勘探开发配套技术，对我国规模有效开发页岩气资源发挥重要的推动作用。今年预计生产页岩气 77 亿立方米，年底将建成超 100 亿立方米的年生产能力。特别是 2018 年以来，中国石油在加大三维地震部署和加强甜点区评价的基础上，进一步加大平台式工厂化水平井钻探力度，通过近两年大规模勘探评价和开发试验工作，新增探明页岩气地质储量 7409.71 亿立方米，累计探明 10610.30 亿立方米，形成万亿立方米页岩气大气区，对增强我国天然气供给能力具有重要意义。

据悉，页岩油气等非常规油气资源已成为国内油气勘探开发重要接替领域，中国石油将持续加大勘探开发力度，加强科技攻关，缓解国内油气供需矛盾，努力开创非常规资源勘探开发新局面，为国家能源发展战略提供重要支撑。

油气勘探获重大发现！
塔里木油田第二个万亿立方米大气区横空出世！

CNPC 中国石油　2019 年 10 月 4 日

正当全国人民喜庆新中国成立 70 周年之际，中国石油塔里木油田公司博孜 9 井试获高产工业油气流，日产天然气 41.82 万立方米、凝析油 115.15 立方米，成为继中秋 1 之后，塔里木油田一年内在天山南部发现的又一个千亿立方米级大气田，这标志着塔里木第二个万亿立方米大气区横空出世。

今年以来，塔里木油田坚决贯彻落实习近平总书记关于大力提升勘探开发力度，保障我国能源安全的重要指示批示精神，加快实施 3000 万吨现代化大油气田建设，确立勘探开发"3+2"战略部署，高质量推进现代化大油气田，加大博孜—大北区块勘探力度，加快发现规模优质储量，确保 2020 年库车山前建成 300 亿立方米大气区。

博孜 9 井的成功发现落实了博孜 9 气藏的含气规模，标志着塔里木油田又发现了一个超千亿立方米的优质、整装、高产凝析气藏，进一步靠实了博孜—大北万亿立方米大气区储量规模，从而成为继克拉—克深之后的又一个万亿立方米大气区。

博孜 9 井压裂测试获得高产工业油气流，解放了大北—博孜南部埋深达 8000 米的圈闭，展示了库车深层巨大的勘探潜力，为下步勘探向深层进军提供了重要依据，为塔里木油田决胜 3000 万吨和进一步加快发展奠定了坚实基础。

我国深层凝析油气探明储量 80% 以上集中在塔里木盆地。目前，成功开发的牙哈、迪那 2、塔中 1 号等 14 个超深超高压复杂凝析气田，已形成年产凝析油超 200 万吨、天然气 100 亿立方米，建成了我国超深层凝析油气生产基地。

塔里木油田是我国陆上第三大油气田，也是西气东输主气源地之一，承担着向华东、华北地区 15 个省市、120 多个大中型城市约 4 亿人口、3000 余家企业的供气任务。此次博孜 9 井获得突破，不仅为塔里木油田建设 3000 万吨大油气田增添了"底气"，也将为西气东输和南疆用气增加新的气源，进一步保障国内天然气供给。

素材来源 | 塔里木油田微信公众号

抖音

@中国石油
#万物皆可盘 走，盘山去！

中亚管道上游气源已恢复到正常供气水平

CNPC 中国石油　2019 年 1 月 9 日

1 月 7 日 21：45，中亚管道上游气源供气出现短时波动；1 月 9 日 0：32，供气开始恢复；1 月 9 日上午 10：05，已恢复到正常供气水平。此次波动影响气量仅占中亚管道月度资源量的 1%，对国内天然气市场影响很小，不会影响国内民生用气。中国石油承诺将积极稳定 LNG 价格，本采暖季公司液化天然气（LNG）销售价格将不超过前期最高价格，维护好天然气市场正常秩序。

国家发改委回应全文

国家发改委网站 1 月 8 日消息，中国改革报记者就网上传言"1 月 8 日，土库曼斯坦康采恩每天减少天然气供应量约 3500 万立方米，后续液化天然气价格或将上涨"向委经济运行调节局负责同志核实。经济运行调节局负责同志向记者介绍了有关情况：该负责同志说，首先，传言并不准确，有夸大炒作之嫌。

2018 年天然气产供储销体系建设扎实推进，并取得积极成效，进入供暖季以来，天然气供应保障各项工作总体平稳有序。供暖季天然气消费量起点较高，11 月 15 日北方地区全面进入供暖季以来一直保持在每天 8.3 亿立方米以上，11 月 21 日即达到 8.64 亿立方米，突破去年冬季 8.62 亿立方米的最高值，截至目前，日供气量超过 10 亿立方米的天数已达 12 天，最高时曾连续 2 天达到 10.37 亿立方米。期间，土库曼斯坦康采恩供气曾出现过短时间波动，包括这次，出现波动会对天然气供应运行产生影响，但因为每次时间不长、规模不大，因此影响有限。据我们从中国石油了解到，8 日下午土库曼斯坦康采恩供气已逐步向计划值恢复。

目前，三大石油公司地下储气库、LNG 储罐可采气量 90 亿立方米左右，且有大量 LNG 资源正陆续到港，有较为充足的资源调控余地，有准备有能力保障后续天然气稳定供应。

对于市场上恶意炒作推动 LNG 价格上涨行为，我委将积极配合市场监管部门加大价格检查和巡查力度，依法严厉查处哄抬价格、串通涨价等违法违规行为，切实维护天然气市场正常秩序。

作为"冬供"主力军，中国石油国内天然气产量始终备受关注。这个冬天，中国石油在保供这件事上从未懈怠，我们相信：没有一个冬天不可逾越。

四大主力气田火力全开

天然气产量占全国四分之一的长庆油田，承担着京津冀近百座大中城市的保供任务，惠及民众 4 亿多人。2018 年初，长庆油田将天然气年产目标追加到 380 亿立方米，创历史最高点。

塔里木油田是西气东输管道的国内段源头，长年来为西气东输和南疆五地州用气提供着充足的气源保障。2018 年，塔里木油田重点度关停井查找原因，摸排一批具备开发潜力的老井，产量预计净增 10 亿立方米，达到 262 亿立方米。

新年第一天，中国石油西南油气田公司传出好消息：2018 年产气 226.3 亿立方米，同比增加 16 亿立方米，比 5 年前增加 100 亿立方米，天然气年产量再创历史新高。

为确保甘肃、青海、西藏等地区供给，青海油田新建天然气产能 10 亿立方米，日增气 300 万立方米，最高供气量可达到 2000 万立方米。

除主力气区外，大庆油田和吉林油田为主的非主力气区也成为天然气生产的有力补充，为"冬供"提供坚实保障。中国进口天然气通道主要包括中亚管道、中缅管道和海上进口液化天然气（LNG）。

2018 年前 8 个月，中亚天然气管道输气 339 亿立方米，完成年度输气任务的 66%；中缅天然气管道输气 30 亿立方米，完成年度输气任务的 59%。

三大 LNG 接收站提前布局未雨绸缪

LNG 是历年冬天供应调峰的最灵活资源。特别是在冬季保供中，LNG 彰显优势，成为国家应急调峰的重要气源保障。2018 年，江苏、京唐、大连三座接收站南北呼应、驰援冬供，年接卸总量突破 1500 万吨，天然气外输量超过 210 亿立方米。

进入 2018—2019 年冬供期，唐山 LNG 接收站每日超过 4000 万立方米气

相国寺储气库

化外输量运行天数高达 25 天，超去年整个冬供期最大外输量 18 天纪录，同比提前 78 天启动最大外输模式运行，12 月气化外输量占北京市用气量的 40%。

2018 年 12 月 31 日，随着来自澳大利亚的"JUPITER"LNG 船完成 6.7 万吨卸货作业离港，江苏如东 LNG 接收站全年接卸量首次达到 653.5 万吨、天然气外输总量达 92.2 亿立方米，100% 满负荷运行。接收站年接卸量、外输量、产能利用率三项指标均居全国 21 座接收站第一。

进入 12 月，大连 LNG 接收站日均管输量接近 2000 万立方米，日均装车量达到 80 车，单月日均外输量刷新历史。2018 年 12 月 13 日，随着东北天然气"大连—沈阳"管线上盘锦、盖州两座新建压气站投入使用，大连 LNG 接收站投入的四条天然气生产线进入满负荷状态，天然气瞬时外输量每天最高达到 2500 万立方米，标志着我国东北天然气主干管网和大连 LNG 接收站供气保障能力全线升级，为北方地区决战冬供增添了新气力。

储气库进入冬供状态

作为调峰保供的重要手段，储气库在冬季供应中发挥着重要的作用。2018

年1月至8月，中国石油储气库注气量同比增加15亿立方米，增幅23.8%。

为理顺内部管理机制，加快储气库调峰能力建设，中国石油于2018年6月进行储气库业务管理体制改革，目前管道企业所属储气库（群）全部移交相应油田企业。

自大港油田公司正式接收北京天然气管道大港储气库群以来工作稳步推进。今冬计划采气21.5亿立方米，目前已基本完成计划。

作为我国最大的储气库，呼图壁储气库在历年调峰中发挥重要作用。自2018年4月2日作业区注气以来，周期注气量比去年同期提高2.9亿立方米，注气量15亿立方米。西南地区的相国寺储气库今冬每天可以达到2000万立方米生产能力。

除此之外，互联互通的供应工程是今冬天然气供应的一大亮点。中国石油与中国石化、中国海油等公司的管道互联从物理连接点数量到串供气量能力都达到了历史之最，在保障冬季管网保供调峰方面起到巨大助力作用，但同时为管道运行增加了诸多不确定性复杂因素，运行调整难度再上新高。

素材来源｜中国石油报 长庆油田 塔里木油田 西南油气田 天然气销售分公司（昆仑能源公司）

文｜宋清海

#石油印象##冬供进行时#中国石油北京管道公司国家互联互通陕京四线（鄂尔多斯、乌兰察布和张家口压气站）进气启机仪式取得圆满成功，标志着国家互联互通陕京四线三大增输工程正式发挥冬季保供作用，陕京四线供应能力每天可达到8571万立方米，同比新增约2500万立方米，约占2019年天然气基础设施互联互通重点工程新增供应总能力的一半，对今冬明春保障京津冀及周边地区天然气稳定供应和打赢蓝天保卫战具有重大意义。

产量和保供量双双增加 100 亿立方米，中国石油产供储销贸全线发力迎冬供

2020.10.30

10月27日，中国石油西南油气田公司宁209H48平台9口井测试后已平稳运行一周，长宁气区"四百万立方米"页岩气平台的"落户"，为冬季保供再添新力量。

冬供是民生工程、民心工程，党中央、国务院历来十分重视，习近平总书记多次就加大天然气供应力度、加强天然气产供储销体系建设做出重要批示。10月23日，国务院专门召开今冬明春北方地区保暖保供工作电视电话会议，要求做到"五个确保"，强调要把好事办实、实事办好，切实保障人民群众安全温暖过冬。

今年以来，中国石油积极克服新冠肺炎疫情带来的严峻挑战，发挥天然气产业链一体化优势，优化生产组织运行，加强管网改革后的协调调度与工作衔接，产供储销贸全线发力，全年预计生产天然气 1280 亿立方米以上；冬供期间统筹国内外资源 986.7 亿立方米，同比增加 100.1 亿立方米，全力保障天然气资源充足。

中国石油各主力气区产量增长势头强劲，保供气源底气十足。年初以来，中国石油优化生产运行方案，有序复工复产，1 至 9 月份产气 950.1 亿立方米，增幅 8.4%。

长庆、西南、塔里木、青海等主力气区打响上产攻坚战，积极做好冬季极端天气条件下天然气供应准备，全力满足高峰期用气需求。

长庆油田继续做稳苏里格等致密气藏，优选高产井夏季关井恢复，提前开展冬防保温工作，冬季新井集中投产，高峰配产 13908 万立方米/日，同比增加 355 万立方米/日。

西南油气田坚持常规气与非常规气并举，加强高含硫气田安全生产，加快新井投产进度，页岩气集中投产新井，充分挖潜生产潜力，高峰配产 10478 万立方米/日，同比增加 1318 万立方米/日。

塔里木油田克拉 2、迪那 2、克深等主力气田目前高峰期满负荷生产，加快博孜等超深高压复杂新气田投产，高峰配产 9321 万立方米/日，同比增加 458 万立方米/日。

大庆、新疆、煤层气等非主力气区加大天然气开发力度，成为保供的重要补充力量。

为保证安全生产，各油气田高质量完成天然气处理厂和集气站的检修任务，为今冬明春按计划平稳供气提供了安全保障。

手中有粮，心里不慌。目前，中国石油所属储气库已经完成达容注气，陆续转入采气。今冬明春可采气 124 亿立方米，调峰能力同比增加 16 亿立方米，增幅 14.8%，高峰日采气调峰超过 1 亿立方米以上。

10 月 7 日，西南油气田公司相国寺储气库圆满完成第八注气期注气工作，库存气量达到 41.84 亿立方米，占设计库容量的 98.2%，注气期末库存量创历史新高。

10 月 12 日，华北油田储气库群苏桥储气库群、京 58 储气库群全部完成注气工作，金坛储气库、刘庄储气库将于 11 月上旬开始进入冬供时刻，确保京津冀、长三角地区调峰用气充足。

10月27日，随着HUK18井开井，当天有580万立方米天然气从呼图壁储气库注入西气东输管网。呼图壁储气库的"开仓放气"，为今冬明春的天然气调峰保供再添保障。

为全面落实国家有关储气调峰设施建设要求，进一步提升保供能力，中国石油加快储气库建设，今年新建成的塔里木油田东河1石炭系油藏、塔中402石炭系油藏，日均注气超110万立方米，日产油487吨，成为我国首个注气驱油协同储气库。既利用气驱提高采收率，又有力保障下游冬季用气调峰。10月中旬，吉林省新建成的第一座储气库吉林油田双坨子储气库试注成功，日注气可达（80~90）万立方米，这座消纳中俄东线天然气的储气库，成为冬供调峰的新成员。

海外进口气是冬季保供的重要力量。中国石油国际事业公司与壳牌、埃克森美孚、卡塔尔燃气等资源供应方密切沟通，定期交流，实时对接，确保资源稳定供应。

中俄、中亚、中缅管道运行平稳、资源充足。9月份以来，中国石油相关企业与各气源方反复衔接，为天然气冬季保供合理调配资源。特别是中亚进口气"全年进口计划向冬季倾斜，冬季进口计划向高月倾斜"，与各个气源方反复对接计划，实时监控气量、严格把控品质，确保资源供应安全平稳可控。中俄东线管道输气量从今年底的1400万立方米/日提到明年一月份的2800万立方米/日，为冬季保供增加了资源保障。

为适应我国天然气体制改革新变化，中国石油积极与国家管网公司对接，密切关注上海石油天然气交易中心LNG交易动态，不断扩宽资源获取渠道。

年初以来，昆仑能源有限公司强化市场分析研判，加强用户需求对接，全面梳理落实应急调峰用户清单以及季节调峰用户清单，编制天然气供应应急预案，强化"人防、技防、物防、信息防"等智能化手段，对场站、设备及管道开展全方位拉网式安全排查，消除隐患，保障安全平稳供应。

大连、唐山、江苏LNG等接收站提前做好设备检修和调试，安全平稳接收来自各方的气源，三座LNG接收站最大气化外输量已达1亿立方米/日，有力保障了京津冀、长三角、东北等地区高峰期天然气供应。

世界最严排放标准，中国石油这次"玩"大了！

CNPC 中国石油   2017 年 11 月 6 日

　　明天就是立冬了，仿佛还没来得及感受秋天的金黄和余韵，刺骨的寒风就叫嚣着来了。对于很多人来说，冬天是灰色的，提到冬天就想到了"霾"。这不，今天，北京就遭遇了今年入秋以来最严重的一次空气污染，不少小伙伴提前在"朋友圈"开启了吐槽模式。

　　长时间、多频次的"空气污染"将公众愤怒的眼神对准了中国的汽油、柴油，汽车尾气成了大家眼里的致霾根源，汽车尾气污染和油品升级问题显得更加紧迫。

不断加速的油品升级

　　在油品升级方面，其实我国一直在赶超国外，近几年更是不断提速。2015年后，中国全面实施了国四柴油标准，且柴油标准与汽油标准看齐。这是中国第一次提出车用柴油升级至国四标准的时间表。不仅如此，国五柴油标准的制定进程反超国五汽油标准。为什么如此提速升级，看到这组数据可能大家会更有触感。按照现行油品标准，汽油质量从第三阶段升级至第四阶段，硫含量将从150ppm 降至 50ppm，第五阶段硫含量将进一步降至 10ppm；柴油质量从第三阶段升级至第四阶段，硫含量将从 350ppm 降至 50ppm，第五阶段硫含量将进一步降至 10ppm。硫含量过高，就导致汽车尾气中排放的氮氧化物及颗粒污染物过高，这就是加速升级的原因。我国进行的油品质量升级主要是降低硫含量和烯烃含量，可以减少二氧化硫、三氧化硫的排放，减少酸雨的形成，对环境大有裨益。

中国石油"2+26"来袭，国VI标准，世界最严

　　为了加快完成国 VI 油品升级，今年国庆，中国石油在"2+26"城市区域内

所属 2000 多座加油站，按照国家要求全部完成国Ⅵ油品升级置换工作。

中国石油此次布局的国 VI 标准，是目前世界上最严格的排放标准之一。2016 年 12 月，国家发布《轻型汽车污染物排放限值及测量方法 (中国第六阶段)》，要求自 2019 年 1 月 1 日起，所有销售和注册登记的轻型汽车应符合国Ⅵ a 限值要求。自 2023 年 1 月 1 日起，所有销售和注册登记的轻型汽车应符合国Ⅵ b 限值要求。

可以看出，油品标准实施日期先于排放标准，期限更为严格。相较于国 V 车用汽柴标准，国Ⅵ车用汽柴油标准全面达到欧盟现阶段车用油品标准水平，个别指标甚至超过欧盟标准。

到底什么是"2+26"城市区域呢？所谓"2+26"城市区域，来自今年 2 月 17 日国家环境保护部等 4 部门和北京、天津、河北等 6 省市发布的《京津冀及周边地区 2017 年大气污染防治工作方案》，要求"2+26"城市于今年 9 月底前全部供应符合国Ⅵ标准的车用汽柴油。"2+26"城市具体包括北京市，天津市，河北省石家庄、唐山、廊坊、保定、沧州、衡水、邢台、邯郸市，山西省太原、阳泉、长治、晋城市，山东省济南、淄博、济宁、德州、聊城、滨州、菏泽市，河南省郑州、开封、安阳、鹤壁、新乡、焦作、濮阳市。值得一提的是，距离全国全面推广国 V 油品仅 9 个月，国家就在"2+26"区域率先推行国Ⅵ油品，这种油品升级的速度和力度不仅在中国历史上是首次，全球范围内也是绝无仅有，可见国家对于治理大气污染的决心，而中国石油作为国内主要的油品供应商之一，提前布局，坚决执行油品升级，体现着中国石油对节能减排的决心。

油品升级，中国石油从未懈怠

为了完成国 V 向国 VI 的全面转换，早在 2013 年和 2014 年，中国石油就在相关区域的供应炼厂进行装备的提前布局，同时在国家政策公布后，其他区域的炼厂也宣布将会进行后续投资，确保国 VI 产能跟上需求。

目前，中国石油生产的车用汽柴油质量已经全部达到国 V 标准要求，而中国石油旗下的大港石化、华北石化、辽阳石化、锦西石化、锦州石化、呼和浩特石化、大连石化等 7 家炼化企业更是早已完成装置升级改造，保障向"2+26"城市区域供应国Ⅵ标准油品。

也许很多人认为，油品升级没什么难度，中国石油这么大一家央企，这么点儿事情不算什么。问题没有想象的那么简单，油品升级意味着要对炼化企业投入巨额资金用来升级设备，对企业来说，负担是非常沉重的。

💧 油品升级要涨价？

很多消费者可能比较关心，因油品质量提升和升级带来的成本上升会不会转移到消费者身上？换句话说，油品升级会导致油价上涨么？从油价方面看，因国V到国VI仅是排放标准升级，而非本身油品标号的升级，所以对最终油价的影响不大。相反，来自中国石油的炼化企业和销售公司将在这一过程中承担更多的成本压力。因此，消费者对油价不必过于担心，作为央企，中国石油会承担我们应尽的责任和义务，和大家一起，为节能减排，为蓝天白云共同努力。

可以肯定的是，未来，国VI标准一定不只惠及"2+26"城市区域。今后，中国石油还将持续投入，很快将全部升级达到国VI标准要求，以优质油品保障市场需求，努力为社会提供更多的清洁油品。

素材来源 | 中国石油网　文 | 杜赛男

为保证2017年1月1日全国国V车用汽柴油质量升级，中国石油共实施质量升级项目57项，总投资127亿元；为确保东部11个省市今年1月1日实施国V车用汽柴油标准，中国石油安排东部9个炼化企业提前两年多实施质量升级项目28个，总投资128亿元。为了我们的天空更蓝，空气质量更好，油宝从未懈怠。

中国石油的"金山银山"！ 2.9257 亿呐！

CNPC 中国石油　2019 年 3 月 12 日

今天，又是一年一度植树节，你为身边添绿了吗？说到为大地装点绿色，建设美丽中国，中国石油从未放慢脚步。

天蓝、地绿、水清、景美、人和，打造美丽中国石油。

总部机关率先垂范，连续多年在京郊义务植树；大庆油田义务植树与油田设施管理相结合，共植树 66.2 万株；辽河油田坚持义务植树，累计植树 44.1 万株，增加绿化面积 3.8 万平方米；兰州石化 1.67 万名员工植树 3.15 万株、整理绿地 41 万平方米；长庆油田启动陇东地区百万亩碳汇林基地建设项目，先后建设碳汇林 20 多万亩；新疆伊犁察布查尔县，投资 1000 万元建设占地 5000 亩的中国石油生态扶贫经济林，用绿色助力民生发展……

各油田还有"共青团员营造青年林""新婚青年共植同心树""认

建认养绿地公益活动"和"互联网+义务植树"等众多主题活动。同时还重视科技投入，提升科技含量。中国石油集团第一个绿化方面的软科学课题《中国石油绿化管理改革和发展研究》课题在9月份顺利通过评审，综合得分为94分，被评为优秀研究课题。中国石油的绿色行动赢得社会各界普遍认同和尊重，先后获得"中国生态贡献奖""中国绿化公益事业特别贡献奖"等。

一个与绿色相伴的行业，必是一个充满活力与希望的行业。中国石油集团将在绿色可持续发展之路上坚定前行，为高质量建设世界一流综合性国际能源公司奠定绿色基石。

文｜康梦颖　制图｜张可烨

#油宝播报#【中国石油集团5年植树3433.7万株】"十二五"期间，中国石油共植树3433.7万株，有22家单位获"绿化模范单位""国土绿化先进单位""全国绿化先进集体"等荣誉称号，17名个人获"全国绿化奖章""国土绿化突出贡献人物""全国绿化先进工作者""全国绿化劳动模范"等荣誉称号。目前矿区绿地面积达2.85亿平方米，绿化覆盖率达26.71%，其中生活基地绿化覆盖率达42.86%。

4.8 亿元的道路工程为她三次停工……

2018 年 7 月 2 日

最近，一群粉红椋鸟的命运牵动着百万网友的心，引来各大媒体的报道。事情缘由是这样的，6 月 25 日，"守护荒野"发布了一条微博："只要工期暂缓，就可以挽救数万粉红椋鸟！粉红椋鸟全国只有新疆有，现在正在繁殖期……粉红椋鸟所在地尼勒克县国道 218 国道——194 公里处。"

粉红椋鸟能否带着雏鸟平安离开？

危机中的粉红椋鸟命运，瞬间吸引了百万网友的关注。网友纷纷质疑：粉红椋鸟的繁殖期有近 1 个月时间，若停工施工方将会面临巨大损失，施工方会为粉红椋鸟让路吗？

粉红椋鸟形似八哥，腹背呈粉红色，余羽棕黑，长相喜人，是一种迁徙性的候鸟，冬季栖息在欧洲东部和中亚中西部，5 月便迁徙到中国新疆西部繁衍生息。

以蝗虫为主食，且食量惊人，每天捕食蝗虫 120~180 只，被认为是生物灭蝗的主力军，在新疆被很多农牧民称作'草原铁甲军'。据了解，今年是粉红椋鸟重返新疆的大年，距上一次大年已有 4 年。

粉红椋鸟喜欢在水草丰茂且有大量岩石缝隙里筑巢，恰巧今年 1 月，中国石油下属的中油（新疆）石油工程有限公司中标的国道 218 线墩麻扎至那拉提高速公路第三标段进行爆破，形成了约 300 米长的碎石带，且周边水草丰茂。粉红椋鸟一下就相中了这里，从今年上半年开始就陆续有粉红椋鸟过来筑巢繁衍后代。

在此之前，因为鸟儿太多的缘故，中油（新疆）石油工程有限公司就曾两次延期。

今年 1 月。300 米长的碎石带形成后鸟儿陆续飞来。"本来定好 5 月施工，结果临施工时发现碎石带停留着好多鸟，我们就想等它们飞走再干，于是就先去干别的路段。"

5月，负责该路段施工的人员再次回来，计划对碎石带进行清理，却发现该处有近万只鸟类聚集，它们不仅没飞走，反倒筑巢，在满地的碎石中产卵孵化。工地因此再次暂停了对该段落的施工，并重新对施工计划进行了调整，把工期往后延了10多天。

6月24日晚，施工方已了解到工地石头缝里的鸟类属于"三有动物"后，当晚立即决定第三次停止施工。

为了给粉红椋鸟营造更加安全的繁殖环境，6月25日，中油（新疆）石油工程有限公司花费数十万元，购置了钢管和密目网，围绕粉红椋鸟繁殖区域安装了约400米保护围网，并在远离繁殖区设立了野生动物警示牌和禁鸣喇叭标识。"目前这些保护措施已经做好了，我们只需安静等待小鸟长大。"该标段的总工程师姜东军表示。

至此，这项总投资4.8亿元的道路工程，第三次为粉红椋鸟停工。

为保护它们100多万元的损失是值得的

此事件也引起了国家林业和草原局官方微博的关注。

6月25日，该局驻乌鲁木齐森林资源监督专员办事处督办，责令施工方维持停工状态，在粉红椋鸟完全孵化出雏鸟并离开前，不得在此施工或复工。

在清理碎石时，施工人员面对这成千上万的鸟儿不知所措。"我们清除部分高危石块后立刻停了下来，但不知道怎么保护，于是主动与当地政府以及环保部门取得联系。"姜东军说。

6月25日，中国科学院新疆生态与地理研究所研究员、鸟类专家马鸣沟通后，新疆荒野公学自然保护科普中心理事长邢睿打通了姜东军的电话，"粉红椋鸟幼鸟出巢后就会废弃原巢。根据对实时场景的判断，我们建议将施工期延至7月5日以后。"

同时，新源县林业局也与姜东军他们积极沟通，"最终决定在雏鸟完全孵化并离开前保持停工状。"

同日，根据"乌鲁木齐沙区荒野公学自然保护科普中心"，以及北京的自然保护协会等动物保护协会、伊犁州林业局和新源县林业局的建议，施工项目部对巢区周围进行简易围网、悬挂警示标语等。

26日，国家林业和草原局官方微博发文，"因近期雨水较多，施工方为保护鸟类安全，将山上的碎石进行了清理，避免石头滚落伤害鸟类。目前，没有发现人为或机械原因造成鸟类死亡的个体。"

如今停工长达一个月，姜东军每天下午五点都要开车去巡查全线。为了尽量不去惊扰鸟儿，工程车开到距离绿网很远的地方就熄火停下。姜东军说："我们是中国石油下属的国有企业，企业内部一直要求重视环保，要考虑社会影响。虽然停工对项目影响很大，造成近100万元的损失，但从保护动物和环境的角度看，是值得的，保护粉红椋鸟就是保护草原。"

及时停工为姜东军和他所在的单位赢得了网友和志愿者的一致赞誉。网友东郡小周这样说道："保护我方灭蝗功臣粉红椋鸟！一大帮汉子保护这个小生命的场景可爱极了！这波操作真心赞！"

现在，国道218线墩麻扎至那拉提高速公路工程第三标段K190处，风吹过绿网，一切都似乎都停止了，挖掘机静静矗立在那里，只能听见风声，还有上万只粉色椋鸟穿梭振翅飞舞的声音。

让我们一起静静地等它们长大，振翅高飞。

文 | 宋清海　李媛

中国石油首个碳中和林诞生，种在这里！

2020 年 11 月 12 日

11 月 11 日，中国石油首个碳中和林——大庆油田马鞍山碳中和林揭牌。这是中国石油坚决贯彻落实习近平总书记提出的 2060 年前努力争取实现碳中和目标，推动集团公司绿色转型发展，全面加强森林碳汇业务迈出的重要一步。

何为"碳中和"？

碳中和是指企业、团体或个人测算在一定时间内，直接或间接产生的温室气体排放总量，通过植树造林等形式，抵消自身产生的二氧化碳排放量，实现二氧化碳"零排放"。要达到碳中和，一般有两种方法：一是通过特殊方式去除温室气体，例如碳补偿。二是减少碳排放。碳中和林就是通过造林中和碳排放的生态补偿办法。

我们的碳中和林什么样？

在总面积 510 亩的马鞍山碳中和林，种植有适应力强、景观效果好、碳汇功能强的落叶阔叶乔木、常绿针叶乔木，兼顾生物多样性原则混交种植，预计栽植乔木 2.126 万株，分两期完成，用于大庆油田铁人王进喜纪念馆运营的碳中和。栽种的树种木既有较强的固碳能力和观赏性，也有较高的经济价值。值得一提的是，负责建设马鞍山碳中和林的大庆油田生态环境管护公司，是为推进大庆油田生态环境建设，由大庆油田原矿区服务事业部园林绿化公司为基础，重组整合而来。这是目前中国石油规模最大的全产业链绿化企业，也是国资委中直企业中唯一的专业生态环境管护公司，具有较强的专业优势和技术实力。

碳中和，中国石油做了哪些努力？

近年来，中国石油积极投身国土绿化事业和美丽中国建设，坚持绿色发展、生态发展，大力实施植树造林、绿化美化工程，搭建绿化区域合作共享平台，成立石油苗圃联盟，开展绿化经营，提升科技含量，展示企业良好社会形象，推进石油绿化高质量发展，各项工作取得积极进展。

截至 2019 年底，中国石油现有绿地总面积达到 2.86 亿平方米，2019 年新增绿地面积 559.5 万平方米，绿地率达到 24.12%，生活区绿地率 39.49%。近几年，每年约有 50 万人参加义务植树活动，植树 200 万株。随着矿区"三供一业"分离移交，近五年共移交绿地面积 6240.6 万平方米。共有大小苗圃 36 个，占地面积 1176.72 万平方米，2019 年共出圃苗木 64.87 万株，目前圃存苗木 599.89 万株；每年投入资金人力支持地方绿化建设，2019 年支援地方植树 54.34 万株。

通过多年的持续努力，中国石油绿化工作取得了一条成功生态治理经验，收获了两张靓丽的名片，承担了三大任务，建设了四大工程。一条成功生态治理经验就是大庆油田生态治理成功经验——"高处种树、低处蓄水、过渡带自然繁殖芦苇"的成功做法。两张靓丽的名片分别是塔里木油田塔里木沙漠公路生态防护林和新疆油田造林减排作业区 8.5 万亩新疆油田生态防护林。三大任务即以生物多样性保护为统领（义务植树、林业碳汇），推动中国石油生态安全体系建设；以产业化发展为手段（绿化经营、林业碳汇），促进中国石油生态经济体系建设；以生态科普教育基地为载体（义务植树宣传、主题活动认种认养、绿化劳动日、讲座、宣传），推进中国石油生态文化体系建设。四大工程即生产厂区场站建设绿色生态工程、办公场所建设绿色人文工程、员工生活小区建设绿色宜居工程、生产储备用地建设绿色创效工程。

未来，播绿工作将如何开展？

未来，中国石油将通过义务植树、企地共建、集中建设碳汇林等方式大力发展林业碳汇业务。积极开发现有林地，推动中国石油如期完成碳中和目标任务。

全面推进"绿色油气田""绿色工厂"建设。发挥绿化在生物多样性保护方面的优势，努力做好"三个十"，即建立十个生物多样性保护示范区、征集评选十佳生物多样性保护优秀案例、评选十个生物多样性保护典型人物。积极参与全绿委办公室、国家林业和草原局、中国绿色碳汇基金会组织的重大活动。支持鼓励有条件的企业继续深入开展绿化经营等。

奉献清洁能源，助力"美丽中国"，"绿色石油"，正在走来！

来源｜中国石油报　记者｜隋英琦　素材提供｜姜艳

因为这个，中国石油关停了千口油井……

2020 年 11 月 23 日

"绿水青山就是金山银山"，对于中国石油来说比开拓地下"宝藏"更重要的是用实际行动保护生态环境，推动和谐、可持续的绿色发展。7 年间关停几千口井，投资数亿元，就是为了投身生态文明建设，坚持环保优先，有序退出环境敏感区。

大港油田

大港油田地处渤海之滨，辖区内湿地、水库、河道、滩涂、农田等环境形态共存。每年，北大港湿地有数十万只鸟类栖息、停留，其中不乏东方白鹳等濒危鸟类。

大港油田制定了环境敏感区的油田开发生产退出方案，包括弃置井封堵、地面和电力设施拆除、生态恢复与土地复垦等内容。新的勘探开发活动和生产设施建设远离自然保护区核心区、缓冲区。自 2018 年起，大港油田利用 3 年时间，对敏感区内的油井实施有序封井、恢复地面环境，累计实施湿地封井作业 110 余口。

大港油田积极革新生产方式，实施清洁生产，废水、废气固定源达标排放率稳定保持 100％，固体废物合规处置率达 100％，应用钻井液不落地处理技术，彻底消灭了"钻井液池"，全部实现油水不落地。改变过去的"一井一场"为现在的"多井一场"。2018 年投产丛式井场 245 座，2019 年丛式井占产能井总数比达到 69.3％，源头设计远离环境敏感区。

长庆油田

长庆油田地处黄土高原的生态敏感区域，水资源匮乏，生态环境脆弱。近年来，长庆油田对 2000 多口废弃井实施了彻底封堵，控制入黄泥沙，同时栽种上万亩树林，进行植被恢复和生产场站绿化。

在陇东油区，已建成"中国石油长庆林"、教子川流域"长庆碳汇林"等生态环保林 70 多万亩。在陕西榆林，气田生产区域沙化土地治愈率已达到 93.24%。

在气田项目选址上，长庆油田一直秉承"管线改道、投资修路"等方式，避让水源地和林地保护区。推广应用大井丛部署，累计节约用地 11000 余亩，有效减少了原生态植被破坏。

为保护蓑羽鹤栖息地，长庆苏里格气田连续 9 年调整气井部署，先后避让 100 余口气井，只为还蓑羽鹤一个家。目前，辖区内蓑羽鹤数量已由当初的 25 只增长到 200 多只。长庆油田在建成 8000 多个绿色环保井站的基础上，还建成了安塞油田绿色示范区、镇原油田绿色环保特区、靖安油田绿色家园、苏南公司爱心林、靖边戈壁绿色氧吧等 20 多个大小不同的绿色基地。

辽河油田

辽河口国家级自然保护区位于辽宁盘锦，是丹顶鹤、黑嘴鸥、天鹅等多种水禽的繁殖地、越冬地和众多迁徙鸟类的驿站。辽河油田的部分油气水井位于该自然保护区内。

考虑近百种候鸟大规模向南方迁徙时,将辽河口自然保护区当作迁徙中转站,2013 年,辽河油田开始逐步退出辽河口自然保护区,2019 年底实现核心区井全部关停退出。

目前,辽河油田共关停退出油井 938 口、井站 13 座、进井路 26 条,生态恢复井场 208 座,每天约有 7 口井同时封井施工,预计今年年底实现核心区井全部生态恢复。

吉林油田

吉林油田生产区域分布在吉林省 37 个市县区,涉及松花江、嫩江、莫莫格自然保护区、查干湖自然保护区等"两江十三区",开发区块与耕地、自然保护区、水源地等环境敏感区重叠或相邻。

自 2017 年至今,吉林油田共 116 口井彻底封井退出,查干湖、莫莫格自然保护区实验区油水井每年有序退出。吉林油田对落入松花江和查干湖的 10 口油井,在冬季实施彻底封井,对新木木 125 区块等松花江、嫩江沿岸实施护坡治理工程。

吉林油田积极转变采油方式,建立大井丛产能建设模式,研发应用环保作业平台、密闭作业等油水不落地清洁生产作业技术,对处在敏感区的油井,改变传统抽油机举升方式,应用潜油往复泵等无杆举升,避免了井口盘根磨损造成的漏油风险,安全环保适应性明显提高。

新疆油田

"夏天的时候,如果来到采油大平台现场,你会发现平台周围是绿油油的农田,采油现场再也听不到机械设备的嘈杂音,只有风声和鸟鸣声。"

新疆油田吉庆油田作业区位于吉木萨尔县,和新疆油田大部分的开发井处于沙漠或戈壁不同,吉庆油田的油井周围大多是耕地和农田。为了尽可能减少占用耕地,实现绿色开发,吉庆油田首创了大平台集中智能多级控制技术,创新了地面工艺集成优化技术,解决了石油开发与城镇林地草地的矛盾问题。

利用采油大平台,同样的井数,利用采油大平台,征地面积只需原先的十四分之一,大大减少了占用耕地面积。一般来说,开发井的井距间隔都在 150 米以上,有些井和站的距离可达 1 千米,在井站一体化的采油大平台,每口井的距离只有 5 米,井到站只有 20 多米,减少了 80% 地面管网,最大程度地保护了周边的环境。

吉庆油田作业区积极贯彻绿色可持续发展理念，深入推进清洁生产和节能减排，将绿色发展、生态环保理念贯穿于油气勘探开发全过程，全力打造资源节约型、环境友好型、精干高效的现代化油田。

塔里木油田

"我们每个月就要来这些封堵的油井巡检一遍，看看井口有无异常和复垦后植被生长的情况"，在距离塔里木油田吉拉克处理站原址约 3 千米处的吉拉 101 井场上，桑吉采油作业区员工向波和李金声穿过金色的胡杨林来到井场上巡查。地面上，一簇簇骆驼刺、罗布麻都已长出地表。

十月下旬开始，塔里木河流域生长着地约 1500 万亩胡杨林黄了。而位于塔里木胡杨林国家级自然保护区、塔里木河上游湿地自然保护区内的塔里木油田吉拉克站，一改过去高压火炬等建筑群遍布的场景，也迎来了全新的面貌。

2018 年，为了保护塔里木河流域的生态环境，油田实施胡杨林国家级自然保护区、塔河湿地自然保护区退出计划，分两批实施油井和拆除油气设施退出工作。2019 年 12 月底，轮南油气开发部完成了国家级胡杨林保护区油气设施的全面清退和整体整改销号工作。

2020 年，轮南油气开发部严格按照计划有序退进了吉拉克处理站地面复垦。4 月，天气转暖后，通过浇水灌溉、播撒草种，37 口油井的地表上都已长出种类繁多的绿草，将绿色和生态奉还给了塔河沿岸，用实际行动履行了央企责任担当的庄严承诺。

大庆油田

大庆油田生态建设示范区北起滨洲铁路，南至南二路，西起奥林东路，东至萨环西路，涵盖采油一厂三矿和五矿地区，规划占地面积 40 平方千米。示范区所在区域为油田开发近 50 年的主力采油矿区，两个完整采油矿占采油一厂年总产量的 25%，涉及油水井 5000 余口、计量间 161 座、各类站所 150 座，生产设施与市政设施交叉，地上设施与地下设施叠加。

治理前，示范区所在区域内有多处干涸湖泡、盐碱地等裸露地块，生态环境的治理难度和复杂程度都远远高于油田其他区域。10 年来，大庆油田示范区建设始终坚持三大会战，组织油田、社会等各方面专业技术人员进行技术会战、共同编制规划方案，利用油田"专业性闲置、季节性闲置、生产性闲置"的特点进行设备会战，组织油田职工及社会团体力量进行人员会战，共同进行义务植树前期准备及树木栽植等活动，取得了良好效果。

如今，大庆油田生态建设示范区内已有栽植苗木34.6万株，河渠湖泡岸边扦插杞柳501.7万株，格桑花种植区1000余亩，各种苗木繁育达到30多公顷……

根据自然条件因地制宜，宜花则花、宜木则木，一个个生态景观已经形成。

华北油田

华北油田积极履行社会责任，坚持清洁作业、低碳减排、绿色发展，注重能源生产区域周边环境保护，通过完善环保运行机制，规范体系运行，确保生态平衡与企业绿色可持续发展。

为与雄安新区规划纲要无缝对接，华北油田编制了雄安新区区域油气生产设施退出计划，对位于自然保护区内的煤层气井进行封井退出，按照白洋淀生态建设项目"唐河入淀口湿地生态保护项目"要求，依据雄安新区统一安排有序封井并逐步撤出。

突出对敏感区油气生产的生态保护，华北油田重点对生产临近居民区、自然保护区、饮用水水源地等环境敏感区的报废井、长停闲置井等加强巡查、维护和治理，消除对水环境可能造成的污染风险，打造与环境相融相应、相得益彰的绿色油区。根据必要性，对于其他敏感区域，按照时间节点分批实施封井并进行地面设施拆除。目前，山西煤层气分公司对位于崦山自然保护区内的69口煤层气井进行了封井退出。

在石油人的精心守护下，如今的华北明珠白洋淀，水更碧，天更蓝。

关停几千口井，保护野生动植物，退出环境敏感区，进行生态恢复，一份份绿色答卷的背后是中国石油人为建设"美丽中国"做贡献的决心。绿水青山就是金山银山，未来，我们会更加努力让大家看到更加美丽、绿色、环保的中国石油。

素材来源｜大港油田 长庆油田 辽河油田 吉林油田 新疆油田 塔里木油田 大庆油田 华北油田 中国石油报

文｜叶斐 单嘉钰

1995年抚顺石化的那一场大雨

CNPC 中国石油   2016年7月14日

湖北武汉洪水滔天，安徽多市县受灾严重，江西鄱阳县溃口……2016年各地抗洪形势严峻，很多人回想起1998年那场洪水，但对于抚顺人，特别是抚顺石化人来说，印象最为深刻的可能是1995年7月的那场水灾。灾情十分严重，直接威胁下游市县的安危，关系到抚顺石化的安危，因为石化企业可能会因为洪水发生泄漏爆炸事故，从而造成污染，甚至产生更严重后果。

1995年7月25日至30日，抚顺地区连降暴雨，让穿城而过的浑河及其支流河水暴涨，这次降雨是当时抚顺地区有文字记载的历史上最大一次。时隔21年之后，武汉等地的暴雨再次把我们拉回那场石化人、军人、抚顺市民一起抗洪现场。大雨持续了将近一周，洪水肆虐，抚顺市告急！当然抚顺石化也不能幸免，因为抚顺石化的各个工厂遍布抚顺市各个角落。

7月29日14时，特大暴雨使抚顺东洲河的流量急速增加到每秒4170立方米，河东岸腈纶化工厂地段11米宽的堤坝被冲得仅剩3米宽，坝后面的腈纶化工厂、乙烯化工厂、石油二厂等企业遭受严重威胁，险情万分危急。

尤其是抚顺石化乙烯化工厂厂区，滔滔河水漫过公路冲倒围墙，涌进厂区。顷刻间，乙烯化工厂厂区一片汪洋，供排水、乙烯、丁烯、环氧乙烷乙二醇车间和厂办公楼、厂区罐区相继进水，正在安全、平稳、满负荷运行的乙烯联合生产装置被迫紧急停车。

时任乙烯化工厂副总工程师的钱新华是亲历者。他当机立断指挥生产装置紧急停车，避免突然停水停电造成装置内部憋压而发生爆炸事故。在赶往乙烯装置处置险情时，洪水把去的路抹平了，只能看到水，看不到路面坑洼，他和工友一起趟着没腰深的水赶往险情现场。钱新华一不小心跌入排水井里，忍着剧痛他努力地站了起来，否则后果不堪设想。在找到高一点的地方，才发现腿上划出两处深深的口子，鲜血不停地往出流。

7月30日清晨，环氧乙烷装置突发险情。由于紧急停工后用于冷却的循环水中断，造成装置中间罐内积存的环氧乙烷自聚，温度快速上升，顶开安全阀从罐顶向外泄漏，白色的气体越积越多，在罐体下方形成白色雾带，随着浓度的增加，随时可以发生闪爆。环氧乙烷有强致毒性，少量吸入人体就会造成昏迷，接触皮肤，会使皮肤溃烂。这个中间罐内储存着大量环氧乙烷物料，如果发生闪爆，其威力将会使方圆十里夷为平地，其危害要远远大于洪水造成的损失。唯一的办法就是用水把泄漏的环氧乙烷稀释，然而，在这个过程中随时可能发生爆炸。没有及时就医而且长时间浸泡在水里，钱新华腿伤已让他无法动弹。但与装置的险情相比，他选择留下了。他说：“我绝不撤，你们快冲上去用水压制，真爆炸了，我们就一起壮烈！"经过24小时紧急处置，一场重大险情被成功化解。时任环氧乙烷车间设备主任、现任抚顺石化公司副总经理的何晨光谈起当年和大家一起阻止环氧乙烷喷压的事情仍记忆犹新。

全厂3600余名职工，通过连续一个多月的不懈奋斗，成功战胜了百年一遇的特大洪水。9月6日，乙烯联合生产装置恢复正常生产。

时至今日，两处伤口留下的疤痕在钱新华的腿可以清晰地看到，这是1995年"7·29"那场洪水留给他的深深印记。在这场百年不遇的洪水之后，抚顺又先后经历了2005年"8·13"洪水、2013年"8·16"洪水，坚毅的石化人也一次次抗击着。

时隔21年后，浑河依然由东向西从抚顺市中心穿城而过，这个东方的"布达佩斯"和88年历史的抚顺石化正在缔造属于他们的历史。如今，2016年，洪水再次侵袭我们的祖国，中国石油人又一次与肆虐的洪水抗击着，同样历史会记住这些石油人所做的一切。

文 | 宋清海

四川 7.0！新疆 6.6！大震面前，我们在行动

CNPC 中国石油　2017 年 8 月 9 日

据中国地震台网正式测定：2017 年 8 月 8 日晚 21 时 19 分，四川阿坝州九寨沟县（北纬 33.20 度，东经 103.82 度）发生 7.0 级地震，震源深度 20 千米。四川、重庆、甘肃、陕西等省市，震感明显。此次 7.0 级地震的震中距九寨沟县 39 千米、距松潘县 66 千米、距舟曲县 83 千米、距成都市 285 千米。

继昨日九寨沟 7.0 级地震之后，今天上午 7 时 27 分，也就是九寨沟地震发生第二天，新疆博尔塔拉蒙古自治州精河县发生 6.6 级地震，震源深度 11 千米，乌鲁木齐、克拉玛依、伊犁等地震感强烈。

一时间，神州大地上，一场与时间赛跑的救援行动火速展开。中国石油官方微博第一时间通报现场情况，发布灾情消息，与前方员工一道，全力开展救灾行动！

灾情发生后，国务院国资委也高度重视，震后第一时间，中央企业启动应急预案，多支救援力量立即展开行动。中国石油作为央企"老大哥"，第一时间启动自然灾害应急预案，全力投入抢险救灾行动中。

🜚 天佑我川，灾情就是命令

灾情发生后，中国石油四川销售公司第一时间联系九寨沟片区了解各加油站员工情况，排查各加油站设施设备受损情况。经过电话、微信、短信多方面联系，截至发稿前，岷江公司九寨沟片区各加油站无人员伤亡，加油站未发生房屋坍塌。通过对设施设备的安全排查，九寨沟片区安乐加油站已启动发电机开始为救援车辆加油。

据悉，地处震区的中国石油九寨沟、松潘 11 座加油站库存各类油品 500 多吨，可以满足两天以上的救灾供应，沿途有条件的中国石油已经自行发电，并且

州内 46 座加油站均已启动应急预案，九寨片区（九寨、松潘）十一座加油站开设救援绿色通道。周边油库、管道、铁路基本正常，灾情发生后，中国石油四川销售已组织首批 10 台油罐车连夜将 300 多吨油品送往灾区，从绵阳经平武至九寨沟、从甘肃经若尔盖至九寨沟的油品保障路线也已开通。

地震发生后，中国石油西北销售公司也立即启动应急预案，迅速制定"四路抗震保供方案"。多方了解详细灾情，掌握长输管道运行动态，摸清震区油库、加油站受损情况及周边油库库存及道路通行状况，连夜制定保供方案，通过各种方式了解积极开展抗震保供。

此外，中国石油西北销售公司还积极协调铁路总公司，申请进川铁路计划，所属陕西分公司紧急调整装车安排和发运流向，协调长庆石化，将原计划装运 95# 汽油的 50 辆空罐车紧急调整为灌装 0# 柴油，并协调西安铁路局第一时间批准铁路入川计划，预计今天完成发运 2500 吨油品。

地震发生后，中国石油甘肃销售也第一时间启动应急预案，了解离震源较近的所属陇南、甘南分公司各加油站员工情况，排查库站设备设施受损情况。截至目前，未收到加油站人员伤亡报告，财产损失情况正在统计。

同时，甘肃销售紧急调运油品，甘肃武都通往四川九寨县国道 212 线 13 座加油站，库存油品 3326 吨，9 日还将有 113 吨油品配送至临近震区附近的陇南分公司文县安昌河、临江、滨河路、城关 4 座加油站；从甘南合作通往四川阿坝

州的国道 213 线 7 座甘南销售加油站，库存油品 560 吨，9 日还将有 180 吨油品配送至震区附近的舟曲舟江、碌曲贡巴和阿木去乎加油站。

为防止地震引发次生灾害，甘南分公司及时发布余震预警通知，舟曲 4 座加油站保持高度警惕，认真检查站房、加油机、罐区情况，检查管线及设备设施安全状况，组织人员再次进行地震、泥石流等自然灾害演练，确保油站人员财产安全。

此外，甘肃销售在甘南、陇南通往九寨县的 20 座沿线加油站开通加油绿色通道，并设立抗震救灾油站服务点，在为过往抢险救灾车辆提供充足油品补给的同时，免费提供绿豆粥、饮用水、药品服务。

截至今天上午，从前方传来消息，地处震区的九寨沟、松潘 11 座中国石油加油站经过连夜维护，已全部恢复营业。

据了解，进入灾区的 4 条主干道沿线的近 200 座中国石油加油站目前已全部开辟绿色通道，24 小时营业，救援车辆持当地政府开具的证明可以"先加油、后付款"，加油站现场还将为救援人员和灾区群众免费提供矿泉水和方便食品，赠送药品箱，并尽可能提供休息场所，免费提供充电宝。

中国石油四川销售公司还制作了"震区加油站地图"和站经理联系方式，确保救援车辆和机具随到随加，第一时间投入救灾。目前这张图片已经刷爆网络，新华社、中国日报、中新网、新浪财经等权威媒体纷纷转发，在中国石油官方微博上，本条微博的阅读量在两个小时内也迅速超过了 13 万。

为确保九黄机场的航空用油，中国石油还与中国航油密切配合，4 台油罐车即将送达指定地点。此外，中国石油四川销售公司还组织了上百人的"铁人突击队"，对灾区加油站员工实行轮换，避免疲劳工作，严防次生灾害，确保保供和救灾全面推进。

祈福新疆，我们与你同在

灾情发生后，中国石油新疆销售有限公司、中国石油西部管道公司、中国石油天然气运输公司、中国石油新疆油田公司等中国石油辖区单位均在第一时间启动应急预案，检查设备设施影响情况，各单位密切关注余震和次生灾害发生，截至今天上午 10 时 40 分，没有人员伤亡和设备设施受损的正式报告。

据了解，地震发生时，新疆博尔塔拉蒙古自治州有强烈震感，新疆销售博州分公司三个销售片区，24 座加油站迅速检查站房、设备、管线、人员后正常营业，无人员伤亡情况发生。

经初步勘察，中国石油新疆销售博州分公司精河销售片区精河加油站、八家户加油站、阿拉山口等7座加油站站房墙体出现轻微裂痕，管线未发生扭曲，油品未出现渗漏情况。目前，亳州分公司领导班子已分赴出现灾情的加油站进一步核实受损情况，安抚维稳一线干部员工。

目前，中国石油新疆销售博州分公司精河销售片区各种油品储备充足，能够满足四五天抗震救灾油品需求，经与中国石油天然气运输公司积极协调，正在追加柴油和各品号汽油。24座加油站全部开通绿色加油通道，方便救灾车辆快加快走。

中国石油天然气运输公司迅速反应，启动应急预案。与新疆销售一道，重新规划资源配送路径，所属新疆成品配送公司独山子配送中心距震源160千米，新疆成品配送公司经理靠前指挥，紧急协调当地政府和新疆销售、逐车落实车辆在途情况，车载视频和GPS监控平台实时监控震区范围内的55辆油罐车运行状态，截至目前，已追加20辆运力，组建抗震救灾应急车队，赶赴震区，紧急投放油品500吨。

灾情发生后，中国石油新疆油田公司消防支队也紧急出动救援力量，赶赴地震灾区救援。在国家应急救援中心、自治区安监局的调动下，调集机关应急分队、消防二大队、消防三大队救援力量，共出动8车（2辆指挥车、1辆运兵车、2辆破拆车、1辆25吨水罐车、1辆泡沫消防车、1辆干粉消防车）、50名消防员，赶赴地震灾区新疆博尔塔拉州精河县救援。

地震发生时，距离震中较近的中国石油西部管道公司精河压气站震感强烈，地震波及西二线和三线霍尔果斯首站、精河压气站、乌苏压气站，精河压气站迅速启动四级应急预案，组织站内人员分别对站内工艺设备设施、管道沿线阀室等进行巡检。经排查，未发现漏点，设备设施运行正常。目前，沿线各单位密切关注阀室沿线参数变化，加密对站场及线路的巡检，积极采取一切措施保障管道平稳运行。

据了解，截至目前，震感强烈的独山子、奎屯地区炼厂生产正常，北疆管网及王家沟油库设备设施运行未受影响。中国石油新疆博州境内24座加油站库存2031吨，预计可满足4天抗震救灾油品供应需要。

素材来源｜中国石油四川销售公司 中国石油新疆销售公司 中国石油西北销售公司 中国石油甘肃销售公司 中国石油新疆油田公司 中国石油西南油气田公司 中国石油独山子石化公司 中国石油西部管道公司 中国石油天然气运输公司

告急！鄱阳湖急剧"变大"，警报拉响，我们来了！

CNPC 中国石油　2020 年 7 月 13 日

近期，南方各地的暴雨牵动着全国人民的心。7 月 13 日消息，水利部在今天的国务院政策例行吹风会上介绍，6 月以来，全国共有 433 条河流发生超警以上洪水，其中 109 条河流发生超保洪水，33 条河流发生超历史洪水。目前，长江干流监利以下河段及洞庭湖、鄱阳湖和太湖水位仍处于超警状态。应急管理部表示，有 27 省（区、市）3789 万人次受灾，141 人死亡失踪，倒塌房屋 2.8 万间。累计紧急转移 224.6 万人次。

出征——鄱阳我们来了

为了全力做好防大汛抗大洪抢大险救大灾工作，江西省直属各单位防汛救灾青年突击队首批 100 人将于 7 月 14 日赴鄱阳县三庙前乡参与防汛救灾工作。其中，中国石油江西销售派出 10 位员工，奔赴鄱阳圩堤一线参与防汛救灾，并送出一批救灾物资。今天下午，江西销售在南昌举行出征仪式，为他们加油鼓劲，他们将迎难而上，为抗洪救灾奉献石油力量。

闻"汛"而动，逆水而行

7 月 11 日，江西省启动防汛一级应急响应。自 7 月 11 日 19 时起，中国石油江西销售公司启动公司自然灾害Ⅰ级应急响应，明确各单位应急响应工作职责，要求各单位坚持人民至上、生命至上，强化预警执行、应急准备、协调配合；组建机关党员先锋队和青年突击队，时刻准备支援受灾严重的地方。九江、吉安、上饶等分公司第一时间组织员工赶赴受灾现场抗洪抢险，同时勇担央企责任，协助地方政府积极应对汛情。目前，公司各项应急工作开展紧张有序，力争将暴雨带来的损失降到最小。

九江：紧急转运油品

按照九江泄洪安排，江西销售九江分公司苏家垱加油站当晚需连夜紧急转运油品。当晚，江西销售九江公司员工积极投入到转运油品的战斗中，确保油品安全，最大限度降低因暴雨带来的损失。

入汛以来，共青城多处堤坝受到雨水冲击，形势严峻。共青甘露加油站为在圩堤上连续奋战多日村民们送去了矿泉水、泡面、牛奶等，表达了中国石油与防汛干部群众"携手同心，共渡难关"的决心。

吉安：暴雨中奋战

江西销售吉安分公司富滩加油站前方公路上的洪水越积越深，洪水中夹杂着泥土、碎石，不断向加油站涌入。加油站立即启动应急预案，加油站人员迅速将便利店商品安全转移，同时启动抽水泵进行罐区排水。高新加油站由于地处工业园，各个工厂下班的接班的人员都到加油站躲雨。雨越下越大，人越聚越多。为了保障安全，加油站按照应急处置程序，积极稳妥开展抗洪抢险工作。目前，经过努力，富滩加油站已经恢复营业。吉安分公司也在进行专项隐患排查治理工作，随时应对汛期风险，确保安全。

上饶：多措并举应险情

江西销售上饶分公司多举措做好各项防汛工作。江西销售上饶分公司通过网络视频连线的方式为辖区站点站经理开展加油站汛期防护网络视频培训。24小时应急值班，还成立1支应急抢险队伍，明确分工，进入应急状态。他们还对辖区进行了全面排查，强化应急联防，对辖区重点防汛站点枫林、银城、三清山、星飞、东鹏等站，加大防汛物资的储备。上饶分公司东鹏加油站出现险情，根据现场测量，站内被淹水位达到1.4米。洪水退去后，员工们开始清理现场淤泥杂物，清洗便利店货架，对罐区进行排水作业，统计加油站损失。截至目前，加油站仍在抢修中，员工们争取用最短的时间恢复营业，做好成品油市场保供工作。

汛情就是命令，责任重于泰山，汛情面前，石油人义无反顾，只要我们万众一心，必将取得抗洪胜利！

素材来源｜江西销售 21世纪经济报道　文｜杜赛男

即刻出发！中国石油星夜驰援武汉

CNPC 中国石油　2020 年 1 月 26 日

据人民日报报道称，截至 1 月 26 日 14：25 分，国家卫生健康委员会收到 30 个省（区、市）累计报告确诊病例 2029 例，疑似 2684 例。累计死亡病例 56 例，累计治愈出院病例 49 例。现有疑似病例 2684 例。面对疫情不断蔓延，中国石油积极应对，紧急驰援疫情严重的湖北省等各地区，并保障全国油气平稳供给。

按下的红手印代表抗疫情决心

除夕夜，中国石油湖北销售武汉分公司 167 名党员手机微信接收到一条特别的信息，分公司党委向全体党员发送了一篇抗击新冠肺炎的倡议书。截至 1 月 25 日 12:00，共有 100 名党员，2 名入党积极分子回应入党誓词，主动请战！

1 月 23 日武汉"封城"，加油站油品、非油商品供不应求。加油站员工奋战在保障市场供应、确保交通运输畅通的最前线。由于前期部分一线员工返乡过节，加油站人手紧张，员工工作辛劳疲惫，部分站点排班倒班困难。中国石油湖北销售武汉分公司党委募集党员志愿服务者，各支部党员主动表态相应组织召唤，随时听候调令，服从公司调派，义无反顾奔赴加油站服务社会。

捐助口罩等物资星夜驰援武汉

中国石油河北销售公司大年初一将第二批 10000 支 N95 专业防护口罩、128 个测温枪、体温计等应急物资运往武汉，支援湖北防控疫情。截至目前，河北销售已累计支援各地区 N95 口罩 3.73 万支：湖北 24050 支；内蒙古 5000 支；北京 7500 支；陕西 750 支。

全力保障武汉及周边地区市场成品油资源充足供应

1 月 23 日 10 时起，武汉市公共交通暂停运营，结合这一情况，中国石油西北销售公司第一时间与所属武汉油库及湖北销售、中油运输湖北公司对接成品油资源保障事宜。通过协调运输公司调整配送路线，优化车辆运营节奏，23 日至 24 日完成公路出库 6600 余吨，其中汽油 5800 余吨、柴油 840 余吨；通过协调铁路部门，组织郑州油库铁路发运，向湖北孝感、随州地区补充汽油资源 2700 余吨，有效保障武汉及周边地区市场成品油资源充足供应。

针对武汉码头封航对安徽沿江、沿湖地区成品油资源供应带来的影响，西北销售公司与安徽销售公司对接后，迅速将武汉油库 3000 吨 92# 汽油水运计划调整至铁路执行，有效保障安徽市场资源稳定供应。此外，还积极对接北京油气调控中心，合理调整兰郑长管道运行节奏，重点向华中地区各站库组织油品分输，截至 24 日，累计向河南、湖北、湖南地区分输汽柴油资源近 15 万吨。

满负荷生产高端医用无纺布原材料 H39S-3 聚丙烯产品

中国石油大连石化公司满负荷生产高端医用无纺布原材料 H39S-3 聚丙烯产品，H39S-3 聚丙烯是生产口罩、尿不湿等高端医用无纺布的原材料。1 月 22 日，600 余吨 H39S-3 产品从大连石化公司紧急出厂，发往广东佛山医用无纺布厂商。

今年 1 月 1 日至 1 月 21 日，大连石化公司共生产 H39S-3 产品 1.17 万吨，同比增加了近 18%。春节期间，大连石化将开稳开满化三装置，全力保障 H39S-3 产品市场供应，为祖国人民保供高端医用材料。

保障湖北各地区天然气供应

中国石油昆仑能源湖北分公司及所属单位紧急行动起来，严格落实上岗员工体温检测工作，全体员工每日体温、身体状况填入《员工身体健康统计表》并上报调控指挥中心；所属各单位每日保证应急物资充足，每天根据实际情况进行使用，确认在岗员工工作环境的安全；所属各单位带班、值班领导必须在岗检查，确保应急预案顺利实施；客户用气异常咨询采取电话沟通为主，客服人员做好电话解答，服务好用户，为湖北人民提供充足的天然气。

为了保障武汉 1000 多万市民的用气保障，中国石油西南油气田分公司输气管理处、梁平输气作业区生产运行值班室里，屏幕闪烁，各种数据不停跳跃。值班人员心怀责任，坚守岗位，精心调度，保障忠（县）武（汉）线平稳输气。目前，武汉用气无忧，天然气供应充足，市民不用恐慌！

为疫情防控贡献中国石油力量

时间就是生命，疫情就是命令。1 月 26 日，大年初二一大早，辽油宝石花医院重症医学科副护士长董婷婷赶赴沈阳，参加辽宁省首批医疗队赴武汉支援疫情防控，为湖北疫情防控贡献中国石油力量。

虽然疫情在肆虐，但只要我们万众一心，众志成城，疫情终会被遏制，春天一定会到来！

素材来源 | 湖北销售 河北销售 西北销售 大连石化 昆仑能源 西南油气田

文 | 宋清海

中国石油向湖北捐款 5000 万元，驰援疫情防控一线

CNPC 中国石油　2020 年 1 月 30 日

　　当前，新型冠状病毒感染肺炎疫情防控正处于关键时期，中国石油进一步贯彻落实习近平总书记关于新型冠状病毒感染肺炎疫情防控重要指示精神和党中央、国务院有关决策部署，以及国资委对于中央企业扎实做好疫情防控工作的具体要求，于近日向湖北省慈善总会捐款 5000 万元，助力湖北打赢疫情防控阻击战。

　　自疫情发生以来，中国石油集团党组迅速成立疫情防控领导小组，第一时间部署安排相关工作，强调要切实把思想和行动统一到习近平总书记重要指示精神上来，把员工生命安全和健康放在第一位，高度重视疫情防控工作，并动员下属各企业加强与地方的联防联控，坚决维护正常生产经营秩序，保证油气供应、疫情防控物资配备，切实用实际行动彰显央企的责任和担当。

　　面对来势汹汹的疫情，中国石油组织所属企业尤其是在鄂单位，在全力做好疫情防控的同时，认真组织好安全平稳生产，全力以赴保障市场供应，支持地方政府做好疫情防控工作。

　　湖北销售作为在鄂组长单位，坚持"统一思想、统一指挥、集中力量、集中资源"的一盘棋防控工作，建立驻鄂企业联防联控工作机制，建立驻鄂企业疫情防控工作联络群，及时掌握了解驻鄂各单位防控动态和疫情监测数据，第一时间协调解决物资缺口及存在的困难，为驻鄂企业打赢疫情防控战阻击战树立坚强后盾。

　　中国石油上下全力做好疫情防控的同时，认真组织好安全平稳生产，全力以赴保障市场供应，全力支持地方政府做好疫情防控工作，用实际行动彰显央企的责任和担当！

紧急部署疫情防控工作

　　集团公司党组 1 月 26 日（农历正月初二）在京召开扩大会议，传达学习中

央政治局常务委员会会议精神,部署新型冠状病毒感染肺炎疫情防控工作。党组书记戴厚良主持会议并讲话,徐文荣、刘跃珍、吕波、徐吉明出席会议。

戴厚良强调,要认真学习贯彻习近平总书记的重要讲话精神,深刻认识新型冠状病毒感染肺炎疫情防控工作的重要性和紧迫性,增强"四个意识"、坚定"四个自信"、做到"两个维护",切实把员工生命安全和身体健康放在第一位,把疫情防控工作作为当前最重要的工作来抓,以更坚决态度、更严格举措、更果断行动,切实把党中央各项决策部署和北京市通知要求落到实处,坚决打赢疫情防控阻击战。

1月27日,大年初三,集团公司召开新型冠状病毒感染肺炎疫情防控工作领导小组第一次会议,集团公司党组书记、董事长、集团公司新型冠状病毒感染肺炎疫情防控工作领导小组组长戴厚良出席会议并讲话,强调要把思想和行动统一到习近平总书记重要讲话和中央政治局常委会会议精神上来,把员工生命安全和健康放在第一位,深刻认识疫情防控的严峻形势,高度重视疫情防控工作,进一步提高思想认识,科学周密部署,结合实际采取有效措施,坚决打赢疫情防控阻击战。

向武汉等各地区捐赠口罩等医疗耗材

防控新型肺炎口罩等医用耗材告急,中国石油集团党组高度重视,要求下属企业全力支持湖北等各地抗击疫情工作。四川销售、辽宁销售、河北销售通过多个渠道采购口罩、测温枪、体温计近40万只,免费为加油客户派送,并向武汉捐赠2.4万只口罩。

河北销售公司大年初一将第二批10000支N95专业防护口罩、128个测温枪、体温计等应急物资运往武汉,支援湖北防控疫情。河北销售累计支援各地区N95口罩3.73万支:湖北24050支;内蒙古5000支;北京7500支;陕西750支。

保障油气供应,击破"断油""断气"谣言

随着疫情进一步蔓延,网上有传言湖北等地加油站歇业,停止供油,民众异常紧张。面对这一谣言,湖北销售通过微信公众号、广播进行辟谣,集团公司官微同时进行辟谣。春节期间,中国石油在湖北850座所属加油站24小时营业,开通保供绿色通道,保障疫情救护车辆、物资运输车辆快速加油,同时积极协助保供车辆办理通行手续,湖北地区日均零售成品油4422吨,其中汽油4070吨、柴油352吨。优化车辆运营节奏,增加进鄂油品运力,协调公路增加出库6600余吨,向孝感、随州地区补充汽油资源2700余吨,近日日均向湖北配送成品油

5295 吨；调派 3 台油罐车执行雷神山、火神山医院抢建工程油品配送工作，其中 28 日配送柴油 300 吨。1 月 29 日 12 点，湖北销售公司又将 7000 个口罩、2000 瓶消毒液送往武汉市国资委，由武汉市国资委统一调配。

截至目前，中国石油湖北销售全部便利店商品不涨价，并保障湖北全省油品供应充足；中国西北销售累计向河南、湖北、湖南地区分输汽柴油资源近 15 万吨；天然气管网累计输气 23.76 亿立方米，其中向湖北省供应天然气 6105 万立方米，持续加大湖北天然气供应量，日均供气 1017.55 万立方米；安徽、四川、湖北、湖南等 5000 多座加油站开放绿色通道，应急车辆优先加油。春节期间，西南油气田公司保持了正常生产水平，日产气量在 9200 万立方米以上。特别西南油气田输气管理处、梁平输气作业区全体工作人员为保武汉 1000 万人用气，连续加班昼夜不停。值班人员心怀责任，坚守岗位，精心调度，保障忠（县）武（汉）线平稳输气，忠武管道的日输气量在 640 万立方米以上，有力保障春节期间天然气平稳供应和疫情防控用气需求。

天然气销售湖北分公司多方筹措落实天然气资源，确保所有终端用户用气安全平稳充足。截至 1 月 29 日，该公司累计天然气批发销量 5.3 亿立方米，日均销售 1830 万立方米。其中，1 月 24 日（除夕）至 29 日，天然气批发销量 6095 万立方米，天然气终端销量 1736 万立方米，湖北省各地均未出现供气短缺的情况。目前，驻鄂企业 5000 余名员工坚守一线，中国石油上下近 2 万人奋战在保供一线，坚决保证疫区油气安全稳定充足供应。

昆仑好客便利店所有商品不涨价

湖北销售紧急启动优化货源调配预案，并调配口罩、食用油等放心粮油，供湖北省消费者选购，并承诺昆仑好客便利店 24 小时正常营业，所有商品不涨价。

助力火神山医院建设

1 月 28 日上午十点，两辆载满 16 吨油品的中国石油油罐车，驶入蔡甸在建的火神山医院工地现场，为紧张施工的各类车辆、发电机及工程器械快速加注油品，保障施工过程紧凑高效持续。武汉开建火神山医院，积极应对疫情防治的消息牵动社会各界。中国石油湖北销售武汉分公司向合作方沟通寻求爱心支援，山东能链控股有限公司立即捐助柴油三百吨。与此同时，武汉分公司积极和项目指挥部联系，询问油品需求情况，力争在 24 小时内实现供应。

满负荷生产，保障医用物资生产原料供应

防护以及医治过程中所用口罩、手术服、隔离服装，输液注射所用输液瓶注射器等材质大多为聚丙烯。疫情发生以来，口罩、防护服等医疗耗材炙手可热，物资紧缺，中国石油各炼化企业临时改变排产计划等措施，加大装置负荷，开足马力生产医用聚烯烃，保障医用物资生产原料供应。大连石化面对前线医用口罩等资源紧缺的形势，全力保障装置 24 小时平稳满负荷生产，一线生产岗位全部取消休假，每日 1000 余名员工在岗，加速生产聚丙烯产品等口罩原材料。1 月 27 日，630 余吨 H39S-3 产品从大连石化公司出厂，发往广东佛山医用无纺布厂商。大连石化公司正满负荷生产高端医用无纺布原材料 H39S-3 聚丙烯产品，为抗击新型冠状病毒感染的肺炎疫情作出贡献。为满足当前疫情防控需要，中国石油吉林石化克服物料平衡难、工艺调整复杂等困难，认真研究调整了生产方案，计划月增产次氯酸钠 100 吨。据了解，84 消毒液是一种以次氯酸钠为主的高效消毒剂，本次增产的次氯酸钠将有力地支援地方疫情防控工作。面对疫情，华北化工销售公司根据集团公司板块批示，春节前后向湖北武汉调运应急物资独山子石化 S2040 纤维产品 9640 吨，宁夏石化 NX40S 纤维料产品 2947 吨，合计调运应急原材料 12587 吨。

医生护士驰援武汉，几百名医护人员待命

截至 1 月 29 日，多名宝石花医疗医护人员奔赴武汉。同时，四川宝石花医院正在准备隔离病房，用于新型冠状病毒肺炎患者的备用收治。1 月 28 日下午 6 点，四川宝石花医院来自临床、医技、行政、后勤各岗位的 450 名党员、群众纷纷在"请战书"上郑重签下自己的名字，自愿加入四川宝石花医院防控新冠肺炎先锋队。全院 989 名员工，有一半人员报名参与。四川宝石花医院根据志愿者们的专业及工作经验等方面因素，在 370 名医务工作者中成立 3 支医疗先锋队，在 80 名后勤机关人员中成立 1 支后勤保障先锋队。先锋队成员统一听从医院对于新冠肺炎防控工作的岗位调配，并根据疫情需要时刻准备着奔赴一线支援武汉疫区。与此同时，中意人寿启动理赔应急预案，为客户提供简单、快捷理赔服务。中油瑞飞惠服平台开通武汉医疗物资捐赠入口，用于汇集爱心人士的小额捐赠。浙江油田公司向湖北宜昌远安县政府捐款 15 万元，用于该县抗击新型冠状病毒感染肺炎疫情。

素材来源 | 湖北销售 大连石化 西南油气田 宝石花医疗 昆仑能源 吉林石化 浙江销售

文 | 宋清海 吴琼

中国石油：口罩等医卫用料多产、快供、保一线！

CNPC 中国石油   2020 年 1 月 31 日

  随着新型冠状病毒感染病例不断增加，口罩、消毒液等医疗耗材供不应求。国内各大药店、便利店、电商平台，口罩大多处在"缺货""无货"状态，全民抢购口罩进入紧张状态。而生产口罩用的原材料，主要来自石油制品。为了保证口罩、防护服等医疗物资供应，中国石油不辱使命，满负荷加紧生产。可起到病毒防护作用的口罩主要有医用外科口罩和 N95 口罩。而给这两种口罩带来病毒过滤作用的主要材料就是极细密且带静电的内层过滤布——熔喷无纺布。熔喷无纺布主要材质是一种主要由石油为原料加工而来的物质——聚丙烯，这是一种超细静电纤维布，可以捕捉粉尘。含有肺炎病毒的飞沫靠近熔喷无纺布后，会被静电吸附在无纺布表面，无法透过。聚丙烯用途广泛，在医疗卫生方面，聚丙烯无纺布专用料生产的无纺布可用于一次性手术衣、被单、口罩、盖布、液体吸收垫等。

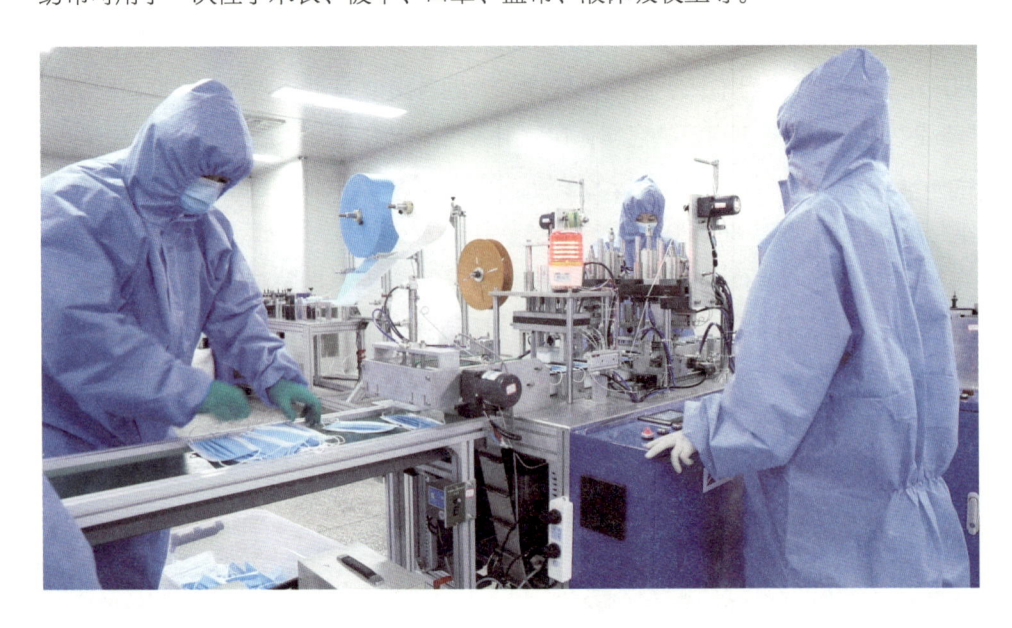

针对医用口罩等医疗物资紧缺的现状，中国石油各炼化企业加大装置负荷，开足马力生产，保障医用物资生产原料的供应。

大连石化全力保供医用材料

面对突发疫情，中国石油大连石化公司按照党中央、国务院批示精神和集团党组要求，保证满负荷生产高端医用无纺布原材料 H39S-3 聚丙烯产品。截至 1 月 31 日，大连石化第五联合车间两套聚丙烯装置实现增产 3.7%，其中 H39S-3 计划排产 16000 吨，实际完成 16800 多吨，H39S-2 计划排产 8200 吨，实际完成 8300 多吨。在丙烯资源相对不足的情况下，车间积极争取外购丙烯资源，规划计划处和生产运行处积极帮助协调丙烯供应，确保两套聚丙烯装置春节期间实现满负荷生产。二月份，车间将全力做好生产组织，力争 H39S-3 产量达 18500 吨，H39S-2 产量达 7700 吨，合计产量 26200 吨，较 1 月份再增加 1100 吨。

独山子石化开足马力生产医用口罩、防疫药瓶原材料

新型冠状病毒感染疫情发生后，口罩需求大增，独山子石化快速反应，对聚丙烯 S2040 产品优先排产、优先生产、优先外运、全力保障市场需求。营销人员优先保障产品出厂，原先需要 2 天的运输周期，现在仅需 4 个小时。聚丙烯 S2040 产品今年已累计出厂 4925 吨。从 1 月 23 日开始，聚丙烯 S2040 产量由每小时 23 吨调整为 26 吨，日均产量达到 624 吨。乙烯厂聚烯烃一联合车间班长汪磊说："很多休假的同事都打电话给车间，表示愿意停止休假提前上班，全力保障产品保质保量生产。"不仅如此，独山子石化正开足马力，加大生产高密度聚乙烯小中空注塑料 HD5502XA。这是一款广泛用于消毒液、洗护用品外包装及药瓶的原材料。从 1 月 5 日开始，独山子石化乙烯厂高密度聚乙烯装置转产后，立即进入超负荷运行状态，生产负荷达到了设计值的 110%，每天产量达到 1050 吨。在高密度聚乙烯固体产品包装线上，两条重膜包装线全开，调到最快的包装速率，达到 110 吨/小时。今年 1 月 1 日至 1 月 29 日，HD5502XA 已累计发运 20382 吨。其中，1 月 29 日独石化火车紧急装运高密度聚乙烯 HD5502XA 产品 418 吨，发往华东、华中等目标市场，1 月 30 日出厂 417 吨。

吉林石化加紧生产 84 消毒液主要原料

疫情就是命令。中国石油吉林石化公司第一时间抽调精干力量，加班加点生

产 84 消毒液的主要原料次氯酸钠。据吉林石化电石厂电解车间主任胡清介绍,"我们装置主要生产盐酸、液氯,次氯酸钠只是生产过程中的副产品,平常一个月才产出 30 吨左右,主要是作为本装置的盐水助剂自产自用,一般不对外销售。为满足当前疫情防控需要,我们克服物料平衡难、工艺调整复杂等困难,认真研究调整了生产方案,计划月增产次氯酸钠 100 吨,为社会做好疫情防控创造条件。"

截至 1 月 31 日,吉林石化生产的氯酸钠溶液累计出厂 12.24 吨,已运往消毒液生产企业。据了解,每吨次氯酸钠溶液可稀释消毒液至少 400 吨,将有力地支援地方疫情防控工作。

呼石化全力以赴保障原料供应

为了全力确保医用防护用品原材料供应,中国石油呼和浩特石化公司在做好疫情防控的同时,迅速转变生产计划,聚丙烯装置转产 HT40S 产品(无纺布纤维专用料)。

1 月 30 日 13 时,呼石化接到指令,要求聚丙烯装置 31 日转产无纺布聚丙烯纤维专用料 HT40S,以满足下游加工企业生产口罩和防护服的需求。第三联合车间迅速行动,1 月 31 日,实现了一次转产成功。

目前,呼石化日均生产聚丙烯 HT40S 430 吨。根据公司排定的生产计划,此次将生产 3000 吨 HT40S 产品。而一吨原材料可生产大约 25 万个病菌防护口罩。在疫情防控的关键时期,呼石化将助力国家做好疫情防控工作。

大庆石化为防疫"供氧"

自新型冠状病毒感染肺炎疫情发生以来,中国石油大庆石化公司作为黑龙江省医用氧供货的主要资质单位,合理安排氧气生产调配,全力保证大庆市各大医院医用氧气供应。

大年初二,开发公司氧气班的员工们便纷纷放弃休假,加班加点扩大产能,生产医用氧气。现在一天可生产瓶装医用氧气 300 余瓶,罐装医用氧 1 罐(相当 60 瓶医用氧气),全力支援一线。年初至今,该公司为大庆市 8 家医院配送液态医用氧 130 多立方米、瓶装医用氧 3000 多瓶,为抗击疫情贡献力量。

素材来源 | 大连石化 独山子石化 吉林石化 大庆石化 呼和浩特石化

文 | 杜赛男

中国石油：决不让湖北人民吃一顿冷饭、冷菜！

CNPC 中国石油　2020 年 2 月 1 日

今天，是武汉关闭所有离汉通道的第 10 天，1000 多万市民的用气问题，成为大家时刻关注的热点话题。中国石油正在全力以赴保障居民用气无忧，决不让湖北人民吃一顿冷饭、冷菜。

西南油气田公司：多措并举保障平稳供气

西南油气田全力做好安全生产和天然气供应。1 月 24 日至 31 日，该公司生产天然气 7.4 亿立方米、同比增幅 35%，销售天然气 7.5 亿立方米、同比增幅

27%，天然气供应井然有序。公司要求所属供气单位、终端燃气公司决不能因气款不足而出现短供停供事件，重点保障医院或医疗器械企业用气，稳定忠武线外输确保武汉市天然气供应。公司通过忠武线（重庆忠县—武汉）向武汉地区日供气量最高达 660 余万立方米，重点工业用户、公用事业供气正常，举全公司之力坚决打赢疫情防控阻击战。

武汉"封城"以来，1000 多万市民的用气保障迫在眉睫。中国石油西南油气田公司多举措保障忠武线安全平稳输气，除夕至初一日输气量最高达 660 万立方米。1 月 1 日至 31 日，西南油气田公司已向忠武线供气 1.9 亿立方米，按一户家庭日用气 1.5 立方米计算，可满足 400 万以上家庭月用气需求。

为助力武汉打赢这场没有硝烟的战争，梁平输气作业区员工们每天开展集中巡检，加大例行巡检力度和频次，细致维护保养设备，及时发现和解决各种安全隐患，保障场站平稳运行。站长熊文剑说："武汉有很多人不能回家过年，我们担负的责任重大，决不能让留在武汉的市民吃一顿冷饭、冷菜！"

西气东输管道公司：全力保障天然气平稳输送

为保障疫情期间居民用气，西气东输管道公司员工们均坚守在一线岗位，用行动保障居民用气无忧。

西气东输管道公司武汉管理处位于这次疫情发生的核心区域，负责运营的西气东输二线、忠武线等 10 条天然气管道，途经湖北省 14 个市（州）、65 个县（区），总长度 2030 千米，肩负着沿线重镇天然气保供任务。该公司所辖黄陂联络压气站、武汉西分输站、武汉东分输站是武汉市天然气能源的主要供给场站，占武汉市用气总量的 75%。武汉管理处全体员工都坚守在岗位上，紧张而有序地保障对武汉市平稳安全供气。

叶凯是一位准爸爸，他所在的单位是武汉西分输站，这里是武汉市天然气的重要进口，一半以上的天然气从这里进入湖北省高压管网。最近，他的爱人已经临近预产期，但由于疫情发生，叶凯毅然决定放弃休假，奋战在一线，用自己的行动保障着武汉供气。

西气东输管道沿线各地，除疫情最为严重的武汉外，苏北、郑州、山西、甘陕、厦门、长沙、广东等其他地区的员工也纷纷主动放弃休假，坚守在岗位上，保障城市用气。大年初一，郑州管理处南阳站站长吉家增开始了新一年的第一次巡线。他说："西气东输管道不仅关系着河南本地的用气安全，更关系着包括湖北在内的沿线各地的用气安全,所有可能的风险隐患点都需要着重进行排查处理。"

昆仑能源:确保终端用户用气无忧

新型冠状病毒感染肺炎疫情发生以来,天然气销售湖北分公司多方筹措落实天然气资源,确保所有终端用户用气安全平稳充足。截至1月29日,该公司累计天然气批发销量5.3亿立方米,日均1830万立方米。除夕至今,天然气销售湖北分公司批发销量8277.8万立方米,终端销量2319万立方米,湖北省各地均未出现供气短缺的情况。

1月25日上午,昆仑能源所属武汉东方中油燃气公司接到通知,根据火神山医院总体规划要求,有300米管线需要迁改。得知消息后,该公司立即启动应急预案,抽调10名员工进行施工,仅用1天时间就完成了300余米的管道迁改并恢复供气。同时,为保障建设医院期间职工食堂的正常用气,武汉东方中油燃气公司多次与中建三局合作沟通,全力做好气源保障工作。

运输公司:确保油品安全平稳运输

中国石油运输公司湖北分公司高度重视疫情防控工作,员工们坚守一线,保障着油品的供应。该公司每日对驾押人员出车前和归队后进行体温、血压、血糖和酒精含量测量,对车辆出行和归场后进行消毒,确保员工战斗力和车辆无污染。宜昌配送中心人员和车辆,1月24日至今执行了河南信阳机场航油配送任务12车次货运量374吨,有效解决华南蓝天航油公司困境。武汉配送中心1月28日起执行武汉火神山、雷神山医院工程300吨用油配送任务,充分履行政治责任、展现中国石油良好形象。中国石油运输公司湖北分公司从人员防控、生产运行、对外协调和物资供应四方面开展防疫保供应急工作,每日对各地加油站实时销量和库存情况进行筛查,对库存较低的站点主动联系加油站进行涨库、补库工作。每日研判配送需求变化,对未用运力及时维护保养,员工按任务情况轮流上岗,随时做好各地可能因交通管制取消后油品需求强劲反弹的应急准备。

面对疫情,我们始终坚守在一线。所有中国石油人用行动保障您用气无忧!这场战役虽难,但我们必胜!

素材来源 | 西南油气田 西气东输管道公司 昆仑能源 运输公司　文 | 翟宇佳

中国石油向湖北 39 家定点医院捐供天然气！价值 2000 万元

CNPC 中国石油　2020 年 2 月 7 日

2 月 1 日开始，中国石油在全力以赴保障湖北省用气安全平稳的同时，将通过天然气销售湖北分公司以实物定向捐赠方式，给湖北省 39 家定点医院捐供价值 2000 万元天然气，其中包括武汉市内使用中国石油气源的定点医院 15 家，共涉及武汉、黄冈、荆州、咸宁、荆门、十堰等 16 个市县的定点医院，目前预计日供应天然气 17 万立方米至 18 万立方米。

医院是抗击疫情主战场，也是保供的重中之重。为此，湖北分公司加强与政府卫生、能源等部门对接，对全省重要医疗机构、大型民生企业开展用气结构调查，采取分期实施的方法，按照疫情严重程度实施第一阶段捐赠措施。捐赠时间从 2 月 1 日开始至完成第一阶段捐赠额度或疫情结束。湖北分公司天然气资源约占湖北省用气量的 3/4。疫情发生变化后，湖北分公司专题安排天然气资源供应和疫情防控工作，实行 24 小时应急值班制，确保天然气资源供应平稳。考虑疫情及限行等特殊情况，湖北分公司将确保用户天然气用气平稳作为第一要务，临时调整预付款制度，对于预存金额不足的客户允许透支用气，并向客户及时传递天然气资源充足等信息，全力保障用气秩序稳定。"我们提前预测定点医院用气情况，并对用气实施分类计量，第一时间研究制定向定点医院定向捐赠天然气工作方案并实施。"湖北分公司党委书记、总经理刘志强说。

来源｜中国石油报　通讯员｜董端凤　特约记者｜周琰　编辑｜冯军

中国石油：一手抓防控，一手抓生产！

CNPC 中国石油　2020 年 2 月 10 日

今天起，各省市开始陆续复工。疫情发生以来，中国石油各生产经营单位一直坚持生产，春节期间 30 多万名干部员工坚守岗位，确保生产经营平稳有序。

集团公司党组书记、董事长、集团公司新型冠状病毒感染肺炎疫情防控工作领导小组组长戴厚良强调，要深入学习贯彻习近平总书记重要讲话精神，认清形势，强化疫情防控措施和机制，一手抓疫情防控和油气保供，一手抓改革发展稳定等工作，坚决打赢疫情防控阻击战，确保生产经营平稳有序，为决胜全面建成小康社会贡献石油力量。要坚决扛起保障国家能源安全的政治责任。

疫情发生以来，中国石油上游加大油气勘探开发力度，坚决扛起保障国家能源安全的政治责任；炼化企业根据形势和市场变化，调整生产计划，全力加大疫情防控急需物资、油品及化工产品生产和供应；销售公司积极协调东北销售、西北销售紧急组织油品，优先按需向湖北调入资源；工程建设、工程技术、装备制造等企业切实抓好复工复产工作，全力确保重点工程项目有序推进。

大庆油田：确保安全防疫、采气生产两不误

大庆油田坚持"确保安全防疫、采气生产两不误"的原则，在保证员工安全的前提下，吹响了产大气、保春供的冲锋号。1 月，大庆油田完成国内油气当量 299 万吨，其中原油 260.72 万吨、天然气 4.83 亿立方米，为全年实现油气当量 4000 万吨持续稳产奠定了坚实基础。

长庆油田：天然气生产创历史最高纪录

长庆油田在疫情防控工作有序进行的基础上，天然气冬季保供工作也取得了好成绩。据统计，春节期间，长庆油田日均生产天然气 1.3493 亿立方米，天然

气日均销售量超计划 412 万立方米，无论天然气总生产量、日产量还是外供量，均创历史最高纪录。其中，外供量与上年同期相比增加 1300 万立方米。

新疆油田：产能建设战"疫"复工两不误

面对疫情，新疆油田产能建设积极组织协调，克服各种困难，做到疫情防控与生产经营两不误。以新疆油田公司开发公司为例，截至 2 月 9 日，该公司累计动用钻机 67 部，开钻 189 口，完钻 44 口，日进尺 1727 米，年进尺 69.42 万米，完成进尺比例 26.3%，各项工作均走在前，为完成全年产能建设任务奠定了坚实的基础。

西南油气田：精准调控，确保武汉用气无忧

西南油气田是川渝地区的主要供气企业，并承担向忠武管道（重庆忠县—湖北武汉）输气的任务，春节期间公司面临新型冠状病毒感染的肺炎疫情防控工作和保障供气工作双重压力。1 月生产天然气 29 亿立方米，2 月 1 日至 6 日，日均产气在 9000 万立方米以上，通过储气库采气、天然气资源统筹等多种形式，每日可向川渝鄂及华北地区共提供 1 亿立方米天然气。

辽阳石化：日加工原油 2.34 万吨，产品出口顺畅

辽阳石化在做好疫情防控的同时，持续开展安全生产大检查，抓好安全平稳生产，各装置实现平稳高效运行，日平均加工原油 2.34 万吨，各产品出厂顺畅。据统计，春节期间，辽阳石化安全平稳生产，实现日平均生产柴油 8700 余吨、调和汽油 6800 余吨。

大庆石化：加班加点，全力保障医用氧供用

目前，大庆石化原油加工量日均 15000 吨，乙烯产量日均 3600 吨，成品油、石蜡、塑料、橡胶稳定保供。

此外，大庆石化作为黑龙江省医用氧供货的主要资质单位。2 月 1 日开始，大庆石化已经向当地 8 家医院提供医用氧 130 多立方米，瓶装医用氧 3000 多瓶。

润滑油公司：有序复工复产

面对疫情的严峻形势，润滑油公司积极做好疫情防控和生产经营工作，有序

复工复产。累计向湖北各企业供应各类产品 1300 余桶，保障武汉地区相关企业生产稳定运行。

向相关企业配送昆仑压缩机油、真空泵油、液压油等 110 个大桶工业油品和 85 桶润滑油脂，助力消毒液日产量由 10 吨提高到 50 吨，漂粉精产品日产量由 13 吨提高到 18 吨；克服道路运输等困难，及时安排供应，保障湖北相关生产稳定运行，日产工业级过氧化氢（27.5%)180 吨；全力配合武汉公交，保障机场转运、建设物资周转，以及医护人员接送，分两批向武汉公交供应 120 个大桶、500 个中桶油品，全力保障方舱医院紧急建设；及时向合作终端提供油品保障，完成抢修应急车 10 次；湖北境内各地封城后，为满足企业紧急用油需求，经公路运往湖北黄石 343 桶，经公路铁路联运湖北宜昌 200 桶，共计 92.31 吨。

上海销售：成品油销售任务超额完成

疫情防控阻击战打响以来，上海销售全体干部员工快速响应，在为客户、员工提供安全防护的前提下，保证了加油站的平稳运行，成品油销售任务超额完成。1 月，公司在因疫情影响销量大幅下降的情况下，完成成品油销售计划

106.8%，完成非油收入任务 122%，公司整体盈利 975 万元，实现开门红。

昆仑银行：开辟金融绿色通道

疫情发生以来，昆仑银行大庆分行开辟绿色通道，各业务线密切配合，于一天内为某国药控股公司"闪电"发放贷款 6500 万元，用于抗击疫情期间医疗物资采购，提供最优审批效率、最惠融资价格、最快放款速度。在全国抗击疫情的关键时期，在满足风险管控、安全运营、合规管理的前提下，最大限度满足疫情防控金融需求。

华油集团：为"方舱医院"提供后勤保障

近日，内蒙古援助武汉医疗队的 102 名医务工作者入住华油集团武汉阳光酒店。内蒙古援助武汉医疗队对口支援武汉国际会展中心的"方舱医院"。在他们入住酒店的第二天，医疗队成员全面开始救助工作。连日来，华油集团所属的武汉阳光酒店全力保障物资供应，做好防护工作，除在住宿、餐饮等方面为医疗队提供高质量服务外，还根据需求配备了红糖、鞋套等物品。

西北销售：保障特殊时期湖北油品供应

1 月 20 至 29 日，西北销售通过管道、铁路和公路三种运输方式，累计向湖北地区投放成品油 5.3 万吨，西北销售所属武汉油库库存稳定在 9 万吨以上，有效保障了特殊时期湖北油品供应。同时，西北销售积极做好武汉火神山医院建设油品配送，采取优先进库提油、安排专人全程监护等方式缩短提油时间，为工程建设发运油品 26 吨。

湖北销售：24 小时正常营业，绝不断油

湖北销售把保证生产经营正常运行、全力保障资源供应作为重要任务。湖北销售公开承诺中国石油加油站 24 小时正常营业，决不断油，有力地稳定了武汉市油品市场。截至目前，除因配合地方政府疫情防控要求暂停营业的站点外，湖北销售 788 座运营站点正常运营。

天然气销售：终端用户用气平稳充足

新型冠状病毒感染肺炎疫情发生以来，天然气销售湖北分公司多方筹措落实

天然气资源，确保所有终端用户用气安全平稳充足。截至1月29日，该公司累计天然气批发销量5.3亿立方米，日均1830万立方米。除夕至今，天然气销售湖北分公司批发销量8277.8万立方米，终端销量2319万立方米，湖北省各地均未出现供气短缺的情况。

开工第一天，中国石油人始终不忘生产任务、坚守在岗位一线，确保疫情防控期间生产工作的平稳运行。

相信春暖花开时，山河定无恙！武汉加油！中国加油！

素材来源｜大庆油田 长庆油田 新疆油田 西南油气田 西南管道 辽阳石化 上海销售 昆仑银行 华油集团 大庆石化湖北销售 西北销售 昆仑能源 润滑油公司

文｜翟宇佳 杨文礼 王芳 王志田 黄仕强 刘泓波 周问雪 孟庆璐 张海燕 黄榆 邹春艳 咸玉龙 王涛 冯雪梅 王苗苗 孟滨 孙晓慧 李琼 王继红 史轶夫 陈玉强 朱晓芳

中国石油：6条口罩生产线火速建成！熔喷料、熔喷布齐了！

CNPC 中国石油　2020年2月29日

2月29日，历经22天艰苦奋战，中国石油下属4家企业新建的6条医用口罩生产线全部建成，开始满负荷加工生产，形成每天60万只的生产能力。进入3月，随着引进的21条口罩生产线陆续开工，全部投产后，中国石油日产口罩可达150万只。

新冠肺炎疫情发生以来，中国石油坚决贯彻落实习近平总书记的重要指示和党中央、国务院决策部署，认真落实国资委要求，把人民生命安全和身体健康放在首位，急疫情防控之所急。中国石油集团党组书记、董事长戴厚良亲自部署，多次组织召开会议进行专题研究，坚持把生产熔喷布、口罩等防疫物资作为当前一项重点工程抓好抓实，确保防疫物资有效供应，切实担起"国家队"的重任。

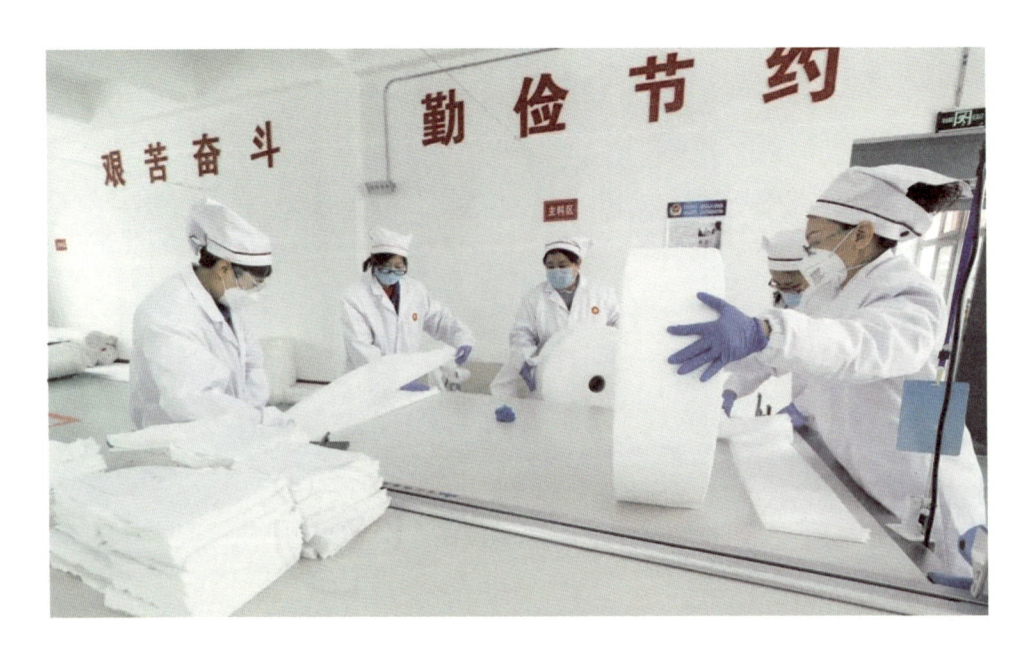

2月25日，中国石油召开口罩产能建设推进视频会，采取网上办公的方式，统筹、协调、解决相关企业在口罩投产前遇到的实际困难和问题，为按时顺利投产做好最后的冲刺。2月6日启动了大庆石化、抚顺石化、兰州石化和大庆油田三地四家企业的口罩生产线建设。

大庆油田为保障一线员工生产需要，抢前抓早开展口罩生产，采取手工生产与新建生产线同步推进的模式，最大限度利用现有缝纫机等手工缝制设备，迅速形成口罩生产能力，自2月9日起至今，已累计生产口罩近50万只。

目前，大庆石化第一条口罩生产线顺利产出一次性防护口罩产品。大庆石化将口罩生产项目作为保障疫情防控、有序复工复产需要的重大政治任务，第一时间成立项目小组，对项目选址、施工设计、生产准备等关键环节进行研究部署，全力推进项目早投产、早量产。

兰州石化与疫情赛跑，仅用1天完成主要设备采购，3天完成厂房设计方案并开始施工，5天签订原材料采购合同。面对口罩机"一机难求"的局面，积极与供货商沟通，原供货周期30天，经过不懈努力，仅用19天，两台定制的设备实现提早到厂。

抚顺石化积极响应集团公司统一部署，成立口罩生产车间，建立固定维护班组，专门负责口罩生产线的维护和保运，并安排技术人员到设备厂家进行学习，进一步落实管理、技术、操作、质检及保运人员，确保项目开工后平稳运行。

华北化工销售公司迅速行动，担当作为，锁定资源，充分发挥渠道优势，联系到恒天嘉华非织造有限公司、山东华业无纺布有限公司、山东俊富无纺布有限公司等10余家生产企业，积极寻求货源，保障生产急需。

2月20日，国资委下达的紧急任务，要求2月底完成8条生产线建设，并提供口罩机定点保供。集团公司疫情防控应急物资保障专项工作组统筹协调，迅速部署，四家企业克服困难，优化调整建设方案，完善辅助配套设施，相关人员一步到位。

聚丙烯纤维料是口罩生产的重要基础材料，中国石油开足马力生产，第一时间调整生产计划，安排独山子石化、大连石化、兰州石化、宁夏石化、呼和浩特石化、大连西太等6家企业立即转产，满负荷生产聚丙烯医用料，截至目前已累计生产聚丙烯医用料近12万吨。石油化工研究院不断加大科技攻关，自主研发熔喷料生产技术，在兰州石化以聚丙烯纤维料S900为原料，通过降解工艺生产熔融指数1500左右的熔喷料，为实现自产熔喷布打下坚实基础。聚丙烯纤维料

改性为熔喷料，进而生产熔喷布，是口罩生产的前序工艺。中国石油迅速组织炼化生产企业、化工销售单位、科研院所及合作伙伴，充分发挥聚丙烯质量、产能和人才优势，联合攻关生产熔喷料，合作生产熔喷布，用实际行动打响了医疗物资生产保障攻坚战。

2月16日，石油化工研究院兰州技术中心快速攻关验证熔喷料工艺技术，同步采购熔喷料生产线；2月24日，完成熔喷料降解工艺定型，确定以兰州石化S900聚丙烯为基料的生产方案；2月27日，完成双螺杆挤出机和切粒系统的安装；2月28日，熔喷料生产线进行实物料试车并转入正常运行，实现熔喷料自主生产2吨/天；3月份将达到7吨/天熔喷布合作产能。

与此同时，中国石油加快熔喷布生产线建设，依托自有技术生产聚丙烯基料和熔喷料，形成聚丙烯纤维料—熔喷料—熔喷布完整工艺流程，缓解熔喷布市场供应矛盾，用实际行动践行央企的责任和担当。

素材来源 | 炼油与化工分公司 中国石油报 大庆油田 兰州石化
大庆石化 抚顺石化 石油化工研究院 华北化工销售
编辑 | 宋清海 杨碧泓 袁艺

宏图大道加油站！全国唯一获评"全国抗击新冠肺炎疫情先进集体"的加油站

CNPC 中国石油　2020 年 9 月 8 日

9月8日上午，全国抗击新冠肺炎疫情表彰大会在北京人民大会堂隆重举行。中共中央总书记、国家主席、中央军委主席习近平向国家勋章和国家荣誉称号获得者颁授勋章奖章并发表重要讲话。

大会对全国抗击新冠肺炎疫情先进个人、先进集体、全国优秀共产党员、全国先进基层党组织进行表彰，其中中国石油湖北武汉销售分公司宏图大道加油站获得全国抗击新冠肺炎疫情先进集体，也是全国唯一获此殊荣的加油站。

在大会现场，加油站经理马婷代表全站员工和百万石油人接受表彰。她说："这份荣誉，属于我和加油站的 19 名同事，更属于百万石油人，它是全体石油人上下同欲，勠力同心取得的成绩。今后，我和我的同事们将继续坚守三尺加油岛，尽其所能为社会做贡献。"

让我们一起认识一下这个英雄的集体：

站 经 理：马　婷　　　　　　便利店经理：陈　颖
副 经 理：杨　希　　　　　　前庭主管：蔡　东
班　　长：朱　浩　骆　维　冯　涛　杨　超
加 油 员：程　欢　程路港　蒋燕燕　陈天琦　王传鑫　姚　兰
　　　　　曾丽卉　陈道勇　解星星　王金萍　乐建桥　林　波

💧 被疫情"包围"

宏图大道加油站只是中国石油在武汉 100 多座加油站中普通的一座，但作为离武汉金银潭医院最近的加油站，新冠肺炎疫情让它变得尤为特殊。

自 2019 年 12 月开始，宏图大道加油站前便不时能看到飞驰而过的救护车。到 12 月底，有关不明原因肺炎的传闻就开始在朋友圈沸腾。武汉关闭离汉通道前一周，金银潭医院医护人员来加油时，还曾提醒过加油站的工作人员："如果情况允许的话，就把口罩戴上。"然而没隔多久，加油站附近的小区就开始不断地出现新冠肺炎病例。坏消息接踵而至，恐慌情绪也如病毒一般在站内蔓延。身处疫情中心，加油站的工作人员感觉已经被病毒包围。但是，这些都还不是最坏的情况。1 月 23 日，武汉关闭离汉通道，市内公共交通全部停摆。一时间，加油站即将停业的传闻甚嚣尘上，恐慌让难以计数的车辆不约而同地涌向加油站，顾客们都十分焦急，现场一片慌乱。

当天，宏图大道加油站的汽油销量比平时翻了一倍，共售出 60 多吨汽油。有的顾客油箱里即便有百分之八九十的油，也要花几十块钱加满。加油员们提枪次数将近 4000 次，一整天的工作结束，坐在一起吃饭时，大家拿筷子的手都还在颤抖。然而饭桌上却异常平静，大家并没有什么言语，忙碌让他们忘记了恐慌。

得知加油站的情况后，中国石油湖北销售公司立即辟谣，告知大家加油站不会关停，切莫恐慌。随后又通过微信公众号、当地广播电台及时发布了相关信息，保证中国石油加油站 24 小时正常营业。

💧 "生命"的加油站

加油站后方 80 米是集中收治重症患者的金银潭医院，右方 100 米是武汉容纳量最大的方舱医院——"武汉客厅"，向左不到 2000 米，则是另一座方舱医院——

塔子湖体育中心。在武汉疫情最严重的那段时间里，宏图大道加油站听到了太多刺耳又揪心的救护车鸣笛声。

疫情发生后，站内员工纷纷到岗，全员坚守着这座"生命"加油站。而作为加油站的经理，有着十几年工作经验的马婷明白，这是一场没有硝烟的恶战。无论作为加油站经理，还是一名党员，她都必须保持镇定，带头去干，稳定军心，消除恐惧是当务之急。

最初，看到救护车来加油，大家踟蹰不前；看到载有医护人员的班车来加油，大家也不知所措。因此，每次救护车和班车来加油，马婷都做好示范，口罩、手套、护目镜全面防护，自己先上手。她告诉员工："医护人员在前方救死扶伤，直接面对病毒都不怕，我们怕什么？他们在战场上用生命守护生命，我们也决不能畏难和退缩！""我们共同的敌人是病毒，不是人。我们要齐心协力把

生命从病毒手里抢回来！""与时间赛跑，要争分夺秒，救护车是生命接力赛中的重要一环，为救护车加油，就是为生命加油！"

2月4日，"武汉客厅"油品采购负责人程主任致电马婷："马经理，我们这里马上就要收治患者，急需供暖，你们能否送油过来？"此时，他已经打了一圈电话，全都碰壁。马婷只斩钉截铁说了一个字："行！"当城市还沉睡在黑暗中，空气中的消毒水味道还未散去，马婷已经在准备战袍，奔赴战场。6点半，马婷将隔离服、口罩、护目镜、手套、帽子层层穿戴完毕。出发前，她深呼一口气，在心里对自己说句"加油"。7点10分，马婷开始给方舱医院的锅炉房加油。锅炉房距离患者的污染区不足10米，她能清晰地看见患者正在洗浴室与卫生间旁边走动。隔离带旁是一排帐篷，目之所及，从上到下穿戴密不透风的医护人员间或出来休整。锅炉房旁边是污染物处理区，生活和医疗垃圾堆放在此，等待处理，放眼望去，触目惊心。8点10分，4000升柴油输转完毕，输转用了整整50分钟。近一个小时的高度紧张，马婷感到身体僵硬，后背的衣服都汗湿了。天气冷的时候，方舱医院用油需求变大，她晚上还要再来送一次油。

尽管做了能想到的全面防护，但意外总会不期而至。2月10日，马婷如同往常一样来给方舱医院的锅炉房加油。刚把车停好，司机吴传胜忽然发现，锅炉房上方冒出阵阵白烟，以往从没有出现过这种情况，这一下子让他们两个人警觉起来。非常时期，不能出现任何闪失！马婷一边联系对方负责人，一边赶紧叫吴师傅将油罐车开到安全区域。如果锅炉真的出现问题，满满的一车柴油在这里，更是火上浇油！偌大的方舱医院里，众多医护和患者将无处可逃，后果不堪设想，损失难以估量！

紧急呼叫后，对方过来了维修人员，经过检查，确实是锅炉出现了故障。这有惊无险的一幕让马婷更加坚定：在这处处充满危机的险地，必须时刻保持十二分的警惕，绝不能有任何麻痹大意，更不能掉以轻心！为将风险降到最低，每次送油的任务都是马婷独立完成。2月8日那天，前庭主管蔡东看着穿戴整齐的马婷说："站长，您穿这身太帅了！上次就是你一个人去送的油，这次要不带上我，或者我换您去，您一个人太危险了！"马婷拍拍蔡东的肩，笑着回应："你的关心我收到了，今儿元宵佳节，还是我去吧，我比你们大，知道怎么保护自己。你们啊，保护好自己、保护好油站就是对我最大的支持了。你们就煮好元宵等我回来吧！"戴上口罩后虽然看不到彼此的表情，但眼中的泪花却最能说明彼此的心意。

平凡的世界

作为加油站经理,马婷心心念念的是保障供应和保护员工,却时常忽略自己。她是回族人,白天在加油站吃饭不方便,只有晚上回到家,才能吃上一口像样的饭菜。春节期间,本应轮到马婷休息,可因为非常时期,她又义无反顾上了前线。因为无暇照顾家庭,马婷把孩子送到了同在一个小区的父母家。疫情严重,马婷害怕自己会把病毒带给孩子和老人,近一个月时间,她与 8 岁的儿子没有见过一次面。她说:"这样就是为了把老人和孩子保护起来嘛,就像保护站里的员工一样。"

说起孩子,马婷就觉得心酸。儿子很少在她面前表现出依赖,疫情发生后,她把姑姑接来帮忙照顾儿子,姑姑曾跟马婷说过,孩子经常问她妈妈什么时候会回家。说到这里,马婷有些哽咽。当被问及疫情结束后最想做的事情是什么时,马婷回答道:"没有好好想过,疫情结束后还是要继续工作嘛,工作才能挣钱呀!"说完,她自己也笑了。疫情结束,曾经的恐慌和伤痛都已成为过去。在这场疫情中,正是因为有无数个像马婷一样的普通人,在自己的岗位上做着最普通的工作,才给我们开辟出一条通向春天的路。

"天行健,君子以自强不息。"中华民族之所以伟大,就是因为我们在任何困难和风险面前都从来不放弃、不退缩、不止步,百折不挠为自己的前途命运而奋斗。

素材来源|湖北销售 中国石油报 摄影(部分)|金添

"00 后"县城成长记

CNPC 中国石油 2015 年 11 月 5 日

  双湖县是中国最年轻的县，成立于 2013 年，标准的"00 后"。很长一段时间里，双湖是一个无人区，没有人，没有房，没有路，没有电……一切都很原始。

  中国有 1636 个县，双湖是其中最年轻的县，于 2013 年正式挂牌成立。双湖县本来没有人。1976 年之前，11.67 万平方千米的双湖是一个无人区，旁边就是著名的可可西里，只有动物、乱石堆和草垛。冈底斯山、唐古拉山、念青唐古拉山、昆仑山围绕四周，雪峰林立，气候恶劣，被称为"生命禁区"。

  1976 年初，来自申扎和班戈两县的 2053 名牧民赶着 16 万只牛羊来到这里，当时双湖像是一块被捂在无人区里的"苔藓生长地"，阴暗而新鲜。为了解决畜草之争，这里建起一个办事处——双湖办事处，专门解决牧民间的争吵和打架事宜。

  双湖在 1993 年成为尼玛县（"尼玛"在藏语里是对太阳的尊称）的双湖特别区，但这片土地真正的变化发生在 2002 年 9 月之后，那时中国石油第一批援藏干部进入双湖。

  双湖县本来没有路。中国石油的第一批援藏干部修建了双湖第一条路，路从双湖的东边连接到西边。一条"上"字形的街道，是双湖的商业街，学校、县政府、县宾馆、市场等紧凑地排列着，到处可见不到三层楼高的水泥楼房和镶着藏式花纹的窗户。

  不到三层楼高的水泥楼房里住着的都是"国家的人"，从政府员工到建筑队工人，以及从各地选拔过来的援藏干部和教师，每个人都捧着一个国家任务似的来到这个并不熟悉的地方。

  双湖县本来没有房。最初只有几顶帐篷，用来遮风挡雨，后来是用牛粪、羊

双湖幼儿园

粪盖成的土房,再后来,第五批中国石油援藏干部在双湖修建了职工房。

一厅一卧带一间杂物室,客厅里只有藏式的床和炉子,旁边放了一大箱牛粪。卧室里摆放着一张床、一台电视、一瓶氧气,隔壁的杂物间放了满满一屋子的牛粪,这是现在中国石油第五批援藏干部陈轩的住所。

双湖县本来没有电。很长一段时间,双湖连烧火都很难保证。中国石油带来了光伏照明工程,提高了双湖供电能力,改变了照明全靠酥油灯的局面。

双湖县本来没有市集。索嘎街,现在被援藏干部称为双湖的长安街,以前却是一条没有多少人气的街道。

中国石油援藏干部来了之后,牵头修建综合市场,上下两层,楼上招商做宾馆,楼下出租做门面,一共三十多间。现在,县上最显眼的是双湖便民超市,有三个门面,超市标牌的霓虹灯,在夜晚成了双湖县最耀眼的坐标。

双湖县本来没有学校。2006年8月,中国石油援建的双湖区幼儿园正式通过验收,88名幼儿的学费全免。

2005年,中国石油援建的双湖中学建成综合教学楼、办公室、宿舍楼、食堂、操场。之后,中国石油又投入四百五十多万元,给教室铺了彩砖,还安装了四十多盏灯。目前，双湖中学每年有十余人能考上大学。

双湖县本来没有敬老院。2005年，中国石油出资建了20间房屋，让"五保"老人安度晚年。现在院内住有18名老人，每个老人的宿舍都为标准间，配备了床、桌、凳、太阳能设备，以及有线电视，只要援藏干部在县上，都会去看望老人。

双湖县本来没有图书馆。中国石油多次组织员工赠书和捐款，一共赠送了1800类价值30万元的书籍，结束了双湖没有图书馆的历史。

双湖县本来没有村委会。2005年，中国石油出资2283万元，修建了面积三百五十多平方米的村委会，31个行政村在村委会一起办公。

援藏干部换了一届又一届，双湖县"从无到有"，于2013年撤区建县正式挂牌成立。如今，双湖县俨然成为一座"五脏俱全"的新城。这个中国最年轻的县现有13470人，藏族、汉族、土家族等民族的人在此居住，一切都是新的，一切还都在建设。

#油宝播报# 【中国石油援藏医疗队在海拔5000米的双湖县创造了一个奇迹】2017年8月，中国石油援藏医疗队在世界海拔最高县——双湖县人民医院成功实施一例急诊手术，首个剖宫产手术新生儿诞生，母子平安。这是中国医疗史上有文字记录以来在5000米海拔上实施的第一例急诊剖宫产手术。

生活实苦，惟愿你们不再"白头"……

CNPC 中国石油　2018 年 1 月 11 日

这几天，一张图刷爆了我们开年第一波朋友圈，照片中的孩子站在教室中，头发和眉毛已经被风霜粘成雪白，脸蛋通红，穿着并不厚实的衣服，身后的同学看着他的"冰花"造型大笑。据媒体报道，这名"冰花"男孩是云南省鲁甸县新街镇转山包小学三年级的学生，由于男孩家离学校 4.5 千米，每天上学需要走路一个多小时。虽然满身的冰霜，但并不影响他的心情，一进班门，他就做了一个大大的鬼脸，惹得全班同学哈哈大笑。而他早已冻伤的小手下那一张醒目的 99 分的卷子，更是格外的鲜亮。

看完这些，小编和网友一样不觉泪目，心头酸楚。一个小小的身躯，奔跑在积雪山路，满头冰霜，尚能满怀希冀、渴望知识、勇敢面对……此时此刻的我们还拿什么去抱怨？

令人欣慰的是，目前全社会已经为像"冰花"男孩一样的孩子们募集了 30 余万的暖冬爱心善款，并且这一数字还在不断地增加。

对于南方来说，今年的冬天格外的寒冷，进入 1 月，我国大部分地区被持续的雨雪天气笼罩，部分地区的降水量和积雪厚度创下历史极值。云贵高原局地降温达 10℃以上。即便天气再冷，有我们的爱心就能将冰雪融化，温暖这个冬天。1月10日，云南遭遇今冬寒潮的第二天。中国石油云南销售挂联扶贫对象的孩子们如何度过这个寒冷的冬天，牵挂着全体员工的心。

当天上午，云南销售发动社会力量，携手云南当地企业在海拔3000多米的云南省丽江市宁蒗县昔腊坪乡完小学的球场上举行了暖冬行动物资捐赠仪式。

室外气温-6℃，天空还飘落着零星的雪花，对于南方没有暖气的地方来说，这种天气体感已经非常寒冷了。此次捐赠，云南销售为挂联帮扶对象的217名孩子每人送去一双棉鞋、一件棉衣、一箱饼干。穿上新棉衣的孩子们在操场上嬉戏打闹，纯真的脸上露出微笑，这微笑也让扶贫工作队的队员们备受鼓舞。

捐赠活动现场，75岁的村民马伍哈感动地说："这段时间天气特别冷，你们及时给娃娃送来了过冬衣服鞋子，送来了温暖和关爱，娃娃特别高兴，我们大人也很高兴，感谢中国石油、感谢社会各界好心人。"

云南省宁蒗县是国家级贫困县，2015年，中国石油云南销售被云南省政府指派定点贫该县的238户结对帮扶对象。为此云南销售组织了5名员工，专门负责定点扶贫工作，驻村扶贫。这238户结对帮扶对象在与云南销售"结缘"前，均没有达到国家"两不愁三保障"扶贫目标。所谓"两不愁三保障"，即扶贫对象不愁吃、不愁穿，保障其义务教育、基本医疗和住房。当我们每天为了铺

天盖地的娱乐新闻愤愤不平时，大概已经忘了，在偏远的大山深处，竟然还有人没有脱离贫困线，每天为吃饱穿暖而发愁。三年来，云南销售为了帮助对口支援的贫困户脱贫，在产业、教育、养老、生活四个方面采取多种措施，有针对性、直接高效扶贫。联合社会公众的力量，牵线搭桥，把中国石油和社会的温暖送到帮扶对象的心坎里。教育方面，云南销售不仅会给不同年级的孩子们提供不同额度的资金帮扶，让他们免除交不起学费的烦恼；还在文化、体育、图书馆等设备上给予大力的支持。他们还联合清华大学附属中学建立了电子阅览室，让孩子们在书中看看这个美好的世界。生活上，云南销售不仅想村民之所想，为他们提供柴米油盐等生活必需品；干净的饮水、贫困户子女的就业都是他们操心的范围。据说，目前已经有20名贫困子女在云南销售就业，稳定的就业基本可以宣告这个家庭脱离贫困。除此之外，云南销售还帮助帮扶对象缴纳医疗和养老保险，让他们看得起病，也能老有所依。

种种的措施只是为了让他们彻底地摆脱贫困，而不是积重难返。作为社会最柔软的群体，他们理应得到我们更好的爱护。目前云南销售帮扶的对象中，已经有100户达到了国家"两不愁三保障"的标准，未来，我们致力于让更多的人脱离贫困。

人们常说，成年人的生活里没有容易二字。即使他们从未被生活优待，却依旧努力着。但是，除了感动，我们更应行动。在脱贫攻坚的道路上，不只这个寒冬，未来更长的道路，都需要我们携手前行。

素材来源 | 云南销售 新华网 搜狐新闻　文 | 杜赛男

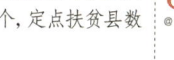

#油宝播报# 油宝得奖啦！中国石油荣获民政部颁发的第九届"中华慈善奖"最具爱心捐赠企业称号。1994年至2015年，中国石油已在全国8省区14个县开展定点扶贫和对口支援工作，援建项目776个，定点扶贫县数量列央企第一！仅2014年中国石油全球主要社会公益总投入超过10亿元，惠及百万人。

他们不脱贫，我就不回家

CNPC 中国石油 2020 年 8 月 31 日

  双湖县是中国最年轻的县，成立于 2013 年，标准的"00 后"。很长一段时间里，双湖是一个无人区（藏北羌塘腹地），没有人，没有房，没有路，没有电……一切都很原始。

  在当地人眼里，双湖只有两个季节——"冬季"和"大约在冬季"。尽管苦寒僻远、清冷无眠，有这样一些人却丝毫没有退却之心，扎根在这"生命禁区"。双湖没有建县前，中国石油就来到了这里。从 2002 年开始，中国石油对口支援西藏自治区那曲市双湖，先后选派了 14 名干部援藏。自从那时开始，双湖有了电、平整的路、学校、敬老院……牧民的生活有了盼头。在双湖县扶贫接力赛中，2016 年，梁楠郁接过前面 13 任中国石油援藏干部手里的接力棒，投入到双湖县的扶贫事业中。

双湖历史上第一台手术

梁楠郁，作为全国第八批援藏干部来到双湖，现任西藏那曲市市委副秘书长、双湖县委副书记。他跑遍了双湖的每一个村落，发现当地老百姓饱受婴儿夭折、风湿、阑尾炎、肝包虫等病痛的折磨。

"没有健康哪有小康？"梁楠郁建议将医疗援藏的重点从原来以巡诊发药为主的"看病"，转向以手术为主的"治病"。没有医生，就培训医生——自2016年底起，经过梁楠郁多方联系，先后有28名双湖医生被送到中国石油中心医院等地培训。没有设备，就买设备——在原有配备的基础上，梁楠郁协调中国石油捐赠112.5万元，购置了呼吸机、腹腔镜等医疗设备，为手术做好准备。

2017年8月23日，雅曲乡孕妇曲德的胎儿脐带绕颈，无法顺产，可最近的上级医院在550千米开外，来不及转院。经过慎重地论证，医疗队和县领导班子决定进行急诊剖宫产手术。为了避免因缺氧影响动作的精准度，主刀团队边吸氧边手术。消息很快在小县城传开。老百姓听说医生要从肚子里把一个孩子取出来，都觉得很新鲜，陆陆续续聚集在了手术室门口。梁楠郁也挤在狭长的楼道里，忐忑不安，翘首以待。这是双湖历史上第一台手术，也是世界医学史上有文字记载的、海拔最高的剖宫产手术。两个小时后，随着一声清脆的啼哭，一个六斤四两的男婴平安诞生。孩子的祖父母手捧金色哈达，在手术室门口为每一位医生献上谢意，孩子的父亲更是决定让孩子随主刀大夫霍志平的姓，名为"党生"。

如今，双湖县人民医院各个科室的人员日趋完善，各式先进的医疗检查仪器被启用，医院的医生们经过培训已能自主开展阑尾切除手术。梁楠郁希望，未来双湖的医疗团队能一年解决一个病，从而"让常见病、多发病不出县，就地诊疗。"

孩子有学上，双湖才有希望

2017年6月20日，是双湖中考的第一天。梁楠郁早早便来到了考场，却发现考场警戒线外一个家长都没有。当地教师告诉梁楠郁，这是因为牧民家长对教育不重视。虽然从2012年起西藏就全面落实15年义务教育免费"三包"政策，但双湖的中考升学率不到10%，没有考上高中的孩子要么上职业技校，要么回家放羊。梁楠郁认为，不是牧民家长对教育不重视，而是教育没有让大家看到希望。他想出两个解决办法，一是借鸡下蛋——在中国石油和一些爱心教育人士的支持下，先后有 25 名双湖中小学生到拉萨北京实验中学、拉萨北京小学、北师大附中等地免费就读。二是自力更生——用奖金等激励机制充分调动教师积极性，改进教学方法，提高教育水平。在这种机制下，去年双湖有 3 名学生考上了内地西藏班。牧民对教育的看法也悄然改变。2017 年，双湖县教育局选拔第一批外出读书的孩子时，没有家长陪同；第二年，选拔第二批孩子时，来了 12 个家长。

把卤虫卵卖个好价钱

发展产业，培育当地"造血"机能，也是梁楠郁的工作重心。双湖县是全国贫困县，这里 21.9% 的人口未脱贫，远远高于 1.7% 的全国平均贫困发生率。梁楠郁认为，论百姓的生存质量，双湖应该是全国贫困县里的倒数第一，能不能打赢脱贫攻坚战，看的就应该是倒数第一。

双湖其香错盛产卤虫卵，这是水产养殖必不可少的一种饵料。从 20 世纪 90 年代开始，捕捞卤虫卵，就成为了双湖财政和老百姓的主要收入来源。但在以往的招标中，当地干部职工对卤虫卵及其市场不太了解。多年来，个别客商趁机蓄意压价，或通过串标、围标低价购入，形成事实垄断。为了打破这种局面，让捕捞群众受益，梁楠郁提议开展"真正公平、公正的竞标"。然而，2017 年至 2018 年，招标连续两年流标，竞标人、买主包括梁楠郁自己都受到了匿名恐吓、威胁。2019 年初，招标重启。梁楠郁把竞标公告和一封公开信发到了每个投标人的电子邮箱里，信中诚恳又坚决地表达了对公平公正交易的追求。双湖县委县政府已经做好了最坏的打算，如果再次流标，就直接议价或者委托加工后卖成品。惊喜的是，第三次招标会非常成功。新老客商争相举牌，双湖卤虫卵毛料卖出了历史最高价，比竞标底价高出每吨 8000 元。

为了促进双湖的卤虫卵产业升级，梁楠郁建议，第一步，先建立一个卤虫卵深加工工厂，把中间环节的利润拿上来。2018 年 9 月，中国石油捐赠 1380 万，在那曲建厂。梁楠郁说："这个项目今年年底就可以投产，预计可以使双湖的贫困老百姓每年每人增收 3990 元。"第二步就是开发保健食品。双湖的卤虫卵富含 EPA（二十碳五烯酸）等多种不饱和脂肪酸，对人体健康具有重要作用。在多方支持下，"高原海灵虾"保健食品开发项目立项，相关科研任务由中国海洋大学和烟台大学联合承担，经费由西藏自治区科技厅提供。如今，产品已经完成中试。

2017年8月31日,双湖第一批学生到拉萨北京小学免费就读

援藏干部有"两怕"。一怕过周末,地广人稀,周末孤独;二怕过夜晚,高原缺氧,长夜无眠。梁楠郁最怕的,却是对家人的亏欠,以及与独生女儿的日渐疏离。2019年7月28日,梁楠郁任期将满,思量再三,梁楠郁还是决定留下来,冒着高原疾病加重的风险,再干三年,这就是80后梁楠郁的双湖故事,故事还在发生,还在继续……

素材来源 | 央视网 中国石油报 《闪亮的名字》栏目
图片来源(部分)| 中国石油新闻中心　文 | 宋清海

中国石油助力脱贫攻坚特别报道·"三区三州"

CNPC 中国石油　2020 年 9 月 2 日

8月30日，夏秋之交，天朗气清，酝酿着收获的喜悦。高原藏区，青海西河滩下村的枸杞红了；天山南麓，新疆英买里村的巴旦木熟了；横断山区，四川石头沟村的生猪也要出栏了……看着特色农牧作物长势喜人，一年收入有了保证，村民们绽放出笑脸。在石油人的帮扶下，这些位于"三区三州"、昔日深度贫困的村落，如今脱贫摘帽，洋溢着生机与幸福。

脱贫攻坚是一场硬仗，以"三区三州"为代表的深度贫困地区脱贫攻坚更是这场硬仗中的硬仗。"打仗打要塞、攻击攻要冲"，在决胜全面小康的冲刺之际，

脱贫后的四川省若尔盖县铁布镇卡机岗村尕尔卡寨全景图

中国石油人更加聚焦"三区三州",以时不我待的担当精神,创新工作思路,加大扶持力度,因地制宜,精准发力,拔掉实现全面小康路上的贫困堡垒。过去5年,中国石油在"三区三州"投入帮扶资金2.3亿多元,实施扶贫项目近600个,惠及群众超过43万人。今年,中国石油还将继续加大帮扶资金投入,实施项目102个,预计惠及群众超过6.5万人。

那些"大山",是他们攻坚啃硬的见证

"三区三州"山多路少,自然条件异常艰苦。翻开地图,"三区三州"占我国领土三分之一,横跨青藏、云贵、帕米尔高原,昆仑、天山、喜马拉雅和横断山脉,要么高寒缺氧,要么千沟万壑,要么常年干旱。这里也多是民族地区、生态脆弱区和连片特困区,一眼看不到尽头的大山阻隔了村民们与外界的联系,贫困成为压在这里人们头上的"大山"。

但是大山阻挡不了战天斗地石油人的脚步。"困难面前有我们,我们面前无困难",他们跋涉雪原、征战大漠、翻山越岭,心中鼓足劲,脚上沾满泥,誓要

兰州石化为甘肃平凉市贫困村修建了"连心桥",村民的苹果能及时地运到城里出售。以前因道路不畅,近一半的苹果烂在地里

"带着乡亲奔小康"！他们勇挑重任，穿山过峡——有"小凉山"之称的云南丽江市宁蒗县是云南销售的定点扶贫对象，5 年异地搬迁超 4 万人，占到地区搬迁量九成。他们不辞辛苦，奔波千里——四川西北的石渠县是川庆钻探的帮扶对象，也是川渝地区最贫困、最偏远、交通最不方便的县城之一。他们扎根藏区，深入不毛——"离太阳最近的县城"西藏双湖县是中国石油的对口支援对象，这里平均海拔 5000 米，高寒缺氧，被称为"人类生命极限实验场"……

扶贫干部去往农户家中

越是艰险越向前。从 1994 年对口援助双湖县起，中国石油在深度贫困地区的扶贫工作就已经开始了。2016 年以来，中国石油人足迹遍布"三区三州"41 个县 82 个乡镇 165 个村。包括 145 名挂职干部在内，近 1500 名石油人奋战在"三区三州"脱贫攻坚的火热一线。这份决心正如中国石油在双湖县的援藏干部梁楠郁所说："他们不脱贫，我就不回家。"

彩云之南，中国石油云南销售公司持续跟进宁蒗的异地搬迁，给予了全方位支持，助力千家万户搬迁再就业。天府之北，川庆钻探扶贫工作组奔波上千千米，来往于省城与石渠县，当好致富"引路人"，去年全县顺利脱贫。羌塘雪山，中国石油扶贫工作组扎根藏北，14 任援藏干部一棒接着一棒跑，推动双湖县去年脱贫摘帽，"生命禁区"变"藏北明珠"。不仅不向大山屈服，更要让制约脱贫的那些山"低头"！理想如峰峦一样高耸，信念似山脉一样坚毅。中国石油人发扬石油精神和大庆精神铁人精神，一茬接着一茬干，誓将贫困这座"大山"踩在脚下。

他们让干冷的高原变得滋润。在青海冷湖，中国石油援建饮水工程，让冷湖镇告别了喝"黄汤水"的历史，清冽的天然湖水滋润出冷湖百亩绿田，也滋润了居民的心田。"有了水，冷湖的春天真的来了。"冷湖镇环保林业局局长张忠营说。他们让亘古的荒漠有了生机。在塔克拉玛干沙漠，塔里木油田坚持"气化南疆"工程，天然气源源不断输送至南疆 29 个县市沿线各族 400 万群众的家中，吸引了一批高新石化产业，成为大漠经济工业的"绿洲"。他们让封闭的山沟不再孤立。在四川甘孜州乌拉溪乡，西南油气田援建了 11 千米的水泥路，56 道急转弯如银蛇般盘山而上，打通了悬崖小村的致富路。"以前出趟村要大半天，现在只有几十分钟。大家的精神头更足了。"村民罗木止说。

那片土地，是他们大显身手的舞台

一直以来，"三区三州"以自给自足的农耕畜牧为主，田少地贫，基础弱底子薄。加上自然环境艰苦，时常会出现几亩薄田养不了几口人。

脱贫，要把薄田种厚，要让贫地变沃土。昨天，在筚路蓝缕中，石油人战天斗地，建立起现代石油工业，把"贫油"的帽子甩进了太平洋。今天，以同样的气魄，石油人在"三区三州"大显身手，发挥企业经营帮扶的独特作用和中国石油的整体优势，帮助这片土地改变世代凿饮耕食的传统，大力发展现代经济产业，早日甩掉贫困的帽子。找准根子，想对路子。圈里养的，天上飞的，树上结的，地里种的……选准产业方向是关键一步。中国石油扶贫队伍因地制宜，帮助村民精准选择和培育一批特色优势产业。

在四川甘孜州石头沟村，一亩亩花椒长势喜人。西南油气田驻村干部结合实际，确立了养殖畜禽与种植花椒、核桃、苹果的多渠道产业发展方向，人均年收入从不足 2000 元到突破 2 万元。而毗邻的阿坝州塔哇村，四川销售驻村扶贫干部聚焦藏系绵羊的养殖，如今规模已超过 330 只，年人均纯收入突破 1.3 万元。

在南疆喀什乌达力克镇，一排排巴旦木树果实累累，塔里木油田为小镇引进增产技术，让昔日卖不上价的"土坷垃"变成致富的"金蛋蛋"。而在隔壁的玉吉米勒克村，独山子石化驻村工作队引导村民积极种核桃、红枣，养蜜蜂、小鸡，人均年增收 3000 多元，成功脱贫。玉吉米勒克村村委会主任艾孜麦提·纳斯尔说："维吾尔族有句话，宁跟智者背石头，不和愚者吃抓饭。跟着石油人能致富，他们是我们眼中的'福星'。"

喀什地区莎车县乌达力克镇巴格买里村第一书记胡晓军与驻村工作队人员帮村民艾海提·艾麦尔采摘万寿菊

青海湖东边，一株株高原百合在马莲滩村迎风盛开，青海油田带动村民发展百合种植和小尾寒羊养殖2个特色产业，村集体经济年增收5万元。而在青海湖西边的冷湖镇，中国石油援建的4000多平方米温棚暖意洋洋，年产绿色蔬果70吨。搭起台子，迈开步子。石油人强烈意识到，产业扶贫要远近兼顾，不仅要种好、养好，还要做好加工、储运、销售环节，形成稳固持续的扶贫产业全链条。

川庆钻探累计捐赠116万元，帮扶了近516名贫困家庭子女

"一箩筐装不下，一卡车装不满。"这是偏远山区农牧产品在产业化过程中最尴尬的问题。在人均耕地不足1亩的南疆西格贝格村，新疆销售帮助发展小产业、小加工业作为脱贫增收的抓手，先后建立了辣椒加工、核桃加工、木器加工等6家专业合作社，建立起产销加工一体的"致富试验田"。

依托整体优势，中国石油积极发挥油田、炼化企业内部市场和2万座加油站的外部渠道，推动贫困地区农产品走进食堂、超市及加油站，2019年帮助销售贫困地区农产品1.1亿元。"能买到这么多优质绿色产品，还能亲身参与到扶贫中，让我觉得钱花得特别值。"一名消费者说。

那群乡亲，是他们念兹在兹的牵挂

"三区三州"扶贫难，还难在"扶人"——给每个特困对象"从外到内"全方位帮扶。这里少数民族集聚，占到3/4，脱贫还要翻越语言文化、观念习俗等"大山"。有的宁愿"守着草棚子、吃着馕饼子"，不愿外出务工；有的习惯"一件藏袍、一块糌粑、一天放羊"，对脱贫政策不理解。还难在弱势群体多。据国务院扶贫办统计，"三区三州"未脱贫人口中，特殊人群占比较高，老年人、患病者、残疾人的比例达到45%。不少地区还存在义务教育阶段的孩子反复失学辍学的问题。

全面小康路上，一个也不能少。中国石油人心牵"三区三州"贫困群众，提高他们的身体素质、文化素质和就业技能，激发脱贫的内生动力，提升发展的自我能力。

浇树浇根，帮人帮心。引领致富路，先要叩开牧民村民的心路。中国石油扶贫工作队从思想上入手，走家入户，克服语言文化困难，和老乡们唠家常、讲政策，确保"思想发动、宣传引导、感情沟通"三到位。"每个乡亲都是我们石油人的亲戚"，这是西南油气田驻村干部余乐的话，也是所有石油扶贫人的诚意。

富口袋，先富脑袋。少数民族同胞苦于语言不通、技能不足，石油人送来培训机会。在南疆叶城县，西部钻探专款支持各村夜校办学工作，以学汉语为主、宣讲和技能培训为辅，受益村民达1300人。村民阿卜杜热合曼·吐孙尼亚孜说："通过学习，不仅掌握了汉语，也学到了养殖技能知识，收入也提高了。"火焰山下，吐哈油田招收近百名少数民族员工。为了让这些南疆的"巴郎"小伙掌握工作技能，吐哈油田编创出一套适合少数民族学员的全新教材，采用维汉双语教学，这种量身定制的培训模式，受到学员广泛欢迎。

有健康才有小康。面对身患疾病、无劳动力的特困户，石油人加大医疗扶贫力度。在双湖，中国石油援藏医疗小分队定期深入巡诊服务，行走超6000千米，为上千名藏区同胞解除了病痛，被藏民们称为"可可西里'飞'来的白衣天使"。在南疆伽师县定点村，昆仑银行帮扶贫困村人口实现100%缴纳基本医疗保险和农村养老保险。在云南，云南销售投入近20万元，为挂联贫困户家庭的718名贫困老人缴纳养老保险，773人办理新农合医保。

扶贫须扶智，教育是大事。在双湖，中国石油投资270万元，修建幼儿园、开展"一对一"助学、普及九年义务教育，先后投入近500万元建立教育基金，资助优秀学生去拉萨和北京读书。在南疆五地州，塔里木油田开创各类助学项目，近两年捐赠500万元教育资金，用于留守儿童教育和校园建设。如今，县乡的中小学传出琅琅读书声，"散养的孩子"见不到了。

"三区三州"精神面貌日新月异。石油扶贫人与乡亲们结成了深厚感情。

有感谢，"成为一名放线工，今年全家都脱贫致富了，石油人亚克西！"新疆阔什艾日克村村民库尔班·塞麦提说。有激动，"石油兄弟的车就像喜鹊一样，总是带来好消息！"四川石头沟村村民阿比木如是形容。更有感动，"石油人把村里的事当成自己的事，真的很辛苦。我们现在日子越过越好，多亏了他们。"新疆波斯喀木乡库其村村民买买提·玉素甫说。

脱贫摘帽不是终点，而是新生活、新奋斗的起点。中国石油人正和"三区三州"人民共同努力，让小康日子越来越近，生活越来越好。

素材来源 | 中国石油报 摄影（部分）| 郦鑫 记者 | 周问雪

真的变了！

2020 年 10 月 12 日

  今年是决胜全面建成小康社会、决战脱贫攻坚之年，中国石油为决胜脱贫攻坚战贡献石油力量，自 1988 年参与国家扶贫工作以来，中国石油累计在 28 个省区市、476 个县区开展扶贫帮困工作，投入帮扶资金近 70 亿元，受益人口超千万，10 个定点扶贫县全部实现脱贫摘帽。

福建长汀万亩林

  福建长汀，是闽西革命老区，曾是中国四大水土流失最严重的地区之一。无山可靠，无山可吃，"山光、水浊、田瘦、人穷"，这里的穷根就是无地可种，该县因此久居于贫困县之列。2012 年起，中国石油对口帮扶长汀，投入 4317 万元专项资金，在南方红壤区水土流失最严重的 10 万亩山地启动实施水保生态示范林项目（简称"万亩林"项目），支持长汀水土流失治理和扶贫开发工作。"万亩林"项目以长汀水保科教园为中心，在露湖、明光、朱溪、罗地、伯湖、晨光 6 个村 10382 亩山地上种下 771822 棵树木，平均每亩插植 74 棵，成活率高达 98% 以上。2018 年项目全面完成生态治理任务。而后，中国石油响应中央打赢脱贫攻坚战号召，积极推动扶贫工作由"单一输血"向"自我造血"转变。2019 年 3 月 25 日，福建销售公司与长汀县国投合资成立中油（长汀）能源有限公司，共同开发经营加油站，所获收益用于长汀县精准扶贫和水保生态林后续养护，目前首座加油站蔡坊加油站已投入运营。"扶贫站"的落地，既实现了扶贫资金的造血功能和国有资产保值增值，更促成税收落地，有力壮大了当地的产业实力。

大西沟成"全国文明村"

辽阳石化公司结合辽宁省辽阳市辽阳县下达河乡大西沟村实际,专门成立扶贫领导小组,选派公司 1 名骨干人员到大西沟村担任村党支部第一书记,并又安排 2 名人员组建扶贫工作队。

十八大以来,辽阳石化公司累计参加扶贫工作干部员工 153 名,累计投入扶贫资金 500 余万元,实施包括产业扶贫、基础设施建设、资金物资捐助等在内共计 30 多个项目,扶贫工作受益人数 5000 余人。目前,辽阳石化定点扶贫村大西沟村 36 户 63 名贫困户已全部实现脱贫,大西沟也被评为"全国文明村"。

两座 5000 吨,马铃薯存储窖建成

华北石化公司援建的两座 5000 吨马铃薯存储窖自 2017 年底投用以来,对河北小拨村、三号村集体产生了良好的经济效益、500 余名贫困村民得到了稳定的经济收入和工作机会,有力地推动了脱贫攻坚工作的开展,也在当地产生了良好的社会效应,此项目已成为朝阳湾镇产业脱贫的标杆项目。

昔日的山区贫困村，华丽"变形"

广西壮族自治区桂林市临桂区北塘村地处桂北山区，建档立卡的贫困户118户，426人，是广西壮族自治区认定的省级贫困村。2015年，中国石油寰球工程六建公司与北塘村"结亲戚"对口帮扶。自定点帮扶以来，中国石油寰球工程六建公司协调帮扶资金350余万元，实施帮扶项目12个，涵盖养殖种植、义务教育、医疗互助、危房改造、饮水工程、基础设施等方面，通过产业扶贫、教育扶贫、技术扶贫、交通扶贫、就业扶贫等多种扶贫方式，北塘村在第二年就实现了对口帮扶户精准脱贫，第三年全村整体脱贫摘帽。昔日的山区贫困村华丽"变形"，化茧成蝶。

蹚出一条，致富脱贫新路子

中国石油内蒙古销售锡林郭勒分公司自2013年承担巴彦淖尔嘎查扶贫工作以来，先后开展为扶贫户助学、养老、生产生活、改建住房、水井、棚圈等一系列举措，共计投入170万余元。内蒙古销售公司强化帮扶措施和责任，巩固脱贫成效，与嘎查牧民一同蹚出了一条致富脱贫的新路子。

脱贫摘帽不是终点，而是新生活、新奋斗的起点，摘了贫困的帽子并不代表结束。人们追求幸福生活的道路上，中国石油一直都在！

素材来源 | 福建销售 辽阳石化 华北石化 寰球工程 内蒙古销售

文 | 宋清海　吴光菁　刘涛　汪博　邓英俊　曾源　徐冰　莫绍启　李建成

说好的"一个也不能少"

2020年10月15日

　　今年是脱贫攻坚的收官之年，小康路上，一个也不能少。长期以来，中国石油在发展油气主营业务保障国家能源安全的同时，积极履行社会责任扎实推进脱贫攻坚行动。

　　扶贫开发"贵在精准，重在精准，成败之举在于精准"。帮，要帮到最需要的人；扶，要扶到最关键的点。

　　"我从一个贫困户，能成为一个养鸡专业户，通过养鸡，彻底改变了家庭面貌，是石油人给我带来了福气。"新疆维吾尔自治区泽普县尤库日喀拉尤勒滚村村民马合木提·艾合买提说。

　　马合木提·艾合买提曾经是贫困户，2016年年底刚刚脱贫。2017年，马合木提家的农产品销售不乐观，这让刚刚脱贫的一家人又退到了贫困线边缘。正当他们为生活发愁时，与他结对的塔里木油田"访惠聚"驻村工作队的艾克热木·艾尔肯走进了他家。艾克热木一眼就看到他家院子里有一个养鸡的笼子，两人聊起养鸡的事。

　　马合木提说，"我喜欢养鸡，以前学过养鸡技术，只是没有资金，所以鸡笼子就一直空着。"

　　艾克热木拍拍他的肩膀说："别着急，我帮你想办法。"在艾克热木的牵线下，塔里木油田的员工们众筹，成功筹集到6000元的养鸡启动资金。

　　从此，马合木提的养鸡事业就开始了。后期，塔里木油田更多的员工加入众筹养鸡项目，为他筹集了1.2万元资金，这让他不仅成功开办了养鸡场，扩大养殖规模，搞起来田园养殖；一人富不算富，他还带动村里其他50户开始鸡畜养殖，现在，马合木提·艾合买提有个更大的梦想——大规模养牛，把更好、更科学的养殖技术带回村里。

吴自富,今年 68 岁,是四川省巴中市恩阳区鸡山村村民,也是四川销售在该村的精准扶贫对象之一。虽然年近七旬,但他身体硬朗、精神矍铄。

以往,吴自富都是在外务工,62 岁那年,被迫回到老家,"以前在外面都是干些苦力活,打石头、搬钢筋,现在老了,人家不要了,没办法只有回来。"在中国石油驻村书记的帮助下,老吴办起了养猪场,如今,不仅猪圈变成了羊圈,老吴还带着妻儿养了鸡鸭、种了庄稼,2019 年全家人均年收入超过 8000 元。

兰州石化 2014 年 10 月投资 311 万元在甘肃省平凉市贫困村修建了"连心桥",村民的苹果能及时地运到城里出售。在连心桥修建时,周边群众自发在桥墩上贴上了"万民庆贺利民桥,千年梦想已成真"的对联。

看着南来北往的车辆,孙王村五社 92 岁高龄的村民孙进录激动地说:"修下这座大桥以后,祖辈儿孙再不愁苹果卖不出去,再不愁河上没有路可走。"

"又到了收获的季节,咱们大家要加把劲,帮村民把瓜果蔬菜卖个好价钱……"吐哈油田驻阿克吾斯塘村工作队队长王强对队员们说。

以往村民不把杏子等当作商品,任由它们掉落烂在地里。后来,工作队教村民把掉在地上的"钱"捡起来,以杏子为例,工作队制作了 100 个晾晒架,聘请 5 名低收入村民管理杏干晾晒,共晒出成品杏干 4.6 吨,通过朋友圈帮助村民

销向全国各地，实现销售收入近 7 万元，增收最多的一户达到 3200 元。

如今的新疆维吾尔自治区疏附县阿克吾斯塘村，核桃、杏子、吊瓜、硕果盈枝，瓜果飘香。田埂上，村民们热切地攀谈着，共享丰收的喜悦。

石渠县是四川省最贫困、最偏远、交通最不方便的县之一，被称为"生命的禁区"，属于典型的"老少边穷"少数民族地区深度贫困县，是脱贫攻坚的主要难点。

川庆钻探结对的呷依乡八若二村是石渠县贫中之贫、困中最困村。扶贫先扶智、治贫先治愚。为了让贫困地区的孩子掌握知识、改变命运、造福家庭，川庆钻探持续开展教育扶贫工作。2012 年到 2020 年累计捐赠 256 万元开展教育扶贫，建立 3 个微机网络教室、资助了 726 名贫困学生。

独山子石化开展"一村一产业，一户一项目"，驻村工作队因地制宜，精心制定定点村特色产业发展规划。

重点把贫困户紧密连接在产业链上，确保村有主导产业，户有增收项目。新疆维吾尔自治区泽普县玉吉米勒克村贫困户庭院自留地种植的桑葚被上海闽龙达公司现场收购，农民心里乐开了花。

打赢脱贫攻坚战曙光在前，越到最后冲刺关头我们越是要加大扶贫力度攻坚啃硬、真抓实干，为"小康路上一个都不能少"的目标贡献石油力量。

脱贫摘帽不是终点，而是新生活、新奋斗的起点。中国石油人将与大家一起努力让小康日子越来越近，生活越来越好。

素材来源 | 川庆钻探 兰州石化 独山子石化 四川销售 吐哈油田

文 | 杜赛男

32年、28个省区、476个县区、70多亿资金、千万帮扶地群众受益

2020 年 9 月 24 日

9月24日下午，主题为"决战脱贫攻坚的石油力量"新闻发布会在京召开，发布会专题介绍了中国石油32年来在助力国家脱贫攻坚方面的工作。

自1988年参与国家扶贫工作以来，中国石油认真学习领会习近平总书记关于扶贫工作重要论述，贯彻落实党中央、国务院精准扶贫精准脱贫决策部署，累计在28个省区市、476个县区开展扶贫帮困工作，投入帮扶资金近70亿元，受益人口超千万，10个定点扶贫县全部实现脱贫摘帽。2017年以来，中国石油连续3年在国务院扶贫办工作考核中评价等次为"好"。

中国石油始终坚持从解决贫困地区和群众最急需、最迫切实际问题入手，以改善民生、发展产业、增强能力、保障健康、促进消费、人才支援等为主要途径，探索实践具有石油特色的扶贫路径模式，促进贫困群众脱贫致富和受援地经济社会发展，为打赢精准脱贫攻坚战贡献石油智慧、石油方案和石油力量。

修建石油新村，铺设"幸福路"，开凿"致富渠"……中国石油累计投入数亿元用于援建牧民安居、学校医院、通村道路、饮水灌溉等项目，从藏北双湖无人区到南疆腹地，从云贵山区到福建长汀……中国石油民生扶贫聚焦各地脱贫瓶颈问题，解决数万帮扶地群众出行难、就医难、饮水难等民生问题，打造一个个关于"改变"的脱贫样本："气化南疆"项目让南疆400多万居民从"柴煤时代"步入"清洁能源时代"；通村通组道路项目打通贫困地区脱贫"最后一公里"；灌溉项目让新疆尼勒克和青河27650亩戈壁变良田，惠及贫困群众5500多人，贫困群众收入稳步提高。

授人以鱼不如授人以渔。秉承"育产业、强主体、拓市场、创品牌、建机制"扶贫理念，中国石油通过资助贫困地区发展具有当地特色的乡村旅游、养殖种植、农产品加工、经营服务等产业，激发贫困人口内生动力，提高帮扶可持续性。

在河南范县和台前县、贵州习水县投入7200万元发展乡村旅游扶贫示范项目，以合作社为基础、以精品民宿为抓手，通过专业公司运营管理，由全体社员共建、共管、共享，实现贫困群众稳定增收。

在新疆投入3330万元援建农产品精加工车间、奶制品加工厂、畜牧屠宰基地、食品加工厂等项目，实现深加工本地化，增加当地农牧产品销量和附加值，带动超过1万名农牧民增收。

在福建长汀，投资4000万在逾10万亩山地上种下了超过77万棵树木，成为福建水土流失治理中面积最大的森林生态景观林、林下经济致富林。

扶贫必扶智。围绕干部能力建设、教育和医护、劳动技能提升、创新创业经营管理等重点领域，中国石油打出智力扶贫组合拳，开设现代农业、电子商务、乡村旅游、合作社经济管理等培训班，累计培训基层干部、致富带头人超过5万人次；其中，"益师计划"为7700多名教师加油充电、"旭航"助学公益项目助力万名学子追梦远方、特色电商扶贫培训带动10个定点扶贫县全部成为电子商务示范县。

有了健康，才能更好地奔向小康。中国石油连续12年派出定点扶贫医疗队深入帮扶地开展义诊服务，医疗队专家背着便携式B超机等医疗器械，跋山涉水，给贫困村民送去健康和关怀，足迹遍布西藏、江西等6省12县，累计诊疗患者近万人次，培训乡村医师500余人。"同舟工程"为习水县80000多名贫困群众购买商业医疗保险，减少当地因病返贫情况。

消费扶贫是中国石油助力打赢脱贫攻坚战重要抓手。为此，中国石油发挥渠道、专业化、营销宣传等方面优势，提供货源组织、货品包装、物流运输、产品销售等"一站式"服务，先后在乌鲁木齐、北京开展消费扶贫对接会及产品展销会，在加油站开设扶贫专区和扶贫专柜，帮助扶贫产品走向全国。2020 年，优选了全国近 200 个贫困县的 1800 多种扶贫产品，推介给社会大众。

注重将贫困地区产业发展融入中国石油产业链，在内蒙古形成"贫困农户＋农产品深加工企业＋品牌零售商"农业产业化扶贫模式，拉动贫困地区小米、燕麦种植规模提升，帮助贫困农户稳定增收，确保消费扶贫"短期见成效、长期可持续"。截至目前，已累计购销扶贫产品 5.68 亿元。

才仁吉藏、黎建东、凌东良、林忠贤……在脱贫攻坚这场全民战役中，中国石油累计派出扶贫干部 1 万多人次，这些扶贫干部驻边疆、上高原、入深山、下农田，双脚沾满泥土，沉淀着百万石油人的真情，涌现出"支边追梦人"梁楠郁、中央企业劳动模范季俊田等先进典型，成为中国石油扶贫工作使者与受援地联系纽带。

扶危济困，责能致远。今年是脱贫攻坚收官之年，也是全面建成小康社会关键之年。烙印着共和国红色基因的中国石油，必将慎终如始、再接再厉，以更高的标准、更大的力度、更实的举措做好扶贫工作，助力打赢脱贫攻坚战，为全面建成小康社会作出更大贡献。

启动仪式上，中国石油扶贫专题片、中国石油扶贫工作报告首次问世，中国石油扶贫地图上线，援藏干部梁楠郁、青海销售才仁吉藏作为扶贫干部代表作了发言，塔里木油田、河南台前县相关负责同志就创新扶贫方式、企地合作发展等主题进行了经验分享。

来源 | 中国石油报 文 | 魏枫

扶贫开发，中国石油一直在路上

2020年10月17日

中国石油扶贫开发
(2016-2020) 企业社会责任专题报告

中国石油致力于扶贫开发事业，既是作为国有骨干能源企业的自觉担当，也是努力成为全球优秀企业公民，实现经济、环境和社会可持续发展的内在选择。

我们将扶贫开发作为公司履行企业社会责任的重要内容和贡献全球可持续发展的重要行动，努力探索中国石油扶贫解决方案，贡献中国石油脱贫攻坚力量。

1988年以来，累计投入帮扶资金近 **70亿元**，涉及全国 **28** 个省（自治区、直辖市）**476** 个县（市），受益人口近 **千万**。

> 千淘万漉虽辛苦，吹尽狂沙始到金
> 脱贫摘帽不是终点
> 而是新的起点

中国石油将一如既往地致力扶贫开发事业，用智慧、包容、共享的商业模式和公益行动继续巩固脱贫成果，减少相对贫困，擦亮全面建成小康社会的底色，为建设繁荣、可持续的世界贡献力量！

戴厚良

"十八大"以来（2013-2020年）扶贫成效

26+	3785	7127	57+
投入帮扶资金	援建扶贫项目	派出扶贫干部	带动建档立卡贫困人口

消费扶贫
帮销和购买贫困地区农产品 **6.5亿元**

解决"三保障"及饮水安全

- **教育**：投入 **3.5+亿元**，援建学校 **110** 所；资助贫困生 **105255** 人
- **医疗**：投入 **5000+万元**，援建 **51** 所医院（卫生所）
- **住房**：投入 **2500万元**，惠及 **1000** 多人
- **饮水安全**：投入超过 **1.6亿元**，帮助 **100+万人**获取安全、清洁饮用水

构建扶贫生态圈
- 引进 **130** 家扶贫企业
- 引入资金 **1.2亿元**
- 扶贫龙头企业和农村合作社 **508** 个
- 培训困地区基层干部 **15047** 人

就业扶贫
- 帮助 **172964** 贫困人口实现转移就业
- 雇用 **4198** 名贫困家庭人员
- 为 **58043** 人提供就业技能培训

"十三五"（2016-2020年）扶贫工作进展

- 投入资金 **18+亿元**
- 实施 **2800+** 个项目
- 公司总部承担 **15** 个县（市、区）的定点扶贫和对口支援任务
- 定点扶贫县数量居所有央企 **首位**
- 定点扶贫县 **100%** 实现脱贫摘帽
- 所属企事业单位承担地方政府定点帮扶任务，涉及全国 **1175** 个村

三区三州
- **25** 家所属单位承担对"三区三州"帮扶任务
- 涉及甘肃、青海、四川、西藏、新疆 **5** 个省（自治区）、**78** 个县、**123** 个乡镇、**165** 个村
- 派出挂职干部 **156** 人（其中驻村第一书记 **142** 人）派出驻村干部 **1969** 人次
- 投入帮扶资金 **3.7亿元**，实施项目 **700** 个，惠及民众超过 **51万人**

挂牌督战县
承担52个挂牌督战县中 **18** 个县的帮扶任务，涉及 **37** 个乡镇、**74** 个村

派出驻村第一书记 **91** 人；派出驻村干部 **202** 人次

投入帮扶资金 **6187万元**，实施项目 **196** 个，惠及民众超过 **15万人**

实施扶贫项目情况

投入金额（万元）		项目数量（个）
71215	产业扶贫	748
18979	智力扶贫	363
60790	民生扶贫	1639
1979	医疗扶贫	45
27778	其他	76

管理篇

在中国石油努力成为全球优秀企业公民的进程中，帮助贫困人群改善生计、贡献脱贫攻坚，始终是我们在社区参与和社会公益领域的重要工作。

"人本发展"扶贫开发模式

我们形成了以"人本发展"为核心的扶贫开发模式，着眼于人的全面发展和自我价值实现，扶持培育当地产业和智力资源，从物质和思想上彻底拔掉穷根子。

肩膀 | 165

素材来源 | 中国石油扶贫办　制图 | 张可烨

汽油 5 块多？这么便宜？

CNPC 中国石油   2020 年 3 月 15 日

众所周知，许多黑加油站油品价格会比正规加油站便宜，有的仅售五多块每升，而且优惠手段五花八门、层出不穷。其实他们是在油品质量上做了手脚，也就是所谓劣质油品。

车主一旦使用这种汽柴油，将面临烧毁汽车发动机的风险。汽车行驶所排放的尾气也会严重污染空气质量。此外，由于非法加油站没有任何安全措施，加油人员没有经过安全培训。加油过程中，不安全因素大大增多！除了不去非法营业点以外，我们还有哪些鉴别劣质汽油、柴油的方法呢？

鉴别劣质汽油的方法

看，合格汽油为浅黄色或无色透明液体，劣质汽油颜色发暗，呈乳白色或浑浊状；闻，合格汽油有芳香气味，劣质汽油闻起来刺鼻、熏眼、恶臭等刺激性气味；摇，观看油品的黏稠度和泡沫，合格油品摇后气泡很快消失，不合格油品摇后可见杂质；摸，合格汽油挥发性能良好，用手蘸一点汽油，会立刻风干，劣质汽油挥发性能差，不易风干；听，车辆运行中出现爆震或尾气放炮等情况，可能使用了劣质汽油。

鉴别劣质柴油的方法

看，看外观，质量合格的油品一般是清澈的，表面无漂浮物，中间无悬浮物，底部无沉淀物，无分层和浑浊现象，若发现柴油呈黑色、无色或浑浊，"挂瓶"多，气泡消失慢，多半是劣质柴油；闻，闻油品气味，劣质柴油有煤油味、焦味、臭味等其他不正常的气味，嗅气味时，不要直接用鼻子对准油品闻，应轻轻扇动容器口嗅其气味；摇，观看油品黏稠度和泡沫，合格柴油摇后气泡很快消失，劣质柴油摇后可观察到杂质；摸，合格柴油手感光滑细腻，若发现柴油黏度大且混有杂质，多半是为劣质柴油；听，劣质柴油燃烧性差，积碳多，若发现发动机敲缸，多半是为劣质柴油。

劣质汽油、柴油的危害这么多，大家加油时一定要擦亮双眼。接下来，就让我们一起看看为了保证油品质量，中国石油是怎么做的。

上下联动，保障油品质量

中国石油始终坚持"诚实守信、精益求精"的质量方针，严把油品质量关。

（1）做好质量监督，为用户油箱负责。中国石油集团总部、专业公司和销售企业上下联动，从炼厂到油库再到加油站全过程监管，不断研究制定油品质量专项监督抽查方案，规范油品质量监督抽查工作流程，实施集中抽样、抽检分离、混入标样、随机分样、盲样检测等抽查模式，保证销售油品质量100%合格，确保消费者用上"放心油"。

（2）油品质量管控上下联动。2019年，中国石油从31家销售企业中抽选1000座加油站，开展油品质量普查2766批次。并对列入国Ⅵ(B)排产计划的5家炼厂、实施京Ⅵ标准的北京地区31座加油站，以及实施国Ⅵ(B)标准的云南省98座加油站的汽柴油质量进行专项普查，共检验油品412批次，筑牢了油品质量的"防护墙"。

（3）提升服务，赢得信任。去年9月，中国石油在河北销售试点开展加油站满意度调查，从927座加油站共收集调查问卷3.0607万份。结果显示：客户对中国石油加油站的整体满意度达到97.42%。通过试点工作，我们不仅掌握了顾客的真实感受，还找出了存在的薄弱环节，明确了服务质量提升的方向。

2019年，在中国消费者评级体系成果中，中国石油综合评分连续3年位居行业第一。今后，中国石油将打造全渠道绿色便捷服务新模式，紧扣能源消费升级新需求，以服务创新为驱动，打造营销宣传与服务为一体的品牌树形象矩阵。

油库到油箱，做好这四步

为了确保油品质量控制，一滴油从油库到消费者油箱我们在四个方面做好工作。

（1）油源正规。中国石油的油品都是来自正规、大型、国有炼油厂，从源头上确保油源质量。

（2）运输可靠。炼油厂生产的成品油主要通过铁路罐车油库，铁路罐车是独立、分品号灌装，确保不同品号的油品不相混，铁路运输安全可靠，也可防止路途油品被污染、替换等。然后再用油罐车拉到加油站。对油罐车的管控也有一套严密的流程，对运输车辆实行"专车专用，柴汽分运"，铅封、视频监控、GPS监控等措施严密，都是确保油品运输过程安全、可靠。

（3）质量措施严密。卸油前油库的工作人员要取样检验，检验不合格禁止入库。油库化验室都配备有专业的化验仪器，专业的检验人员，确保我们的油品质量可靠安全。加油站卸油严格执行八步法：安全施封要检查、质量验收要细心、卸前数据要确认、零管系统要验收、油品接卸要负责、卸后静置再确认、零管系统再验收、填单回封再离场。

（4）数量分毫不差。客户从加油站加油或从油库购油，我们如何保障数量足斤足两呢？从加油站加油，加油机都是经政府部门检定合格的，都有检定证书和检定合格标识，检定后都打好铅封。为了防止有人私自调整加油机，在政府部门铅封的基础上，中国石油又打了一道铅封，每月检查都会核对铅封是否完好。同时加油站配备20L标准金属量器，每月或客户有异议时，对加油枪进行自检，发现问题立即封枪停止销售，待故障排除、政府部门重新检定合格后才可以再次销售。关于标号，小伙伴们也大可放心，我们的油罐车有标号！储油罐也有标号！在油库输油的时候，92号的管连着92号的口，95号的管连着95号的口，一个油罐车最多能有5个仓，可以同时运输不同油品。油罐车里的油仓专仓专用，严密隔断，运输过程中即使颠簸甚至翻车都不会混淆和泄漏。

说完油品，在疫情中被赞无数的昆仑好客便利店，卖菜、卖口罩、油盐酱醋茶……一应俱全。

昆仑好客公司自成立以来，始终秉持中国石油"诚实守信、精益求精"的质量方针，高度重视质量管理工作。通过"四横"即总部层面、省区公司层面、地市公司层面、加油站层面分级质量管控和"两纵"即从生产（采购）、运输、储存、销售各环节实施逐层向下的质量管理和质量监督模式，实施网格化的全面质量管控体系。

在"3·15"国际消费者权益日来临之际，在当前疫情形势下，昆仑好客升级开展系列活动，严把非油商品质量和食品安全各关口，突出顾客服务体验，努力维护消费者合法权益，全面树立良好的品牌形象。

内蒙古销售把"媒体开放日"活动与"优行动"紧密结合，邀请当地媒体和

"金牌体验官"走进昆仑好客便利店现场参观、座谈、分享、交流购物体验。辽宁销售精心策划,在"3·15"当天下午3点15分开放抖音直播,从不同视角展示便利店商品全流程质量管控模式,让顾客买得舒心、用得放心。江苏销售结合疫情特殊情况,以基层党支部、油站为作战单元,开展堆头陈列创新活动,向消费者展现优质的商品、优享的服务。河南销售建立便利店临期商品预警电子台账,做到临期商品全覆盖、全管控。湖南销售成立非油盘点小组,对商品价格、日期、包装完整等进行详细排查,严禁过期、变质、异味、涨袋商品上架销售。新疆销售对消毒液、抑菌洗手液、医用酒精棉等防疫商品开展质量安全专项检查,把好防疫物资质量关。黑龙江销售持续开展诚信管理体系建设,向全社会和消费者承诺"天天都是3·15、站站都是诚信站",努力打造覆盖全面、边界清晰、环节相扣的责任体系。贵州销售细化编制便利店QHSE应急预案,组织开展商品质量和食品安全突发事件应急演练,增强突发情况下的服务保障能力。山东销售重新梳理商品品项,参考相关国标及行业标准,制订自有商品产品采购质量标准,规范产品开发、生产、销售全流程质量管控。特殊时期,齐心抗"疫",来中国石油,加油购物一键搞定,全国昆仑好客便利店,都在同步开展有关活动,期待消费者体验,欢迎消费者监督

中国石油天天3·15,365天严把质量关。还等什么,我们在中国石油等着您!

素材来源 | 昆仑好客 山西销售 中国石油官网
文 | 杜赛男 翟宇佳 袁艺 宋清海 祁国栋 刘天夫 李辉 连斌杰

7年了，告诉你谁才是中国石油的VIP……

CNPC 中国石油   2018年2月6日

曾裕量，江西赣州上犹人，泉州某服装厂的工人。前几日他向中国石油福建销售询问："我车里还空了一个位置，可以带一个老乡回家，应该怎么联系？"往年，他也骑摩托车，今年，他选择自驾回老家。"今年天气比以前冷，过去我骑过，大家帮了我很多，现在我有车了，希望能带几个老乡回去，让他们少受点苦。"

他口中的老乡就是很多人并不了解的返乡铁骑。每年这时，他们都骑摩托车，踏上回家的路。

同样的事情，我们做了七年

今天清晨6:30，天刚擦亮，近1200辆返乡过年的摩托车从福建泉州、厦门、福州、漳州等地出发，踏上千里返乡路。寒冷的天气丝毫不影响铁骑们回家的心情。福建、江西、湖北、湖南、广西5省的近100座中国石油加油站将为铁骑们提供：免费加油，免费快餐，免费姜汤热茶，免费交通反光背心，免费交通意外险（保额20万元），免费围巾，免费地图，帮助联系摩托车修理，帮助提供手机充电，帮助提供铁骑休息点。这样的帮助，中国石油已经做了7年。

50千米一个站点的设置很是科学，老乡们每骑1~2个小时就可以到加油站歇息暖身，就这样，50千米一个、50千米一个，只要凭借中国石油特制的"温暖回家路·铁骑返乡"专用油卡，就可以得到中国石油的帮助。

因为路的尽头是家乡啊

当人们还在担心春运期间在火车站被挤得头晕目眩时，对于有些人来说，"想要被挤"也是一种奢望。谁都知道骑摩托车回家危险，为什么他们还非得这么做？"儿子就要订婚了，女方要 20 万彩礼，负担很重啊，平时能省就省一些吧！"这是江西于都的钟定峰最近幸福的烦恼。"我老家没有火车，只有长途大巴，长途大巴到不了县城，得转好几趟车。"谢银连今年是第一次参加铁骑活动。方便快捷、省钱、买票难是老乡们选择骑摩托车回家的主要原因。很多铁骑的家乡在江西、湖北、广西等地的县城农村，位置比较偏远，有些地方的道路甚至只能过摩托车，公共交通不便，骑摩托车反而更方便。另外车票的费用对于老乡们来说也是一大笔支出，为了省下回家的车票钱，他们不得不选择这种危险的方式。明知危险，可不论多么艰辛，即便寒风将手脚冻的冰凉，他们也义无反顾，因为路的尽头就是家乡。

老乡，其实我们"不想"见到你

中国石油不是"铁骑返乡"的组织者，只是想在力所能及的范围内提供尽量多的帮助。每一年，我们都会说，"老乡，今年的票你试着买一买，说不定没那么难买，别骑了，太危险"；"你是于都的啊，有一位于都的车主你可以搭他的顺风车回去，今年别骑了"……少则十几个小时，多则五六天的路程，寒风刺骨，铁骑们用塑料薄膜在小腿上裹上好几层抵御风寒，却依然坚持不过半个小时就会浑身冻透。我们希望老乡们能有更好的方式回到家乡，也希望他们与中国石油用更好的方式结缘相见。

为了让更多的人感受到温暖回家路，中国石油发起了"爱心顺风车"公益活动，爱心车主每成功送一人返乡，中国石油将送出 200 元油费补贴。越来越多买了汽车的返乡铁骑加入爱心车主队伍，他们愿意把曾经感受到的温暖传播给更多的人，今年，预计爱心顺风车将超过 500 辆。

您若再来，我一定在

7 年来，从最开始的 1 天到今年的 40 天；从最开始的 4 项帮助到现在的 10 项；从最开始陌生到如今和铁骑成为朋友，中国石油对返乡铁骑的帮助与服务一直在升级。可喜的是，数据显示，目前返乡铁骑的数量在不断回落，巅峰时期，中国石油曾经一年帮助过 30000 多人次，而 2017 年减少到了 1082 人，根据今年的报名情况，这一数字还在不断减少。数量的减少体现着我国经济社会的变迁，国家交通基础设施建设的全面加速让铁骑回家的路不再艰难；铁骑收入的不断上升让他们舍得花钱买票；还有的人甚至不用背井离乡来到沿海打工，回乡就业让他们也能过得更好。不论数量如何减少，我们依然可以承诺，您若再来，我一定在。几年的帮助，对于五省参与的中国石油加油站来说，"铁骑返乡"已经成为他们每年入冬就开始惦记的事儿。

给铁骑的姜汤热茶是他们每晚亲手熬制的；茶叶蛋也是他们亲手煮的。看着食堂摆的七零八落的食材，小编都能想象，他们是如何忙碌着为铁骑们准备食物。甚至有的加油站员工家属也加入他们，成为志愿者。帮助别人，成就自己，一杯小小的姜汤热茶将铁骑和中国石油紧紧地连在一起。

远远的，一辆摩托车朝着加油站驶来，反光背心让他更加惹眼，红色的围巾衬出了他脸上的喜色。车还没停稳，就听到他高兴地说："我又来啦！又来麻烦你们啦！可是我把专用油卡弄丢了。""丢了也没关系，我们认识你！"

素材来源｜福建销售　文｜杜赛男

50 千米？明年还来！

CNPC 中国石油 2019 年 10 月 14 日

维也纳普拉特公园，肯尼亚运动员基普乔格 2 小时内跑完马拉松，创造了新的世界纪录，吸引了全世界的目光……而就在昨天清晨，30 支来自中国石油的队伍聚集在长城居庸关脚下，拉开了一场比马拉松还要远的，关于爱的长跑——善行者。

这是中国石油第三次以"为爱加油"为主题大规模组队参与，来自总部机关及各企事业单位的 120 名中国石油员工，组成 30 支"善行者"队伍与其他社会公众一起，共计 733 支队伍参与 50 千米徒步挑战，为"旭航"助学公益项目筹集善款。截至目前，中国石油各企事业员工积极参与捐款活动，已有 5.8 万人献

出爱心，帮助中国石油"善行者"队伍募集善款 106 万元，人均捐款 18 元。在赛事所有社会团体中排名第一，而这 30 支队伍所募集的善款将全部用于中国石油"旭航"助学公益项目。

他们为爱返程

在中国石油搭建的 CP3 补给站，出现了几张年轻的面庞，他们是五名刚上大学的"旭航生"——潘先彬、胡康、姜新华、刘竞、吴才垟。他们高中开始就一直受到"旭航"公益项目的资助，如今都顺利考上大学。吴才垟，出生在贵州天柱县，高中开始接受中国石油旭航助学资助，现在是一名清华大学材料科学与工程专业的新生，他说："来北京上学，视野变得更开阔了，接触到很多新鲜事，刚入学就能进实验室，用到天文望远镜，这都是从未见过的实验设备。这次来是希望继续将爱心传递下去，为中国石油参加善行者的哥哥姐姐们加油打气，也感谢他们对我们的付出。"姜新华，中国石油大学新生，高中就读于河南省新县，高考超一本线 60 分。姜同学以前也参加过中国石油举办的爱心活动，这次活动离他们学校很近，他毫不犹豫地参加到为"善行者"加油的队伍中！他们代表的是许许多多被中国石油资助的学生。以前中国石油资助他们，如今他们成为"善行者"的志愿者，用自己的行动传递爱心，为爱返程。

四年多来，中国石油发起的"旭航"助学公益项目，已为四川、河南、贵州、江西、甘肃、河北、云南、青海等 8 省 20 个国家级贫困县和革命老区，共计 8800 人次特困高中生提供助学金和奖学金，1100 多人考入理想大学，照亮了 2000 多个贫困家庭追求美好生活的希望之路。而善行没有终点，我们将一直在行进的路上。

独行者速，众行者远

过了寒露的北京，天比一天冷，加之天公不作美，让赛事困难重重，即使这样中国石油各队伍依然步履不停、风雨无阻。早上 7 点 30 分长城居庸关发枪，4 小时 09 分 45 秒之后，大庆石化队再次刷新赛事纪录，连续两年获得第一。到达终点后，大庆石化的队长说道："石油工人心向党，聚是一团火，散是满天星，善行的道路没有终点。"平均年龄 49.5 岁的大庆油田队员们都是油田的孩子，父辈都在油田创业，从前全国人民学习大庆精神，现在大庆石油人也紧跟全民公益的步伐，献上更多爱心。队员们虽然平时都练习长跑，但跑了 30 千米以后还是会觉得有些疲惫，他们互相打气，携手走向终点。中国石油思想政治工作部的小伙伴们，只有一名队员有长跑经验，其他人都是第一次参加长跑，50千米对他们来说是不小的挑战。其中一名队员到达CP3之前膝盖已经不适，仍坚持跑完全程。最后一段路，体力消耗最大，他就一直想着不能放弃，为了其他队员，为了贫困地区的孩子，一定要坚持到底。"只要能为这次活动献爱心，接下来的20千米再难也得坚持！"最终，他们取得了第90名的成绩。

"善行者"活动虽然只有一天，但队员们把这次活动看的无比重要，早早地就开始做各种准备。

寰球工程队为了积极备战，从6月开始就加大跑量，光是国庆7天，队员王俊杰的跑量就达到了110千米。队员汪洋用最后的体力冲到终点就倒下了。下雨再加上温度较低，由于失温，汪洋从三十千米后就开始抽筋，但一直咬牙坚持，直到终点。他告诉自己："像阿甘一样，一直跑下去就对。"队长杨进小时候成长在四川广安农村，对山区孩子的艰辛感同身受。他希望通过自己的力量为山区的孩子们贡献一份爱心，希望他们不再经历自己小时候那份辛苦。队员们在积极参加徒步活动的同时，也将公益精神传递给了身边的朋友。西南油气田队是一支纯女子队伍，完成全程用时7小时09分。是所有参赛队伍中的第30名，女子队第一名。队长谢辉第三次参加"善行者"，募捐时，她跟朋友们承诺，每捐十块钱，她就多跑一千米。今天她跑了五十千米，活动结束后，今年她每天还要再跑十千米才能兑现她的承诺。特别是，还有来自总部机关的50多名"旭航"爱心助跑团成员来到活动现场，一起完成了6千米的助跑行动，沿途为中国石油"善行者"队员加油鼓劲。

CP3 补给站的故事

全程下来每个参赛队员步数都在六七万步，加之天气寒冷，队员们的能量补给便是重中之重。

说到补给站我们不得不提中国石油的CP3补给站，它设在赛程五分之三处（31.8km）。这个赛段正是队员最疲惫最容易放弃的地方，中国石油CP3补给站责任重大。中国石油CP3补给站酷似加油站，处处都是有趣的石油元素。可以出水饮用的加油机，冬奥主题的冰雪游戏，昆仑好客系列特色食品，为爱加油的旭航图文彩印、互动体验等，好玩、好吃的一应俱全。在为爱呐喊互动专区，通过中国石油加油口号分贝挑战，得到了大量善行者队伍的热情助力，支持"旭航"助学。

故事还在继续,"善行者"们从未止步。每一支队伍都有说不完的故事,"善行者"们不管做着什么样的工作,在社会中扮演什么样的角色,跑完全程用了多长的时间,大家汇聚在一起是因为拥有着一颗同样的爱心。中国石油,为爱加油。你要问他们为什么来参加善行者,他们会这么回答你……

文 | 袁艺 翟宇佳 杜赛男 宋清海

摄影 | 金添 张旭 杜赛男 宋清海 高文政 翟宇佳 (部分图片由中国石油集团办公厅提供)

#善行者# #为爱加油# #为爱奔跑,为爱加油,开跑了!
@中国石油

面孔

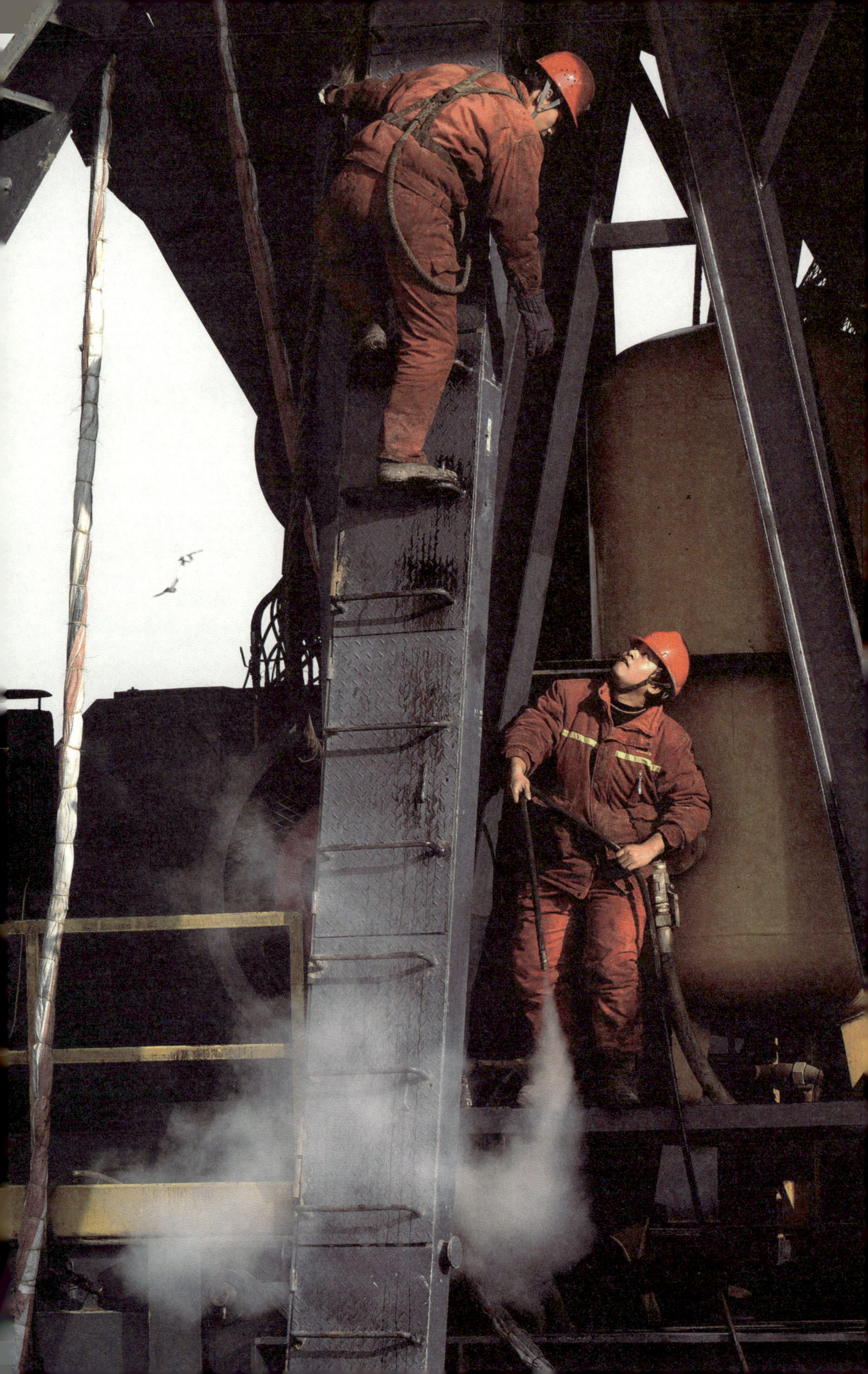

今天，送别陈建军

CNPC 中国石油　2019 年 6 月 24 日

再等 50 天，他的孙辈将出世。再等 80 天，他生于斯长于斯为之呕尽心血的中国"石油摇篮"玉门，将迎来 80 周年矿庆。

5 月 28 日 19 时，这个刚过完 56 岁生日一个月的 1 米 75 石油汉子，倒下了。从 21 岁花样年华直到肝癌病逝，为这片生他养他的土地奋斗了 35 年。

昔日玉门关，驼铃悠悠。今朝祁连山，哀歌阵阵。

6 月 1 日，玉门油田酒泉体育馆内外，1200 余人忍痛含悲，自发来送战友、兄弟、亲人、娃儿陈建军。来送中国石油优秀共产党员、玉门精神的传承者、石油精神的弘扬者，油田党委书记、总经理陈建军。

一片丹心照玉门

西出嘉峪关 70 千米，是甘肃玉门。说它是中国"石油工业圣地"，不为过。玉门油田开发于 1939 年，是旧中国规模最大、产量最高、职工最多、工艺技术领先的现代石油矿场。解放前 10 年，累计生产原油 52 万吨，占当时全国总产量的 95%。曾救民族于危亡，在"一滴油一滴血"的战争年代，有力支援了抗日战争。1959 年，被喻为中国现代石油工业第一矿的玉门老君庙油田，原油产量已达 93.64 万吨，为年轻的共和国撑起石油工业新天地。此后数十年里，玉门"出产品、出人才、出经验、出技术"，成了老老少少石油人的母校、老家、故地。松辽、四川、柴达木、准噶尔、塔里木、吐鲁番……共向全国各油田和炼化企业输送骨干 10 余万人。凡有石油处，就有玉门人。

全力支援新油田开发建设后，玉门人才缺、产量降、设备老、包袱重。最低时，油气当量全年不到 40 万吨，不到长庆油田 3 天的产量。玉门虽老，精神不倒。人走精神在，人减干劲增，小厂也要办大事。1.2 万多名员工，坚守在不到

1万平方千米的勘探老区里，找油找气，锲而不舍。

陈建军是"油二代"，诞生于这片以艰苦奋斗为核心、无私奉献为精髓、自强不息为实质的石油热土。

"'石油摇篮'这杆大旗不能在我们手里倒下。"近80岁老油田的出路，父老乡亲明天的生计，山一样压着这位玉门油田的新时代领路人。他深知，要走出困境，必须登高望远。"玉门油田要望向百年。"2015年，刚当上油田总经理，他就围绕扭亏脱困和高质量建设百年油田的课题，提出上下游一体化、主营业务与工程技术服务一体化、勘探开发一体化"三个一体化"发展思路，明确优先有效发展勘探开发，稳健高效发展炼油化工，协同有效发展工程技术服务的战略布局。他一家挨一家地到基层单位走访调研。找各种机会向老同志、老专家"寻医问诊"，请他们为油田发展开药方。

2019年初职代会上，他带头谋划制定"扭亏脱困、重上百万"的时间表和路线图。开发部副经理卢望红说，陈总搞勘探出身，时时能感受到他对资源的渴望和谋发展的战略眼光。早在任副总时，他就组织勘探开发人员对塔里木、鄂尔多斯等盆地勘探领域进行研究，油气资源进行评价。"搞了十几年优选，把可能的资源都摸排了一遍。"心里有底，才能在集团公司油气矿权内部流转关键时刻抓住机遇。经过前期技术对接、洽谈矿权、实地踏勘，2017年10月24日，玉门油田与长庆油田签约，环庆区块正式流转，为玉门后续发展带来新希望。

"思油盼油，为油而生"，这是玉门油田人事处孙峻对他的评价。"跟着陈总干活，得把鞋带绑紧，不然鞋就跑掉了。"他危机感太强了。老一辈的豪情，新时代的号角，生命的鼓声，都催他前行。玉门父老要强起来，不能看着乡亲比分出去的亲戚朋友收入低。"他想把每个人的事都办好，把退休的每个老职工，都安顿好。"早年退养职工收入少，生活有难处。陈建军召集计划处、财务处、离退休管理中心同志多次开会讨论，充分利用政策尽可能解决问题。如今，近2000多名退养职工收入都增加了。陈建军当领导啥都管。"我们自己有农牧公司，全油田每个员工每月低价供应15斤鲜奶、5斤鸡蛋。"离矿区90千米，在海拔2500多米一线倒班的员工，一提起这事都乐乐呵呵，心满意足。

老君庙采油厂办公室主任张慧君说，每次分来大学生，陈总都催问她，到公寓去看了没有，缺什么不。每次到采油队来，都到大食堂排队打饭，和年轻员工坐一桌上问长问短，问寒问暖。一个老职工托他帮孩子看志愿咋报，他抽出空，专门找几个明白人一起帮着研究。老君庙采油厂安全副科长张维荣有次打电话，想问问孩子能不能回油田就业。三周后，老张接到来一线值班的陈建军电话，喊他过来。问了情况，陈建军直白地说，师范专业进不了油田，得抓紧考教师资格证，又嘱咐上教育局网站看招聘信息。后来孩子当上了中学老师。

人人知他恋故交，念旧友。但对个别借他名头儿违规行事的，他的温良和善里，藏着锋芒。纪委书记宋中华说，"他敢说话，敢担当，从纪检队伍补充完善到各项工作开展，都给予了极大支持。"近80年的老矿区，上下、内外关系丝丝缕缕、盘根错节。不少多年形成的做事老毛病见惯不怪，习以为常。违规违纪绝对不行。他说，不管涉及谁，严查到底。曾有机关同志开会时手机响了，他毫不含糊当场批评。2018年，综合服务处因在合规管理上违规违纪，共34人受到党纪、政纪和组织处分、处理，涉及6名正副处级干部。

💧 此生无悔勘探人

"学石油干石油毕生忠诚献石油；想玉门为玉门一片丹心照玉门。"一副挽联，凝结了陈建军的一生。他1984年毕业于西南石油学院石油地质专业。从勘探开发研究院实习员到院长，从油田副总地质师到副经理，再到担任主要领导，陈建军一天也没离开过勘探开发业务。"油气勘探是一项有风险，又充满激情，充满收获的事业",陈建军说。作为队伍的头羊,他从不纸上谈兵,总是带人满山跑。

找油找气,是勘探人毕生的渴望与重任。与陈建军共事多年的副经理范铭涛说,勘探不是一个人的事,得团队作战。老一辈发现了五个油田,我们找到了两个,"他作为主导者,贡献突出。""继承先辈遗志,向祁连深处探索。"这是他写在《孙健初传》一书空白页上的话。他还说:"勘探开发要敢于突破旧框框、敢于否定过去、敢于冒大风险,只要认识到位、研究到位,就要大胆部署、大胆实施。"

20世纪前,玉门的找油理论都围绕坳陷,认为高点才能出油。可自1958年鸭儿峡油田发现后,勘探几乎止步。再弹"老调儿",很难突破。陈建军带队反其道,创造性地提出了"下凹找油"新见解。勘探人员凭着执着与坚韧,陆续发现窟窿山、柳沟庄构造,年产50万吨的青西油田问世。玉门老区沉寂40年后,地质储量翻倍增长。顺着这个思路,他们四上长沙岭,又取得勘探实质性突破,建成酒东油田。青西与酒东,为临近古稀的老玉门带来新生机。2006年,油田原油产量达81万吨。"这下玉门人有救了。"陈建军和勘探开发人员倍感欣慰。

搞石油,光有激情是不够的,还要守得住清贫耐得住寂寞。陈建军这辈子,就耗在祁连山下,跟石油勘探"杠上了"。玉门油田作业公司曹卫东说,"我们井队走到哪他就在哪。海拔4200米南7联他没落下,延展400多千米的雅布赖沙漠也没落下。他跑遍了全油田所有探区"。2015年底一次报告会上,东方物探公司张宝权惊讶于陈建军对地震资料的熟悉程度。"每口井他都清清楚楚,每个问题指导得都很专业,我们一线员工打心眼里佩服。"

他平日的关爱,也让这些远离家乡的工程技术人员心里热乎。勘探部经理沈全意是小他三届的同门师弟。一篇勘探交流会汇报稿,陈建军指导他改了4遍。格式、内容、逻辑、数据,"改得我都没耐性儿了。这领导要求也太细太严了。"向他汇报工作,来不得一点虚的。"因为每口井、每个参数,他都一清二楚"。勘探开发研究院西北分院龙礼文说,陈总不愧搞科研出身,他懂我们心思。"大胆干,成熟一口打一口,先别考虑投资成本的事。"有勇于担责的领导站出来,"我们心里有底儿了。"青西采油厂厂长吴国罡回忆说,不管半夜还是凌晨,他一天打来好几个电话,询问正值上产的青西井上情况。他机关办公室、一线办公室、值班公寓、家里、手机,我所有电话都记得。"他是个油痴",老君庙采油厂厂长胡灵芝说。1998年8月10日,青西油田功勋井柳102井,获得日产50立方米高产工业油流。一片欢呼声中，陈建军兴奋得又蹦又跳。他忘情地捧着喷出的油样用嘴尝，判断含水量，嘴上弄得黑乎乎。还有一次大年三十到井上慰问，他双手抱着采油树，在冰冷的井口上亲了一下。懂他的人说，采油树就是他的孩子。石油，主宰着他的悲喜。中油测井吐哈项目部阚玉泉说，"油井解释好时，他就眉开眼笑，喜上心头。"

勘探开发研究院唐海忠院长说，今年柳北4井期望出油没出，"他很上火，把我们叫到办公室分析井上资料。"弥留期间，我们打电话告诉他环庆资料到岩心库了，他特别高兴，说"等我病好了，回去看。你们不要来看我，把手上工作做好。"细述与陈建军比肩作战的勘探开发历程，范铭涛话又密又多。说起他的病逝，这个壮汉突然低眉红眼，"35年的兄弟啊……不想说了……"站起身来，转头离去。

祁连山下石油魂

1953年，18岁的陈能荣招工来到玉门油矿，起初在砖窑里背砖，后来当了汽修工。1963年春，谷雨过后第5天，有了大儿子建军。此后，又生了二儿子建玉、三儿子建琪。生活艰辛，养大三个儿子，不容易。老父亲的双手弯曲、粗糙、灰白，是年轻时常用含铅高的汽油洗手所致。可老人更多的是骄傲。2010年的一天，在小区《甘肃日报》读报栏里，这个农家院出身的普通工人，看到当

年的甘肃领军人才里，有陈家两兄弟的名字。大儿子陈建军四年后又获评这一称号，这在全甘肃省也只有老陈家有此殊荣。2001 年，陈建军还获过国家第十届"孙越崎科技教育基金能源大奖"。

6 月 12 日，面对采访的记者，老父泣不成声，"我后悔得很，还不如让他当个农民"。"他非要搞个大油田，可把人搭进去了。"伤心之余，老人也说，"找到大油田，确实攒劲得很。""不管当多大官，不是你的，坚决不能拿。"这是父亲时常敲打儿子的话。老人住的房子很旧了，陈设也平常。土黄色仿皮沙发边角都磨得泛白、起皮儿了。家里墙上挂的，桌上摆的，都是全家福。老人说，"回来看我，从来不说有病的事，说的都是油田上的事。有一次回家，我说他瘦了，他就撩起衣服拍拍肚皮说，看看，我都吃胖了。其实是肝腹水，肚子胀得老大。"患肝癌两年，怕父亲担心伤心，平日特别孝顺的陈建军一直瞒着病情。最后日子，也只跟老人说去做胆囊切除手术。"他这人，只要别人高兴，什么都愿意付出。难过的事，都自己藏着。"看着他忙碌的背影，妻子心疼得流泪。夫妻俩始终相敬如宾，有天在病床上，他愧疚地说，"玉凤，我这段时间不好好吃饭，惹你生气了。实在是恶心，吃不下去。"他也尽量瞒着同事。外出看病，都是妻儿和两个弟弟、弟妹陪着。不止自己以身许油，他让儿子仓仓也干这行。一直跟他共事的玉门油田常务副书记刘战君的儿子也在他的劝说下学了石油。"都不学石油，以后谁干？"

仓仓大名陈玮岩，岩石的岩，岩心的岩。将出世的孙辈，他给取小名"小石头儿"，纪念他牵肠挂肚，不能割舍的石油情缘。仓仓说，小时候寒暑假，他总带自己到老君庙井场、孙健初公园，给我讲石油前辈的故事。

2017 年 5 月 11 日，确诊肝癌。这两年里，一共化疗了 24 次。即使不得不去医院手术、治疗，他也始终没离开过工作。扭亏脱困，重上百万，手头太多事要做，他觉得时间不够用。为矿权流转的事，他拖着化疗的病体进北京、跑庆阳、赴环县，汇报、会谈、踏勘，一步不停。签完协议第二天一大早，就迫不及待驱车从庆阳赶往 150 千米以外的环县，连药都没带。他不顾劝说，坚持在环庆区块山塬沟坎三四个井场实地踏勘，在丘陵沟壑和崎岖山路间颠簸了四五个小时。

5 月 2 日，已经病得非常严重，不得不准备再次住院。他跟儿子说，肚子胀，很难受。临行前，他腰上拖着袋、身体插着管、挂着氧气，病床侧卧，把在家的领导班子成员叫来，从上午到晚上，七八个小时开了三个会，坚持把各项工作安排妥当。3日,极度虚弱的他赶赴济南治疗。仓仓安慰他说,爸,没事,咱还能做手术。他欣慰地笑了。"那天晚上的笑容我一直记得。第二天就意识不清了。"5月中旬,做了腹腔穿刺。家人看着心疼,告诉他,门关上了,你疼就喊两声。他一声不吭。只有手机响起《勘探队员之歌》的旋律,才握着拳头,有了意识。"是那山谷的风,吹动了我们的红旗,是那狂暴的雨,洗刷了我们的帐篷……我们怀着无限的希望,为祖国寻找富饶的宝藏……"这首歌在陈建军弥留之际,比吗啡等止痛剂还管用,成了他忍受病痛的精神慰藉。26号,陈建军突然睁开眼睛,连喊三声"好好好"。手举起来,像要鼓掌,可是两手没力气合拢。又接着说"胜利!大胜利!"熟知他心思的医护人员问,"是不是找到大油田了?"他微微转过脸来问,"是呀,你怎么知道?"家人以为病情好转,可是,他再也没开过口。28号19点,济南解放军第960医院肝胆外科一间闷热的普通三人病房里,在儿子呼喊声中,35床陈建军不再醒来。泉城初夏落日的余晖透过窗,照着他眼角流下的两行清泪。31日,85岁老父陈能荣,终于盼回老是哄他"我好着呢"的大儿子,装在孙子捧着的骨灰盒里。耄耋老人,涕泪横流。边哭,边心疼孙子劝他别难过。

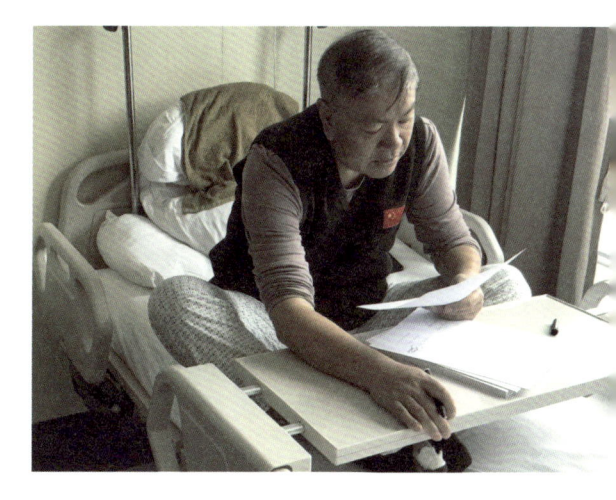

听说了他去世消息的老少从四面八方赶来,参加追思会。进不去现场就站在外面。早上6点多,88岁老炼厂职工赵应文,推着自行车当拐杖走了二里多路来了。他掏出1000块钱非要交给家人,劝了半天才揣回去。结束了,老人也不走,直等到把骨灰送完。老君庙采油四队603岗位长王瑞刚轮休回酒泉,一大早四处找花店,带来了一把黄菊。过去十多天了,这位年轻大学生说起来仍呜咽不止,"他对每个员工都好。不管过多少年,他还会在我们心里。我会好好工作,永远记住他当时在站上给我的鼓励"。

生为玉门人,死是石油魂。6月2日,陈建军葬在酒泉祁连锦园,6年前去世的妈妈墓旁。

文 | 郭影 周蕊 摄影 | 赵勤 王华 冯玉龙 郭影 陈玮岩 朱俊霖等

有他们在，不断油！

CNPC 中国石油　2020 年 2 月 1 日

　　疫情就是命令，防控就是责任。连日来，在抗击新型冠状病毒肺炎疫情的战线上，处处都有中国石油员工冲在前的身影，他们用自己的实际行动，践行了初心使命，责任担当。中国石油湖北销售公司的员工们正在战"疫"一线坚守着岗位，接下来就让我们一起来看看他们的故事。

除夕夜返回工作岗位

　　蒋雪晴是中国石油湖北销售宜昌分公司油气团队经理，1 月 24 日除夕夜收到宜昌即将"封城"的消息，她担心加油站人手不够，当天晚上把女儿送到了宜都老家，并驱车返回工作岗位。

"专车司机"随时待命

　　由于封路导致很多员工不能返回岗位，很多党员想办法办理通行证，方便接送员工上下班。"专车司机"谭勇每天开着私家车奔波在各站之间，员工只要在群里隔空喊话，第一个应诺的总是他。

忙到忘记吃晚饭

　　随着疫情发展，很多加油站的口罩、酒精、消毒液出现短缺。1 月 29 日，李玲协调到一些应急物资，连忙开车送往各站，每到一站她都叮嘱员工做好自我防护。当从最远的大松树加油站回到阳新时已经是晚上 9 点多了，这才发现还没吃晚饭。

"和大家一起，我才安心。"

特殊时期，站里人手紧缺，很多员工因为封路回不来，在岗员工精神压力也很大。夷陵团队经理邹钰娟就一直坚守在站内，没回过一趟家。

"在关键时刻就应该挺身在前。"

杨林桥加油站是中国石油湖北销售宜昌分公司最远的加油站之一。得知新型冠状病毒肺炎疫情形势严峻后，站经理王平第一时间主动取消了休息计划，一直坚守在工作岗位，每天为员工做饭，同时做好消毒、体温检测等工作。

"大战当前坚决不能离开岗位！"

小林、白鹤湾两座加油站是镇守湖北省随州市北大门的核心站点，位于湖北、河南交界的312国道上，距离随州市区100多千米，小林、白鹤湾站经理任庆举的家，位于随州最西端的洪山镇，到站距离170千米。疫情防控形势紧急，他放弃回家团圆，选择到站值守，和员工们在一起。

"只有这样，我才踏实！"

马涛是湖北省随州市人，已在加油站度过了6个春节。今年提前安排好手头工作，1月23日下午他从十堰市驱车回到了老家，想着终于能和家人一起过个团圆年。谁料，封路消息传来，他坐不住了，24日当晚便赶回十堰，回到工作岗位上，带领员工扛起疫情防控的应尽之责。站上有交通不便的员工，他每天负责接送；每天负责采买新鲜蔬菜；收集资料教大家学习疫情防护知识，及时给员工进行心理疏导……

中国石油，为湖北加油！

编辑｜吴琼　素材来源｜宜昌油动力 加油十堰 随州分公司

今天头条是他们，加油员！

CNPC 中国石油　2020 年 2 月 3 日

如今疫情仍然在蔓延，全国上下都在为打赢这场"防疫战"做着努力。自疫情发生以来，中国石油集团党组高度重视疫情防控工作，坚决维护正常生产经营秩序，切实用实际行动彰显央企的责任和担当，各炼化公司开足马力生产医用卫料，销售公司加油站 24 小时正常营业，所有便利店商品不涨价。

疫情面前，有这么一批逆行者，他们不是医生不是护士，却活跃在最前线，坚守着自己的工作岗位，每天接触着大量人流和车流，他们就是加油员。

湖北销售：义无反顾冲在第一线

油品销售是窗口服务单位，与百姓生活息息相关，在抗击疫情的这场战争中，湖北销售人义无反顾冲在第一线，为战胜疫情加油！

刘细初是咸宁银泉加油站员工，家住崇阳白霓镇石山村，因为疫情的发生，道路被封，为了不影响第二天值班，刘细初决定步行翻山回到工作岗位！连日的阴天和小雨，加上山中空气潮湿，湿滑的山路艰险异常。刘细初手脚并用，连攀带爬地前行，4个小时后，刘细初出现在了站里，同事们被眼前"狼狈不堪"的她惊住，忍不住争先给她拥抱……

河北销售：物资最紧要

防控疫情，医用物资是重中之重，医用物资的及时到位尤为重要。河北销售最大限度调配防疫用品，驰援湖北。"运往武汉的第二批口罩已配齐清点完毕，无误，明日即可发出，请放心！"除夕夜九点，"河北非油family"微信群里一条消息意外出现，又被立即撤回。这条信息同事们都看在了眼里，"口罩哥"郝振远大年三十前夜仍在调配口罩的行动广为大家所知。

大年初一，承载着河北销售上下员工深情厚谊的1万个N95专业防护口罩、128个测温计及体温计被运往武汉。河北销售在紧急驰援湖北疫区的同时，还密切关注其他省区市防护物资紧缺情况，先后向北京、内蒙古、陕西、宁夏等地支援7.4万个防护口罩。

四川销售：全川2000座加油站紧急动员

四川销售认真履行央企的政治责任和社会责任，全川2000座加油站紧急动员起来，为全省打赢抗击疫情攻坚战加油助力！从1月22日开始，四川销售在车流密集的300余座加油站，向客户免费赠送口罩。

特殊时期，四川销售倡议大家尽量减少公众接触，推荐客户使用"中油优途"不下车加油和电子发票功能，减少加油过程中的人员接触，最大程度保护您和家人的健康。

河南销售："硬核"举措，严密防控

河南紧邻湖北，是疫情防控的前沿阵地。河南销售周密布置，严密防控，

在保证员工生命健康同时，积极配合政府群防群治，以"硬核"举措，全力打赢这场防疫"攻坚战"。河南销售紧急增加 120 万元防疫资金，并拨付到各分公司，确保一线防疫应急药品、口罩、消毒用品、温度计等物品配备充足；做好疫情排查，重点跟踪春节假期回乡过年的员工，确定无疑似症状后方可返回岗位工作。

广东销售："油"心"油"力，众志成城

广东销售油库、加油站高度警惕，全面防控。针对办公区域、库站现场、进站车辆进行全面消毒，做好防疫应急药品、口罩、消毒用品、温度计等防疫物资的配备工作。在加油站明显位置设置"鼓励自助加油""鼓励移动支付"等提示牌，降低人员接触带来的风险。

上海销售：防疫与爱一个不能少

截至目前，中国石油所属加油站 24 小时不间断平稳运营，保障了城市运行的油品供应。上海销售所属 160 座站全部开通应急加油通道，全力保障 110、120 等应急车辆加油。除夕当天，一位老客户为勇盛加油站买来肉和饺子皮，坚持要为员工包一顿饺子。他说："疫情这么严重你们还要加油，有你们，我们才能回家过年。"

江苏销售：员工要保护好自己

保护好自己，才能更好地服务他人。每天，江苏销售的加油员要早中晚三次测体温，并记录台账。所有在岗的加油员都需要检查，如果发现任何一人出现发热等不良身体状况，加油员会马上停止工作，隔离并全面检查。

加油站员工，是目前除公务员、医生之外，第三个政府部门未明令休岗的工作岗位。中国石油所有加油站都正常营业，不是为了经营，而是履行央企的责任担当！在这里，让我们向疫情期间在一线坚守的加油站员工致敬！

在特殊时期，保护好自己也是保护他人。对于来加油站加油和消费的客户，在这里我们提醒您注意以下几点：

加油站，不只是在为车辆加油，也是为人心加油。春天终会到来，疫情终将过去，中国加油，武汉加油！

素材来源｜湖北销售 河北销售 四川销售
河南销售 广东销售 上海销售 江苏销售　文｜袁艺

64人，守护一座"岛"

CNPC 中国石油　2020年3月4日

长江边的中国石油西北销售武汉油库像一座岛，一座承载着湖北地区油品市场稳定的"补给岛"，一座连接兰郑长管道和长江黄金水道的"资源岛"，一座在疫情中安全运行37天无一人感染的"安全岛"。64个人，用责任和坚强守住了这座岛。

他，已经两个多月没有回家了

疫情发生以来，随着交通管制加强，武汉乃至整个湖北地区成品油需求急剧下降，公路车辆寥寥无几，长江水运一度停航。作为保障武汉油品市场稳定的"后粮仓"，武汉油库"封城封路不断油"，从1月22日开始实施封闭管理，留守油库的干部员工，每天的心情都如履薄冰。

最觉得煎熬的是油库主任杨升，特殊时期的疫情防控工作像千钧重担压在他心头。防范输入性风险、库内日常防疫、保障正常运营、安抚员工情绪……事无巨细，杨升都要盯着。库里有几位员工的家就住在华南海鲜市场附近，他们在库里天天担心家人的安危，加上封闭管理本身就容易让人产生焦虑、急躁，刚开始的时候，库里氛围还是比较压抑。杨升每天在群里转发疫情防控进展、防疫知识和正能量文章，减少员工的焦虑情绪。

有一名员工因为紧张，总怀疑自己发烧了。杨升就待在员工宿舍，每半个小时给他量一次体温，原来是员工怕感冒，开着空调暖风，还捂着厚被子，产生了错觉。不仅要操库里的心，还要操库外的心。油库员工沈融，1月21日自驾回安徽芜湖老家过年，到家就向社区、街道报备，接受卫生服务中心检查且自觉居家隔离，但仍遭遇网络暴力，家人姓名、电话号码、身份证号等信息公之于众。杨升得知情况后，一次次打电话安抚，他建议这名员工每天在微信朋友圈公布隔离、健康状况，最终消除了外界疑虑。从 1 月 22 日油库封闭到 2 月 6 日，第一个 14 天隔离周期过去了，油库全体员工身体无恙，杨升稍稍松了一口气。晚上 11 点，员工都休息了，他站在办公室的窗口发呆，远处的阳逻镇万家灯火，他的心才算稍稍平静，这片多年来熟视无睹的灯光，此刻却成为他内心的安慰。

新的一天开始了，杨升的忙碌也开始了。他已经整整 37 天没有回家了。

希望宝宝出生时，疫情已经结束了

油品需求减少，不意味着不需要供油，火神山、雷神山建设工地保供，医疗卫生单位、政府军队用油……可以说，这一时期的任务比以往更重。为做好特殊时期的保供，武汉油库的干部员工每个人都顶着很大压力在工作。

油库副主任韩院锋的家离华南海鲜市场不足 1 千米，家里大儿子就读的幼儿园就在华南海鲜市场隔壁，妻子袁清华也是油库员工，怀孕 8 个月，春节期间和他一起留守油库。作为杨升的最得力副手，为让杨升集中精力做好防疫工作，他几乎独担了油库生产组织工作。这些天，他每天都在油库生产作业一线，督促员工对工作场所做好消毒防护，检查设备、组织发油、调整锚链、维护保养设备、打扫卫生，他们和大家坚守岗位，确保油品发运不掉链。眼看着妻子的预产期越来越近，而定点产检医院已经成为收治新冠肺炎患者的定点医院，妻子的产检怎么办？生产在哪里进行？他不敢想，因为怕分心影响工作。采访时，提到妻子临近产期，他露出了一个男人坚强背后的柔情："真觉得对不起媳妇儿，对不起家人，家人寄过来给老二用的小衣服都没顾上打开呢……"他只有一个心愿，就是在孩子出生时，疫情能退去。

"特殊时期不能掉链子"

油库总调度江许辉，一名共产党员，也是集团公司建功立业模范人物，他对待工作认真负责，被大家称为"技术大拿"。每天早上接完班，江许辉走进油库对 28 个巡检点仔细检查。公路输油臂、储罐罐根阀有没有漏油，机房的窗户有没有关，油气回收装置是不是正常……他走走看看，不断在心里梳理着可能发生的突发情况。江许辉说，"特殊时期，一旦设备出问题，厂家技术人员过不来，所以我们必须做好日常的保养维护。"

江许辉的对班，运行班副班长邹国亨，工作时不小心扭伤腰，起身、走路都困难，但这期间仍坚持上班。每次有人劝他休息，他都淡淡一笑："坐着不动也不疼，特殊时期不能掉链子。"2月20日，封航许久的油库码头又恢复了往日的喧闹，迎来了春节以来的首艘油船。当天共有2600吨组分汽油，发往安徽。这批次汽油发运计划执行完后，油库将迎来管道输油。

灭火勇士也是"安全卫士"

油库有一个特殊工种——警消队，因为工作的关系，他们每年春节都要值守在岗，今年更不例外。队里11名员工，他们扑救库外野火，参与人员管控、物资搬运，锚链调整等多项工作，随叫随到，从无怨言。

副队长李正求，已记不清这是第几个在岗位上度过的春节了。一年到头，家中事务都是妻子一人承担。在这场突发的疫情中，李正求依然没能像妻子想象的那样，出现在家里为她和儿子撑起保护伞，因为他说，油库更需要他。

队员李黎，已经连续三年放岳父的"鸽子"。本来是想请假陪妻子回老家看看年迈的岳父，可是当疫情来临的时候，他主动请战，留了下来。

队员栾同照，新婚宴尔，按照习俗，"新姑爷"是要在春节期间到妻子家拜会三姑六舅的，因为这场疫情，他也放弃了队里给的调休机会……

如队长施剑英所说，"这就是我们的工作性质，只是在特殊时期，每个人心里又多了一份责任。"和他们一样的还有很多员工，比如值班员李艳，身兼多个岗位，还要操心油库员工的一日三餐；班组员工李林，新婚妻子在甘肃玉门上班，父母在河北老家，一家人三地分居过春节；还有刘涛、赵峰、吴火咏、陈军、江杰、李登梅、杨国洪、沈融、梁瑾、李亮……结束居家隔离医学观察后，纷纷给单位打电话要求返岗上班。

一个个平凡的员工，每个人都是春节期间坚守岗位的30余万名石油员工的一部分，他们用一己之力，撑起了武汉油库在这次抗疫中的"后粮仓"地位。或许，他们大部分名字都不会被人记住，但是，我们依然要向这些平凡英雄致敬！

记者｜刘科翼 陈志新　编辑｜翟宇佳　素材来源｜西北销售

入疆第一站，一个没有本地人的小镇

CNPC 中国石油 2015 年 12 月 13 日

G30 高速，从海港城市连云港延伸而来，相去两千七百多千米，到星星峡已是一片荒芜。辽阔天地间，只有不到 1 千米长的小镇沿高速路而建，而后是无穷无尽的戈壁荒凉。

哈密作为新疆连接内地的交通要道，素有"新疆门户"之称。而星星峡则是哈密的"门户"，跨过它才算进了新疆。据当地人介绍，星星峡一带盛产石英石，每逢皓月当空，山上石英石闪烁晶莹，宛若满天星斗。于是，石得名星星石，山得名星星山，山之峡取名星星峡。其实星星峡没有真正意义上的当地人。

唐朝，先知穆罕默德派遣使者来华传教，其中一人病逝于星星峡，哈密王曾为其在星星峡修墓。清朝，有"民族英雄"之誉的禁烟名臣林则徐遭贬由此入疆；后来，左宗棠依照林则徐绘制的新疆地图，率湖湘子弟由此走进天山，并栽下了"引得春风度玉关"的左公柳。

1937 年 4 月，李先念率红军西路军左支队浴血千里，在星星峡与中央代表陈云会合，完成历史使命，后人为纪念西路军入疆而在此立碑纪念。

如今，星星峡仍是新疆的陆路交通枢纽，也是西北边陲的一个清冷小镇，居住 3000 余人。他们被这里巨大的车流量吸引而来，操着各地口音。在这个一眼能望到头的小镇上，遍布着饭店和汽修店，由于 2014 年之前不通电，家家都有发电机。

20 世纪 80 年代的星星峡加油站　　　　　　　　　　　　　　　如今的星星峡加油站

前文提到的当地人是星星峡南站的站经理,在 G30 高速路两侧,有两座中国石油的加油站。

徐晓慧是星星峡南站的便利店员,老公金星是星星峡北站的加油员。一南一北两座加油站,相距 500 米,分别是出入新疆的第一站。据南站站经理刘玉龙介绍,目前,星星峡两站油品销量年过 6.7 万吨,成为新疆名副其实的第一站。

2011 年,徐晓慧结束学业,她的同乡姐妹大多都回到了甘肃老家,而晓慧决定留在哈密闯一闯,她服从分配来到星星峡老二站(星星峡南站前身)。18 岁的晓慧开始了她在星星峡的生活。

在星星峡,除了人和狗,几乎没有其他活物,一年刮不到头的大风、沙子和石头,很难种出花草。镇上只有一家店卖菜,比市价贵出许多,因此,加油站的米、面、油、肉、菜等生活物资都从哈密买过来,一次买足一星期的量。

星星峡缺水,并且水源含氟量和盐碱量都很高,无法饮用,加油站的人都从公路收费站买水喝,晓慧也不例外。收费站会定期派人去 140 千米外的骆驼圈子拉水,那里有水井。晓慧说,当地除了派出所和机关工作人员,只剩收费站和加油站常驻星星峡,两家关系很好,因此,收费站拉水时会捎带上加油站的用水。喝水的问题不难解决,不过,生活用水还是不宽快,以至于整个星星峡没有考虑过设置澡堂这样的空间。晓慧说,特别想洗澡的时候,会烧盆水,在宿舍擦一擦。

为保证 24 小时营业,加油站一般实行三班两倒,员工连上 15 天班才能休息。刚开始,一放假,晓慧就坐两个半小时的大巴车到哈密,再从哈密坐十几个小时的火车回家,看看家人,也吃些新鲜蔬菜和瓜果。晓慧用了一个月的时间,适应了星星峡的环境和日夜颠倒的倒班生活。不过，她依旧没有找到好的方式来打发空闲的时光。镇上除了饭店，只有汽修店，身后除了荒山，只有戈壁，最主要的是，老二站不像如今的南站繁忙，日均销售油品为 20 多吨。从 1989 年星星峡第一座加油站诞生，此后 26 年时间，加油站从土坯房、砖混房、活动板房到彩钢房，一批又一批石油人在这里度过青春。

2013 年年初，G30 高速全线贯通，路面由原来的两车道扩展为四车道，老二站搬到了马路南侧，扩建为星星峡南站正式营业，加了 11 把油枪。很快，南站油品销售日均破百吨，便利店的非油品销售也跟着涨了上去。

"店里卖得最好的是香烟和功能性饮料，提神。来加油的司机大多跑长途拉货，开夜车很辛苦。"晓慧说。

也是这一年，她和金星恋爱了。金星是晓慧的学弟，2013 年进入哈密市的加油站工作。一放假，晓慧不再在新疆甘肃之间奔波，而是到哈密，他们在那儿安了家。2015 年，金星追随晓慧来到了星星峡，成为北站的加油员。

上白班的日子，小两口会约着去镇上的饭店饱餐一顿。虽然加油站有大师傅给准备一日三餐，但金星还是担心怀孕五个月的晓慧营养不够，会经常带她来吃大盘鸡。

来往星星峡的车辆，司机来自五湖四海，镇上的饭店也五花八门，鲁菜、川湘菜、东北菜等应有尽有。不过，饭店的流动性也很大。晓慧说，昨天才吃完的餐馆，没准儿隔天就转让了，钱都不好赚。

在星星峡南北两站，像晓慧金星一样的员工还有 37 位，90% 老家在甘肃，剩下的来自哈密，有极个别从河南过来。晓慧说："大家都是 80 后、90 后，都很年轻，能吃苦，在这里感觉自己很渺小，只能适应环境，没什么可抱怨。"

关于未来，晓慧说，等到 2 月底，她开始休产假，再上班时申请调回哈密市，离家近，方便照顾家人和孩子，生活是越来越好的。

文 | 陈词

零下 20 摄氏度的一天

CNPC 中国石油　2015 年 12 月 4 日

　　钻井队的一天是什么样的？小编亲自奔赴大庆萨尔图喇东区的 1202 钻井队，正好遇上"钻进"的一天。

　　1 天 24 小时，被分成 90 个 20 分钟。2 班人，12 名钻井工人们向地下打了 100 根钻杆，井深才抵达 900 米。这份工作看起来重复、无趣，真正了解的人才知道：重复无趣带来的是希望。

　　从零下 20 摄氏度的深夜开始，90 后井架工周正杨、李炎从他们的视角记录了自己和队友一天的工作。

💧 23：10 出发去井场

　　大庆萨尔图区北边，零下 23 摄氏度，你问我们冷不冷，我说不冷，东北待惯了。如果你要问，什么时候最冷，可能是不干活的时候。

　　我们一班七个人（其中一个是实习生），晚上 11 点从集中营宿地的铁皮宿舍出发，驶向十千米外的井场。这一刻，这条路上只有装满钻井工人的班车。

💧 23：40 抵达井场

　　我们井队上一共有四个班，12 小时一班倒，每个班的工种有司钻，副司钻，井架工，内外钳工，场地工。现在车里坐着七个穿着红色工服、戴着毛帽子和蓝手套的工人。今天的工作是钻进。钻进就是把一根平均长度 9.5 米长的钻杆打进地下，一根接一根地打，直到打到规定的米数，比如我们这口井的米数是 1250 米。除了钻进，大家还要为下口井做生产准备，这些工作由班长来分配。23 点 40 分，喇一路，我们终于抵达了井场，下车能看到一大片芦苇和亮着光的井架。

00：20 井上作业

　　井场上最亮的地方是钻井台。小亮有一个航天梦，每次井架工小亮都觉得自己站在一个发射台上。我们笑他太年轻了。接班前需要进行安全检查，二班内钳工郭师傅在检查中发现绞车的护罩有松动，这需要一班内钳工整改完毕后郭师傅才能接班。"当前井深是 300 米了，正是钻进速度最快的时候，这个班我们要默契配合，争取下班前打到 700 米。"司钻在交接班会上说，随后他为每一个人安排了今日任务。

7:00 持续井上作业七小时

　　其实我们井队已经搬到这里快两周了，前一口井就距现在这口井 10 米远。这两天井队刚刚搬完家。相比于搬家，现在可能是我们最轻松的时候，我们还有三个班的人能休息。钻杆被整齐地堆放在钻井台附近的地面上，一位场地工在下面专门负责。司钻刚刚已经完成一根，现在钻杆正从地面被吊上钻台。井架工通过液压小绞车操控这些钻杆的上下。其他的人等着钻杆上来，将钻杆接进鼠洞（一个暂时放钻杆的长洞）。为了保护钻杆丝扣，钳工会在钻杆入鼠洞前先涂上丝扣油。司钻在钻井台的一侧。几乎 12 个小时都坐在里面，通过面前一堆仪表来操控整个钻井台，小亮说像杨利伟一样帅。

在将钻杆对准钻扣之前，司钻会打第二遍井，意图将井眼打得更加通畅，这个我们的术语叫"划眼"。遇上憋压、托压，甚至三四遍的也有。划眼完之后，钻井器会将钻杆从鼠洞提出，移到前面的井口。通常司钻会鸣两声喇叭，在钻井台下面负责钻井液的副司钻将钻井泵关掉，副司钻鸣警。内钳工用液压钳将钻杆卸开。

司钻提起扣好的钻杆至井口后，使扣器和液压大钳配合扭紧，司钻再次按喇叭，副司钻打开钻井液开关。钻井液对钻井很重要，可以通过循环流动将井底的沙子带出来，流入钻井液处理系统进行净化后，再通过钻井泵返回地下完成循环。

开始钻进，在当前这个层位，纯钻进需要大约15分钟。事实上，加上新钻杆，我们打一根钻杆下去大概需要20分钟，12个小时的时间里我们一直在重复这20分钟。

现在，我们该去做下一根的准备了。

12：10 午餐时间／换班

到中午，井场唯一的变化是温度升高了。高兴的是，终于可以休息一下。中午吃饭就在值班室内，不到 10 平方米的房子。今天有四样菜，跟昨天的不一样，大家太累了，吃饭的时候说话很小声。

12 个小时已经过去了，下个班（三班）的兄弟已经坐在另一间房子，像一班一样，我们按照三班发现的问题、提出的接班整改要求进行了认真整改。

13：45 新的一班继续井上作业

三班继续钻进工作，钻井台上上下下。大家谁也不怎么说话，一是钻井声音太大，二是已经习惯了在钻井台上打手势，只有司钻才能说话，因为他有扩音器。

这个班的辅助工作是为接下来的下套管做准备，两位兄弟正在把位于垫杠上的钻杆推到一边，为卸套管做准备。

17：10 夕阳西下

阳光下的井场其实挺美的。前面是机房区，包括发电机、压力机等。

23：10 新的一班人正在路上

三班的人正在路上，中午二班打到 700 米，现在已经钻到 900 米了。希望接下来一切顺利，顺利完井出油。

美女博士西游炼化记

CNPC 中国石油   2016 年 5 月 10 日

在车间爬上爬下，深入气温接近 40 摄氏度装置内部，一遍遍调节阀门，一次次取样送检，合成橡胶和塑料，这就是吴利平 9 年来的工作日常。但是，在中国石油科技交流中心见到这位独山子石化公司乙烯厂技术处副处长，印象中的王进喜般彪悍壮实的石油工人形象完全被颠覆，她一袭合体正装，身材娇小，皮肤白皙，眼睛明亮又温暖。

因为爱情

轮胎，塑料，管材，沥青，鞋底……这些都是以石油为原料制造的化工产品。吴利平就像炼丹师一样，实现这样神奇的转变。在她的手中，已开发出 18 个橡胶和塑料的品种。

2005 年，吴利平获得南开大学高分子化学与物理专业博士学位，之后的两年在复旦大学高分子作博士后。2007 年，她放弃上海的繁华，跟随当时还是男朋友的丈夫朱军来到戈壁滩中的独山子，开启了这段石油炼化人的旅程。

吴利平参与的独山子大石化项目是一项事关国家能源安全、新疆经济发展和社会稳定的浩大工程。先后有 16 万人参与建设，仅钢结构用量就有 46 万吨，可以建起 4 座鸟巢；装置中各类管线总长度 3600 千米，可以从独山子一路铺到北京。

建厂初期，总会遇到很多困难。2010 年，为了生产满足欧盟 REACH 法规要求的环保橡胶，当时刚刚怀孕的吴利平坚持守在车间。尽管"难受的时候想吐"，她依然爬上装置取样，到化验室分析，从 100 多项参数中反复查找异常，往返于化验室和车间。

项目还在建设中，吴利平的办公室还只是活动板房，接受 40 多摄氏度高温的炙烤。由于不适应干燥的环境,她经常流鼻血。"流一段时间就不流了,适应了,这没什么,挺正常。"柔声细语的吴利平适应能力很强,"到哪都可以,习惯都是可以改变的,比如饮食习惯,以前不吃辣,现在都可以吃了。"

吴利平说,生产不稳,从石化公司到乙烯厂,上上下下的领导干部、操作工人都奔忙在现场,没一个人离开,自己哪好意思离开。

最终,这种环保型溶聚丁苯橡胶实现了工业化生产,满足了轮胎出口欧盟REACH法规的要求,填补了国内空白,也迫使国外生产商降价,为整个下游产业压低了成本。

江南美女扎根戈壁

从吴利平的家乡苏州到独山子有大约4000千米,在这中间画一条线,几乎正好将中国版图一分为二。

2009年,吴利平博士后出站时有多种选择,同宿舍的同学有留校的,有出国的,有去北京国企工作的,有当全职主妇的。除了男朋友的因素,多次到过新疆的吴利平也为壮美的自然风光所吸引,"环境特别好"。更重要的是,"这里需

要我这样的人"。2012年5月,炼化厂试产一种新产品。按照外方提供配方生产,产品质量一直不合格。吴利平提到一种解决方法,但外方专家不同意。折腾到凌晨两点多,吴利平让外方先回住处休息,然后果断更改指令,1个小时后产品出现好转。3个小时后,经化验分析,质量终于合格。后来,外方专家对吴利平说,"你很聪明"。还有一次,产品质量检验虽然合格,但化验结果一个参数偏高。技术人员反复查找,也没查出问题。去函请教外方厂家,他们答复不用处理。吴利平长期跟踪,在纵横交错的26千米长的管网、5000多个工艺阀门中,最终揪出一个问题阀门,参数从此稳定正常。类似的生产问题,她已解决100多个,技术经验转化成100多条操作标准。在道改用SBS系列产品(沥青)开发过程中,吴利平通过研究调节工艺配方,使其质量改进效果明显,通过对HIPS装置专利技术的消化吸收和理解,研究用自产的低顺胶替代进口高顺胶,大大降低了生产成本。

从技术员、副主任工程师到主任工程师,从"感动独山子十大人物"、克拉玛依"十大靓丽女性""十大杰出青年",到"新疆青年五四奖章"获得者,吴利平的名字也被更多人所知。

文 |《中国青年报》唐子潇(略有改动)

抗击疫情 央企行动 # 【中国石油兰州石化争分夺秒建设熔喷布生产线】为了解决目前疫情期间医用口罩生产原料熔喷布紧缺的困难,兰州石化迅速开建两条熔喷布生产线,一条设计产能为500吨/年,另一条设计产能为700吨/年,计划在2020年4月底建成投产。

沙漠里的 90 后

CNPC 中国石油　2016 年 8 月 7 日

当 80 后还在慨叹青春无处安放时，不经意间，90 后已经悄然走进了我们的生活；当众多 80 后还在城市的流光溢彩中迷失方向时，有一群 90 后石油人却在距离祖国八千千米的中东沙漠里绽放青春。

1992 年出生的张骞离开西南石油大学没多久就来到了沙特，这个初踏石油建设行业的小伙子刚来时也是诸多不适应。"挺难受的是这里的社会依托太差了，想出去一趟太难了。在这里新陈代谢比国内快，头发疯长，想理个发都得跑到七十千米以外，来回起码三个多小时，工作又忙。后来我干脆自己拿把推子对着镜子自己理，刚开始也理得跟狗啃的似的，多理几次就熟练了。现在很多人都来找我理发。"张骞自豪地说。

中国寰球工程公司沙特磷矿选矿项目部位于沙特阿拉伯北部边境省图瑞福市东北 70 千米的沙漠腹地里，项目驻地距离约旦边境 30 千米，距离伊拉克边境 100 千米。项目周边没有任何村落和居民，社会依托极差。而在这样恶劣的环境下，这群 90 后也早早地挑起了肩上的担子。

同样出生于 1992 年的王锋是海南人，2015 年从长江大学毕业后就来到沙特工作，到项目后他却一直在一线作业队忙得不可开交。"我觉得挺充实的，尽管每天的工作都很忙，很累，有时困的都会在班车上睡着，但我却真实感受到了石油工人的不易，这跟在学校期间是两个截然不同的认识。在这里，我学会了看图纸、拔料，每天还要给外籍员工安排工作、打考勤，英语水平提高很快。唯一觉得难受的是沙漠里的天气太干燥了，对于我一名从海南过来的人来说是个不小的挑战。现在每天鼻子里都有血丝，多希望能下几场雨啊！"王锋调侃着说。身为家中最小的孩子，王锋一直都是父母的掌中宝、心头肉。年长的大哥为了供他念大学，自己放弃了上大学的机会，19 岁就开始打工挣钱。父母在海南的一个市场卖鱼，生意好的时候一天能挣三四百，但遇上大风或暴雨天气，却一条鱼也卖不出去。这点收入对于一个六口之家过日子来说，显得捉襟见肘。"穷人的孩子早当家嘛！这里的日子虽然艰苦一些，但这份工作对我来说也是相当不容易的，尤其在当前大学生就业形势普遍不好的情况下。我会慢慢适应施工行业的流动性质的。晚上很多工人要加班，现在我每天都要整理很多资料，还要准备好队里第二天施工需要的材料。每天的时间都觉得不够用，非常充实。"

1990年出生的李良松是项目现场的一名设计代表，沙特磷矿选矿项目是他毕业后的第一个项目，到今年7月份就已经工作满三年了。身为现场设计代表，每天繁忙的工作让他分身乏术，"累"和"困"是他自己最真实的感受。李良松的妻子已经怀孕8个多月了，4月19日是孩子的预产期，为了赶在孩子出生时能回到家里照顾，2016年的春节他选择了在工地坚守。临行前的最后一个休息日，李良松忙完手头的工作，连夜赶到70千米外的图瑞福市，这次他要给家里带很多"新年礼物"回去。李良松随身携带的小本子上密密麻麻地记着要给家里带的礼物：妈妈的脚后跟天儿一冷就开裂，得给她带瓶冻裂膏；爸爸老是抽劣质烟，有时候呛的直咳嗽，这次得给他买两条好烟；老婆说长了妊娠纹，很苦恼，听说这边的帕尔氏妊娠霜效果不错，带上三套；孩子马上出生了，我这做爸爸的都没在身边照顾，小宝宝的奶粉和奶瓶不能忘了。照单买齐后，李良松突然发现有一款不错的巧克力，"这个拿回家给媳妇，给她个惊喜，她肯定高兴！"因为春节期间就一直在现场坚守，李良松这次回国探亲的假期延长到了23天。但即便这样，他再次返回沙漠的时候孩子也没满月，而他只能将还没出月子的妻子和未满月的孩子交给身体并不是很好的母亲去照料。

90后的生活并不轻松，当他们长大，踏上工作岗位，一样面临着工作和家庭生活带来的诸多压力。远在异国他乡的这群90后，正在用自己的实际行动，让最美的青春在沙漠中绽放光芒！

素材来源｜中国石油寰球工程公司

今天，我的朋友圈被这张图片刷屏了

CNPC 中国石油　2016 年 8 月 8 日

　　盘锦今日无云、微风，但持续的暴晒带给我们的是远高于数字显示的高温体验，中午开车出行，感觉方向盘都快把手烫出泡来，汽车空调里吹出的风长时间都是热的，同事中午回到办公室，打开朋友圈的时候，被一张图片刷屏了。据了解这张图片来自辽河油田高升采油厂作业一大队 103 队施工现场，打开图片的瞬间小编也被震住了，这样的天气下，不要说满身油污干一天活了，能穿着工服在外面站半个小时的都是真汉子！

　　小编朋友圈里好几个小伙伴都转发了这张图片，既是给我们自己的兄弟打气，也是在石油行业寒冬期的一种"炫富"——精神财富，在这样的环境下还能坚持这样工作的人，我们有理由相信即使干别的工作，他们也比普通人成功的概率高很

多，但是他们依然选择了坚守岗位，默默奉献，这真的是一种境界和情怀。

经小编多方查证，图中的主人公是辽河油田高升采油厂作业一大队103队班长：刘建。看完以上图片，小编心平气和地想问，亲：

（1）这样的工作你想干不？敢干不？你父母愿意让你干不？

（2）凭良心说，你觉得这样的工作一年应该挣多少钱？

（3）你可知道，拿着某些门户网报道的"中国石油平均收入"的一半，却要面对无尽指责和质疑，是啥滋味？

（4）你可知道，于我们这只是一张图片，但于他们却是长期长年需从事的工作？无论寒来暑往、风雨雷电，只要有工作就必须出现在现场！

（5）你可知道，除了这样的作业工人，我们还有很多同事是常年在高温高压、有毒有害的岗位工作？

（6）你可知道，很多石油工人是在离家很远的荒漠中工作？近则几百里，远则千万里！

（7）你可知道，很多外闯市场、为国找油的石油工人，出国前培训的第一堂课是"反恐"？

（8）你可知道，石油工人常年在外，不少孩子眼中的爸爸只存在于视频和照片里？

（9）你可知道，每一个现在看起来很美的石油城市，当年几乎都是荒地、沼泽和沙漠？

（10）你可知道，即便2015年油价这么低，仅中国石油和中国石化平均每天向国家上交的利税就达19亿？央企无论赚多少都是国家的！

我们无意煽情，更不是在抱怨，只是希望能给予我们应有的理解，并尊重我们的付出。最后，再次向刘建以及所有像他一样在这种天气下坚守岗位的石油工人致敬！

素材来源｜高采职工之家　文｜宋清海

咦，听说你是中国石油的？

CNPC 中国石油　2016 年 9 月 8 日

　　作为一名石油人，当和别人聊起工作，你说自己是中国石油员工时，也许会有人说："咦，你是中国石油的？"，这句话中可能包含羡慕、敬佩、调侃，也可能有轻视甚至敌对等情感。有名员工曾对小编倾诉："某一段时间，我真不敢说是中国石油的，甚至不敢拿带有中国石油标志的袋子走上街头，更加不能理解的就是，我们去市场上买东西比普通人都要贵，要不商贩们都不卖给你。"这种状况某种程度确实存在，很多中国石油员工都有这样尴尬的境遇。那到底为什么会这样呢？

　　在社会舆论中，一些人喜欢给我们贴标签，如国企、垄断、贪腐、高福利、高收入等等。造成这种刻板印象的原因除了极少数人的别有用心外，主要还是普通公众没有谁会有时间和精力去对中国石油的实际生产现场和广大普通员工进行深入了解，只能是由接触到或听说的个别来推知全部。比如，很多人印象中的石油人都是只要一回家休假，就会给父母爱人买各种各样的礼物，动不动就去饭馆吃饭；对于孩子更是宠爱无比，要什么就给什么，寒暑假不是国内游就是自驾游，花钱大手大脚、仿佛个个年薪不菲……殊不知，对于这些石油人来说，在岗期间除了吃饭睡觉就是工作，家里的大事小情常年帮不上忙，在每个月甚至几个月难得的几天休假中，也许这是他们唯一能为家里做的，也是唯一想到的能减轻自己愧疚感的办法！当然，我们也不否认有些员工确实素质不高，有些基层单位管理不够到位，但我们也绝不接受那些强加给我们的刻板印象，因为那既不是石油人的本色，也不是事实！

　　这一点，也许每一名石油人都感同身受、感触很多。前段时间，一个偶然的机会小编采访了一名所属单位的普通员工小王，外界对中国石油的刻板印象简直是淋漓尽致地体现在了他的身上。比如，小王经常会被做生意的高中同学问起"兄弟，透露点你们中国石油的内部消息呗，你们的股价什么时候涨，什么时候跌？"这让小王十分无语！听完这段，小编默默地开始计算当时小王的心理阴影面积是多少。这还不算什么，更奇葩的是有亲戚这么跟他说"小王，表哥我开了一家运输公司，能不能给哥弄点又便宜质量又好的油？"小王更是无言以对。他向小编吐槽"如果按这种逻辑，银行的员工就可以给他的亲朋好友用50元人民币换100元花了，简直是荒唐至极。"当然也会有亲朋好友问他，油价什么时候涨啊，什么时候跌啊？能不能介绍你二表姑家的二表哥家的小妹妹家的小外甥女去你们那里工作啊，花点钱也无所谓啊……小王忍不住就要爆发小宇宙了，心说"我当年专业成绩过硬，也是过五关斩六将才被录取，现在哪家企业招人不是公开招聘啊。"另外，小编也在此啰唆一句，世人都知道油价的涨跌是国家有关部委定的，如果这都不了解，实在是……唉。在同学聚会上，也总是会有一些同学这样说，"咦？听说小王在中国石油上班，一年挣个百八十万肯定不是问题，这顿饭小王就请了吧。"不知当时小王脑海中是否飘过一群可爱的羊驼？请问哪个企业给员工一年发百八十万？要是有，请大家一定在后台留言告知，小编忽然想跳槽了！这些非议不仅让小王很困惑，还牵连到了他家人。比如小王的妻子经常被问到，"咦？听说你老公在中国石油上班，能不能给我弄几张加油卡？"以前的答案当然是不能，被问的次数多了，有时候她也会觉得面子挂不住，毕竟中国石油是世界五百强中排名第三的企业嘛。但现在不一样了，小王妻子都会爽快地说"没问题啊，现在中石油加油站都开通多种支付方式了，下次你加完油用微信或支付宝支付，立马就能给你便宜不少钱，有的地方还能给你免单呢！"还有一次，小王的爸爸在老朋友面前提起儿子的工作，老朋友张口就来："你儿子在中国石油工作啊，是中国石化下属的那家吧？"小王的爸爸一时竟不知道说些什么，而后只能把中国石油和中国石化的区别说了一遍……

通过采访，小编能感受到，作为中国石油的一名员工，小王的内心是自豪的，每当说起自己的公司、工作和同事，他都会滔滔不绝，虽然偶尔也会有些抱怨，但也都是人之常情，人无完人，何况中国石油这么一家大型国企呢？"中国石油做得还不够好，所以我们年轻人才要努力！中国石油会变得更好，所以我们年轻人更要努力！"小王说。听完这句富有哲理的话，小编也想起了全民人生导师"马云爸爸"的一段话，"最讨厌天天说公司不好，还不走的人。就像老公说老婆不好，老婆说老公不好，又不愿意离婚，我们门是打开的，我们愿意听建议、批评，但是要有行动，大家只有团结一致才能渡过难关，而不是碰上灾难麻烦的时候，大家都是互相说你的错。"

这话虽然让一些人挂不住脸面，但事实就是这样。那些动不动就把中国和美国相比较的亲，且不说两国人口、资源、科技等基本差距，您真的以为咱们已经和人家站在同一个发展水平线上了？我们的国家还算不上富强，我们的企业离大家期待也还有距离，作为炎黄子孙，作为中国石油员工，我们应该行动起来，多提建设性意见，多付诸实际行动，共同度过行业寒冬，在弘扬石油精神、深化企业改革中积蓄力量、砥砺前行。

最后的最后，小编说一句："我们接受善意的建议，甚至客观的批评。但不接受无端的质疑和诋毁，毕竟，我们不是'背锅侠'！"

文｜宋清海

#石油印象# 在井上，工人没有餐厅，只能席地而坐，吃得也很简单。但他们说说笑笑，幸福极了！
@中国石油

我低调我不说，基层女工在央视综艺节目里红了

CNPC 中国石油　2017年2月9日

2月7日晚20:51，张勤的目光终于从电视前挪开，拿起手机，发了这样一条朋友圈："节目看到这里，我忍不住啦。这是赛前照的，够慧眼吧。"照片上，正是张勤和本届诗词大会的冠军武亦姝的合影。提起爱诗的人，人们脑海中总会出现一个婉约柔弱的文艺青年，或是学识渊博的老者形象，可这都不是张勤。

站在中央电视台《中国诗词大会》舞台上的张勤，一身石油人最熟悉不过的红装，淡定从容，自信大方。她说话时语速很快，声音嘹亮，抑扬顿挫，和人们的刻板印象截然相反。对于一名石油工人来说，站在央视舞台上，挑战众多诗词爱好者甚至专业学者，不是一件容易的事，但她在这个舞台上，用自信果敢的表现赢得了一席之地。

"背诗词跟打麻将一样，都是爱好""我感觉这只是个人爱好，读书背诗并不只是学历高的人的专利，只要有心人人都可以做到，这并没什么了不起。跟打麻将一样，都仅仅是爱好，打麻将就是俗，背诗就是雅？我觉得这是没有道理的。"问及如何与诗词结缘时，张勤爽朗地笑起来："都是因为我的初中老师，那时觉得她特别凶，现在想想还是很感恩的。"原来，上初中时，有交周记的规定，而老师也会择优在周记后加以点评。一次，张勤在评语后写了一首苏轼的《念奴娇·赤壁怀古》，并附上一个"妙"字。谁知老师勃然大怒，认为张勤这一举动对她极不尊重，非得逼着她解释妙在何处。为了搞清楚"妙在哪里"，张勤开始了解、研究苏轼的词，谁知这一"钻"就是二十多年。用张勤的话说，那个年龄的女生大多"少年不识愁滋味，为赋新词强说愁"，而比起唐诗，宋词更加婉约，大多描写情感，沉浸在词的世界，张勤总能找到一些心灵情感的慰藉，别有一番情趣。

要玩家里电脑，先解开密码古诗

"我特别喜欢清风、明月这两个词带给我的意境，怀孕时，我把所有关于清风、明月的诗找出来，每天吟诵，我希望自己可以生一对龙凤胎，男孩叫清风，女孩叫明月。"

"清风明月本无价，近水遥山皆有情"，这是一副对联，上联取自于欧阳修的《沧浪亭》，下联取自于苏舜钦的《过苏州》，意思是说：清风明月这样悠然的自然美景原本就是无价的，可遇而不可求，而眼前的流水与远处的山峦相映成趣，表达了诗人对山山水水的热爱。如今她有一个可爱的儿子，就叫清风。说起来，张勤为了培养儿子喜爱诗歌，也动了一些小心思。她总是把家里电脑的开机密码设为一句古诗，儿子要想玩电脑，首先要对出密码里的古诗。参加河北电视台《中华好诗词》时，正值寒假，张勤带着儿子录制节目，现场的气氛也感染了儿子，他也开始跟着妈妈背诗，玩儿对诗的游戏，两人互相竞争，越背越多，记忆力也越来越好了。

买菜、做饭，古诗相伴

工作 24 年来，张勤掌握了 6 个主要生产岗位的生产流程、操作手册，还能够及时准确地处理各种事故隐患和掌握十余种应急预案。生活上，她保持了自己小天地里的诗情画意：买菜路上，看见路边的杨柳，她会背诵一首王之涣的《送别》和杜牧的《柳长句》；为家人做饭时，看到自己精心准备的菜肴，她会背诵一首苏轼的《元修菜》……

参加完节目后，张勤还结识了许多兴趣相投的朋友，他们在微信群里玩飞花令，对诗，不亦乐乎。谈起下一步的计划，她打算把《诗经》拿下。绝大多数情况下，我们读过的书，看过的诗最终都会忘记，但是人为什么还是需要读书？因为，你的气质里隐藏着你走过的路，看过的景，读过的书，爱过的人。

张勤的走红，同事们并不惊讶，因为他们早已从她的身上感受到了诗词之美。在中国石油的员工队伍中，还有许多的人和张勤一样，一边努力工作为祖国奉献石油，一边培养着自己的爱好，经营着生活。就像张勤说的那样"我们石油人的圈子十分的单纯，所以我才更加热爱生活。"

文 | 夏姜

换下工装，她们美得让你泪崩……

CNPC 中国石油　2017 年 3 月 8 日

　　这个世界上，有不爱美的女人吗？当很多姑娘化着精致的妆容，穿着得体的衣服出入于高档的写字楼时，还有更多的女性在为这个国家的美好负重前行。她们也许头发花白，没时间去染黑鬓角，护理干燥的头发；她们也许满身泥污，没精力去购买除了工装以外的新衣服；她们也许远离城市，没机会参加那么多的社交、娱乐活动……只不过有人穿着好看的衣裳，而有人则披上了风霜。如果条件允许，她们也可以优雅从容，惊艳时光。今天，我们找到了三位石油女员工，带她们走进摄影棚，把她们的美丽永远定格。

素面朝天，她却更加轻松自在

　　都说石油企业把"女人当男人用"。远离灯红酒绿、扎根乡村山野，忙碌的工作、枯燥的生活，胡纯华在岗位上一干就是 20 多年，毫无怨言。

　　今年 46 岁的她，是中国石油西南油气田公司重庆气矿梁平作业区七桥中心站的一名普通的采气工。若不是这次偶然的策划，这个将工作和家庭视为全部的女人，从来没想过自己会走进摄影棚，站在聚光灯下。1990 年，胡纯华步入企业，从调度岗位到后来在天东 29 井担任巡井班班长，"分公司三八红旗手""重庆气矿优秀青年"……一项又一项的荣誉，她的工作所有人都看在眼里。生活中，家庭是她的所有。为了轮流照顾孩子，她和老公不得不错开时间上班。轮休期间，她最主要的工作就是照顾 10 岁的女儿，辅导女儿的学习、陪她上各类兴趣班。除此之外，对养生颇有研究的她还要为老公和女儿精细准备各类营养小食。最初跟她交流时，她是不大情愿的，后来勉强答应了，却一再重复强调："我怕把你们的事儿搞砸了……""胡姐，你的身材真的很好哦""胡姐，你的五官其实很精致的，当年也是大美女吧"……造型师和化妆师不断发出赞叹，她每次都微微一笑，似乎有些害羞。

眼线液、睫毛膏让她的眼睛很不舒服，没过多久，她的眼睛就红了，眼泪流了出来，"这个比我平时搬阀门都还恼火"她笑着抱怨。粉妆玉琢之后，镜子前的她从未想过自己竟会如此美丽。一袭旗袍，高贵温婉、端庄恬淡；一抹长裙，浪漫优雅、妩媚惊艳。

但这样的美是短暂的，拍摄结束后，她迅速卸妆、更衣，赶回井站，素面朝天的她显得更加轻松自在。她不懂奢侈品，却可以将高孔阀清洗的步骤和技巧说得头头是道。她，用忙碌的人生诠释着本真的美丽。

哪来那么多岁月静好，更多是不辞辛劳

她叫马金凤，2003年毕业于河北工业大学信息与计算专业，长期从事着线路信息化建设及数字化设计工作，现在已经是管道局设计院高级专家。

36岁的她已经很久没有特意跑去影楼去拍写真了，工作的繁忙，家庭的重担，让走进影棚的她，有些不自然。在工作方面，马金凤主要承担线路数字化课题的研究、数据库建设和系统开发工作。这本身就已经是一项艰巨的工作。家庭方面，她的孩子八岁了，刚上三年级。老公在管道局四公司，经常上线，一个家就这样交给了马金凤。每天，除了要做好自己的工作，她还要去接孩子放学，陪孩子一起学习。父亲冠心病住院的那段时间，老公由于线上工作太忙没有办法回来，马金凤需要一边照顾老人，一边负责课题收尾，还要辅导孩子的学习，并且没有耽误孩子的钢琴课、大字课、珠心算课！这一切，在让人感慨她是一位"女超人"的同时，也涌起了一丝心疼。

3月8日，女人节也好，女王节也罢，力求博得赞美，不如以清醒的方式赞美自我，愿她们都能被岁月温柔以待！

素材来源｜西南油气田 管道局　文｜夏姜

就在昨天，"石油孩子"又霸气拿下一个世界冠军

CNPC 中国石油   2017年6月5日

6月2日当天，是为期8天的本届世乒赛的第五个比赛日，女单比赛连战两轮，早上第四轮比赛过后，八强中已无欧洲选手身影。下午的四分之一决赛上，一个半月前刚凭亚乒赛冠军名震乒坛的平野美宇4∶0横扫冯天薇，历史性地闯进女单半决赛。冯天薇大家很熟悉了，但平野的战绩是怎样的呢？去年里约奥运会后，平野在无中国选手参赛的情况下夺得女子世界杯冠军；今年4月份，又在无锡亚乒赛上连胜丁宁、朱雨玲和陈梦三名中国女乒主力选手，将亚洲冠军揽于名下。

6月3日，丁宁对战平野，迅速拿下3局。第四局被平野拿下，但丁宁稳健拿下第五局，总比分11-4, 11-8, 11-5, 5-11, 11-5。这样的战绩，提前让中国女乒锁定女单冠军。最后一局还有个小插曲，有个小花絮，打到赛点时丁宁记错比分，以为已经赢了，提前庆祝并想找对手握手，发现记错后还有点害羞。随后，丁宁再得一分，终于可以去握手了……

大庆走出了世界冠军

丁宁出生在体育世家，父亲丁殿国、母亲高凤梅，当年都是黑龙江省队的专业运动员，爸爸搞速滑，妈妈曾任黑龙江女篮队长。但因伤病两人都错过了入选国家队的机会。退役后，两人都来到大庆石化工作。

1990年6月，宝贝女儿丁宁呱呱坠地。丁宁的出世，使夫妻俩又燃起了冠军梦。但由于夫妇两人都要上班，父母又在外地，鲜有时间照顾孩子，高凤梅便把丁宁放到了大庆石化体育馆的一间乒乓球室。在那里，丁宁接触了乒乓球。"一开始也没想让她专攻乒乓球，等长大以后看看她有什么特长再说。"不料，这一次偶然与乒乓球的相会，便让丁宁一路走到了今天。丁宁每年回大庆，都要去当

年那个小乒乓球馆去看一看，对她来说，这里就是冠军之路的起点。"我是大庆的孩子啊，这里是我的家。"与母亲的交谈中，丁宁总会说出这样的话。

去年奥运会结束后，丁宁回到了故乡大庆。"这次能够圆梦里约，我很开心，要特别感谢身后默默支持我的人，给了我很大的动力和勇气。确实有很长时间没有回家乡了，虽然这次回来时间很短，但还是感觉很亲切，记得赛后跟妈妈联系的时候，妈妈说很多大庆人都在关注我的比赛，所以我要表达感谢……"

丁宁曾为奥运冠军的梦想追逐四年，两届奥运会，两次泪洒赛场。伦敦奥运会乒乓球女子单打决赛，丁宁错失大满贯，获得亚军，边哭边比赛的场景，让大家心疼不已。里约奥运会乒乓球女子单打决赛，夺冠的一瞬间，丁宁放声大哭，她终于站上了最高领奖台，也成就了奥运会、世乒赛、世界杯的单打大满贯。

大庆人眼里的世界冠军

"丁宁夺冠这事儿，对我们大庆人来说是喜事，但是我们对丁宁有绝对的自信，说实话得冠军都有点习以为常。"大庆石化新闻中心的孙艾平笑道："我是80后的尾巴，接近90后了，跟丁宁算得上是同龄人。对外说起来，身边就有这么优秀的人，自己跟奥运冠军、世界冠军是同一片土地上长大的孩子，感觉特别亲切，不由自主就会多几分'炫耀'。"

一个多月前，丁宁刚刚在亚锦赛上失利，但这并没有影响到丁宁的发挥，反而很快调整好状态，走入了下一场比赛，完成了从被动到主动的转换，稳稳控制局势。

丁宁的夺冠，背后付出了常人看不到的辛苦。据这次场外指导李隼透露，头一天晚上针对这场比赛进行了将近3个小时的准备会，中国乒乓球学院院长、国际乒联副主席施之皓，丁宁的师姐郭焱都参加了，大家一起讨论制定了比赛战

2012年《大庆石化报》、2016年《大庆石化报》

术。丁宁做得最好的地方在于每一球都很严谨、每一球都高质量，完全按照制定的战术去执行，"我算了算，平野的特长技术可能就使用了3～5次，真的像剧本一样，完全照着预先设定得那样走。"正因如此，大庆人看到丁宁如此精彩的比赛才会更加激动。大庆石化化工一厂仪表操作岗的岳春雨师傅接受采访时，嗓子还有点儿哑："昨天我看比赛看到半夜三点半！我们几个球迷，一边喝酒一边熬夜看比赛，那种狂热程度一点不比足球、篮球差。我们看到丁宁赢球，想到丁宁是咱石油娃，那兴奋劲儿直接带到了今天的工作里！"这一次，是丁宁继2011鹿特丹世乒赛、2015年苏州世乒赛后第三次捧起了吉—盖斯特杯，也是继邓亚萍、王楠之后第三位世乒赛三冠王的中国女运动员。

三次决赛战胜不同的对手，我们看到了一个不断提升自己、超越自己的不屈王者，更看到了一个从大庆走出去的世界冠军。丁宁，我们为你骄傲！

责任编辑｜夏姜　图片｜中国石油报 大庆石化

#石油印象# 【炼油女工休息室】这休息室虽然不足10平方米，但20多人挤在一起很是开心。女工们十分珍视在一起的日子，她们总是把这痛快、这欢乐"积攒"起来，留在小别后去品味。

这个地方比北京更难落户，有人却天天在此，令人艳羡！

CNPC 中国石油　2018年1月19日

"晋太元中，武陵人捕鱼为业。缘溪行……忽逢桃花林，夹岸数百步……芳草鲜美……"这是陶渊明笔下的世外桃源。古有世外桃源，今有神州北极"桃花源"。早在1860年清朝咸丰年间，这里便有人居住。

时光辗转腾挪，到了1877年，一位鄂伦春老人在黑龙江边葬马掘穴，发现许多金苗，这一消息很快在俄罗斯的阿穆尔、西伯利亚、中国的黑龙江等地传开，众多淘金者纷至沓来，因此便得名老金沟。后因慈禧太后一句话"这块金锭就留下给我买胭脂吧"，从此老金沟又叫胭脂沟。胭脂沟靠近中俄界河黑龙江，那个年代，水运远比陆运便利，通往胭脂沟的江上驿站逐渐有人聚集，形成村落——北极村。

"世之奇伟、瑰怪、非常之观，常在于险远，而人之所罕至焉。"北极村是最好的印证。北纬53摄氏度，最冷气温零下53摄氏度。深处大兴安岭之中，距省会哈尔滨一千多千米，这块16平方千米的土地，两百多户居民怡然自得，俨然桃花源。如今，北极村名声在外，慕名而来的游客越来越多，有的为了体验极寒，有的为了追寻极光，有的为了品尝黑龙江中冷水鱼，来此找北的人也大有人在……北极村没有辜负游客们的期望。不仅美食与美景美不胜收，而且这里可谓"路不拾遗，夜不闭户"，相亲邻里各种工具都是串换着用，偷盗行为更少之又少了。这与当下雪乡等旅游地区频频被爆出宰客现象截然相反。由于得天独厚的旅游资源，北极村从此告别日出而作，日落而息的生活。2010年开始大规模开发，村民得到了实实在在实惠，占地补偿、年底分红、家家农家乐……

旅游搞得有声有色，但方圆400多千米却没有一家加油站，汽车没地方加油问题着实棘手。这座不再寂寞的村庄需要一座加油站，几波商人考察后都未果，觉着在这里开一座加油站绝对是赔本的买卖，加油站维护、油品运输、人工成本等方面都需要大量的投入，而市场却是十分有限。总有一些"胆大的"人，陪不陪的另说，祖国最北需要一座加油站。比如中国石油就是这个大胆的人，而且是唯一一个。

2011年11月北极村加油站建成，王海军通过竞聘上岗，成为北极村加油站第一任加油员。当时加油站刚刚建成，暖气和电最基本的生活设施在这里却成了奢侈品。极寒之苦在他看来只当是人生考验，夫妻长期不能见面却让他倍加煎熬。让他意想不到的是，妻子宋连辉毅然决然辞去在中国联通的正式工作，来到北极村加油站工作。从此北极村加油站成一个夫妻站，在站里虽然工作、生活简单重复，但他们相濡以沫解清贫之苦。夫妻俩常说："我们喝的是山泉水，吃的是绿色食品，甚至天天醉氧。如果能这样相互搀扶以白首，最幸福的也不过如此了吧！"夫妻俩常把这句话当作一段子讲于旁人听，其中滋味却是既然让人艳羡，又让人心头一酸。

夫妻俩十分善于经营，北极村加油站销量从第一年300吨起步，到去年销售900多吨成品油，6年销量涨了2倍多！2017年年初他们给自己定了一个小目标：突破1000吨！现在看来已经完成了。

工作虽然辛苦，但其中不乏趣事！去年，来了一辆边防公安的吉普车，不是车加油，是拖车拉来的崭新快艇，配给北极村边防派出所，在黑龙江作界河巡逻用。王海军为快艇加满一箱汽油，139升，910元。听说快艇可以跑到每小时30千米。如今，这艘快艇已经飞奔在北极村的黑龙江河面上。

在七年的工作中，王海军已经养成了手机24小时不关机习惯，因为常常司机会打电话求助送油。2015年临近春节的一个夜晚，江苏一家老少四口自驾游，油尽抛锚在北极村外几十千米外，当时室外气温已接近零下50摄氏度，情况危急，如果一旦汽油用尽，车里暖气也将停止，后果可能是一家四口将命丧于此。危急时刻，他们在网上找到附近加油站王海军的电话。王海军接到电话匆忙赶去。事后，车主递来一沓钱，王海军拒绝了。

王海军说，他脸盲。北极村每年许多明星会来游玩参观，他大多不认识，也不知道是明星。2012年北极村一年一度的冰雪汽车拉力赛如期开赛，每辆赛车都得进北极村加油站。有一个青年车手和王海军聊天，过后才知道，那是车手韩寒。2012年漠河国际冰雪汽车拉力赛，韩寒获得国际组车手冠军。

如今，北极村加油站已成为中国石油20000多座加油站之中一张亮眼名片，每当提及中国最北加油站，人们会想到中国石油北极村加油站，会想到王海军夫妇朴实的笑脸。2018年伊始，王海军和宋连辉有了新的期待……

文 | 宋清海

因为他的一封信，我们建了一座加油站！

CNPC 中国石油　2018 年 7 月 24 日

　　2013 年 7 月，这份印有二十几个鲜红手指印的申请书出现在了微博上，而这份申请书正是写给中国石油的。微博是由一个叫作"墨脱多多先森"的人发起，他的本名叫做仁青多杰，熟人都喊他"仁青"，网上的朋友都亲切地唤他多多。多多为什么要给中国石油写申请书？申请书的内容又是什么呢？

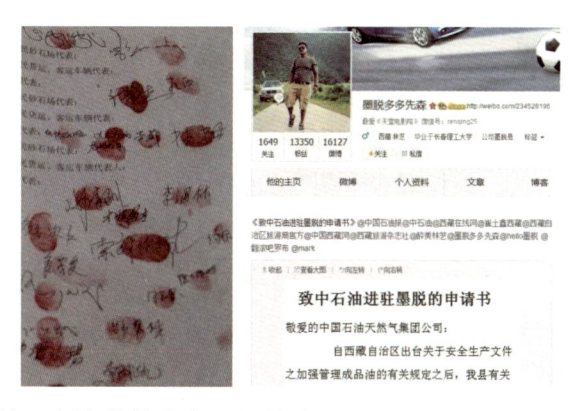

墨脱，隐秘的莲花宝地

　　多多出生在美丽的西藏墨脱。也许你从未听说过这个地方，但这个位于喜马拉雅山南麓的小县是户外徒步者心目中的天堂。

　　墨脱地处世界第一的雅鲁藏布大峡谷的深处，在藏族人心中是宗教信徒朝圣的"莲花宝地"。有人称，在墨脱人面前不要言路，意思是说这世上再没有比到墨脱更难走的路了。也因此，墨脱是全国最后一个通公路的县。从二十世纪五六十年代起，进入墨脱的公路修了整整一代人。2013 年 10 月 31 日，墨脱公路（西藏波密扎木镇至墨脱县城）全线通车。有了路就有了车，有了车就需要油，可问题就出在——无油可加。

墨脱，加油难

　　多多家里经营了一家砂石厂，几年下来在多多的精心打理下，年收入近 150

万元。但让他着急的是，厂里5台挖掘机、5台装载机、6台工程翻斗车每年光加油就要花去近80万元，而且，在墨脱，无油可加是经常发生的事。

这里很多人和多多面临着同样的难题。除政府机关和驻地部队外，墨脱县城境内还有华能集团、天路公司、天顺公司等多家企业和10多家农牧民开办的砂石厂，以及170多辆货运大车、30多辆客运小车等长期用油户等着用油。"但是，整个墨脱县只有一家私人开设的加油站，油的质量不稳定，价格偏高，还经常没油可加。"多多说，多年来，"出境买油"是他和乡亲们的常规动作。所谓出境，是指墨脱县内的用油户，用大货车搭载油罐到100多千米外的波密县城或距离更远的八一镇上的中国石油加油站去拉油。"我们这里的道路不能跟其他地方相比，即便是公路开通后，从波密到墨脱还得开上6个小时。山高路险，这种运油方式多少让人心惊胆战。"当地砂石厂经营者通常都备有四五个上万公升的储油罐，每年要外出拉四五次油，路途远，费用高。遇到冬天封路或油不够用的时候，就只好去一些非法的私人加油点购油应急，当时220公升的一桶油，平常也就2000多元，缺油的时候能卖到3500元，有时候到4000元。

这两年，道路运输等各方面的管理越来越规范，去年，有关部门规定，用油户须先提出申请，然后准备若干材料到公安部门备案，在获得批复后方可"出境"买油。"很多农牧民不识字，不会走这些程序。"多多说，他算过一笔账，仅10多家当地砂石厂，如果从私人加油站买油，每年就要多花近200万元。于是，多多联名20余家当地用油户，在网上"喊话"，希望中国石油在墨脱开设加油站。也就有了我们开头提到的那封申请书。

墨脱，我们来了

申请书成功引起了中国石油的注意。了解情况后，中国石油西藏销售公司多次到墨脱调研，2014年1月8日，莲花加油站开工建设。克服重重困难，西藏销售用短短9个月时间建成了高水平、高质量、高等级的标准加油站。2014年10月29日10时，西藏莲花加油站迎来开业第一天的首位客人——门巴族人贡布旺久。

贡布旺久驾着爱车，喜滋滋地说："过去，我们加油路远、价又高，而且时有时无，让人很恼火，油品质量还无法保证。现在中国石油来了，我的车天天都能喝上好油了，祝你们'扎西德勒'！"

莲花加油站坐落在墨脱县东北方向水仙花街主干道旁，两台加油机4支加油枪，目前，莲花加油站已成为墨脱县一处新地标。一条天路，让墨脱结束了没

2014年1月，墨脱加油站开工建设，当地群众打出横幅，热烈欢迎

墨脱莲花加油站投运仪式现场

2014年10月27日，第一车油从林芝油库安全运抵墨脱莲花加油站

2014年10月29日，墨脱莲花加油站站长胡玉梁给贡布旺久的爱车加上了加油站投运后的第一枪油

有公路的历史；而一座加油站，给莲花之乡的百姓送来实惠。自此，墨脱告别了"出境"买油的历史。多多说，这样一来，每年至少可以为自己减少10多万元的买油成本。

亲爱的多多，我们不说再见！

多多发起的一封申请书，让中国石油在墨脱首座加油站的建设进程比原计划整整提前了一年。而他也和墨脱莲花加油站的员工们结下了深厚的友谊。

他踢球获胜时，会拿奖金请加油员撮一顿；赶上饭点路过加油站时，会毫不客气地前去蹭饭吃；他信任加油员，把加油卡直接放在加油站里；他写信举报盗伐原始森林的公职人员；他提议在果果塘雅鲁藏布江大拐弯处开发中国地图形状旅游点；他还资助当地的贫困学生读书，在墨脱，他可以说是一个"红人"。

2011年，从长春理工大学信息工程专业毕业的多多，考上了林芝市公安局人民警察职位。"在收到录用通知书的那几天，我心里七上八下的。毕业前回故乡创业的心思一直缠绕着我，家人也支持我回乡创业。思来想去，我毅然放弃了当一名人民警察的机会，回到家乡墨脱县。我想，创业能帮助更多乡亲，让他们过上更富裕的生活。"然而，厄运竟然降临在这样一位有爱心、有责任感、有担当的真汉子身上——一个月前，在318国道波密至通麦段，他驾驶的小车从将近1000米高的悬崖上摔了下去，掉进了湍急的雅鲁藏布江中。救援人员发现时，他身上还系着安全带。副驾驶座上的父亲，也没能逃过死神的魔爪。而他微博的最后一张照片，还是他和父亲两人灿烂的笑脸。

顺着墨脱莲花加油站后山上的路走一个多小时，便是仁青崩寺，是藏传佛教中的圣地之一。当年，父母亲在山上放牧时，多多在仁青崩出生。他名字中的"仁青"二字，得来于此。多多去世后第三天，家人把他安葬在了仁青崩。

我们不想和多多说再见，我想，他应该是去往另一个圣地，而他，永远是中国石油的好朋友！一路走好！

素材来源｜中国石油报 西藏销售
文｜杜赛男　摄影（部分）｜韩杰 王三勇 赵建中

#石油印象# 【马背上的"红衣人"】一个人，一匹马，策马扬鞭，跨山过河。西部管道巡线员巴依尔每天巡护着新疆果子沟段30千米管道内重点区段，密切观察着管道沿线健康状况，默默守护着能源"生命线"。

24 小时　蜀道难

CNPC 中国石油　2018 年 8 月 14 日

"蜀道难，难于上青天！"李白这首诗作，让古蜀国的山之高，水之急，河山之改观，林木之荒寂，连峰绝壁之险完整呈现。古蜀国道阻且长，现在交通发达，我们似乎觉得"蜀道难"的日子已经一去不复返，但是，还有这样一群人，用双脚丈量土地，每日风尘仆仆。这是一群奉献者，也是一群坚守者。

💧 中国石油西南油气田公司输气管理处

8月6日，骄阳似火，天气热得烫手。镜头记录下中国石油西南油气田公司输气管理处仁寿输气作业区管护工黄力文平凡的一天。黄力文今年55岁，从部队转业后到输气管理处从事管护工这个职业已有23年。十年前，他因为胆结石手术摘除了胆囊，但黄力文总结原因时却一片云淡风轻："可能是因为年轻时长期不吃早饭吧。"

6：30，黄力文起床后就开始忙着做早餐。老婆还在熟睡中，黄力文特地为她做了一碗麦片粥轻轻放在餐桌上。7：10，黄力文出门了，他带上了巡线"三宝"，一顶草帽、一条毛巾、一根竹棍，他说："现在年龄大了，竹棍不仅可以当拐杖用，还可以驱狗、驱蛇。"黄力文管辖近20千米管道，最近的一段管道离家还有4千米，一大早，街上冷冷清清，看见车来了，他赶紧招手搭上一辆中巴车。7：50，黄力文踏上巡管的路程，披荆斩棘，正是当代石油版"蜀道难"。8：52，他看见一根里程桩有点歪斜，赶紧上前将它扶正，他说如果里程桩倾斜、歪倒了，就失去了定位的作用，紧急情况下无法指明管道的方位。9：30，黄力文一边走一边记录埋地管道周围的地形、地物、地貌有无变化。烈日下的他，衣服的红色越来越深……那是汗水浸湿的颜色。10：16，巡检到民力村5组时，碰见村民张秀英，他上前主动问候后，从包里拿出保护天然气管道的宣传文件，向她宣传保护天然气管道的重要性。10：30，黄力文稍作休息，算了算时间，拿出手机拨了一个电话："刘大姐，中午给我送点吃的哈。"12：10，黄力文巡检到宝飞阀井，他介绍说这是一个无人值守的阀井，时间长了，和周围的老百姓关系处得非常融洽，刚才电话就是打给住在附近的刘子群大姐，喊她送下午饭。一会，刘大姐盛满一大碗玉米饼和炒肉丝递给他，刘大姐说："老黄人很好，平时附近村民谁家里有个红白喜事都会叫上他。"坐在门槛上，黄力文静静享受着一个人的午餐，这也是一天之中难得的休闲和清凉时刻。简单休息后，黄力文开始对阀井进行日常检查和保养。无人值守比有人值守更需要管护工的精心"照料"。尽管屋里温度比外面还要高上三分，密不透风，但安全帽必须严格扣好、工作服也必须按要求穿着。13：20，黄力文收拾好行李后，再次踏上巡检的路程。翻越堡坎、踏平杂草，汗水从脸颊边滑落。翻过堡坎后，黄力文渴得受不了，一口气喝下整整一瓶矿泉水。15：23，黄力文对管道测试桩进行电位测试。16：00，一天之中最热的时候已经过去，温湿度表显示室外温度已超过40摄氏度。16：16，浑身已被汗水浸透的黄力文开始返程。17：33，黄力文拖着疲惫的双脚踏在回家的台阶上。从清晨出门到返程归家，还需要一个小时的车程。一路上他说得最多的是："拍我干什么哦，应该多宣传下年轻人。"回去以后，做晚饭、收拾准备，第二天，黄力文又将重复着头一天的工作，他说："只要管道平安了，我也就安心了。"

中国石油西南油气田公司川西北气矿水电管理中心

同样行走在蜀道上的,还有很多很多人。西南油气田公司川西北气矿水电管理中心不仅担负着江油片区各个石油单位、生活小区的生产生活水电的运行供应任务,同时也负责九龙山片区各个井站高压线路、变压器、变电站等运行维护管理。随着龙004-X1井及脱硫站的开发,电力保供的重要性越来越明显。而近期的雷暴雨季节,更让水电管理中心全体员工感受到不小的压力。

为做好应对夏季雷暴雨天气的处突工作,中心及时谋划多种应对措施,全力保障九龙山地区井场站的生产运行正常,其中领导班子成员靠前指挥,轮流带队驻扎一线开展线路排查及隐患处理是其中一项重要的举措。

7月24日,上山的第八天,经过一周的跋山涉水,翻山越岭,大家虽然感觉疲惫不堪,但一想到巡线的任务还没有完成,还有些调皮不愿受控的小东西像一个定时炸弹一样在撩拨着,疲倦也就会意的悄然离开,工作责任心支撑着大家继续前行。

6:50,29℃,大山的天总是亮得特别的早。趁着还不算太热,在镇上小店完成早餐并采购好中午的伙食。7:05,把验电笔、望远镜、测距仪还有我们的好伙伴"打狗棒"装上车。当然,应急药品是不能忘带的。7:12,老司机们出车,安全检查及安全交代是必不可少的环节。7:20,奔驰在道路,九龙山的美景,可以用来当电脑桌面。太阳火爆起来了,这时,气温已到32℃。8:32来到昨天结束的地点,发现拉线松动,开始维修。8:58,在变电站值班的同事用检测仪在微信晒了下温度:43.3℃。而这,不过才是一天的开始!9:40,穿行于灌木丛中,走向一个又一个目标!10:30,继续边走边看边检查,歌儿哼起来:我上看下看左看右看……红工装为何会变为白色?因为汗水湿了又干,干了又湿。我是带盐人。我为中国石油代言!12:30,高山的气候就是变化快,太阳躲起来了,有风袭来,有种初秋的感觉。午餐,就是简单馒头花卷和凉白开,但是同事们有说有笑,似乎为这单调的食物增添了风味。14:45,发现树枝入侵到线路的安全距离了,于是,上树呗,我不是猴子派来的救兵,我只是清理树枝。15:36,阳光与雨露交错了一段时间,裤脚和鞋子全湿透了。还好温度下降到只有30℃。慢慢地雨开始大起来了,准备往回走。16:20,坐上车了,公路旁边,大雨催生出了瀑布,道路变成了泥泞道。两个多小时的车程才能回到基地,车子一路颠簸。18:10,终于下山来了,带着泥土和工具,结束了一天的工作。手机 APP 显示：行走了 6.7 万步。车辆显示：行驶了 48 千米。

从 7 月份开始，水电管理中心组织精兵强将，成立九龙山线路特护及应急抢险队，一轮 12 天，没有双休日、没有节假日，24 小时全天候守护电网，随时处于战斗状态，默默坚守，为九龙山各个井站及生产单位提供安全平稳的电力供应。

这些，只是石油人 24 小时的一个缩影。他们每天重复着同样的工作，夏顶烈日，冬迎寒霜；他们每天扎根在山林之中，守护着千家万户的灶火；他们是天然气管道的"守护神"，保障着远方素不相识的人们餐桌上的热乎气；他们是抢险一线的先锋队，用无数个 24 小时换来生产单位的平稳运行。

他们用双脚丈量土地，用汗水默默奉献。他们不畏蜀道之难，只为自己，为石油人代言！

撰稿、摄影 | 黄利军 陈志德　编辑 | 夏姜　素材来源 | 西南油气田输气管理处仁寿输气作业区　西南油气田公司川西北气矿水电管理中心

车祸、昏迷、女司机……现场谁的羽绒服？

CNPC 中国石油　2019年2月12日

春节本是幸福祥和，阖家团圆的时刻。可就在2月6日（大年初二）下午3点40左右，江苏盐城大丰区草堰镇八角沟桥发生一起车祸，轿车被护栏穿心而过，现场情况危急。驾车女司机当场就昏迷过去了，经医院抢救清醒之后第一件事就是在网上发帖寻找好心人，于是一封寻人感谢信随即刷屏了很多人的朋友圈。

她究竟在找谁？又为什么要感谢这个人？一起来看这封发表与《大丰之声》的感谢信。

我叫孟丹，正月初二下午4点前，我开车带一朋友开到草堰时，突然失去知觉，发生了严重车祸。我当时昏迷不醒卡在小车里，朋友也受伤。由于大丰的120离得太远，迟迟没有赶到现场，是附近加油站的几个男子把我从车里拉出来。草堰交警中队交警很负责，把昏迷中的我送到距离较近的东台人民医院抢救。当时，不知道是谁把他身上的红羽绒衫脱下盖在我身上。

现在，我经过抢救已经脱离了危险，只是脑里还有些出血。昨天（初四）已经从东台人民医院转到大丰治疗。我看到衣服上有"中国石油浙江油田公司"的字样，衣服口袋里还有一支笔，估计是哪个好心人看昏迷中的我衣服单薄，盖在我身上让我御寒的。天气很冷，您把自己的羽绒衫脱了给我，您就得冻着回单位，出门在外，您这样的热心相助让我倍感温暖。今天借《大丰之声》网站表达我对各位好心人的真诚谢意，感谢你们在危难中的出手相救，更感谢羽绒衫的主人连想都没想脱下羽绒衫给我御寒。羽绒衫我将洗净叠好，期待早点归还您。

当时我们为了赶到东台参加演艺节目，身上都穿着演出服装，车祸后身上的寒冷可想而知，是这位红色羽绒衫的主人把自己身上的衣服脱下盖在我身上。

这封感谢信一发出，获得了广大网友的点赞！大家都被这样的善举感动！大家感动之余还有一个疑问：这几个不留名的好心人究竟是谁？

💧 寻找好心人

事情发生后得到了众多媒体的关注，大丰之声、现代快报、凤凰网、腾讯网、人民网等媒体都发出了新闻和寻人微博，并进行了跟踪报道。在大家的帮助下，脱下羽绒服的好心人很快被找到！

他叫呼赞同，是中国石油浙江油田苏北采油厂副总地质师。同行还有三位参与救援的好心人都是他的同事，苏北采油厂员工李莹，浙江油田勘探开发研究院专家周季安，中国石油西部钻探员工张超。得知当事人发帖寻人，呼赞同笑着说："这没啥大不了，搁谁都会这么做。"

💧 路遇险情果敢施救

2月6日（大年初二）下午3时40分，呼赞同、李莹、周季安、张超一行4人在丰探21井钻井现场讨论确定钻具传输方案后，驾车返回东台倒班点。在途经204国道草堰镇红绿灯南约1千米处时，突然右后方一辆红色小汽车急速驶来，撞上道路右边护栏，轿车被护栏穿心而过。呼赞同回忆说，车子就在他们前面出的事故，所以他们最早赶到。一行4人一边下车救人一边打电话报警。当时驾驶员受伤较重已昏迷，副驾驶人员受伤较轻。车辆引擎有雾气冒出，为防止车辆发生爆炸，4人首先将驾驶员由车内救至安全区域。"车子损坏比较严重，人被卡在里面，费了好大劲才把人转移出来。"人被救出后，呼赞同发现女司机身上穿得特别单薄，而当天气温又比较低，他随即将身上的羽绒服脱下来盖在对方身上，自己仅着一件单薄的T恤。随后等到交警到达现场，由警车将伤者送至东台市人民医院进行救治后，一行四人这才驾车离开了现场。

见义勇为不留名

在呼赞同看来，这只是一件微不足道的事情，回到驻地后，也没跟其他同事说。大年初五，中国石油浙江油田公司团委书记在微博上看到一则关于"受伤的女司机苏醒后寻找救命的好心人"的微博，微博中出现中国石油浙江油田公司的字样。浙江油田公司团委书记随即将微博转发至浙油宣传群，寻找当事人。消息一经发出，瞬间刷爆了朋友圈，大家都为他们四人见义勇为的行为点赞，为同是中国石油的一员感到骄傲。

听说被救出来的女司机在网上发帖寻找他们，呼赞同感觉怪不好意思的。据他介绍，脱下来的羽绒服是公司去年发的工装，没想到这个举动会引来关注。"不光是我，我们集团的所有人出去碰到这样的事情，都会这么做的。"呼赞同说。浙江油田苏北采油厂党委书记，厂长郭鹏知道媒体寻人后带着呼赞同一起到医院看望病人，送去了鲜花和慰问品。

浙江油田党委也将号召全体员工学习呼赞同等人助人为乐好品德，公司团委将授予呼赞同浙江油田向上向善好青年！

红色的工衣是石油人的象征，它既是寒冬里坚守一线工人御寒的工具，同样也是见义勇为传递爱心的媒介。一个小小的举动，传递着大大的正能量，身着红色工衣第一时间施救的他们，为这寒冷的冬天带来了暖意！向他们致敬！向石油人致敬！

素材来源 | 浙江油田 现代快报 大丰之声

你来中国石油几年了？

CNPC 中国石油　2019 年 5 月 21 日

　　光阴的巷口，谁没有过年少唇红齿白的时光，谁不曾走过青春的迷茫，谁没有过年少轻狂。时间是公平的，从不偏袒。对于中国石油人来说，我们有一个集体的记忆，那就是在中国石油工作的记忆。所以，你来中国石油几年了？和小编一起倾听他们的故事。

三十一年，它已是生命的一部分

　　阿依古力·吐尔逊生在新疆，长在新疆，对石油有着特殊的情怀。说到石油，她便滔滔不绝，"它对我来说是一种特别的存在，它更是一种情怀，是一种我生活不可缺少的东西。"从实习算起，阿依古力·吐尔逊已经来中国石油新疆油田 31 年了。1988 年，毕业以后被分配到了新疆油田实习，那也许是她一生中最大的礼物。工作这么多年，她以身穿红工衣为傲。还有一年半的时间，她就要退休了，她说她舍不得脱下这身工衣。

一种信仰、一种情怀

　　从小听惯了石油故事，跟随着父辈们的采油路，对于任壮立来说，石油已成为一种信仰、一种情怀……任壮立来长庆油田已经四年了。说起石油故事，任壮立的记忆深处仍是那探照灯下一遍又一遍反复巡检的红衣身影；是石油人那身被

污油沾染的红工衣；是缩蜷在土坑里焊接的一丝不苟；是雨雪里执着的付出与坚定的信念……

十年，考证达人

2010年大学毕业后，严月山怀揣着梦想来到中国石油天然气管道第二工程有限公司，成为了一名真正的石油管道人，如今已经有十个年头了。管道施工专业性较强，看似简单、枯燥的工作，但是要做好并不容易。参加工作后，她虚心向老同志请教，不断地摸索、实践、总结，提升自己的岗位技能。为了让自己有更大的提升，工作之余，她先后参加了全国会计师考试、安全培训及一建的考试。至此，她在考证的道路上一去不复返，先后考取会计员证、助理会计师证书、会计电算化中级、二级建造师（建筑）、安全员B证及材料员等。

三十四年，实现"共享中国石油"的信息梦

1985年，曾宪芬从承德石油学校毕业到大港油田信息中心工作，一干就是34年。她见证了中国石油勇立信息发展大潮之上成就的"共享中国石油"的信息梦！从20世纪80年代的单机应用，90年代的勘探开发钻井数据库建设，到后来的油气生产数字化、公文合同全局推广、ERP系统第一个在中国石油油气田实现未上市单轨运行，再到如今油气田两化深度融合的探索与实践，她从一个乳臭未干的学生成长为一名多面手。获得中国石油信息化工

作先进个人、全国石油和化工行业两化融合先进个人、天津市劳动模范，每一项荣誉都是中国石油信息化建设的一个缩影。希望未来的中国石油以信息化培育新动能，以新动能推动新发展，以新发展创造新辉煌，在万物互联新时代，实现企业新蝶变。

二十年，与石油结下不解之缘

今年，是廖平到中国石油西北销售工作的第二十个年头，17年的成品油配置工作，3年的纪检监察审计工作，她见证了自1999年成品油"四统一"体制在西部地区正式实施。回忆往事，历历在目，感慨万千。高考填志愿"农林地矿油"服从调剂，机缘巧合，被西南石油学院录取，她从此与石油结下不解之缘。1999年大学毕业的廖平怀着满腔热血加入"支援大西北"志愿者中，"绿皮"火车把她拉到了兰州。西北的牛羊肉成了她的最爱，石油人的豪迈热情和吃苦耐劳深深感染了她。

十七年里，发现新的自己

2003年初，外出打工的刘元昌机缘巧合来到了西部钻探地质研究院（克拉玛依录井公司），这一干就是17年。17年的时间里，他干过录井地质工、录井操作员，他从未因岗位的改变而抱怨，始终以精益求精的态度完成好每一项工作。17年后的今年，他发现自己已成了一个完全不一样的自己。如今他已经被选为录井工程师，这不仅是他个人的成长，更是对多年努力的一种肯定。

二十一年，与企业共成长

浦秀双已在大庆油田工作了21年。她是土生土长的石油娃，毕业于大庆石油学校的电力网专业，"为油保电"在学生时期就已经成为她的梦想。2000年，浦秀双成为了大庆油田老标杆单位星火一次变电所的一名业务讲解员，专门负责宣讲星火精神及星火文化，"星火"的文化氛围慢慢在心里扎了根。如今，星火一次变电所成功荣获了"中央企业基层示范党支部"的荣誉称号，浦秀双本人也被评为"黑龙江省优秀党务工作者""中央企业劳动模范"及"全国五一巾帼标兵"等荣誉称号。她说，"所有的进步与荣誉，都离不开企业对我们的信任。"

素材来源｜新疆油田 长庆油田 管道局 大港油田 西部钻探 大庆油田 西北销售

文｜宋清海　制图｜张可烨

#早安加油站# 好的生活方式，是和一群志同道合的人，一起奔跑在理想的路上！回头有一路的故事，低头有坚定的脚步，抬头有清晰的远方。

"无人禁区"里的博士夫妻
他们的爱情没有风花雪月　只有大漠孤烟

CNPC 中国石油　2019 年 7 月 3 日

　　这个爱情故事，发生在新疆天山南麓的秋里塔格，背景不是风花雪月，而是大漠孤烟直，长河落日圆。因为地下蕴藏有丰富的油气资源，这个被称为雄鹰和黄羊都到不了的地方，是石油勘探人的战场。丈夫入疆勘探，妻子怕他孤单，携幼女千里寻夫而来，这是一对博士夫妻的激情燃烧岁月。他们生活工作的环境有多恶劣，他们的精神状态就多让人羡慕。

　　赵博和郑晓丽是勘探队伍里的一对年轻博士夫妻，负责油气勘探工作，3 年前，他们放弃了大城市优越的条件来到新疆，在这个"无人禁区"接受重重考验。

地形复杂　物探信息缺失　勘探队迎难而上

　　天山南麓的秋里塔格构造带是塔里木油田的重点勘探工程，然而，复杂地形导致了物探信息缺失，实验室里建立的初步模型，在这里也都被推翻。为加快进度，项目组决定分队踏勘。

　　作为项目的地质工程师，赵博的压力很大。几天前，在结束英国的交流任务后，他没来得及回在库尔勒的家，而是直接赶到 200 千米外的作业现场，加入踏勘队伍。秋里塔格千沟万壑、陡崖林立，最高海拔 2100 米，许多外国专家把这里称为勘探禁区。尽管有直升机的支持，但翻山跨沟还得靠钢钎和大绳。而在这之前，物探队已经进行了 3 个多月的艰苦作业。

　　中石油东方物探 247 队钻井班班长周四奎说："我们这片活已经用了两万多根钢钎，四百多千米大绳。我干物探有 20 年了，头一回干这么困难的山，这个地形，落石、断崖和深沟都很多。现在又赶上雨季，施工非常困难。"

　　这次踏勘，赵博他们要翻山越岭，集中对地表的岩层构造、沉积特征进行搜集和判断。几天后，他们在一条深谷找到一套完整的 1500 万年前的古岩沉积层，这给后期建模提供了令人振奋的细节。

夫妻双双扎根油气勘探　聚少离多

在百里之外的秋里塔格一处山谷中，同样是地质工程师的郑晓丽也在紧张地进行踏勘作业。每次遇到重大任务，两人都不得不这样分离。这次夫妻俩已经两个多月没见面了。半个多月后，这一轮的踏勘结束，大伙采集到大量的地表信息和岩层样本，他们相约从库车返回库尔勒。在列车上，赵博和郑晓丽在分别两个多月后第一次见面了。看到丈夫不远万里从英国带回来的防晒霜和给女儿的毛毛熊，郑晓丽十分开心。

2016年，赵博和郑晓丽从浙江大学地质学博士毕业。赵博放弃了高校任教机会和几份高薪工作，自愿来到新疆。让他没有想到的是，半年后，在女儿刚满3个月大的时候，妻子也申请进疆工作，而母亲也只好千里迢迢过来帮忙带孩子。

赵博的妻子郑晓丽说："他自己一个人在这边，亲戚朋友都不在，我觉得我就应该过来陪他。而且孩子成长也是需要爸爸的，我还是觉得一家三口应该在一起。"

这里是石油勘探人的战场

在秋里塔格，严酷的自然环境时刻考验着大伙。其实，有段时间，家里人也想说服赵博他们调回内地，但后来发生的一件事，却坚定了他们留守的决心。去年，赵博的师姐在这一带进行地质调查，因为山洪暴发不幸遇难。

中石油东方物探地质工程师赵博说："根本来不及跑，没办法。干这行的人，大家感同身受。但人有时候就是得有这种不服输的劲。我们知道它难做，风险很大，我们这么辛苦地工作，不一定有什么成果，但是就是想挑战一下。"

赵博告诉我们，秋里塔格只是塔里木石油勘探的一部分。20世纪80年代末，塔里木开始石油会战，勘探队员风餐露宿，踏戈壁、战沙漠，大伙做出了巨大奉献，为的就是国家油气资源的开发。

对于他们，这是另外一个战场。赵博说，学有所用，能为国家油气勘探出一份力，这样的青春岁月值得自豪。

素材来源｜央视新闻

他们的神秘身份竟是……

CNPC 中国石油　2019 年 9 月 16 日

笔尖上也能雕刻世界

王远博是来自中油电能供电公司变电运行部星火一次变电所的一名职工，他有一项传说中的神技能——笔雕。这位帅气的 90 后能在 3～4mm 的铅笔芯上，对，你没看错，就是在特别小的笔尖上精雕细刻，话不多说，上图有理！

米粒、银杏核上写字

米粒上能微书 4 个字，银杏核上微书七言诗词……他就是锦州石化公司添加剂车间工人刘焕忠，擅长毛笔小篆微书，他创造了在米粒上用毛笔书写唐诗的奇迹。

"浮雕家"

来自长庆油田采油三厂的周玉良，每天一身红工装，穿梭在油井、值班室、计量岗之间，但他还有一重秘密身份——"浮雕家"。

大山里的"雕刻师"

长庆油田第五采油厂采油工马举龙常年一个人独守油井，像武侠小说描写的那样，他无意间在井场外的山壁上雕刻了一幅画，让他萌生了在井场及周围山坡这些大自然的画板上作画的念头。在平淡工作中寻找明亮的色彩，"达摩面壁"的他已经成为一位大山里的"雕刻师"。

大龄葫芦娃

长庆油田采油十厂的胡道畅，是一名油田卫士，还是一个书画业余爱好者。他从小酷爱传统文化和艺术，加之奶奶长年种植葫芦，他就开始打葫芦的"坏"主意了。他的《仁义礼智信》《华庆作业区发展史》等多幅作品获奖无数。2015年，胡道畅被中国书画家协会评为中国书画家协会会员。

石头妹子

雕雕刻刻是男孩纸的专长,写写画画还得看咱石油妹子。来自新疆油田的李丽别具一格,脑洞大开地在石头上作画。

芦苇达人

提到盘锦,除了红海滩,就要数苇海蟹滩了。秋日的风吹过,黄叶灿灿,簌簌作响,归鸟群舞。辽河盛产芦苇,芦苇不仅能入药、造纸,还能作为环保建筑材料和生活用品原料。除了这些用途,芦苇还可以用来制作艺术品。在辽河油田,不乏芦苇画的创作者和爱好者。辽河油田油气集输公司退休职工程玉芹就是一位芦苇创作达人。

用石油去雕刻

辽河油田有这样一波人将石油雕刻成雕塑,名声远扬。为啥能把石油搞成雕塑呢?原因是辽河油田高凝油是高凝点、高含蜡、低硫、低胶质的石蜡基原油,凝固点最高达 67℃,也就是说在常温下高凝油为固体状态,所以才可以用它来雕刻造型。

编辑 | 宋清海

#身怀绝技的中国石油人#【笔尖上雕刻的人】王远博是来自中油电能供电公司变电运行部星火一次变电所的一名职工,他有一项传说中的神技能——笔雕,这位帅气的 90 后能在 3~4mm 的铅笔芯上进行雕刻。
@中国石油

塔拉拉没有周末

CNPC 中国石油　2016 年 9 月 14 日

  9 月 13 日，中国石油集团董事长王宜林在钓鱼台国宾馆拜会了前来中国进行国事访问的秘鲁共和国总统佩德罗·巴勃罗·库琴斯基·戈达德。库琴斯基高度评价了中国石油在秘鲁进行油气合作业务取得的成果，对中国石油多年来为当地做出的贡献表示肯定。希望秘方和中国石油继续保持长期友好的合作，不断拓展合作领域，深化互惠互利关系，以油气合作成果推动秘中关系不断向前发展。王宜林说，中国石油将一如既往地本着合作共赢的原则，进一步拓展和深化双方油气合作，为中秘双方创造更多的经济效益和社会效益，共同为做大做强两国间的务实合作发挥更大作用。

  中国石油进入秘鲁已经 20 多年了。各位亲，你知道中国石油刚进入秘鲁开发的第一个油田叫什么？当时又是怎样的一种状态？下面让我们在全家团圆的美好时刻一起回顾那段"没有周末"的"美好"日子……

  这是一个看起来像月球的地方。一眼望去，除了无穷无尽的红色、黑色、白色的荒漠，就是被抛弃了的油井。它有一个名字，叫塔拉拉油田——一个位于秘鲁西北部滨海沙漠区的油田。

  距离 1984 年诞生秘鲁第一桶石油，塔拉拉已经被这个国家转卖了四次。从年产量 500 吨到年产量不足 5 吨，度过了 120 多个黑色岁月。1993 年 9 月，中国人买下了这块被下过死亡诊断书的土地，开始在这块"死去"的沙地上构建新生命。于是，这片曾被遗弃的土地的时针拨到了"北京时间"。每天，一群身在安第斯山脉附近的中国人定时通过无线电波和北京总部开会。尽管时差有 11 个小时，但他们依然选用一个北京时间的钟表，和国内时间同步。漫长的日子里，塔拉拉一直没有周末。

被掩埋的油井

快要散架的二手车从美国哈里波顿公司的一个招待所飞驰出去，道路两边处处可见没有封顶的屋顶，生锈的钢筋张牙舞爪地暴露在充满鱼腥味的集市。然后是漫漫无际的沙石，汽车在只设有一边收费站的泛美公路上开了许久，秘鲁项目的采油经理王玉田才看到荷枪实弹的保安人员，前方是通往塔拉拉油田七区的入口。中国石油花了 2700 万买下秘鲁的两个油区，一个是塔拉拉油田七区（1993年10月），另一个是塔拉拉油田六区（1995年7月接管），两地相去甚远。

王玉田第一眼看到的油田比想象得更糟糕。三百多口油井，大部分井口埋沙，三分之二无电，钻井设备腐蚀。摆在王玉田和他的七位同事面前的是一块像被沙地掩埋的"尸体"。第二天，项目组来到了北方公司合同部经理的办公室办理交接手续。除了桌上两部现代化办公用品——电话之外，这间办公室更像是中国小镇的办公室。坐在一条瘸腿的凳子上，王玉田仔细打量起了这个秘鲁国家级石油公司。三个月后，国内物资送抵秘鲁。王玉田和他的同事从泛着鱼腥味的港口搬来了 25 马力发动机、120 千瓦发电机等设备。一切准备就绪，王玉田开始考虑雇工的问题——相比其他困难，雇工成了秘鲁项目中最顺利的一项活动。秘鲁国内有 700 万的劳动力，就业率 7%，半就业者占 83%，拥有拉丁美洲最低廉的劳动力成本。40 名工人很快进入油田，七区正式开始生产。

"土办法"找活井

不过，生产并不顺利。秘鲁方面交付的文件显示有四千多口油井，但中国人肉眼只能看到四百多口。项目组开始频繁来往那间小镇式的办公室，逐页复印、分类、整理、装订、收集、借阅一切关于油井的资料。然而，和这里分散的居民一样，一些重要资料在秘鲁石油系统的老专业人员手里，购买需要花费不菲金钱，更难的是，由于资料大都是西班牙文，只能借用字典一句句翻译。项目组成员连续 12 个小时站立在复印机前，奋战了两个月，才建立起第一个资料库。建立资料库的同时，另两名作业骨干带领 11 位秘鲁雇员开始做维护工作。他们自制小绞车、取样器，改装倒油罐车，检查每一口井，清洗每一根油管和抽油杆……这一切都发生在六个月内。

为了让废弃的油井起死回生，胜利油田纯梁采油厂副总地质师黄士忠在荒漠荆棘中，尝试用"土办法"找活井：到井口，先向井筒中投一粒石子，趴在地上，把耳朵贴在井口上听回音，若有回音，说明碰到了液面。他把一头系了重物的细绳放下去，测量液面高度。就这样，这些老井复查数据一一被汇总，然后经过仔细研究，确定是否恢复生产。

1994年9月，接管时日产613桶原油的第七油区产量上升到930桶。

塔拉拉没有周末

经过细致的前期工作，黄士忠和他的小组人员制定出了中国石油人在海外的第一个油田开发调整方案，找到了一千四百多口井。1995年，中国石油完成了塔拉拉的第一块三维地震资料采集、处理。利用三维地震资料，完成了七区全区构造图，一百多年来七区第一次有了全区构造图。根据勘探成果，中国石油接连发现了圣胡安北油田，开采六区油井，塔拉拉的周末在滚动的轮轴中加速起来。六区的4226井经过补孔重新完井，日产油达到3302桶。

仅仅三年，濒临废弃的塔拉拉油田第6、第7区块，从8万吨到30万吨，中国人创造的奇迹在秘鲁石油界引起了轰动。遗憾的是，塔拉拉的中国人还没来得及庆祝，塔拉拉就迎来了一个水泱泱的周末。1997年年底，一百年难见雨的塔拉拉迎来一场暴雨。塔拉拉的饮用水、蔬菜、水果、粮食供应断档。最困难的时候，中方员工饮用了20天的雨水，交通、通信中断。外国公司撤离，整个塔拉拉只剩下中国人。塔拉拉在狂风暴雨中度过难忘的四个月。暴风雨一走，塔拉拉上游的渔船开始照常来往，将新鲜的加工的海鲜品运往更富裕的地方。常驻塔拉拉的中国人依然没有周末，在油田没有真正死去之前，还有更多的事情需要做。相比忙碌的中国人，塔拉拉的鱼在等待买主的时候却享受着整个港口的周末。港口始终充溢着鱼腥味，被风一吹，鱼腥回到了油田上，而中国人又出现在因为洪水退却而裸露出来的采油树和油井套管旁。

据了解，中国石油自1992年进入秘鲁塔拉拉项目以来，充分发挥技术和精细化管理方面的优势，集成和运用先进适用的专有特色技术，在油田开发上取得突出成绩。目前，中国石油秘鲁3个项目日产原油已占秘鲁日产原油的一半以上，中国石油已成为秘鲁重要的油气投资者，累计向秘鲁政府缴纳税费超过30亿美元，帮助发展教育、卫生和拓宽生活空间，为当地提供上万个工作岗位，为秘鲁石油工业和社会经济发展做出突出贡献。

文｜罗珍

18年，三件大事，一个亏欠

CNPC 中国石油   2016年10月18日

　　1998年的一天，还在西南石油大学教学的副教授王杰得知中国石油来校招募去支持苏丹项目建设。一听到这个消息，他就动心了，经过和家人商量，他报了名，顺利通过严格的考核，同时也开始了他的苏丹之旅。"我本想干两年就回来，也算理论联系实际，可是，一干就是6年…8年，现在已经18年了。"王杰说。人的一生没有几个18年，王杰把他的18年献给了苏丹。

1998 年的苏丹，满眼都是沙漠戈壁，最恰当的形容词就是"荒凉"。"印象最深的就是苏丹的苍蝇，国内的苍蝇见着人就跑了，非洲的苍蝇是直接往人的脸上、往人的身上扑。"王杰说。苏丹不仅自然环境恶劣，一年两季分为旱季和雨季，眼镜蛇、蝮蛇、毒蜂、毒蝎经常出没，而且政局十分动荡。2009 年，王杰的一个工友被毒蜂群攻击，事后被直升机紧急运回营地抢救，但仍未挽救他的生命。

就是在这样的环境下，王杰在苏丹工作了整整 18 年，先后参加中国石油在当地两个项目的地面工程建设和油田投产工作。最终，王杰带着同事实现了一个区块原油年产量 1500 多万吨的目标。为了达到这个目标，王杰经历种种考验。面对问题他也曾彷徨，但作为一名党员的他，坚持了下来。

15 天紧急关停、6 天重启千万吨级大油田

2011 年 7 月 9 日，经过独立公投后，南苏丹共和国正式宣告成立。苏丹正式分为苏丹、南苏丹两个国家。王杰当时所在的 3/7 区项目也一分为二，主力油田归属南苏丹，输送原油的管道归属苏丹。

2012年1月22日,独立仅半年的南苏丹政府突然下令:48小时内,3/7区和1/2/4区油田全面停产,并派工作组和荷枪实弹的士兵到油田现场强行关井。关井是专业性极强的系统作业,正常状态下至少需要20天时间。否则,将会造成输油主管线和油田内部管线全部凝管,也就意味着一座千万吨级大油田的报废,更为严重的是中国石油会因此失去在南苏丹开展石油合作的物质基础,将损失10亿美元国有资产。在中国石油紧急和南苏丹政府沟通尽量争取时间的同时,王杰和同事们在持枪士兵的粗暴催赶中,在最短时间内采取科学方案,高效保护了油田设施,保全了管道资产,为以后复产创造了条件。

2013年,南苏丹决定进行油田复产。此时的油田,已经被停产期间的战争严重破坏:油田设施设备被盗抢,油田营地被哄抢,交通通信设施瘫痪,更为重要的是在中苏石油合作过程中培养起来的当地熟练雇员大量流失。又是王杰和他的同事,历时6个昼夜,一次开井成功率达到80%,日产原油量18万桶,当年南苏丹3/7区实现原油生产615万吨,超产29万吨。

枪炮中的生死考验

好景不长,油田刚刚投产了半年,2013年12月15日,南苏丹再次爆发武装冲突。3/7区油田和1/2/4区油田成为反政府武装的重要争夺目标。12月22日,油田雇佣的一些安保人员纷纷逃跑,油田外围的枪声打得激烈。由于形势紧张,12月25日,经过公司安排,动用了十几趟航班撤离了多数中方人员,留下58名同志坚守油田保证主力油田运营,这58名同志多数是党员同志和业务骨干。在12月26日凌晨,反政府军用重机枪扫射阿达油田,动用了迫击炮和火箭筒……幸运的是当机枪扫射时工作人员已经集中到了安全地带,否则后果不堪设想。直到早上7点政府军的增援部队赶到了,把反政府军很快就打退,工作人员方才得到解救。

随后由于周边战事越来越紧张,王杰又把坚守的58位同志减少到23位,他本人就是其中一位。王杰说:"在苏丹我经历了这三个重大的历史事件:2012年停产,2013年4月复产和2013年12月油田受袭击,这让我更加怀念我们安定的祖国。"

由于长期在海外工作,家人成为他最愧疚的一点。他完美地错过了家中的一切大事,更别提在中秋、春节等节日和家人吃上一顿团圆饭了。

这就是一名全国优秀共产党员在苏丹的故事,也是每个海外石油人最寻常的工作状态。像王杰这样的石油人有很多,是他们书写了中国石油走出去的精彩篇章!

文 | 宋清海

连续 28 天见不到太阳，天天吃土豆，就这样，这个中国人在北极待了两年半……

CNPC 中国石油 2017 年 12 月 12 日

最近，铺天盖地的都是关于中俄合作亚马尔项目正式投产的报道。不仅是国内，全世界的目光都聚焦在了北纬 71 度的北极地区。新闻联播更是进行了集中的报道，可想意义之重大。亚马尔半岛在俄语里意为"陆地的尽头"。陆地的尽头，就到了北极，提到北极，最先想到的可能就是憨厚的北极熊。但北极最可爱的动物还真不是北极熊，而是白狐。瞧瞧这只在亚马尔拍到的小家伙，小巧玲珑，不足 50 厘米的它拖着一条 20 多厘米的绒尾巴，浑身雪白，与冰雪融为一体，可爱极了。对普通人来说，见到白狐恐怕只是一个美丽的梦。然而，有了亚马尔项目，石油人便有了一睹白狐的机会。而姜宁也曾有幸见到过这美丽的白狐！

他是姜宁，他是亚马尔项目现场的中国人

姜宁，亚马尔项目现场为数不多的中国人。姜宁是 2015 年 6 月加入的中国石油俄罗斯公司，中国石油内部选调具有 LNG 工程技术背景的管理人员。于是，他来到莫斯科负责 LNG 厂设计技术，负责协调解决模块建设中的技术问题。2017 年 2 月随着模块厂建造工作进入收尾，工作重心转移到萨别塔现场，他则负责项目后续试运行以及开车过程。之前一直在国内干项目的他，来到俄罗斯后经过半年的磨炼，从听得懂俄语到讲得出，再到可以召集相关人员解决问题，可以说是成长飞快，技能满身啊。

技能一：离家再远，都能将思念化解

姜宁每天的工作量特别大，负荷非常重。全天工作 12~15 个小时，没有节假日，工作 28 天回家休息一次。来回各要中转两次，飞十几个小时。每次回家需要一周才能够恢复精力。刚来的时候孩子刚刚 9 个月，现在已经 3 岁 1 个月了。

由于网络不畅，基本没有办法同家人视频。遇到极端恶劣天气，网络更是会中断好几天。翻看姜宁的微信，头像就是他和宝宝一起的照片，看得出他对孩子和家人的爱。而朋友圈的内容也看出了他是多么热爱自己的事业。对他而言，每天最开心的事就是网络好了，睡前看看微信上收到的家人发的照片和视频，缓解自己思念的情绪。

技能二：谁说饭必须得趁热吃

姜宁刚到项目的时候还没有饮用水，所有的饮用水都要去偏远的地方买，室外零下 40 多摄氏度，在雪中步行往返约 40 分钟，等到把水拎回宿舍，不但水已凝固，整个人也都凝固了。由于地理位置的原因，亚马尔的生活十分艰苦，只有俄式食堂，食物以土豆为主，除了土豆还是土豆，缺乏新鲜蔬菜和水果。一旦遇上发水果，大家就高兴得要拍照。而俄餐多为冷餐，这可苦了中国人。每天总吃冷食又喝不足开水，这日子真是难过。

技能三：天寒地冻，学会保护自己

亚马尔项目现场经常会有暴风雪，风速超过 20 米 / 秒是常事。有时候暴风雪把眼镜吹坏了，也没地方修，就随身带着透明胶，随便粘一粘。户外工作非常寒冷，全身上下必须包裹严实，包括眼睛在内，不能有任何地方裸露在空气中。而且现场到处都是积雪，行走时必须小心，毕竟很难确认白雪覆盖之下会是什么地形或会有什么物品对自身造成伤害。冷了不行，热了也麻烦。办公室有暖气，气温维持在 26 摄氏度左右，穿一件单衣即可，而室外又是零下 40 多摄氏度的寒天，所以出入办公室时，需要频繁地脱衣穿衣。即便如此，常常从 26 摄氏度的室温中立即进入零下 40 多摄氏度的寒气里，前后温差将近 70 摄氏度，也非常容易感冒，就好比烧红的烙铁直接放到冰水里那种"淬火"的感觉。

技能四：就算生病，也能坚持

姜宁在现场生过 3 次病，第一次是高血压，高压 180，低压 130，这种状况大概持续了 3 天左右。由于平时没有高血压症状，所以没有携带相关药物，最后只能到现场的临时医疗所开了点降压药，止止火。第二次是胃疼。天天吃凉的饭菜，加上工作压力太大，就出现了胃疼症状，从晚上 9 点一直持续到凌晨 2 点。在北极地带，如果发生胃溃疡之类的疾病，现场是不具备治疗条件的，严重时会有生命危险。因此，现场明确要求，患有胃溃疡的人员不允许到萨别塔现场工作。姜宁担心自己得了胃溃疡被强制遣返回莫斯科离开现场，所以一开始坚持没有去医务室。后来实在撑不住，才请俄方同事凌晨带他去临时医疗所急救。简单开了点胃药但还是忍了1个星期的疼痛。

技能五：白天硬是读懂夜的黑

在北极工作，会遇到较长时间的极昼和极夜。极昼时还好，睡觉时拉着窗帘，还能勉强克服。到了极夜就痛苦了，28天见不到一点太阳，身体对时间的变化也不那么敏感，一定程度上加速加重心理和身体的疲惫程度，加之现场饮食较为单一，倒班后期心理和身体的疲劳感更强。要说在北极待了这么久的感受，姜宁表示，一个是成就感和自豪感。"到项目后可将自己的知识、经验贡献给亚马尔项目，尽自己的绵薄之力，从而得到中外方领导、同事的认可，我感觉特别自豪。在这边工作有语言的问题，我的英语不算赖，但要完整准确表达技术问题有时也会力不从心，但我还是会主动把国内的方式方法、解决问题的办法分享给联合公司。当你的建议和执行策略被采纳时，会感觉很有成就感，因为这让合作伙伴认可中国石油。"第二个感受是学习成长。和国内最先进的天然气液化技术比，亚马尔项目都领先一大截。能和国际一流石油公司合作，在管理理念、成体系的先进健全的项目管理体系，以及各方员工的敬业精神等，都让他受益匪浅。

提到未来，他希望一直在现场工作，直到把三列装置都安装完。对于他来说，这是难得的学习机会，也能为公司以后的新项目提供经验。通过这个项目，把学习到的一流公司的管理理念和体系，再结合中国石油的特点，优化提升中国石油在LNG工程管理方面的经验，从而形成自己的核心竞争力，成为日后参与类似项目的宝贵财富，这是他全部的愿望。

感受姜宁的故事，想象着他的那份坚持和美好，忍受着极地的寒冷和家人的分离之苦，勇敢的石油人，心智一日千里地成长着，用自己的青春和智慧去完成一个个不可能，回首4年前中国石油决定参与这一项目时，恐怕不会预见到如今超乎预期的收获，极地钻井、永冻土施工、模块化建厂、开辟北极航道……一个个全新大胆的构想在亚马尔LNG项目由蓝图变为现实。由低端制造到高端"智"造的跨越式发展，中国制造成为北极新名片，生命的广度和深度都在一次次挑战中得到雕刻予以升华，谢谢精彩的石油人，在亚马尔，邂逅了最美的北极光……

策划 | 刘贵洲 陈孟磊　制作 | 陈孟磊　文 | 崔茱 刘贵洲 杜赛男

石油大院那些阳光灿烂的日子

CNPC 中国石油　2020 年 6 月 1 日

经历了一系列国企改制、转岗分流等改革，加之石油行业形势的日益严峻和企业办社会职能分离、四供一业分离移交等，石油人投入了一场没有硝烟的战争中。有的人选择坚守，有的人选择离开……不变的，永远是那个大院里封存的石油娃小时候的记忆……如今的很多老油田，留下的绝大多数依旧是"油二代""油三代"，有人会说，这是石油人的福利，别人想去都去不了。实际上，如果你有机会来到那些老油田，感受它们历经五六十年的风霜，恐怕你就会明白，那样的环境，对石油没有情感的人是不愿停留的。是责任、是坚守、是从小的耳濡目染、是父辈的殷切希望、是对石油事业的传承，让他们心甘情愿把自己的一生奉献在这里。

"天天说的那么苦，为什么不走呢？"谁会放弃自己的根，谁会轻易丢掉自己的记忆，一个人最珍贵的不是拥有多少财富，而是每一个回想起来那个回不去又让人忍不住盈盈热泪的童年时光。祝每一个人，儿童节快乐，愿每一个你永远记得那个小小的自己，曾经那么的热血。

文｜杜赛男
制图｜张可烨

面孔 | 251

路上遇到的每一个人几乎都要打
招呼,张叔叔、崔叔叔、李伯伯、周叔叔……
一路问好才能够走进学校

叔叔好

穿城父亲工作地下班后
即使我们膝盖上都缠着绷带
你教会我的那些
都是我们的专属礼物

从小到大上的学校都是:
XX油田第几幼儿园、
XX油田第几小学、XX石女中学
长大后我才知道
原来你们可以去别的社会

石油子弟小学

放学以后
即便父亲下班也很晚陪同学教写作业
同学的父亲多数都是搞石油相关的同事

写完作业就到院里滑口袋
每家都是一个菜
最后,就是最丰盛的晚餐
也永远是别人家的香

最喜欢
一群人跑到油田的公园里做游戏

我们喜欢弹玻璃球
一群人趴在地上闭上一只眼瞄准
每次都弄一身土回家

对我们来说
事业的启蒙老师就是自己的爸爸
那时候不知道
世界上还有那么多的职业可以选择

我们最喜欢听pia~ji~

真在一起完了几张纸片才情愿回去

逐渐石油田长大
建筑大楼还是城市的地点到现
短成了每一个油田子弟的
童年回忆

那时以为石油大院就是全世界
天真以为
天真地觉得每一张生不同的脸
都停下每一个石油人
这里写着每个油田的包袱
现在想想
那一种一心只有石油的生活

从小目睹父亲为了石油忙碌
见惯了井架、油油机
最后由石油娃变成的石油人
不觉也走上了这条路

只是,刚上班的新鲜劲儿过后
我们才明白
"我为祖国献石油"
是流金银石时的汗流浃背
是天寒地冻时的按时送井
是连夜奋战保产量
是挑灯夜战保安全……
更是忙碌了一天之后的那碗热面条

油田孩子的十个特征，你占了几个？

CNPC 中国石油　2015 年 12 月 20 日

记不清从什么时候起，在全国各油田子弟的微信群里，出现了这样那样的一些帖子，一些人对油田子女存有偏见，认为油田后代娇生惯养，优越感强，我想那是他们不了解油田后代。那就让我们晒一晒油田孩子的 10 个特征，来介绍一下油田的孩子究竟是怎样的一代。

大家好！我们来自油田。不论是东北黑土地上的大庆、辽河，还是华北平原的华北、大港，或者是黄河两岸的胜利、中原……我们都生长在熟悉的磕头机和钻塔旁，这是我们的父辈最宝贵的家当。我们的父辈乃至祖父辈曾经远离家乡，来到这个油田那个油田会战，用自己的双手在荒原上建造起一座座美丽的石油城。曾经的帐篷被高楼取代，油田所在地因油而兴。哪里有石油，石油人就在哪里造福一方。

爸爸妈妈去哪儿了

油田工作区域辽阔，孩子们最常问妈妈的问题就是"爸爸去哪儿了"。有的孩子爸爸妈妈都不在身边，生活和教育就只能靠爸爸的爸爸、妈妈的妈妈了。隔代亲的家庭关系，让很多孩子更亲近爷爷奶奶、姥爷姥姥。父母教育的相对欠缺，多多少少影响了油田孩子的正常成长。

被问起"住在井下"

油田孩子打小就知道运输、油建、基地、井下这类特殊的名字，外人有时会奇怪地问："怎么？你们家住在井下？"油田孩子不会指责人家少见多怪，因为小时候，他们自己也说不清"井下"究竟是干什么的。

江山易改圈子难移

油田孩子自小就在同一个圈子里生活。上油田幼儿园、油田小学、油田中学，"最具吸引力大学排行榜"前几名一定有石油院校。印象中，甚至连教师队伍都是以油田子弟为主。工作了，动不动就碰到小时候的玩伴。出来买房子，也爱扎堆儿买同一个楼盘。江山易改，圈子难移。

一半豪气一半柔弱

国企相对稳定的收入，使油田孩子不大为生活所担忧，在外面为人处事手头大方，还时不时地表现出些许豪气。但存在的问题是没有经历过多少磨难，面对现状容易妥协，缺乏社会上的孩子那种背水一战、敢打敢拼的勇气。

凌乱不清的归属感

很多油田孩子最头疼的一个问题是，不好确定自己究竟算哪里人。他们的经历一般是这样的：父母来自五湖四海，亲戚到处都有，但那些地方与他们几乎没有多少牵连。自己出生在一个地方，在另一个地方长大，换一个地方工作。如果说，一个人的归属感来自血缘关系、方言和风俗等，那么油田孩子的地缘归属就只有一个去处最合适：油田。

说一口油田普通话

方言是文化的载体。油田方言就是将各地口语融合在一起的油田普通话。听他们聊天，那语音、那口气，还以为他们是大城市的人呢。

满足感带来隔离感

早期的油田是个独立的小社会，社区有自己的学校、医院、公园、电影院、活动中心，生老病死都有油田照顾。很多油田孩子，很小的时候就在食堂拿着饭票排队打饭，满足感造成对社会的隔离感。对眼前社会的理解程度，有时候难免像是"打酱油的"。

五湖四海融合饮食

油田员工来自五湖四海，把各地的饮食习惯掰碎了揉烂了，改造成具有油田

长庆油田横跨陕、甘、宁、晋、蒙五省区，许多一线员工处在上有老下有小的特殊时段。在苏里格气田，假期中的孩子只能托付给志愿者集中照看

特色的饮食习惯。最有代表性的莫过于一碗小街凉皮，几乎是每个油田孩子舌尖上的油田味道。

又爱又烦的荣誉感

因为从小靠油吃油，油田孩子的荣誉感比较强，但有时也难免目睹一些企业的负面事，真是又爱又有点烦。还有，出差开发票，票头写"某某油田"，服务员问："某某油田？在哪？哪几个字？"这时候油田人就会在心里酸溜溜地嘀咕："咱油田就这么没名气？"不过，烦的时候只许自己嘀咕，不许外人说三道四。

油大头单纯但不傻

油田孩子从小学会了忍受孤独与寂寞，一旦遇到别人给予一丁点儿温暖，就会立刻"陷"进去，很快相处得推心置腹，恨不得掏出心窝子相待。长大后在山沟里上班钱花不出去，一旦进城就瞎大方，总被别人当油大头宰，很天真，但不傻。

文章来源｜《石油商报》12月9日19版　文｜刘义明　摄影｜拓婷婷

足印

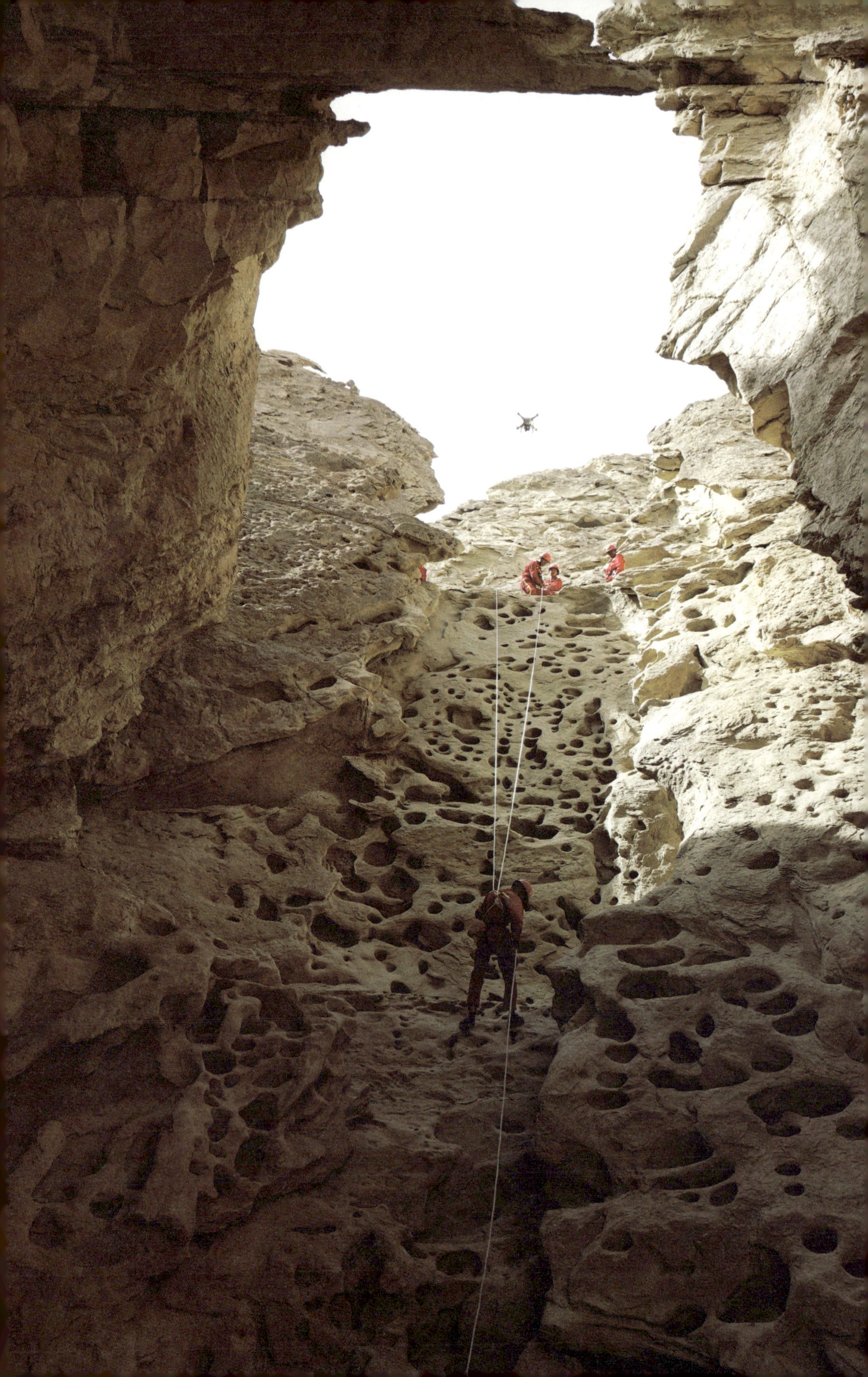

这里是长庆……

CNPC 中国石油　2019 年 6 月 5 日

秦砖汉瓦，长河落日，古丝绸之路绵延，物华天宝，人杰地灵。她是鄂尔多斯盆地上璀璨的明珠，她横跨陕甘宁蒙晋 5 省（区）。在这 37 万平方千米的神奇土地上，有一个名字闪闪发光，这里就是长庆油田。

风华正茂，向未来

1970 年，从开发之初到现在，长庆油田已走过 49 个年头，正是强壮之年。目前，长庆油田是国内最大的油气田，连续 6 年实现油气当量 5000 万吨稳产。截至 2018 年底，已累计向国家贡献石油 3.4 亿吨，天然气 3828.5 亿立方米，折合当量 6.45 亿吨。2018 年生产原油 2377 万吨（产量占国内总产量的 12.6%，占中国石油集团的 23.5%），生产天然气 387.5 亿立方米（产量占国内总产量的 24.5%，占中国石油集团的 35.4%）。49 年来，长庆油田成功开发了 33 个油田，形成了超低渗、致密油经济有效开发模式，"十二五"期间，原油产量年均增幅超过 200 万吨，相当于每年为国家贡献了一个中型油田。这里是国内最大的天然气气区，也是重要的天然气管网中心枢纽。长庆油田率先攻克了我国致密气开发难题，实现了 5.24 万亿立方米致密气储量的有效动用，先后建成了靖边、榆林、苏里格、神木、子洲五大气田，近五年天然气产量保持在 350 亿立方米以上，持续向北京、天津、西安等 40 多个大中城市供气。

目前长庆油田原油年运销能力 3070 万吨，原油储存总罐容 453 万立方米，建设净化厂（处理厂）16 座，各类集气站 300 余座，年净化处理能力超 500 亿立方米地面管网系统更趋完善。49 年来，长庆油田为保障我国能源安全、促进区域经济发展和社会稳定作出了重要贡献。2019 年，长庆油田以党的十九大精神和习近平总书记关于进一步提升油气勘探开发力度重要批示精神为指引，站在讲政治、顾大局的角度，将5000万吨持续稳产战略调整为"二次加快发展"战略，规划2025年原油产量达到2800万吨，天然气产量达到450亿立方米，油气当量突破6300万吨。

有颜值、有担当

一、高颜值

低碳、安全、环保，绿水青山就是金山银山，建设一个油田，改善一方环境，修建一座井站，增添一片绿色。

奏响生产建设与环境保护同步发展的和谐乐章，在复杂的外部环境和恶劣的自然环境面前，长庆油田绿化覆盖率达到36%以上，"花园式井站"沉醉每一个人。仅2017年，长庆油田就投入近亿元资金用于绿化项目建设、绿地养护管理、全民义务植树及支援地方绿化建设等工作。其中新植树25万株，新增绿地面积183.87万平方米，绿化覆盖率由2016年的35.87%提高到36.34%，平均每个井站有200棵绿树。形成了"景中有井，井在景中"及"有井即有景，井景共生存"的亮丽风景线。

长庆油田在建成8000多个绿色环保井站的基础上，还建成了安塞油田绿色示范区、镇原油田绿色环保特区、靖安油田绿色家园、苏南公司爱心林、靖边戈壁绿色氧吧、西峰景观建设示范区、庆阳长庆林、延安中国石油林、银川河东防护林、苏里格气田防风固沙林、彭阳油田绿色油区景观工程等20多个大小不同的绿色基地。

二、有担当

长庆油田在发展进程中，始终坚持"奉献能源，创造和谐"，积极履行国有企业经济、政治和社会三大责任，带动地方经济快速发展。长庆油田在自身发展的同时，也对陕甘宁蒙四省区的GDP做出了突出贡献。2010年以来，累计支援陕甘宁蒙四省区民生工程及社会公益事业25亿余元，在陇东老区落实帮扶项目75个，共帮扶45个贫困村603个贫困户，长庆油田"精准扶贫"工作得到地方政府和当地群众的充分肯定。

全油田区域内资助的中小学达200多所，直接受益的学生近万名。围绕长庆油气田开发形成的石油小镇已达50多个，凡靠近油区的村镇，其经济发展速度及各类税收明显高于其他地方。

"跑步上陇东""三块石头支口锅""磨刀石上闹革命"……这些长庆精神将永远定格在历史长河中，长庆人的奋斗画面也将被历史铭记。

49年来，探索与创新，从未在这方土地上停步。长庆已经准备好了，迎接未来，走向世界！

20世纪70年代长庆油田会战指挥部成立

1998年，长庆油田指挥中心及科研单位从甘肃庆阳迁至古城西安

20世纪70年代末，科研实验室

2010年，国家工程实验室

20世纪80年代的长庆油田子弟学校

2017年的学校环境

20世纪90年代建设中的天然气第一净化厂

2018年,靖边气田第一净化厂

1978年,女子修井队组织打靶活动

2011年,应急演练中的采油工方队

2000年的乌审旗

2013年的乌审旗

素材来源｜长庆油田新闻中心　文｜宋清海 赵瑛
摄影（部分）｜韩忠林 何炳彦 郭广志 刘涵 周建云

这里是辽化……

CNPC 中国石油　2019 年 6 月 17 日

　　辽阳,东北地区最早的城市,有着 2400 多年历史积淀,藏宝山下、衍水河边,毛泽东亲笔圈阅,血脉里流淌着红色基因,这里是辽阳石化!曾是全国最大化纤基地,一年生产的化纤原料,可供全国人均"七尺布",这就是辽阳石化!

　　曾经市场风云变幻,不惧商海潮涌浪急,漫言来路多霜雪,我道春色倍还人;如今它是全国唯一全俄油加工基地。执着坚守着忠诚奉献的初心,搭乘高质量发展的列车,稳稳驶向繁花似锦如诗如画的新时代的春天,这就是辽阳石化!

　　习近平总书记两次肯定——"你们是共和国种子队、国企种子队"!习近平总书记当面赞誉——"这就是花园式工厂"!那和蔼笑容,那亲切握手,那殷切嘱托,让整个辽阳石化为之沸腾!这注定是铭刻进辽阳石化历史的巨大荣耀!这就是辽阳石化!

　　583 天建成俄罗斯原油优化增效改造项目,以"辽化速度",树立了炼化行业装置建设新标杆!一次开车成功,保持稳定运行,主体装置全负荷生产,583 个日夜,寒来暑往,583 个晨昏,夙兴夜寐,久久为功,成功不必在我,忠诚担当,功成必定有我!这就是辽阳石化!

　　背水一战,生死关头挽狂澜,破釜沉舟,绝地转身焕新生!生产经营、建设施工、安全环保,"辽化奇迹"每天都在这里书写——一举扭转连续 12 年的亏损局面。连续两年盈利,利润持续增长,彻底摆脱生存危机,走上谋求高质量发展之路!这就是辽阳石化!

　　打通效益"最后一公里",3 个月完成辽鲅线增输汽油系统改造!"自己人干自己的活",建修人用 42 个昼夜奋力鏖战,书写小 PX 检修换剂新奇迹!俄油项目建设,1500 万工时安全作业零事故!这就是辽阳石化!

　　夙兴夜寐加油干,日新月异绘鸿篇,生产运行、经营管理、社会贡献……

"辽化记录"不断刷新！2018年，利税83亿元，创历史最高纪录，员工收入大幅提高，两年迈了两大步！十套主体装置全年无非计划停车，主体装置运行平稳率99.92%，这就是辽阳石化！

新时代需要新思维，新思维要见新行动，新行动收获新成就，"辽化新鲜事"每天都在发生——深化分配制度改革，打破大锅饭，拉大分配差距，向效益好、贡献大、技术含量高的岗位倾斜，104名员工从二三线走进一线岗位，扭转了长期以来，人员从一线向二三线流动的趋势，稳步推进组织机构改革，处级建制减少5个，基层车间合并7个，机关科室减少42个，构建起业务、管理、监督，三线并举的工作机制！这就是辽阳石化！

强化信息化建设，两年建设新系统24个，ERP、MES、APS等管理系统实现深度应用，智能化工厂顶层设计初步完成！劳保用品采购走进互联网时代，员工在手机上选货下单，京东直接送货到家，劳保想用啥，自己说了算！这就是辽阳石化！

牢记使命，不忘初心，发奋大作为，更有大担当，作为辽阳市龙头企业，辽阳石化始终是地区发展的强劲引擎，对外交往的靓丽名片，2018年公司工业增加值总量占全市40%以上，这就是辽阳石化！

创造经济效益，更关注社会效益，绿水青山就是金山银山！"十二五"以来，投资20多亿元，实施环保项目70多个！全面打响异味攻坚战，厂区异味同比下降73%，空气质量明显好转！引进国内最新环保技术与设施，建立风险预警网络。

实现了外排污水全部达标！完成燃煤锅炉改造，烟气排放全部达标！油品质量升级走在全国前列，实力助阵蓝天工程！连续7年被中国石油授予环境保护先进单位！这就是辽阳石化！

"人可以改变环境，环境也可以影响人"，两年来辽化全员参与"花园工厂"建设，厂区全年新增绿化面积10余万平方米，绿化覆盖率达到44.5%，厂在花园中，人在画里行，这里不仅是我们打赢扭亏脱困翻身仗的战场，更是我们朝夕相守，彼此成就的家园！

2018年6月5日，首次厂区开放日活动举行，向社会公众敞开大门，坦然展示形象，加深沟通理解，充分彰显了辽阳石化对公众负责，对社会负责的国企担当——发展为环保让路，生产为生命让路！这就是辽阳石化！

红旗高举，百尺竿头再发力，鼓击春雷，激荡群情各争先，一流企业需要一流党建，一流党建引领一流企业，学习总书记讲话，推动"高质量发展，当好国企种子队"大讨论，吸引了干部员工 1.8 万人次热烈响应，凝聚起了新时代干事创业的新动能；思想先引路，行动更有力！这就是辽阳石化！

新年伊始，中国石油集团党组书记、董事长王宜林到辽阳石化检查督导贯彻落实习近平总书记重要讲话精神情况，对辽化实现扭亏增盈、推动高质量发展，给予高度评价，为辽化聚焦新目标，开启新征程，再添新动力！这就是辽阳石化！

辽化高度重视政治生态净化，去年共开展 2 轮内部巡察，8 次党建责任制检查，25 家二级党委全覆盖，首次开展了机关支部书记述职，正人先正己，修身重修德！2019 年 1 月，辽阳石化在集团公司反腐倡廉工作会议上作经验介绍……这就是辽阳石化！

焚膏继晷——"俄油项目开车十大功臣"，立下汗马功劳；夙夜匪懈——"十大工匠"，领衔一线员工风采；朝气如虹——以"十大杰出青年"为代表的年轻一辈已走上广阔舞台；他们是辽阳石化干部员工的优秀代表，他们是国企中兴的坚强脊梁，他们用自己的负重前行，换来辽阳石化岁月安好，在这追梦时代，书写下自己的人生传奇！这就是辽阳石化！

功崇惟志，业广惟勤，这里，让人看到老国企焕发新生机，全力优化生产和经营，坚定不移推进供给侧结构改革的决心；这里，让人看到自主科技不断创新，主动作为，赶超世界先进水平的信心；这里，让人看到国有企业干部员工，不惧艰险，勇于担当，昂扬振奋的壮志雄心！这就是辽阳石化！

多少艰辛，多少辉煌，一切过往皆为序章，东风既起，花信必至，无限未来尽可期待，迎着梦想的阳光，辽阳石化笃定前行！

文 | 黄朝晖 张旭 杨晓龙　编辑 | 宋清海

这里是玉门……

CNPC 中国石油 2019 年 8 月 19 日

在甘肃酒泉的戈壁腹地诞生了新中国第一口油井、第一个油田、第一个石化基地。80 年前，祖国现代工业文明在这里孕育，大国石油梦的星星之火在这里点燃，中国现代石油工业从这里走出，这里是玉门油田。

玉门油田是中国石油工业的摇篮，追随中华民族伟大复兴的脚步，迄今已走过了壮阔而豪迈的 80 年风雨历程。回眸 80 年来时路，玉门油田谱写了一部艰苦创业、为油拼搏的壮丽史诗。

这个叫玉门的地方，今年 80 岁了

8 月 18 日，玉门油田"不忘初心、牢记使命"主题教育成果报告暨开发建设 80 周年回顾与展望大会在油田文体中心礼堂隆重举行，报告"不忘初心、牢记使命"主题教育成果，回顾玉门油田开发建设 80 年的光辉历程，展望玉门油田发展繁荣的光明前景。

中国石油天然气集团有限公司党

组成员、副总经理刘宏斌:"玉门油田 80 年来取得的辉煌成就,是几代玉门石油人的骄傲,也是中国石油、甘肃省和油田所在地市的骄傲。"

80 年来,玉门油田累计探明地质储量 1.93 亿吨、生产原油 3826.5 万吨、加工原油 7241 万吨,实现营业收入 2250 亿元、利税总额 245.63 亿元,为保障国家能源安全和国民经济发展做出了重大贡献。

油田获国家奖项

1966 年 1 月,国家经济贸易委员会和中央工业交通政治部在北京联合召开的全国工业交通工作会议和全国工业交通政治工作会议上,玉门石油管理局被推

荐为全国工交战线 70 个大庆式先进单位之一，受到大会表彰。1983 年 9 月，玉门石油管理局荣获国家质量奖审定委员会颁发的国家质量奖优质奖。1987 年 4 月，在中央绿化委员会第六次全体会议上，玉门石油管理局被评为全国绿化先进单位。1995 年 11 月 3 日，在甘肃省召开的《中华老字号》丛书甘肃分册编撰工作新闻发布会上，玉门石油管理局荣获国家首批"中华老字号"企业荣誉称号。2001 年 12 月 25 日，国家工商行政管理总局公布了首批 520 家重合同、守信用企业名单，玉门石油管理局荣获全国首批重合同、守信用企业。2002 年 1 月 4 日，中央文明委对第二批荣获全国精神文明创建工作的先进单位进行了表彰，玉门石油管理局被评为全国精神文明建设先进单位，是中国石油天然气集团公司首家跨入全国文明单位行列的企业。

80 年来，胸怀大局的玉门石油人始终牢记"我为祖国献石油"和推进我国石油工业发展的使命，不仅在特殊困难时期为国家提供了大量的石油资源，而且逐步形成了"艰苦奋斗、无私奉献、三大四出、自强不息"的玉门精神，成为石油精神的重要源头和主要组成之一。

在"一滴汽油一滴血"的抗日烽火年代，一批批爱国知识分子和广大普通劳动者，用血、用泪、用一腔激情，在亘古戈壁把玉门油田建成现代石油矿场，创造了国共合作的典范。解放前夕，油田爱国知识分子、地下党组织和广大职工团结一致，用命和智慧使油矿完整地回到人民的怀抱，留下了护矿迎解放的光辉一页。20 世纪 40 年代，生产原油 52 万吨，占全国同期产量的 90% 以上，炼化产品达到 12 种。新中国成立后，玉门油田被列为"一五"期间全国 156 个重点建设项目之一，1957 年建成我国第一个石油工业基地，1959 年生产原油 140 万吨，占全国原油总产量的 51%。

凡有石油处，就有玉门人

曾任玉门油矿党委宣传部部长的诗人李季曾写下"凡有石油处，就有玉门人"，而这正是那个时代玉门人最真实的写照，铁人王进喜就是玉门石油人最杰出的代表。从 20 世纪 60 年代起，玉门油田义不容辞地承担起大学校、大试验田、大研究所，出产品、出人才、出经验、出技术"三大四出"的历史重任，铸就了"慷慨无私支援别人，历尽艰辛发展自己"的玉门风格。从准噶尔到柴达木，从大庆到胜利，从长庆到吐哈，先后有 10 万多玉门石油人，带着 4000 多台（套）设备奔赴会战前线，汇聚成中国石油工业腾飞的重要力量。

在波澜壮阔的改革开放大潮中，自强不息的玉门石油人大打勘探开发进攻仗，先后在青西、酒东、鸭儿峡白垩系、老君庙冲断带、雅布赖盆地、柳北构造带取得新发现，建成青西油田和酒东油田，油田炼化从规模扩建到流程改造，实现了扭亏为盈、持续盈利。

油田海外业务紧跟中国石油"走出去"步伐，打造对口支持的"海外玉门"品牌。建成酒泉生活基地，实现几代玉门石油人"下山"的夙愿，年上缴税费居甘肃省税收排名前列，为地方经济社会发展做出了重要贡献。

只有不忘历史，才能开创未来

中国石油玉门油田公司党委常务副书记、工会主席刘战君在《不忘初心，牢记使命，开启新时代石油摇篮新征程》的报告中说："在抗日烽火年代，我们艰苦创业，石油报国；在建国初期，我们肩负重任，建设基地；在中国石油工业大发展的重要时期，我们三大四出，无私奉献；在改革开放时期，我们自强不息，创新发展；党的十八大以来，我们担当作为，奋力前行。"

站在油田开发80周年新的历史起点，在全面推进"不忘初心、牢记使命"主题教育的过程中，玉门油田党委结合实际确立了"原油产量重上百万吨，高质量建设百年油田"的发展目标。从现在到"十四五"期间，紧抓矿权流转和炼化转型升级的重大发展机遇，实现油田整体扭亏、原油产量，重上100万吨。

在此基础上，继续奋斗到2039年油田开发100周年时，把油田建设成为与国家和行业发展中长期规划相适应，与摇篮历史地位相匹配，油气主营业务突出，经济效益良好队伍和谐稳定，充满生机与活力的百年油田。

拼搏八十新起点，奋进百年新征程，这就是玉门油田！

素材来源 | 玉门油田党委宣传部　文 | 夏姜

这里是青海销售……

CNPC 中国石油 2019 年 9 月 2 日

很多人说，如果一生一定要去一个地方，那么请选择青海！油菜花海与连绵不绝的山脉，绿色的草原与蓝色的青海湖，纯朴的民风、纯澈的景色、纯净的空气……这里是青海！从海西大柴旦戈壁滩砖石土油罐到露天堆放油桶的周家泉、乐家湾和杨家庄油库，再到油罐深埋大山的曹家堡油库……时光荏苒，岁月如梭，这里是青海销售！

每一滴油，都有一段故事

2019 年是新中国成立 70 周年，青海解放 70 周年，青海销售公司也迎来了成立 65 周年的光荣时刻。这 65 年，青海销售公司走过从无到有、从小到大、从弱到强的发展历程。从繁华都市到雪域草原，从唐蕃古道到三江源头，从昆仑山口到河湟谷地……300 多座加油站宛如一颗颗璀璨夺目宝石花绽放在青海辽阔大地。总容量 22 万立方米的 4 座现代化油库，为青海经济发展提供着绿色环保、安全可靠的油品保障。

聚焦高质量发展

20 世纪 60 年代初建设的五四加油站，位于青海省省会西宁市，是青海省第一座加油站，也是青海省首座万吨站，如今已成为中心城区样板站，一路领跑。位于唐蕃古道海藏咽喉的汇源加油站，2008 年运营时年销量不到 2 千吨，2018 年销量突破 5 万吨，在全国中国石油加油站中，处于领先地位。改革开放初期，和青海省所有加油站一样，马坊加油站也具有"两根柱子一个棚，三间房子四个人"的标配，如今打造成为，首座万吨级智慧加油站。2015 年，海拔最高的沱沱河加油站，当年建设当年投运，四对年轻夫妻坚守海拔 4650 米长江源头，两年实现双万吨。

玉树藏族自治州平均海拔 4000 米以上，最高点可达 6621 米以上，聚集着藏族、汉族、回族等多个民族，自然条件极其恶劣。党的十九大代表才仁吉藏，在玉树治多县拉日村驻村扶贫五个年头，在大家的努力下：村里 80 户牧民异地搬迁住进新房，实现了家家通汽车；村里打了 30 多口井，大家喝上了干净水；建起了垃圾站，草原更加干净美丽了；建起了牛羊肉粗加工厂，切块、冷藏；村里第一次有了高中毕业生、有了大学生；开办起了牧家乐，旅游收入连年增加……现在，268 户贫困户已全部脱贫，偏僻落后的拉日村，正发生着翻天覆地的变化。玉珠峰下，"全国最美家庭""青海省五一劳动奖章""青海省十佳职业道德建设标兵"颜世秀，九年里，一家人看着玉珠峰的积雪永远不化，把过路的司机都处成了家人，说不清在这抢险救人有多少次……这里，留下了老颜一家的喜怒哀乐，不管遇到什么困难，从未退缩，守护着这座"天路上的家庭输血站"。

党的十九大代表才仁吉藏

65 年，光辉岁月

65 年，从创业初期的作坊式小企业成长为如今现代大型国有企业，青海销售公司年销售量从不到 3 千吨提高到目前的 180 万吨，销售收入突破 150 亿元，占据全省成品油销售市场百分之七十的份额。11 年前，非油品销售在青海还是一片空白，如今销售收入突破 3 亿元，其中三分之一是青海地方特色产品，而且还在逐年提升。

2018 年 12 月 19 日海北公司挂牌成立，26 日，海南公司成立，从此"一县管三州"的现象彻底成为历史，28 日，青海中油交通能源有限公司成立，这是青海销售历史上第一家合资公司，为公司重塑网建新格局取得丰硕成果，迈出坚实步伐。

2019 年 1 月，玉树特大雪灾，又是石油人冲在灾区最前沿，在冰天雪地里把温暖送进千家万户。

2019 年 1 月，青海销售公司成立仓储分公司，将曹家堡、多巴、格尔木、德令哈 4 座油库统一专业化管理，一体化运营，出台直批新格局实施方案，创新客服中心和客服经理人管理办法，使直批面貌焕然一新，重塑直批新格局迈出关键步伐。

为打好党建工作坚实基础，公司党委创新完善党员教育培训新机制分公司成立党委工作部，增加专职党务干部，制定党建工作量化考核办法，重塑党建新格局迈出崭新步伐。

2019 年是新中国成立 70 周年，青海解放 70 周年，青海销售公司也迎来了成立 65 周年的光荣时刻。2019 年，是全面落实"十三五"发展规划的重要之年，也是新一届领导班子带领全体干部员工主动作为，全面推进公司高质量发展之年。总体工作思路是：以习近平新时代中国特色社会主义思想为指导，全面贯彻落实集团公司 2019 年工作会议决策部署和销售公司工作要求，以深化改革为引领，坚持高质量发展要求，围绕"巩固、创新、提质、共享"八字方针，解放思想，稳中求进，勇于担当，重塑"网建、直批、党建"三个新格局，打好"拓市场、提纯抢、增效益"三大攻坚战，持续提升市场控制能力、经营创效能力、风险防控能力，为集团公司建设世界一流综合性国际能源公司做出新贡献。

素材来源｜青海销售　制图｜张可烨　编辑｜夏姜

#鄂 A 车主加油被减免# #抗击疫情 央企行动# 2020 年 4 月 12 日，中国石油湖北武汉销售分公司青郑加油站开展"为鄂 A 加油"公益活动，联合全国网友将云端加油口号，兑换成了真的汽油免费加给鄂 A 车辆，助力武汉重新出发。

这里是大庆油田……

CNPC 中国石油　2019年9月27日

祖国最北端、东北亚腹地，昂立中国东北，万众瞩目、能源要地，光阴轮转一甲子，这里记录太多动人事迹，这里承载太多殷切希冀。如今，他的名字成为一面精神旗帜，这里是大庆油田。1959年，新中国刚满10岁，满大街的公共汽车上都顶着"大气包"，祖国要发展必须找到大油田。那一年，祖国得到了一份特殊的生日礼物——大庆油田。4万多名石油工人、转业军人、科技工作者，挺进莽莽苍苍的松嫩平原，没有公路、车辆不足，没有足够的粮食、没有像样的房子，荒原、泡泊、盐碱地、沼泽、严寒……在这样的条件下，大庆人从大地深处、取出这份大礼，喷出的油流让新中国一举甩掉"贫油"帽子。

如今盛世，如您所愿

60年来，大庆油田累计生产原油23.9亿吨，天然气1350亿立方米，上缴税费及各种资金2.9万亿元，主力油田采收率突破50%，实现年产原油5000万吨以上27年高产稳产，4000万吨以上12年持续稳产，三元复合驱产量突破400万吨，使我国成为世界上唯一三元复合驱技术大规模工业化应用的国家。

60年来，大庆油田累计取得科技成果10000余项。其中，获国家级奖励120多项，省部级奖励890多项，国家专利2500多项。特别是党的十八大以来，大庆油田更加深刻领会到科技"生命线"的极重分量，致力于当好科技标杆，实现新时期新发展，大庆油田大力推进科技创新战略，努力走以技术增资源，以技术保稳产，以技术提效益的发展之路。一个个重大突破、一次次新的超越，60年，大庆油田不辱使命，勇于担当，为祖国能源安全保驾护航。成绩的背后是每一个大庆人的汗水和泪花，他们为这个大油田付出了太多太多，因为他们有钢铁般的意志"宁肯少活二十年，拼命也要拿下大油田"。

能力越大 责任越大

大庆油田，对地方经济发展的影响是实实在在的，靠油化经济的腾飞，黑龙江省西部逐渐形成了以大庆油田的4000万吨油气当量和大庆石化120万吨乙烯等为依托，以大庆油田为中心，从哈尔滨到齐齐哈尔，覆盖龙江中西部地区的油气经济圈，连接哈尔滨、齐齐哈尔等主要城市的天然气骨干管网像一根线使哈大齐穿在一起。企业间上下游的承接、互补形成了完备的油化产业链条，并以此带动交通、仓储、能源及服务等领域的良性发展，形成具有造血功能的经济综合体。

绿水青山就是金山银山

60年来，大庆油田在维护国家能源安全的同时，坚持绿色节约发展，大力推进美丽油田建设和资源节约型企业建设。特别是2007年，大庆油田成立生态建设工程会战指挥部，拉开了油田生态建设的序幕，整个大庆长垣建起了绿色长廊，油井在城中、在林中。如今，大庆油田绿地总面积已突破1.1万公顷，其中矿区绿地8671公顷，公园绿地人均17.5平方米，高于全国平均水平。

新型环保技术实现油田环境保护零污染，从含聚污水的处理，含油污水的利用，含油污泥的资源化，到施工作业现场的油水回收，大庆油田初步形成适应油田污染治理和综合利用的治理体系。大庆油田全面推行立体化节能降耗。2018年，大庆油田节电2.05亿千瓦时，节气2652万立方米，折算标准煤10.37万吨，节约清水253万立方米。现已有636个采油生产站队，达到节能站队标准，占比达97%。

这是大庆油田60年给出的答案。2019年，新中国成立70周年，大庆油田发现60周年。风云激荡一甲子，大庆油田正青春。

素材来源｜大庆油田党委宣传部　编辑｜宋清海

高原上的格桑花

CNPC 中国石油　2016 年 7 月 3 日

　　世界屋脊，世人的圣土，这同样是一片石油先辈筚路蓝缕的土地。青海，72 万平方千米的土地上分布着中国石油近 200 座加油站，这些加油站平均海拔超过 3200 米，隶属于中国石油青海销售公司。

　　有这样一群人，他们秉承"缺氧不缺精神、艰苦不怕吃苦"的精神，很多年前就来到这里，无论面对的是凛冽的冷风、无常的天气、巨大的温差、强烈的紫外线，还是语言不通、社会动荡、物资匮乏、人烟稀少，他们坚持着，几十年如一。这些默默坚守的人们，大多数是一对对夫妻，而且涌现了许多巾帼不让须眉的典范。她们是盛开在高原的格桑花。

陪伴是最深情的告白，于人，于站

　　青海省果洛藏族自治州的南部地区的达日县，平均海拔 4426m，这里有一座曾经是青海海拔最高的加油站——"达日加油站"。迄今为止，已有十五年的历史。

　　车门拉开，灿烂的笑容、干练的短发，还有长期在紫外线强烈地区生活才有的满眼血丝……冲入眼帘。她就是我们此行的主角——杜晓琴。亦如蓝天白云的高山下，红黄相间的宝石那般醒目。翟耿双、杜晓琴夫妇在建站同年来到这里工作。那时的条件，简陋的让人无法想象，连厕所都没有，甚至连水、电都不能保证。高原的夜晚寒冷漫长，夫妇二人却坚持了下来，并从最初的加油员，成长为这里的站长、副站长，相守相伴至今，是的，陪伴是最深情的告白。别说你能想象他们的苦，因为每个人的苦往往比想象更加难以承受。

　　来这里的第一天，因为听不懂藏语，杜晓琴就直接面对了人情冷落的下马威。来加油站的一位客人加了油却不给钱，还重重打了她一下。事后，杜晓琴哭了一场，但她没有因此退却……她决定征服这片土地。从此以后，杜晓琴开始刻苦学习藏语，从能听懂藏语、到能用藏语交流，再到学会用这里的人熟悉的方式交流，杜晓琴做到了。即使在蛮横和拳头面前也不退缩，她说："人总是讲道理的嘛。一次不通，讲两次、三次，后来他们看到我也就慢慢怕了，规规矩矩地交钱、排队。"

在达日加油站中，杜晓琴既是站长，又是母亲，既是顶梁柱，又是好妻子。在这样单调艰苦的环境中，一位外刚内柔的女性往往更能抚平员工们的情绪，冷了、累了、委屈了，杜晓琴有真诚的笑容、可口的饭菜、令人信服的教导，让加油站里始终温暖如春。

十几年坚守为杜晓琴赢得了一摞厚厚的证书，其中有一项荣誉是"模范夫妻"。当应要求让夫妻二人一起读一读这份幸福指数颇高的荣誉时，翟耿双却腼腆地把证书向杜晓琴那面推了推，小声笑着说："你读，你读嘛"，杜晓琴低头一笑，随即爽朗地拿起证书读了起来。这一刻，夫妻二人的恩爱溢于言表。

用最灿烂的笑容，柔化这片土地

圆脸、大眼，黑黑的头发编成整齐的辫子，发尾向上折了两折，用发绳固定住，柔美又利落，同人说话时总是未先开口就送上一个灿烂无比的笑容，露出整齐的牙齿，但是由于这里的水土问题，蒙了浅浅的黄色。这位年轻的全国劳模，本名才仁吉藏，藏族，1984年2月生人，汉名则是"春花"。

春花的汉语讲得极好，几乎听不出口音，一身浅蓝色的站长工服洗得有点发白，但是干净整洁，随身拿着黑皮笔记本儿，喜欢把一部很旧的大屏三星手机和笔记本一起捏在手里。春花曾是玉树销售分公司西杭加油站的站经理，玉树4.14地震中，她和安全逃生的同事救出两位被压的村民；在抢险救灾过程中，她始终坚守岗位，三天三夜没有合过眼，日加油量近50吨，真正做到了"用生命坚守、为生命加油"。玉树重建后，春花先后荣获了青海省民族团结进步先进个人、青海省五四青年奖章、中国石油劳动模范、全国五一劳动奖章、全国劳动模范等称号；高票当选"感动青海十大人物""最美青海人"等。

随后，又与玉树销售分公司副经理杨华生一同赴特级贫困乡多彩乡定点扶贫，在狭长而贫穷的多彩乡一家家实地走访，因地制宜、从实际出发，了解藏族乡民上学、医疗、就业等问题，转变他们的观念，制定激励措施，一步步扭转这里的形势。

扶贫可谓"路漫漫其修远兮"——春花却用女性特有的魅力为多彩乡真正增添了一分色彩，为玉树更增添了一份柔美。

美丽的格桑花在彩霞里歌唱，晶莹的雪山披着洁白的盛装，我挽起彩虹的衣裳，追逐花朵的方向。在这片暴晒与凛冽交替的土地上，因为有了这些坚韧而柔美的姑娘，一切激烈的事端似乎都被冲淡。离开这片土地，除了伸手可及的云彩、辽阔无际的大地和淳朴热情的牧民，小编脑海中印象最深刻的，还是那格桑花般的石油女工，和她们那永远美丽的笑容。

文｜夏姜

两个人！如何让"死亡之海"变得风情万种？

CNPC 中国石油   2016 年 8 月 23 日

"这里每年刮两次风，一次刮半年。"这在塔克拉玛干是句玩笑话，但待久了没准哪年就能碰上。"风沙大的时候连小院子里的太阳板都看不见"，肖师傅边说边用手扫了扫落在床上的黄色沙粒。

今天是补充给养的日子。"青椒、洋葱、红萝卜……"肖师傅嘴里念念有词，在一张格子纸上念一项划一笔。他手捧一个足可容纳 1 升水的塑料水杯，脚上挂着一双已经断掉的黑色凉拖鞋，一边眼不离纸地扫视着，一边操着一口"四川普通话"询问正在清扫沙粒的妻子还需要买些什么。他们必须想周全，在塔克拉玛干腹地，生活日用品每两周一次，由专人负责采购，如果忘了什么，想要再添置什么可就难咯。

肖师傅名叫肖洪，一身深蓝色工服，皮肤黝黑，健硕的体格看不出他已经有五十二岁了。"沙漠里平日没人，所以我们两个人关系挺好的。"说话的是黄仲桃，肖师傅的妻子。

九年前，肖师傅和妻子搭乘从四川开往新疆的火车，站了三天三夜，千里迢迢来到塔里木油田工作，成为这条世界最大的流沙沙漠等级公路——塔里木沙漠公路的守护者。"刚来的时候真不适应，最热的时候地表温度有 70 摄氏度，天气干得厉害，南方人还真是不习惯，后来没想到一待就待了九年，现在回去反而不适应四川的气候了。"肖师傅故意调侃着说道。

这里原本人迹罕至，因为 20 世纪 50 年代发现了石油，于是慢慢有了第一批"常驻人口"；但也因为这里条件实在艰苦，所以最大多数的常住人口几十年来始终是石油人。

肖师傅夫妇就是这样的沙漠居民。他们安营扎寨的任务倒不是采油，而是为了和塔克拉玛干打一场沙漠公路保卫战。作为世界最大的流沙沙漠，塔克拉玛干每年都在搬家，公路刚建好那会可能一场很小的风沙都会让公路被沙子掩埋。专家决定用自然之力征服沙子，他们选择了植物。

植物真是一种神奇的东西，它们可以让戈壁变成绿洲，让荒芜变得鲜活，但是想要让植物在这片被维语译成"有进无出"的死亡之海里扎根生存并不是一件容易的事儿。专家经过几年的时间，试验了上百种植物才选中了三位优胜者作为塔里木公路的保护使者，它们分别是红柳、梭梭草和沙拐枣。

果然，有了这些守护者的存在，本来到处渗透着死亡气息的沙漠倒是变得有些"人情味儿了"。小鸟、野兔、黄羊……本不会在这荒野沙漠里出现的动物，自从建上这防护林，生态慢慢被改变，周遭的小动物也多了起来，它们也都把这里当作了栖息的场所。

"怎么把水杯落下了？"妻子黄仲桃向正要出门的肖师傅吆喝道。肖师傅笑着跑回来："哎哟！可不敢忘！"因为肖师傅即将要开始"沙漠中的巡视"，他将会仔细查看每棵树的生存状况，确保他们能够健康成长。话说来轻松，却是一个巨大的工程，因为在肖师傅的管辖范围内有十几万棵树。

为了让沙漠里的树木成活，国家发展和改革委员会和中国石油天然气集团有限公司共同投资 2.18 亿元人民币，安装了以色列先进的滴灌设备，在这些树木中铺设细细的水管，让水管上的每一个小孔精细地对准每一棵树。肖师傅为了让每一棵树都能吸收到充足的水分，需要沿着管道仔细检查每一个小孔是否被堵住。

肖师傅负责巡视的范围距离他和妻子居住的 1 号水井房 4 千米，再往前就属于下一对夫妻的责任范围了。日常的巡视其实就是一场接力。就这样，在这条长达 522 千米的沙漠公路上，共有 109 对相隔 4 千米的夫妻进行着守护者的永无休止的接力，让这个到处充满死亡气息的沙漠里充满绿色的活力。

一路上，肖师傅不断重复着弯身低头检查出水孔的动作，十几万棵树，这样的动作也就要重复十几万次，那动作像极了戈壁沙漠之中的那一台台磕头机，不舍昼夜。中国的石油大多产在荒凉的地方，但类似肖师傅这样的普通人则用自己的青春和生命不断验证了塔里木石油人用毕生精力所恪守的那一句话："只有荒凉的沙漠，没有荒凉的人生"。

文 | 闫苗苗

"油 N 代"的选择

CNPC 中国石油　2016 年 10 月 9 日

　　高丽是一个身材高挑、容貌姣好的 80 后女孩，毕业于四川石油化工学校，学的是油田对口专业。但一开始，她并没有想过要回到花土沟这个地方来。像所有曾经经历过大城市生活的女孩一样，她喜欢高大现代的建筑，喜欢不夜城里有好多个放映厅的电影院，看电影的时候，男朋友给买一桶爆米花，就能实现一个女孩一晚上的公主梦想。在成都的几年，她享受到大城市带来的种种便捷与时尚，更不愿意回到父母待了一辈子，听起来名儿也倍觉寒酸的花土沟油田。

　　高丽的专业是父母帮着选的，学校也并不突出。那可能是父母在成绩与就业直接挂钩以后的一种选择。在她可以选择的范围内，父母帮她选择了一个让女孩子爱不起来的专业，但是被录取和未来就业的便捷度却大大提高了。

　　她出生在位于柴达木盆地西缘的青海省格尔木市的花土沟油田，在她出生的时候，这里的油田开采与建设已经开始了 30 年。父亲是一名司机，是花土沟基地的第一代石油人，开了一辈子油罐车。

　　花土沟隶属于茫崖镇，随着青海油田的一步步发展，为方便职工生活，青海石油管理局与地方政府协商，在茫崖镇建起了生活区，又先后建起了医院、学校、幼儿园，逐渐地，一个新兴工业城镇在戈壁荒滩上拔地而起。茫崖镇最终规划出了一个像样的卫星城市，街道宽敞、整洁，戈壁上土层太松，职工宿舍和各类楼房都只能建到三层，但是因为有规划，这里反而有了一种油城自己的味道，安静而独立。

　　高丽对这一切记忆犹新，她说，我两岁左右的时候，和父母、哥姐住的是平房，后来盖起了职工宿舍，每家都分得了两居室。我家人多，现在想起来还是很挤的，但是当时觉得好宽敞。虽然生活条件在一步步变好，但是高丽仍不愿回到这里。她的理由很充分：虽然花土沟的工作条件得到了很大改善，但毕竟这里是

茫茫戈壁，海拔有 3000 多米，是我国海拔最高的石油生产基地。作为一个漂亮的女孩子，最让人忍受不了的，就是风沙把皮肤吹得早早地长起了皱纹。这样想的高丽是没什么问题的。父亲平凡得像戈壁上的土块，哥哥姐姐大约也会继承这样的命运。但高丽不想再过父辈那种模式的家庭生活了。但是，留在大城市的通道，她没能找到。

与采油相关的专业，让城市里大多数"HR"感到错愕，他们甚至连一个秘书的职位都不愿意给她。销售一类的岗位倒是蛮青睐自己，可是想一想，她又犹豫了。上面几届的师哥师姐都告诉过她，一些关于在城市打工生活的经验，很多工作都没有社保，工资也不一定有保障。除了这些挫折和顾虑，父母对自己的召唤也让她无法拒绝。并且，中国石油是一个让他们自豪了一辈子的名字，他们一步步经历了花土沟油田改天换地的变化，在"地窝子"里创业的他们，什么苦没吃过？现在，他们安心地在敦煌养老，退休工资都够花，医药费也有一部分报销，他们觉得，在石油系统里干下去，一辈子心里很踏实。

她在油田招工截止日期前一天赶了回来，签下了三年的劳动合同，开始了在采油三厂"七个泉"采油队当采油工的生活。回家的感觉，让高丽感觉到踏实，又倍感失落。当火车把她从成都送回青海的时候，她觉得，一切梦想都破碎了。而当她正式当上了石油工人，像师傅们一样，开始在茫茫戈壁上无休无止的巡线的时候，她觉得自己的人生可能就这样了，要永远穿着脏兮兮的红色工装、专门用来在戈壁上行走的大头鞋，要一辈子围着输油管道、采油井生活了。她开始恨自己的决定，觉得对不起自己的青春。

在油田上班，没有什么开销，她很快攒了一小笔钱，一年以后，她利用休假，带着母亲去北京旅游。"我觉得好骄傲啊，能用自己的钱，让妈妈开心一点。"就这样，高丽终于在油田扎下了根，并且找到了自己的如意郎君，也是油田的一名职工。单位给他们分了夫妻宿舍，最近正准备要个孩子。她有文艺特长，能写会画，很快就从采油一线调到了机关里，从事文化宣传工作。一切都在向好的方向发展，她说，她很满足于现在的生活，过去的所谓的梦想，就慢慢在现在的岗位上实现吧。高丽的经历，和油田很多"二代"人很相似，但却不能完全代表着他们。并不是所有人都能像高丽那样，能够得到与油田对口专业的学习机会，并在油田工作中能够迅速进入到自己喜欢的角色里面去。

还有很多的"油二代"，在敦煌长大，在物质生活上，要略高于非油田家庭的水平，但是总会有一部分孩子，因为父母工作繁忙和长期的两地生活，造成了陪伴和教育上的缺失。地域的狭窄、眼界的限制、学历的不足，使他们走出油田的脚步分外沉重。但是回归油田，又缺乏了吃苦耐劳的精神。随着油田家属大规模迁往敦煌，茫崖成为了单身和无孩户的专属"领地"，医院撤走了，学校改办了，居民大规模减少，各类服务业都不太兴旺。围绕着油田的小生意、小买卖也并不好做。

这个小社会所提供的就业岗位，除了"采油工"，几乎不再有更多的选择，甚至连"端盘子"这种职业都不太好找了。而同样地处偏远的敦煌市，它所能提供的就业岗位，也不能为整个"油二代"群体提供更好的发展空间。可以说，油田子女正在为父母毕生奋斗过的土地付出另一种代价。

而几代油田人，正一拨接一拨地老去，"油二代""油三代"又在一拨一拨地成长。他们长大以后，还能够回归油田吗？他们在优渥的时代长大，却摆脱不了与父母分离焦虑的命运；他们有更多的机会爱上"大城市"和现代社会的繁华，却因为石油城的封闭性而无法更好地融入现代化城市的生活。如果他们不再回归，相信他们会有更好的选择。一代一代的人类，总是要不断地迁徙，才能完成人类基因的融合与文明的流传。石油人也需要迭代，需要引入更活跃的思想和有热情的生命。

总会有另外一些空间，在召唤石油人的子弟来加入，总会有适合他们的行当，让他们在奋斗中大放异彩。

文 | 李泽惠

中国石油不算一家"精明"的公司

CNPC 中国石油　2016 年 10 月 11 日

说起公司，每个人都可以报出一大串名字，但许多公司大都可称为"精明"的公司，赚钱或者说获取最大的利润可能是最原始的追求。

相比起来，中国石油算不上是一家"精明"的公司，而且还做了很多"亏本"的事情，并且不计成本。你可能很好奇中国石油这样一个赚钱的公司，怎么会做这样的傻事。这绝对不是无中生有，妄言胡说。

在无人区里开加油站

国道 318 川藏线上，有一个叫甘孜州理塘县，全县平均海拔 4200 米以上，被称为"世界高城"。中国石油在这里设了一个理塘加油站（国道 318 上海拔最高的加油站），也是全县唯一一个国营加油站，加油站设施规范、汽柴油充足，几个常年驻守、脸庞晒得黝黑的加油员，保障了来往车辆有充足的油品可加，不然在往前方圆几百里的无人区只能高价加私油了。

而像这样的加油站，中国石油在全国设了近百个，国道 219 新藏线上红柳滩加油站，方圆几百里的只有这么一个加油站；海拔 5200 米的西藏双湖加油站；西藏墨脱莲花加油站等等，这些地方人口稀少，车辆就更少了。

不难想到这些加油站的销量自然不会高，再加上管理成本、运输成本，这肯定是亏本的买卖，比照一般的公司，他们肯定不会做这个买卖。而中国石油却一直在做这个亏本的买卖，"唱高调"叫履行社会责任，但的的确确是在履行社会责任，即使不赚钱甚至亏本，这买卖中国石油必须做，就为了当地人们有平价的油可以用。

说到油价，以前中国石油没在当地开设加油站时，不管你是谁，想买到便宜的油不可能，汽柴油的价格每升甚至到达几十元，中国石油的加油站来了，价格也就降下来了。

大灾大难背后的中国石油

2008年5月12日,一个全四川人民都不想提起的日子,那场大地震带给四川人民太多的伤痛。同样的伤痛中国石油在川的员工也同样遭遇过,可是他们却没有那么多的时间抚平伤口,因为他们知道他们可以救更多的人——没有油,所有救灾的机械都只是个摆设,送油就是救人。

四川销售公司、兰成渝管道为四川输油的主力军,灾后就立刻投入救灾当中。"山塌路断油不断,保供责任大于天"这句话就是地震之后中国石油的态度。

现任四川销售岷江分公司党委书记的藏族汉子如莫他接到公司指令后立即启程,于5月18日带领25辆油罐车共计250吨油料奔赴灾区,当时余震不断,滚石不时跌落,部分道路中断,他不得不带领车队绕道走危险更大的高原山路,油车走到哪就加到哪,救灾车辆和部队优先。现在回想起来这段经历,如莫他说,"没有什么好犹豫,我必须去,因为灾区的情况我最了解,况且油就是命,如果用我的生命换更多人的生命,值了。""当时震后,灾民全撤了出来,留下的就是部队官兵和医疗人员,还有我们加油员。"映秀加油站加油员李贤辉说。当时整个映秀特别的寂静,没有电,几个加油员只能抱团在临时搭的帐篷里,以此克服恐惧和对家人的惦念。

当祖国有灾难发生时,中国石油人第一时间冲上去,危难时刻加油是不会付款的,有的只是一张张欠条。说到这,中国石油真不是一个"精明"的公司。不止这些,天然气保供、油品保供、管道建设、开拓海外等等,中国石油即使亏本,这些事情还是要做。大灾大难时,私营加油站可以关门不营业,而中国石油不会,说到底,中国石油不算一个"精明"的公司。

文 | 宋清海

我有故事，你有酒吗？

CNPC 中国石油　2017年9月13日

提到西藏，不少人都对其心驰神往。庄严雄伟的布达拉宫，静谧安详的纳木错湖，淳朴虔诚的藏民以及大昭寺墙角下温暖的日光，吸引着一批批背包客纷至沓来。9月9日，中国石油"行走·石油"再次出发。小编与诸位专家、学者一道，踏上了这段注定难忘又"难受"的旅程。

途径林芝，跨越米拉山口，我们忍受着"高反"的不适，终于抵达拉萨。一路上，先后参观了中国石油驻西藏的波密加油站，功德林加油站以及中和加油站。在与中国石油驻藏员工的交谈中，一幅幅清晰的画面逐渐铺展开来……

💧 两块钱就把我"骗"到手了

方云，中国石油西藏销售公司的一名普通员工，负责这次接待工作。

她个子很高，扎起利落的马尾，初见时，人们总会注意到方云的脸上有两处红晕，那是她常年在高原工作的印记，但很快，就又被爽朗的笑声所吸引。2005年，方云大学毕业。12年的时间，让她从一个懵懂无知的小姑娘变成了两个孩子的妈妈。谈及为何毕业就跑到西藏，方云这样说道："当时主要是想出来逛逛，一直对西藏有种向往，就和同学一起来了，没想到，来了就走不了了。"严酷的高海拔环境慢慢侵蚀了当初的一腔热血，如今，那一批同学只剩下了她一人，同学们最终选择了离开，投身城市的喧嚣中。"当时跟我来的一个同学，在阿里待了三个月，回到拉萨后，一个大老爷们抱着一棵树哭了半小时，因为他已经三个月没看到过树了，所以他们离开，我能理解。"方云回忆起当年的情景，言语间还有些感慨。"为什么就你一个人留下来了呢？""主要有两个原因，一个是公司领导对我们特别关心，记得我刚来不久，爸爸就出车祸了，听到消息后，我第一次有立马回家的想法，是公司领导先安抚我，让我稳定下来，然后又帮我买了机票,当时觉得特别感动,觉得在这里干是值得的。第二个原因,是我在这找到了另一半。"

谈及自己的另一半,方云不自觉地变得兴奋起来,在西藏工作几年后,不知不觉就到了谈婚论嫁的阶段,方云的父母着急,方云自己也着急。于是,喜欢流行事物的她也追随潮流注册起了相亲交友网站,经历几次奇葩的相亲经历后,方云终于找到了那个他。"他是一名警察,第一次约会时,我怕浪费钱,就点了一份只有两块钱的甜食,他话不多,人很高很帅,我当时问他为啥要待在西藏,当他说出那句'西藏需要我,为什么我不能留下来'时,我瞬间就被打动了。"方云的神情透露出一丝羞涩,而羞涩背后,就是她甜蜜的依靠。如今,方云早已成为了公司的业务骨干,老公的事业也有了很大发展,两人计划以后在成都买一套房子,把双方父母接过来,这样,离孩子和家人就近了。

被石油事业"耽误"的歌手

李萍,方云的死党,听名字感觉像是一个温柔如水的女子,谁知见面后,她那一口大嗓门着实把大家吓了一跳——"干石油的哪有温柔的,都是女汉子!"说完,李萍就和方云互损起来。李萍老家在西安,父亲在当地也算是个小官,从小李萍就对音乐感兴趣,大学选择了音乐教育专业。毕业后,按照父亲的想法是让她从事教育事业或者考进事业单位,安安稳稳完一生。谁知,毕业后,李萍二话不说就跑到了西藏。"当时可把我爸给气疯了,我妈也一直在哭,我就安慰我妈,实在不行我待一段时间就回去呗!谁知道,工作了没多久,我竟然爱上了拉萨。"李萍笑呵呵地道。科班毕业的李萍,沿承了陕北人的音乐细胞,天生有着一口好嗓门,再加上她平时大大咧咧的性格,在单位人缘超级好,甚至有时候领导都拿他没办法。采访过程中,团队的成员打趣她,让她即兴来几首,本来想到她应该会害羞,谁知道,她二话不说,张口就唱了起来,动人的歌声,让大伙情不自禁地拍手附和。

离太阳最近的"宝石花"

其布,一位80后藏族女孩,今年34岁,西藏那曲人,现任中国石油西藏销售拉萨分公司功德林加油站经理。相比方云和李萍,其布的童年异常艰苦,父母在她十一岁时就相继去世,但坚强的她并没有被困难打倒,更没有因为自己是孤儿而放弃自己的人生。"生活关上了一扇门,一定会为你打开另一扇窗",这就是她的座右铭。2001 年，其布来到了中国石油，被分配到那曲安多加油站，从基层干起，其布从事了 10 年简单、机械、循环的加油员工作。在工作过程中，其布始终坚持边工作边学习。通过努力，她终于考取了西藏大学大专学历，如愿拿到西藏大学函授学院毕业证。2011 年 8 月，其布以优异成绩竞聘为加油站管理部科员。当时大家都认为她的初衷就是能在机关工作，然而在不到 1 年的时间里，其布做出了一个让人无法理解的选择：她放弃了相对优越的机关工作环境，成功竞聘为双湖加油站经理，选择到俗称"十年九灾之地"的双湖县工作。双湖加油站海拔高达 5200 米、含氧量不足平原的三分之一、一年有 280 天为冬季气候，作为中国石油援藏项目和西藏销售公司最偏远、海拔最高的加油站，同时作为方圆 400 千米内唯一的加油站，其布带领 3 名员工承担着双湖地区 12 万平方千米，1.03 万各族同胞的成品油供应任务，就算在深冬大雪天气，甚至有时大雪封路时，她们也一直坚守着，只为保障 1000 多千米沿线的油品供应。在任职双湖加油站经理的四年时间内，其布每天在加油现场和营业室之间穿梭，油站未出现一起安全事件。4 年里，她从未因病或私事向上级请过假，与家人异地分居已成为她生活的常态，加油站成了她事实上的"家"。

曾经有人说："在那曲，尤其是在双湖，躺着都是奉献。"然而其布并不认同这样的观点，在她看来与其躺着无所事事，还不如做一些有意义的事，让自己和同事们感受到坚守的意义。她这样说，更是身体力行这样做的。其布用实际行动诠释了"缺氧不缺精神，海拔高标准更高"的誓言，并先后获得了象征石油人荣誉的"铁人奖章"等荣誉表彰。

以上只是中国石油驻西藏员工的三位代表。在西藏，在中国石油，像这样的"女汉子"还有很多。相比男生，她们牺牲的也往往更多。小编注意到，每当说起孩子，她们的眼眶往往泛着泪光。在事业与家庭面前，毫无疑问，她们选择了前者。

凛冽的寒风，吹皱了她们的皮肤；炽热的日光，晒红了她们的脸庞。在困难面前，她们没有低头，在成绩面前，她们没有骄傲。她们用实际行动让宝石花在雪域高原上傲然绽放。

（文中方云、李萍均为化名）

没有"天堂",那就生生造出一个"天堂"

CNPC 中国石油 2017年10月10日

西藏没有油田与气田,这次我们西藏之旅能采风的只有中国石油的加油站。此行我们参观了林芝市(地区)的波密县加油站。

站长蒙云是广西人,重庆石油专科学校毕业,进藏多年。说到工作,他认为社会条件已经有了很大的好转。平坦结实的柏油国道已不复往日的缓慢艰险,有了电子监控等条件后,油站被抢劫、被逃单的风险也大大降低。问他最大的困难

是什么,"男儿有泪不轻弹"的中年汉子,不禁热泪夺眶而出:不久之前,老父在家乡辞世,临终父子竟不得作最后告别。

这几乎是油田系统一线员工共同的心病,上不能侍奉父母,下不能陪伴子女。远非革命浪漫主义歌曲里"哪里有石油,哪里就是我的家"唱得那么豪迈,那么洒脱。

加油站对面就是一座民营加油站,显然是摆擂台竞争的。天寒地冻的季节,路上车辆少,民营加油站可以停业,而中国石油的加油站是国企,必须每天24小时保障军民供给,这也是国企承担的国家与社会责任。

在拉萨市,我们还参观了市中心区域的功德林加油站和近郊的中和加油站。它们不仅是加油站,还是便利店或小型超市。从粮油烟酒到儿童玩具和读物等一应俱全。据说,我们看到的中国石油旗下企业生产的矿泉水品牌"武夷山"与中国石化旗下企业生产的"卓玛泉"矿泉水还闹过一段小故事。

国际油价下跌,整个石油系统的日子都不那么好过,加油站必须想方设法开辟"非油"收入渠道来降低总人工成本。我们看到中和加油站拿着加油枪的服务

员，腰间系着一个塑料的小篮子，里面装着香烟与口香糖之类司机喜欢的小商品。这个样子促销，可谓非常敬业吧？

据说，功德林加油站的年非油营业收入任务达 400 万元，僻远中和站年非油营收任务也有 200 万元——央企并非一些人想象的那样靠垄断过着旱涝保收的安逸日子。

这次西藏之行的重头戏，是参观那曲地区的双湖县中国石油援藏项目。

在西藏有这样一句说法——"阿里最远，那曲最苦，昌都最险"。说"阿里最远"是指阿里地区的地理位置离内地离首府拉萨市路途最远；说"昌都最险"是指昌都地区的地形地貌使道路难修、车辆难行；说"那曲最苦"，显然是指人们在那曲地区居住最难熬。

之所以这样说，首先是因为那曲地区海拔高。那曲地处藏北的唐古拉山脉、念青唐古拉山脉和冈底斯山脉之间。东部属高原山地，平均海拔约 4100 米；北部属唐古拉山区域，系典型的高原山川地形，平均海拔在 5200 米以上。西北部由于地处念青唐古拉山脉的分支山脉或余脉，山峰较多，地势险峻，高差显著，海拔高度均在 5500 米以上，最高的桑顶康桑山，海拔约 6500 米。

再看气候，那曲地区因海拔高，热量不足，气候严寒干旱，其含氧量仅为海平面的一半，藏北高原是西藏气候条件最恶劣的地区之一，是典型的亚寒带气候区。

双湖县在那曲地区的西北部，北跨可可西里与新疆维吾尔自治区和青海省交界。全年无霜期少于 60 天，每年 8 级以上的大风天高达 200 天以上，冻土时间超过 280 天，年平均气温在零下 5 摄氏度，县平均海拔在 5000 米以上。历史上因人迹罕至，曾被称为"无人区"。2013 年 7 月 26 日，双湖县政府正式挂牌成立，是我国海拔最高的县级市。

双湖县面积 11.67 万平方千米，相当于以色列近 5 倍的国土面积，人口只有 14004 人（2015 年）。说最年轻的双湖县是中国"苦寒之地"之最，应该不算夸张吧？

就是这样一个县，是中国石油的对口援藏单位。从 2002 年起，中国石油累计在双湖县投入 3.3 亿元，援建了牧区道路、牧民安居、教育卫生、基础设施等各领域的 110 个民生项目，从根本上改变了牧区生产生活条件。

中国石油每年固定投入 2000 万元，保证整体规划、分步实施，保证当年开工、当年投用、当年受益。15 年来，先后在双湖县城区援建了市政道路、光伏电站、办公场所、旅游宾馆、文化广场、广播电视中心、职工周转房、敬老院、医院等公共服务设施，援建了县城全部的初级中学、小学和幼儿园，使双湖县从零起步，基本完成了城镇布局，建立了基本公共服务体系；为所有乡镇援建了卫生院，为所有行政村援建了村委会、卫生室，为广大牧民援建了安居房、饲料库、乡村路，使分散牧区的医疗条件、居住环境和乡村面貌发生了显著变化。

此外，中国石油还援建了双湖县综合市场，搭建日用百货、旅游产品、本地特产交易平台，促进当地农牧业发展，开拓农牧民致富渠道。2016 年，中国石油投资援建的双湖县扶贫综合市场建设工程、措折罗玛镇完全小学校园改造工程、体育健身广场建设项目、卫生系统多媒体培训及远程会诊系统建设项目、光伏电站维修及扩容项目已全部按计划完工。可以说在这 5000 米雪域高原、昔日令人生畏的"无人区"，中国石油开创建设了美好家园的人间奇迹。

中国石油援藏，不仅注重当下的扶贫，更重视长远的扶智。比如，利用中国石油自有和社会公共教育资源开展智力帮扶，组织培训基层干部和业务骨干，为双湖培养一支能够带领农牧民群众脱贫致富的干部队伍；先后组织六批中国石油"医疗小分队"进藏为牧区群众义诊，指导当地医疗工作，现场培训医务人员，帮助双湖人提高医疗能力和质量。

我们去双湖的前十多天，中国石油援藏医疗队在双湖医院做今年第二例剖宫产手术。产妇桑吉卓玛来自距双湖县城 200 多千米的措折罗玛镇。手术进行了 70 分钟，她的女儿顺利出世。卓玛让女儿随了主刀大夫霍志平的姓，名"油生"，以志感谢中国石油给了她生命。

不久前，中国石油援藏医疗队还成功做过双湖地带第一例剖宫产。以前孕妇遇到相似难产情况，只能送到拉萨去，路途遥远颠簸，母子安危只能委诸天命，求佛菩萨保佑。在高海拔地区做这种剖宫产手术，对医疗设备条件与医生的医德医术要求都很高。长时间缺氧容易导致大脑反应能力减弱，手术中医生们边吸氧边工作，以保证动作的精确度。

新华社曾以《"生命禁区"里的生命故事》报道过双湖医院里的这两次令人感动的剖宫产手术。当然，中国石油的援藏医疗队更多的是为当地藏民接诊。作为中国石油的援藏项目，中国石油不仅为双湖县建了医院，派了轮换的医疗人员，还为双湖在内地培养了医护人员。双湖人民医院院长强久卓玛，是一位藏族女大夫。我们到双湖那天，有同伴高反严重，她亲自到宾馆来诊断处治。

除了基础设施和公共服务项目建设，中国石油的援助还要考虑如何帮当地牧民在保护脆弱的生态环境前提下脱贫致富。在县委县政府办公楼前的空地上，在中国石油建的宾馆前，我们都看到了试种的牧草。

中国石油的援藏干部胡勇先生，目前挂职中共双湖县委副书记。他告诉我们，集团公司专门组织专家围绕双湖现状和发展前景，制定双湖县经济社会发展规划，包括市政规划、旅游规划、产业发展规划等多方面内容，引导双湖有序、健康发展。他还说，中国石油计划明年着力帮助双湖县拓展普诺岗日冰川旅游项目。

站在双湖县城，中国海拔最高的县级机关所在地，我想到了"共和国的长子"这个词语。

走近中国石油，在大西北的三次采风，使我对"共和国的长子"有了更多的了解，也油然而生出衷心的敬意。从兰州石化走出的令人尊敬的国家领导人吴仪同志，从玉门油矿走出的杰出的石油人康世恩和王进喜，从长庆油田走出的院士胡文瑞等等，他们是中国石油行业的英模，也是民族精神的具象人物。这可以说是"共和国的长子"对国家的最大贡献。

今天，虽然西藏的物质与交通条件有了巨大的改善，但是，高原的海拔与气候不可能改变，西藏与内地特别是沿海城市的发展机会还是有很大距离。进藏和援藏工作的干部职工，他们在新的社会环境里承传着"老西藏精神"，用中国石油朋友的话说是："缺氧不缺精神，海拔高标准更高"。他们为国家为民族所作出的奉献，难道不值得我们大家尊敬和感激吗？

我们这次到双湖县采风的一共是7个人，颠簸了一天到县城，有人发烧，有人呕吐，有人头晕失眠，熬到第二天一早，就有4个人受不了了。而中国石油从北京来此地挂职援藏的两位干部，在这里要呆三年。挂职县委副书记的胡勇，是位"80后"。看他的微信头像是个小女孩，他回答说，那是他8岁的女儿，上小学二年级。没有人会说她是"留守儿童"，但是事实上，在她上学启蒙阶段这三年，父亲就是不能陪伴女儿。他对她们母女的挂念是不言而喻的，虽然有了网络视频通话，但代替不了真实的陪伴与照料。

将心比心，我们对"共和国的长子"是不是有了更多的亲近感和敬意呢？

文｜鄢烈山（专栏作家，曾任南方报业传媒集团高级编辑，现为纪事丛书《白纸黑字》主编）

冰雪石油主题海报震撼发布

CNPC 中国石油 2016年1月4日

对于中国石油而言，这不仅仅是季节的冬天，亦是行业的冬天、形象的冬天。三个冬天之下，石油人如何越冬？带着这个问题，在2015年的最后一个月里，中国石油新媒体团队去到冰封的东北大地，从锦州到漠河，一路向北，寻找答案。

一路向北，我们发现，在这个冬天，那被冰雪凝结的"铁人精神"如一片片飘落的雪绒，开花落英于这片神圣的土地。

我们把这些雪绒花捡拾起来，那是一个憨笑，一则剪影，一双冻坏的手，一副挂霜的眉，一尊坚毅的雕像，一句铿锵的话语。正是这些，让我们无比坚信：没有一个冬天不可逾越！

从今天起，我们陆续把这些故事奉上。这些故事，都是平常的经验，都是平常的影像，我们无意变幻出太多花样，惟愿这平常，如灯火，给你温暖，给你力量。

文｜中国石油新媒体编辑部

摄影｜金添 南勇 赵鹏

制图｜李嘉荣

巡线工老亓的日与夜

CNPC 中国石油 2016 年 1 月 7 日

输油管道线上的巡线工，是一份极为普通的工作。正常来说，他每天的工作，就是沿着管线走，冬天冷、夏天热。然而，这份工作却极为重要，不仅要防范打孔盗油，而且要确保不发生泄漏，因为那样就会对生态环境造成破坏。就是在这个平凡岗位上，57 岁的亓益才做出了不平凡的工作。2015 年冬天的一个傍晚，小编特意跟随老亓的脚步，了解他是如何工作的。

默默巡线 15 年

亓益才已经在中国石油工作 40 年了。2000 年，他从一名汽车修理工转变为巡线工人。在那以后，他一直在辽河油田油气集输公司坨子里输站工作，至今已经有 15 年。

亓益才的主要工作是检查管线，避免风险事故的发生。虽然现在无人机巡线等高科技技术已经应用到巡线工作中来，但是对于坨子里输站负责的 5 段共 70 千米的老管线来说，完全依靠高科技这并不现实。只有人工实地检查才能及时发现问题，并及时处理。

"虽然管道地处辽河平原地势平坦，但管道穿越了河流、沼泽、农田、村庄、市区极为复杂。"站长赵阳告诉小编，现在偷油事件和漏油事故都减少了，正是巡线人的努力和高科技共同发挥的作用。

这中间当然也有亓益才的功劳。15 年间，亓益才总共巡线了 18720 千米，穿坏了 49 双鞋，发现可疑风险点 30 多处。

室外已是零下 18 摄氏度

亓益才正与小编交谈时，突然接到任务，坨曙线双台河穿越地区管道压力异常。这时已是傍晚 17：30，亓益才和队友尹鹏拿起设备赶往现场实地检查，这时室外温度已是零下 18 摄氏度。

刚刚到达现场，他们就迅速进行测量，检测管道的埋深，以及查看管道是否发生位移。因为这段管道埋在农田里，冬天还比较好检查，但到了夏天，玉米一旦长到一人多高的时候，在一望无际的玉米地里极易迷路。不过，这难不倒亓益才，他是一点点看着庄稼长高长大的，因此他能精准地在管道线上行走。这条路他毕竟走了太多次了。

经过测量，亓益才说："管道埋深 1.5 米，数据正常，管道未发生位移。"这对他们来说是个不错的结果。

🌢 巡线过程里的风险

日常巡线过程中，最难处理的不是技术问题，而是跟人打交道。亓益才说，因为管道从农田上穿过，有时穿越村庄，有很多村民在管道周围违规搭建建筑物、迁坟等，他经常和当地的村长和村民进行交流，并向他们讲解管道穿越的相关知识。

测量完这个地点后，他们急忙赶往下一个现场进行测量。像图中这样跨越壕沟，亓益才说："这是巡线的必练功课。不过在冬天要格外小心，因为芦苇荡被割完，剩下的芦苇茎十分锋利，可以轻易把鞋子扎透。"

坨曙线管道穿越了公路，他们利用汽车的灯光对管线进行检测，来往穿梭的汽车，从他们身边呼啸而过，小编不得不随时提醒他们注意安全。

公路的下边就是双台河，12 月份的双台河已经封冻，人可以在上面行走，但冰面非常光滑，小编就摔了好几个跟头。亓益才说："管道穿越了河流，这是每次都要重点检测的地方，因为一旦发生泄漏对河流的污染，那将是灾难性的。"

经过对这个报警点仔细地测量检查，并无异常情况。亓益才的年轻搭档尹鹏告诉小编："像这样的突发情况，时常会发生，但巡线员必须随叫随到。"

亓益才并不想神化这份工作，他只是说，"这份养活了我一辈子的工作，我就想本本分分地做好它，不让它在我当班中出现任何的问题，这就是我的价值体现。"

文 | 宋清海

这份工作陌生到让你咋舌

CNPC 中国石油　2016 年 1 月 11 日

世界上有许多工作陌生到让你咋舌，比如拿着 110000 美元的半年薪在大堡礁做一个守岛人，比如在美国加州的葡萄酒庄做一个免费喝酒还有报酬拿的葡萄酒测试员。而陈海堂的工作是专门在布满冰凌的松花江上划船打冰。江上行船，想来不难，可在布满冰凌的江面上呢？陈海堂是个石油人，身份是吉林石化公司化肥厂水汽车间的员工，打冰又是为何？

一

戽，对于大多数人来说是一个陌生的字，音 hù，指汲水灌溉的农具。戽头，即取水口。陈海堂打冰，即与松花江上的戽头有关。

松花江穿吉林市而过，冬天当地气温低至零下二十几摄氏度，江水竟不封冻。虽不封冻，但每年 11 月中旬到次年 2 月中旬，江面上的冰凌浩浩汤汤，蔚为奇观。这对于吉林石化所辖的江上戽头来说，冰凌奇观却是致命威胁。

顺流而下的冰凌，贴在戽头的箅子上瞬间冻住，越冻越高、越冻越厚，直至把整个取水口冻死，水流无法从箅子流入，吉化生产所需的供水中断。对化肥厂乃至整个吉林石化的装置而言，水即血液，冷却要水，清洗要水，方方面面都要水，无水的后果无法想象。

于是，陈海堂和他的打冰队就显得无比重要。最严重的一次，发生在 2000 年 1 月的一天，吉林石化东厂的取水戽头被冻住后无法进水，该厂三分之二装置不得不停车，这是吉林石化有史以来最严重的一次断水停产事故。

那时，凌晨 3 点多，时任吉林石化总经理焦海坤亲自坐镇指挥，但一次次的努力都没有成功，同是打冰人的刘金海带领的冲锋队甚至被冲到了下游。本来负责西部取水戽头的陈海堂临危东调，"焦总啥也没说，就是使劲握住我的手，重重地颠了三下。"陈海堂回忆道，他从这沉甸甸的握手中感受到了沉甸甸的分量。深感责任重大的陈海堂，立刻上阵，纵一艘小船扎进夜幕下的松花江。几经周转，终于成功将小船固定在了戽头边上，一阵铁钎和碎冰的击打声后，"哗……"，江水进入戽头，"血液"破梗续流，吉林石化东部基地陆续恢复生产。

那一夜，岸上所有的汽车灯都照向江面，顿如白昼；那一刻，陈海堂和他的兄弟们觉得自己像明星、似英雄。

二

在冰凌肆虐的松花江上划船，说起来容易，做起来却难，考验的不仅是技巧，还有耐力和勇气。

陈海堂看过《泰坦尼克号》，松花江上的冰凌撞一下小铁船，虽不及游轮撞上冰山那么凶险，但稍不留神，后果都是一样的，"这样的场景（危险）我每天都会经历"陈海堂说。小的危险就不说了。1998年冬天，冰凌满布的松花江再一次让戽头告急。天色已黑，但冰凌即是命令。时任打冰队队长刘金海无暇顾及，带着陈海堂和另外几个队员下了江。夜色中，刘金海站在船头指挥，一个不小心撞到一块冰凌，跌入了冰冷的江水。陈海堂来不及思考，一弯腰，抓住刘金海，大伙先稳住船身，这才使劲把刘金海拖了上来，惊魂未定的刘金海不顾自己被冰凌割伤，愣是立刻换上备用衣服，继续指挥小船划向戽头……

而据陈海堂回忆，老一辈打冰人面临的危险更大，他们甚至需要住到江上，三天一轮换，时刻盯着戽头。那时如果遇上江面结冰，打冰人就不可能划船上岸，只能等江面冻得再结实一点铺跳板上岸，曾经就有人以三天的口粮在冰冷的船上坚持了五天才脱险。

三

从1956年第一代松花江上打冰人算起，这份工作已经延续了一个甲子。但六十年来，真正会这门手艺的人却只有五个。正是这门近乎非物质文化遗产的手艺，保证了吉林石化几十年的冬季供水和正常生产。

第二代打冰人刘金海、陈海堂1990年开始打冰，第三代打冰人陈海堂的徒弟李冰和甄志坚2009年取得船员证，并从那时起开始学习在布满冰凌的江上行船。

时间在流逝，时代在进步，科技也在发展，这份如此危险的工作难道非要靠人力划一条小铁船？带发动机的冲锋艇不可以吗？陈海堂他们并非没有尝试过其他办法，"在 1990 年的时候，我们就试过两次冲锋艇，但是推动器的螺旋桨不用几天就被冰凌磨掉了一大半，成本太大了。"陈海堂说。

2015 年 12 月 29 日，陈海堂退休了。"我们厂为陈师傅办了一场退休典礼，这是我们厂唯一一次为一个人办退休典礼"陈海堂的徒弟们说。两个徒弟也坦言，对于师傅传授的冰上行船诀窍，二人还未完全参透。

陈海堂说，虽然自己退休了，但如果徒弟遇到了无法解决的问题，他依旧会随叫随到，还会在江面上再次划起这条小船，迎着锋利的冰凌前行。

文 | 宋清海

拥抱每一种生活

你奋力救人的样子
真的很帅！

@中国石油
女子冒雨赶路不慎坠入水中，石油员工跳水救人

寻找这个时代遗失的工匠

CNPC 中国石油　2016 年 1 月 13 日

我们身处的这个时代，什么都很快。脚步快，车马快，甚至工作也换得快，似乎稍一放松，就要被进步的洪流淘汰。好在这世上还有一群人，他们传承了工匠的执着和修行，凝神专一，精益求精，持之以恒，对每一个零件每一道工序都精雕细琢。他们在苦寒之地，守一条原油管道，守一把加油枪，守一座炼厂，守一颗心……他们在苦寒之地，撑一只小船，解炼厂之危；拿一把标尺，守油库

45°N 哈尔滨友谊加油站，-17℃下加油员刘洪涛正在加油

45°N 哈尔滨石化分公司，-17℃下加油班班长王显江正在给油罐车输油

53°N 漠河输油站，-39℃下生产技术员张晨正在测量油罐油位

53°N 兴安镇黑龙江上，-37℃下钳工黄振正在锯冰围油演练

平安；清一钻泥水，献一条油脉；扛一把电锯，保一江清源……以匠心创作工艺，以匠心对抗浮躁，以匠心缔造劳动的神话，寒来暑往，一如往常，实乃匠人之心。

53°N 漠河输油站，-39℃下副站长曹艳刚转动油阀

41°5′N 辽宁锦州石化，-10℃下外操单立光正在寻找装置的漏点

41°5′N 辽宁锦州石化，-10℃下外操王健正在听电动机运行状态有无异音

41°N 辽宁盘锦辽河油田，-13℃下拆装队队长谭长清正在拆装管线

41°N 辽宁盘锦长城钻探50009队，-14℃下内钳工冯博、外钳工王国生正在清理钻上的泥水

文｜宋清海　编辑｜邓卓　摄影｜程建　刘一

这是你我都没见过的"80后"

CNPC 中国石油　2016年1月15日

他是坐在隔壁算不上帅气的同事,他是医院里带着双亲看病的儿子,她是候机大厅里哺乳的妈妈,他是面试你的霸道总裁……

十年,一代人,他们是80后,1980年1月1日至1989年12月31日出生的一代人。每一代人都会被烙上独有的时代印记,就像我们的肤色与乡音,自然到擦不去忘不了。曾经,80后是被热议的人群,被贴上过"垮掉的一代"之类的标签。事实证明,他们没有垮掉,没有迷惘。如今,80后俨然成长为社会的中坚力量。一小部分80后已在各自所在的领域独领风骚,大部分80后忙着恋爱结婚备孕奶娃挤公交供房子一不怕苦二不怕死勤勤恳恳建设社会主义。这样的80后,你我都见惯了。

然而,在黑龙江大庆——一座以石油闻名的工业城市,有一群80后,与你我身边的80后有所不同,更准确地说,他们有些格格不入。具体为何,我不说话。

🌢 拍摄手记

我成长在当年石油会战的家庭,走出校门就参加了油田建设。人生的经历与职业的历练使我始终关注着石油、眷恋着油田。

随着钻井的科技含量越来越高,很多大学生已经投入到这个行业之中。虽然工作条件改善了,但是劳动强度依然如故。80后现在是钻井的主力军,2008年,我开始将镜头对准他们。

5年多来,我利用业余时间,深入近百个钻井队体验生活,学习钻井知识,与80后钻工交朋友,用相机拍了五六万张照片,记录了钻井会战的恢宏场面和钻工工作中的难忘瞬间。

80 后给我留下深刻印象，他们有知识，懂技术，夏天一身泥，冬天一身冰，24 小时轮班作业，昼夜不停。他们说的实实在在，做的严细认真，这些都深深感动和激励着我。

之前一个想法是感觉现在的年轻人比较浮躁，总想找个安逸的工作而不愿意下基层。我拍这组片子也是想展示一下 80 后如何在最基层进行最艰苦、最危险的工作的，而且一干就是若干年。

文 | 邓卓　摄影 | 庞相梁

一封来自中国最北极的手写家书

CNPC 中国石油   2016 年 1 月 18 日

"有一天你会真正地长大，你也会有自己的孩子，当你的孩子也这样去做，你也会感到心痛。儿子，一个人可以不需要有渊博的知识、显赫的地位，但绝不能缺少良好的品质，诚信和有爱心，那是做人的根本，要不然，不会有任何人瞧得起你。"

张春青出差忙完工作，回到北纬 53 度的北极村宾馆，像往常一样给儿子写信。窗外，一个冬天都化不尽的雪，万籁无声；窗内，笔尖在格子纸上起落，沙沙作响。他刻意挑这样一个名字恰如其实的地方将信寄给儿子，是想让他知道爸爸在什么样的地方工作。

爸爸去哪儿

漠大管线首站漠河站与北极村，很难区分谁才是中国最北的地方。大兴安岭原始森林腹地，紧挨中俄界河黑龙江，这里是俄罗斯西伯利亚原油进入中国的第一站。张春青是漠河站的站长，自 2010 年建站就在这里工作。他是突然间意识到儿子长大的。2005 年儿子三岁时，他去了新疆戈壁的输气站，一待就是五年。远离大庆的家，照顾孩子的责任基本上全给了妻子，二人打电话的主题永远围绕着孩子。偶尔休假回家，儿子对这个突然闯入的男人甚至会有陌生感，但毕竟是小孩子，在家陪着他玩几天，等张春青要回去上班时，儿子已经不舍得他走了。

转眼，2010 年 10 月张春青被调到漠河站时，儿子已经八岁。由于成长期间长期缺少父亲陪伴，儿子性格内向，甚至有些柔弱。现在到了青春叛逆期，连母亲的话也不听了，心事不与人说，不写作业，学习下降，甚至跟母亲吵架。妻子无奈，只好打电话求助于张春青，希望一直以严父形象出现的他可以教导儿子重回正轨。于是张春青开始在电话这头教育儿子，而电话那头，儿子感觉自己被妈妈出卖，慢慢地，爸爸的电话他也不再接了。同样有一个在管道工作的父亲的张春青，从未想过自己的缺位会给孩子成长带来这么大的影响。

1970 年，铁路运输混乱，虽然大庆油田年产过 2000 万吨，但全国各地燃料油依然告急。这年 7 月，一条从大庆到抚顺的大口径输油管道建设规划诞生。从 1970 年 8 月 3 日起，由工人、农民、士兵组成的十万建设队伍，在物质条件极端匮乏的情况下，历时一年多，建成了从大庆至抚顺的 663 千米输油管。这场管道会战日后被称为"八三会战"，"管道为业、四海为家、艰苦为荣、野战为乐"成为管道人的精神坐标。这一批建设者被称为"老八三"。

张春青的父亲就是一位"老八三"，他小时候就习惯了父亲经常在外的生活，好在那时兄弟姐妹多，张春青的童年并不觉得孤独，他们这一代人似乎也没有叛逆期。如今，面对进入青春期的独生子，张春青不知所措。

妻子建议他单独跟儿子出游，培养一下父子感情。2013 年儿子放寒假，张春青带着他来了一次现实版"爸爸去哪儿"，父子二人去了三亚。出游第二天，他们来到天涯海角，张春青沿着海滩走，儿子则想沿着路边玩，他们约定在前方会合。可一转眼儿子不见了，马上到了导游规定的集合时间，张春青成了热锅上的蚂蚁。这时，导游打来电话，说儿子已经先到集合点了，张春青见到儿子本想发火，儿子却说在路边没有看到爸爸，怕他着急，就提前回到集合点找到导游给他打电话。那一刻，张春青真正意识到，儿子已经不再是个小孩，开始懂事，可以自己处理问题了。

打短工的家庭主夫

八天短暂旅途结束后，张春青又回到漠河站工作。"休假五天之后，心就会慌。"保障安全生产的压力让张春青无法真正放松。

作为中俄油气管道进入国内的首站，漠河站如果有一点问题都是关系中俄两方的大事，关系到的不只是千万级的经济损失，更关系到整个漠河站近百名员工的安全和大兴安岭的生态环境。

"一旦出事，对这些员工的家人都说不过去。"戴着一副方眼镜的张春青有知识分子的儒雅和坚定，以及与生俱来的家国情怀，"如果破坏了大兴安岭的环境，我们都将是历史的罪人。"

有一次安全检查，正是站里最忙的时候，妻子给张春青打来电话，还没说两句，张春青一句"正忙着呢"就把电话挂了。

但张春青并不是霸道总裁，事后他赶紧给妻子打电话道歉，才知道家里暖气管裂开，屋里全是水，张春青的母亲也生病住院。纵然知道家里乱成一团，他依然无法回去，最终这些问题还是妻子一人扛了下来。

妻子在电话里很少跟他哭诉，但等他回到家，说起已经过去的心酸，妻子也会卸下防备，哭一场。五年间只在父亲去世那年在家过过春节的张春青自知亏欠家人太多，他能做的就是休假期间，推掉应酬，在家里多做早餐、送孩子上学、买菜做饭、接孩子放学，他十分享受这些日常，像一个打短工的家庭主夫。

张春青的青春题

"假如有一天，他们都成熟了，我也希望能回到孩子身边，多陪陪家人。"张春青说的"他们"是漠河站的员工。作为上级公司加格达奇分公司的青年教育基地，每年新到加格达奇分公司的大学生，都会到漠河站实习。

"培养人才让他们走出漠河站，而不是留在这里。"张春青如此理解漠河站作为青年教育基地的含义。因此，漠河站的新老交替很快，如今担任主力的很多都是 80 后甚至 90 后。然而已经 39 岁的张春青似乎依然是漠河站现在需要的人，从大西北到大东北，千里调动却独独绕开了他的家。"看着员工进步，心里是成就感。"

建站五年来，张春青在这里迎送了五届大学生，却唯独对自己家里的那个"年轻人"没了办法。儿子不接电话，张春青只好把希望寄托于文字，他在北极村出差时给儿子写下了那封信，署名"爱你的爸爸"。

"儿子你虽然长大了，但还没有成人，你更多承受的是父母的关爱，还没有感受到世道的艰辛，生活的不易，你的妈妈宁可自己省吃俭用，也要把好的东西买给你，我想这就是爱。""这个世界上，因为很多原因，许多孩子流离失所，过着艰难的生活，甚至走上犯罪的道路，我想咱们节省一下，每年你把节约的钱捐给那些需要帮助的人，那也是非常好的事情。""我们都希望给你创造一个和谐的家庭环境，相亲相爱一家人，我们永远希望看见大家的欢笑，看到我们虽然不是很富有，但是我们很幸福。"

两次"爸爸去哪儿"，诚恳的家书，儿子终于开始明白父母的良苦用心。2015 年儿子第一次主动给张春青打电话时，"他非常兴奋，见人就说。"漠河站员工王帅说。

文 | 陈词

神州北极"桃花源记"

CNPC 中国石油　2016年1月19日

　　1889年，运送黄金的车队到达京城时，金子已经被各级官员揩去大半，慈禧太后看后说了一句"这块金锭就留下给我买胭脂吧"，从此老金沟又叫胭脂沟。清末，很多人来到这个中国最北的蛮荒之地淘金，前些年热播的《闯关东》对此有过描写。

　　胭脂沟靠近中俄界河黑龙江，那个年代，水运远比陆运便利，通往胭脂沟的江上驿站逐渐有人聚集，形成村落——北极村。

　　北纬53度，最冷气温零下53摄氏度，53成为北极村常见的商品或店铺标识。深处大兴安岭之中，距省会哈尔滨一千多千米，这块16平方千米的土地，不足两百户居民少受外界打扰，俨然桃花源。

　　据当地人讲，在北极村家家户户都不会锁门，自己家的车不见了也不会去找，他们知道到晚上借车的人肯定会把它送回来。很长一段时间，这里的居民以种田打鱼为生，村里没接电网，村民日出而作，日落而息，漫长的冬季就更少有人出门。

　　2010年以前，村里没几辆汽车，摩托车多一些，但要加油必须到80千米之外的漠河县城。一个来回，刚加满油的摩托车油箱也差不多见底了，所以北极村人去县城加油都会拎着一个油桶，麻烦又不安全。

　　夏至前后的夜晚，北极村可看到极光，如此天赋异禀岂可闲置，1997年起，这里就开始进行旅游开发，最近一次大规模开发从2010年开始。整个村落被改造成旅游景点，村民成为景区的工人和主人，征地时也得到了不菲补偿，有心的村民办起农家乐，收入多了，村里汽车也多了，来旅游的车就更多，这座不再寂寞的村庄需要一座加油站。

　　王海军通过竞聘得到这个机会。生于1975的他，16岁就在加油站工作，加油员、计量员、维修，几乎加油站的每个工种他都做过，他是北极村加油站站长的不二人选。但选择去北极村，依然需要勇气。一切从零开始先不说，王海军已经在北极村所属地级市加格达奇安家，亲朋社交圈都在那里，只身前往近千里之外的北极村不得不慎重。他跟妻子宋连辉说了他的想法，没想到在通信运营公司上班的宋连辉不但支持，还决定辞职跟他一起去，申请做北极村加油站王站长手下唯一的员工。从此，北极村加油站成为一个夫妻站。

夫妻二人2011年11月来到北极村时，加油站刚刚建成，还没装修好，没有电，暖气也没接通。熬过那个冬天，改造后的国家电网终于连接到北极村，加油站的设施也基本完善，2012年6月夫妻店正式开张营业。

生活逐步走上了正轨。端午节，夫妻俩早起踏青，想感受一下北极村的过节气氛，却发现街上根本没什么人，原来这个极地村落压根没有过端午的传统，他们只好自讨没趣回加油站了。端午节可有可无，加油站却必不可少。夫妻站建成后，村民再也不用提着桶去漠河县城加油。天性淳朴热情的村民对给他们带来方便的夫妻俩也报以最大的善意，加油时会把自己家种的菜给王海军夫妇送来，打鱼路过加油站就顺便留下一条给他们。"吃的是绿色蔬菜，江里的冷水鱼，呼吸着天然氧吧的空气。"宋连辉总能找到生活的乐趣。到了夏季，北极村迎来旅游旺季，平静的日子开始忙碌起来。位于村口的加油站是旅游车的必经之地，加上村民的生意忙碌，用车机会增加，从5月到10月，加油站车辆络绎不绝，二人从早忙到晚，王海军最多一天能卖20吨油，宋连辉则打理便利店，开票结账，忙得不亦乐乎。

紧接着到11月，中国汽车拉力锦标赛（漠河站）在北极村召开，油品提供者正是夫妻站。一天，一个戴着眼镜的长发年轻人来加油，他跟王海军照了张合影，这个年轻人是作家兼赛车手韩寒。

四年过去，王海军夫妇已经把北极村加油站当作自己的家，他们把加油站打理得像家一样干净整洁。王海军说，每年全世界各地的游客来北极村旅游，如果这个加油站给人留下不好印象，可能没人记住他们夫妻，但他们会说中国石油的不好，"我们这个站虽然小，但也是中国石油的一个窗口。"

为了维护这个窗口，王海军曾在寒夜行进20多千米为半路没油的车辆去送油，也和村民成为知己。正是这些努力，两个人经营的夫妻站今年却成了整个大兴安岭地区超额完成任务最多的加油站，实际销售额是计划的三倍。而他们为此付出的代价则是长期与亲人的分离。

来到这里的第一个春节，夫妻俩烧了几个菜，以为爱人在一起，也可以乐呵呵地过年了。谁知等到除夕万家灯火时，巨大的孤寂还是将他们淹没。宋连辉打电话给母亲诉苦，心疼女儿的母亲知道他们不可能离开北极村，从此每年过春节都会到北极村陪他们一起过年。

至于其他亲人就很难一起团聚了，夫妇二人不可能同时离开北极村。2014年9月，上级领导来北极村加油站考察，发现只有王海军一人在站里，问起来才知道宋连辉生病回加格达奇做手术了。领导赶紧安排人接替王海军，让他回去照顾妻子。

夫妻俩终于有了一次同时回加格达奇的机会，王海军回去陪了妻子10天，期间恰逢中秋节，一大家子三年来首次聚齐，"那个中秋节就像过年一样"，宋连辉提及此依然兴奋，而这样的聚会至今只有那一次。

更多时候，寂寞还需要二人合力克服。宋连辉说到北极村后夫妻俩很少吵架了，偶尔拌嘴，王海军也会立马来哄她。"没办法，他不搭理我，就更没人说话了。"王海军露出幸福的无奈。

性格内向的王海军甚至有时比妻子还细腻。他不仅做得一手好菜，还有一双巧手。在他们认识的第一年，王海军送给爱人一件他亲手秀的美人鱼十字绣。如今结婚9年，王海军还会早起时给妻子梳头。妻子手术后，他一个人把重活都包了下来，冬天基本不让宋连辉到室外，加油站的积雪王海军一个人打扫干净，冬季这里积雪能有半米多深。

乐观开朗的宋连辉更懂生活的情趣。她从加格达奇带了几尾凤尾金鱼，金鱼却因为不适应北极村水质很快死去，宋连辉只好又买了几条，悉心照料。村民也知道他们的孤独，送他们一只小鸟，宋连辉给它取名欢欢。

在这个古老而日新的村落，夫妻俩逐渐找到自己的坐标。北极村，加油站，已经是他们的家，苦中有乐。冬天傍晚，夫妻俩去村里买菜，怕菜冻了就把它裹在衣服里，可回到家菜还是冻了。王海军把这当作一个段子讲。

文 | 陈词

冬季作战 "特种兵"

CNPC 中国石油   2016 年 1 月 29 日

    在地冻天寒的日子里，吉林省吉林市活跃着一支特种作业队伍。他们并不固定于某个地方，也不管天气怎么变化，哪里有任务他们就会出现在哪里。这支队伍存在的意义重大，因为他们的工作，直接决定了各个设施的正常运转。他们是一支不折不扣的冬季"特种兵"。

战斗打响

    2015 年 12 月 20 日，星期天。吉林市当天的气温比往年要高一些，但还是有零下十摄氏度左右。"特种兵"潘宝龙和搭档李丰并没有休息，照常上班。

    上午八点，两人准时开始准备当天的工作。他们爬上 36 米高的"战场"，戴上面罩，穿上防护服、高筒靴，系上安全带。一切准备就绪，就等战斗打响。

    当潘宝龙站好位置，准备得当，便像往常一样，点点头向李丰发出"开战"的暗号，李丰握枪的手一紧，嘣的一声，战斗开始！

    120 兆帕（1200 公斤水压）的水从高压水带喷薄而出进入管道。随即，受到压力的水和着堵塞管道的油渣，被挤出管道，直接喷向潘宝龙的脸和身体。潘宝龙对此习以为常，双手一抽一送不停冲刷管道，不到三秒时间，从头到脚浑身浇透。

    站在一旁的李丰，距离潘宝龙有五六米远。他紧握着手中的枪，密切注视着潘宝龙，等待他发出下一个指令。

    当潘宝龙示意，水压不够，不足以冲刷油渣时，李丰立刻用对讲机联系地面的同事，让他加大高压水的压力。

    直到喷出的高压水，不再反向挤出油渣时，这个管子才算是打通了。一个任务总算完成。李丰说："洗干净一根管子的时间并不固定，短的时候几分钟，长的时候要半个小时。"

清洗管道有多重要？

潘宝龙和李丰都是建修公司特种车间的特种清洗工人。之所以称他们为"特种兵"，主要原因是他们的工作实在特别——为各个厂的换热器清洗管道。

12月20日这天，他们当天的工作地点是吉林石化乙烯厂。按照工作流程，一人负责调控高压水枪，另外一人清洗管道，两小时轮换一次。

关于为什么要清洗管道，李丰解释说，因为换热器运行一定周期后，便会出现油渣堵住管道等导致设备无法正常生产的情况，他们就是要在这时候出现，用高压水枪打通堵住管道的污料。

虽然清洗管道的工作一年不停，但到了冬季，这项工作却尤为重要。"冬季对清洗作业来说是一个特殊时期。"特种车间主任孙柏怀说，"除了低温降雪等因素影响，装置设备进入冬季运行期后，也会不同程度地出现冻堵、结焦现象，作业难度较大。"

冬天的考验

冬天在露天作业，的确是对一线工人的极大考验。"风大天冷，水枪里的水是冷水，喷出来就结冰了，防护服上挂满了冰碴子，跟穿了铠甲一样。"李丰说。

负责清洗管道的工人，在暖和时一般都穿着既能防水又防腐蚀的靴子，但一到冬天就面临两难困境。"因为温度太低，要是再穿靴子，站上几分钟脚就冻僵了。"李丰说，可要是穿了棉鞋，因为不防水，很快鞋就会湿透、冻住。

除此之外，日常工作中的风险也无处不在。为石化企业清洗各类装置时，反弹出来的污料含酸、碱、油等物质，如果防护措施不到位，灼伤皮肤的情况时有发生。

就连手中的水枪也很危险。一般情况下，自来水水压为0.07兆帕左右，而李丰手中的高压水枪，喷出来的水最高能达到280兆帕，比刀子锋利多了，如果操作不当能瞬间穿透手背脚背，危险性不言而喻。

哪里需要，就去哪里

在特种车间，像李丰一样的特种清洗工，还有十五位。目前，特种车间已经完成了 21 套装置 70 余台设备清洗计划，"特种兵"的称号，他们当之无愧。

  12 月下旬远不是吉林最冷的时候，工人们都知道，过年之前吉林气温还要下降到零下三十多摄氏度。"有啥好怕的，有活儿就干呗。"51 岁的李丰说，今年已是他从事清洗工的第十年，他很清楚，无论过节还是低温，特种清洗工不能停歇，"我们是流动作业，哪里需要便去哪里。"

  下午 4 点半，天色暗了下来，乙烯厂的灯全都亮了。李丰和潘宝龙也把夜灯打开，吊在需要清洗管道的上方。他们要继续把当天的工作做完。

文 | 邓卓

@中国石油

美美哒？emmm……

这条八千米长的铁路上，冰雪就是命令

CNPC 中国石油　2016 年 2 月 2 日

冰天雪地里，如何把东西运出去？这一直是个古老的问题，三百六十行，概莫能外，对石化企业而言也是如此。每一场雪，对于吉林石化公司二五零调车站来说，都意味着骤然翻倍的工作量。

二五零车队负责吉林石化公司企业铁路至龙潭山货运站的调运工作，这条八千米长的铁路是吉林石化汽柴油、聚乙烯等产品的一大出口。冬天，铁路干线的积雪给货运机车的运行带来了安全隐患。其中，道岔上的积雪影响最大。

道岔，是一种铁道连接设备，能使机车从一股道转入另一股道，提升了线路的通过能力。道岔来回移动到位，需要岔尖与轨道紧密贴合，如果之间存在积雪积冰，调车站就不能正确调度火车，从而打乱整个吉林石化的生产与货运节奏。道岔数量多、构造复杂，是轨道的三大薄弱环节之一，养护与维修所需投入大。为了及时清除道岔上的积雪，不耽误机车的调度和运行，二五零车队可没少费心思。

车队的孙玉福站长专门为清雪工作设计了编队和"以雪为令"制度。全队 71 名员工被编为 1 个常备队和 5 个清雪小分队。常备队负责平常清扫。一旦降雪量超过中雪标准，5 个清雪小分队就"迎雪而上"，即使在家休息也要随时归队。

清雪是个费时费力的苦差事。下雪时，常常是队员们还没清几组道岔，第一组就又落满了雪。即便雪停了，机车驶过带起的风又会把积雪再次吹起，重新堆满岔道。在外清雪两三个小时，再抗风保暖的衣服还是会冻透，虽然清一会儿雪身子就会发热，但寒风很快就能吹透衣服。

为了提高清雪效率，二五零车队除了用扫帚铁锹外，还想出了一些新方法。孙站长有次坐火车外出，看到有人用风力灭火机吹扫铁轨上的异物，这让他大受启发。他马上抄写了型号，回来后多次上报争取，最终配备了 4 台风力灭火机。

配备了独家武器后，所过之处"寸雪不生"，吹除 64 组道岔上的积雪只需要一个小时。有一次吉林突降大雪，吉林石化铁路运输部门召开了抗风雪紧急会议，会后领导就到二五零调车站视察除雪工作，却发现队员们都还待在屋里。发火的领导正要训话，孙站长赶忙说："我们站已经扫完一轮了。"

除了清除岔道上的积雪，调车工作也会在寒冬里变得更加艰难。调车时，扳道员要先扳完机车需要经过岔道的道闸，信号员再在风雪中引导机车与车厢挂接，这时坐在机车司机旁的副车则会把头伸出驾驶室，在寒风中瞭望信号并告知驾驶员。

平均一辆机车需要拉动 60 节车厢，每节车厢长达 11 米。调车员需要从车头检查到车尾。一旦任何装置出现问题，车厢就会松掉。值夜班的调车员需要从晚上 6 点作业到早晨 8 点，漫长的寒夜对人的考验可不只是身体上的。

二五零调车站平均每天要调 200 车，汽油、柴油、液化气、聚乙烯等产品都要经由它送到龙潭山货运站，最终被运往全国各地。对在这条八千米长的铁道上奋战的二五零车队而言，冰雪就是命令。

文 | 李金源

曹爽的第 22 个冬天

CNPC 中国石油　2016 年 2 月 6 日

　　爱美、爱闹、喜欢韩国欧巴，陌生人见她第一眼，往往以为自己撞见了韩国明星，但她实实在在是一个地道的龙江姑娘。她是曹爽。在东北黑土地上，曹爽已经度过了 21 个冬天，但这个冬天——她生命中的第 22 个冬天，曹爽突然有点怕了。她倒不是怕冷，她怕的是……

　　"锦绣河山美如画，祖国建设跨骏马，我当个石油工人多荣耀，头戴铝盔走天涯……"姑娘曹爽第一次听到这旋律，心头激起千层浪，血液一下子滚烫。

　　2015 年，大学毕业的她过五关斩六将，如愿成了中国石油哈尔滨销售系统的一员。理想实现，这让她欣喜若狂了好一阵子。然而，现实往往骨感，对这个 90 后女孩来说，接踵而至的，是一连串考验。和许多入职的新人一样，曹爽需要到加油站"锻炼锻炼"。哈尔滨的冬天，平均气温零下十八摄氏度，三九天甚至会达到零下二三十摄氏度。此时，曹爽需要和东北大地上的加油员们一样，坚守在加油岛上为顾客服务。"以前每个冬天都是在家里或者教室里，但这个冬天每周要有 45 个小时都在加油岛上加油，这对我来说是一个挑战。"曹爽说。

　　她倒不是怕冷，她怕的是一冷了就容易出错。寒冬里，收假币的概率要比平常高，双手冻麻了加油动作就不熟练，冻得脑袋疼记忆力会下降，忘记盖好油箱盖的概率也会提高，"对一个女孩来说，还有更糟糕的，你懂的。"

　　考验可不只是寒冷这么简单。加油这工作，看似简单，但要不停重复，引导、问好、提枪、挂枪、收银……如是程序，一个都不能少。原本就有些大大咧咧的曹爽，刚上岗的时候，偶尔加完油忘记盖上油箱盖，偶尔忘记收钱，偶尔溜个神，为此，她没少挨老师傅的批评。批评之外，曹爽有时会觉得尴尬。同学朋友偶尔会过来，曹爽为他们加完油，当时是一句谢谢，事后朋友却悄悄问："为啥要干这个，弄一身汽油味？"此时的曹爽无言以对。

更苦恼的是，曹爽长得好看，但有时好看却意味着麻烦。有的顾客以为美女是万能的，对她的一点点小瑕疵都揪住不放，有人怪她不熟练，有人嫌她力气小，当然，还有人直接问她要联系方式。这一切，58岁的老加油员徐春利师傅都看在了眼里。当她遇到顾客刁难，徐师傅都会主动上来解围，"您别生气，理解一下，她是新手。"像这样的情况发生了多次，一来二去，曹爽和徐大爷成了师徒。

老师傅耐心教小徒弟熟悉加油流程、如何辨识假币，小徒弟耐着性子仔细聆听、潜心琢磨。如今，在哈尔滨公滨路加油站，一老一少的师徒已经成为这里一道靓丽的风景。现在的曹爽，已是一名可以按照"加油十三部曲"熟练操作的中国石油员工。

她说，这叫接地气……

讲起以往的苦恼，曹爽偶尔还会眼含泪花，但现在的她，更多的是自信地微笑。虽然和许多小姑娘一样，她也爱唱"我不想，我不想，不想长大"，但在加油站里历练了一番之后，曹爽长大了。

以前，她和90后的同龄人一样，习惯晚睡晚起，但现在，八点钟穿着工装出现在风雪中的加油岛上根本不是事儿；以前，她爱美，穿个棉袄都嫌臃肿，现在，别说大棉袄二棉裤了，连老头鞋都上了脚，她说，这叫接地气；以前，她对家人和男友依赖极了，现在，她却从来不让他们来加油站，既是不想让他们心疼，也不想因为他们的担忧让自己变得不坚强……

这个冬天行将结束，曹爽已经摸索出了自己的越冬小窍门：多干活、多活动。这个冬天，她还没有犯过错误，而且收获了许多老顾客的好评，不止一位顾客对她说："累坏了吧？"曹爽说，那一瞬间，内心比第一次拿到工资时还要欣慰，血液又一下子滚烫了起来。

文 | 宋清海　摄影 | 金添

智慧

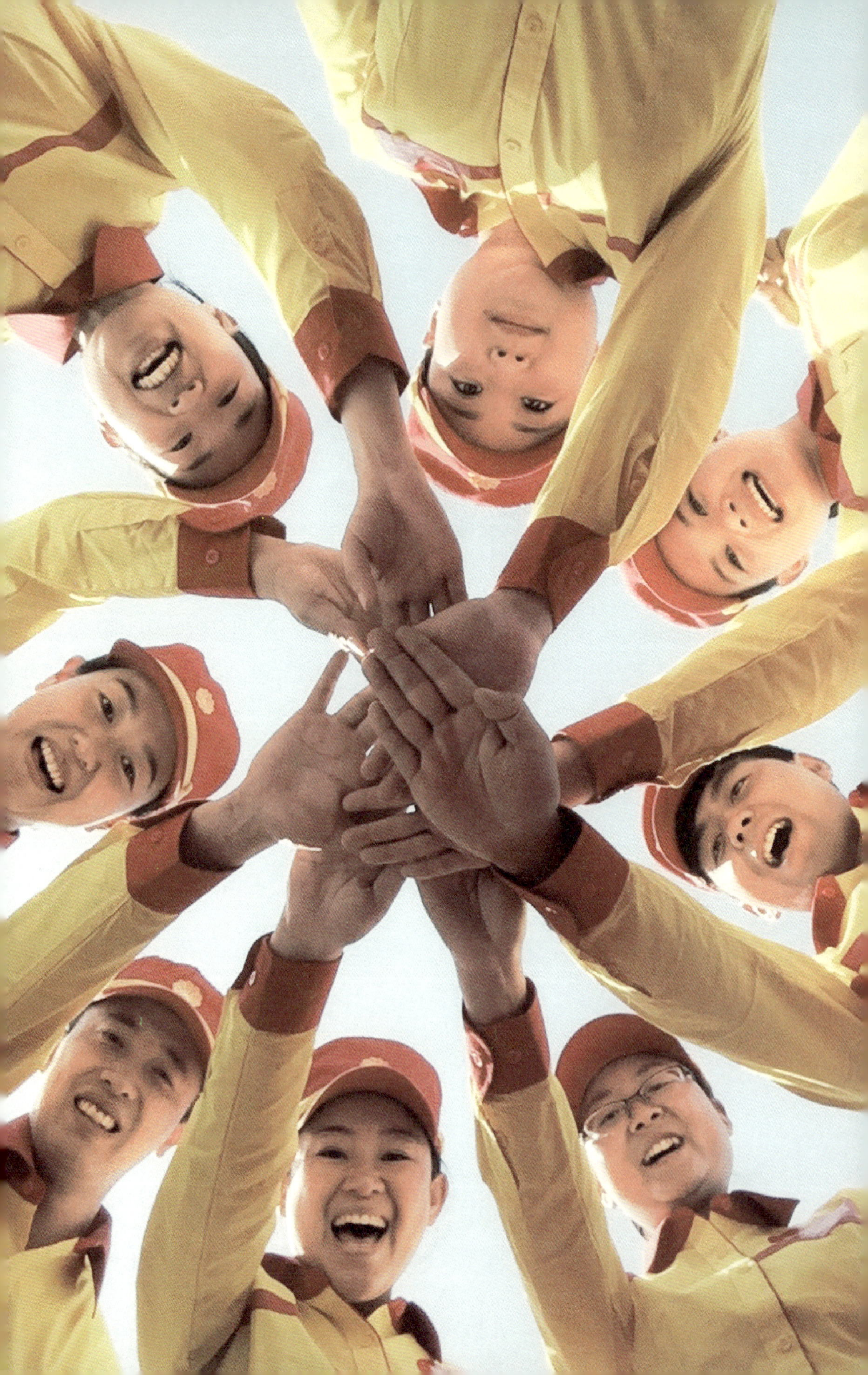

口罩来了！

2020年2月11日

问题一：口罩原料从哪来？

2003年的"非典"一时间让口罩"奇货可居"

2020年年初，新冠肺炎凶猛地来了，再次让口罩登上热搜

时隔17年，口罩再次成为最大的必需品

那问题来了

目前口罩原材料从哪来？
我国一年能生产多少只口罩？

一个重要问题先说无妨
口罩生产技术壁垒不高
主要瓶颈在于
原材料供应和医用资质

在口罩原材料生产方面
我们有发言权
生产口罩用的原材料
主要来自**石油石化制品**

医用外科口罩和N95口罩
主要由**三层无纺布**组成

外层
做了防水处理的无纺布
主要用于隔绝患者喷出的液体

中间的过滤层
经过驻极处理的聚丙烯
熔喷无纺布

内层
普通无纺布

最后生产完毕后
要经过**环氧乙烷**消毒并**静置7天**挥发毒性
经过密封包装，装箱运走

医用口罩核心中的核心
就是极细密且带静电的
中间层过滤布——**熔喷无纺布**
这是过滤新冠病毒气溶胶的关键

含新冠病毒的飞沫靠近熔喷无纺布后
会被静电吸附在无纺布表面
无法穿过

！！！入侵失败～

那么，生产一只这样的口罩
要经过哪些步骤呢？

STEP.1
准备原料聚丙烯

熔喷无纺布的主要材质是一种由石油为原料加工而来的物质
——聚丙烯

STEP.1 聚丙烯颗粒袋

这是兄弟姐妹们的合照 我们用途广泛，特别是在医疗卫生方面。

聚丙烯无纺布专用料生产的无纺布可用于生产一次性手术衣、被单、口罩、盖布、液体吸收垫……

STEP.2 聚丙烯纤维生产

我和小伙伴儿们将经过**聚合物挤压法非织造工艺形成熔喷无纺布**。这是显微镜下我们的样子，无滤镜无美颜的~

STEP.3 熔喷无纺布生产

STEP.4 驻极处理

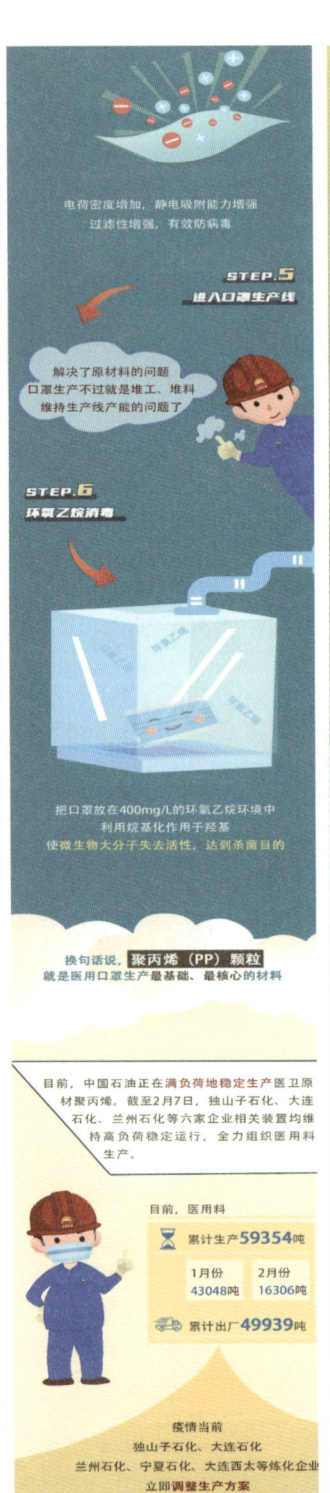

电荷密度增加，静电吸附能力增强 过滤性增强，有效防病毒

STEP.5 进入口罩生产线

解决了原材料的问题 口罩生产不过就是堆工、堆料 维持生产线产能的问题了

STEP.6 环氧乙烷消毒

把口罩放在400mg/L的环氧乙烷环境中 利用烷基化作用于羟基 使微生物大分子失去活性，达到杀菌目的

换句话说，**聚丙烯（PP）颗粒** 就是医用口罩生产最基础、最核心的材料

目前，中国石油正在**满负荷地稳定生产医卫原材料聚丙烯**。截至2月7日，独山子石化、大连石化、兰州石化等六家企业相关装置均维持高负荷稳定运行，全力组织医用料生产。

目前，医用料
累计生产**59354**吨
1月份 43048吨
2月份 16306吨
累计出厂**49939**吨

疫情当前
独山子石化、大连石化
兰州石化、宁夏石化、大连西太等炼化企业
立即调整生产方案
把医用原材料生产放在生产工作的第一位

独山子石化

独山子石化公司按照党中央、国务院批示精神和集团公司要求，快速反应，对聚丙烯S2040产品优先排产、优先生产、优先外运，全力保障市场需求。

年初至2月9日，独山子石化公司生产口罩原材料聚丙烯S2040共计**14870吨**。

产品在包装线上 赵明蓬｜摄

产品装车外运 李志强｜摄

大连石化

大连石化公司调整优化三套催化装置和气分装置生产，增加丙烯产量，提高20万吨/年和5万吨/年两套聚丙烯装置产能。

公司今年1月份共生产聚丙烯产品**25000余**吨，比上个月增产**3.7%**，其中H39S-3产品超过排产计划**5%**。

2月份，公司将努力提高产量，计划生产H39S-3**18500**吨，比上月计划提高**15.6%**，全力向生产医用口罩等医用品的下游企业供应高质量的聚丙烯无纺布专用料。

兰州石化

兰州石化作为西部重要的炼油化工产品生产基地,紧急调整生产结构,增产防控疫情的医用物资。

元月份,兰州石化生产可用作口罩和防护服原料的S900无纺布聚丙烯**297吨**。目前,兰州石化S900聚丙烯纤维专用料产量达到了**每小时14.5吨**,日产量350吨。

2月份,兰州石化计划生产出3000吨S900聚丙烯纤维专用料投放市场,保障医用口罩、防护服的生产原料供应。

宁夏石化

在接到集团炼化板块紧急转产NX40S粉料的调度令后,从1月1日到2月9日,宁夏石化累计生产聚丙烯颗粒**11551吨**。其中生产NX40S无纺布纤维专用料4198吨,累计销售3365吨。

其中,2月份全面转产NX40S以来,累计生产**1688吨**,累计销售量**855吨**,全部发往湖北、四川,用于下游企业生产医用口罩和防护服等医用产品,全力驰援湖北疫情防控。

广西石化

疫情期间全国聚丙烯需求大幅上涨,广西石化公司全力保供国内聚丙烯产品,开足马力优化排产,加强巡回检查,保证产品质量,不断优化生产,开展技术攻关,各项技术经济指标稳中创优。

截至目前,生产聚丙烯膜料颗粒合计**1.2万吨**。

大连西太平洋石化

1月1日至2月9日,大连西太平洋石化公司聚丙烯(pp)颗粒总产量9941.425吨,聚丙烯纤维生产总产量8346.755吨,熔喷无纺布原料生产总产量1809.68吨。

各炼化企业生产出医用聚丙烯原材料后,化工销售公司则负责将这些原料送到生产医用卫生产品的企业。

面对新冠肺炎疫情,中国石油**各化工销售公司**第一时间下达运输计划,全力做好组织运力,坚决克服疫情期间地方运输管制等诸多困难,密切与医疗用品生产企业沟通配合,在不涨价的前提下,保障医用物资生产原料供应。

截至2月7日

生产企业库存 **1.15万吨**
在途库存 **3.2万吨**
前沿库存 **0.33万吨**
当日销量 **376吨**
医用纤维料总库存 **4.69万吨**

其中,华北、西南化工销售公司销售S2040医用料分别为**260**吨和**116**吨

1月份累计销售 **2.81万吨**
2月份累计销售 **5204**吨

华北化工销售

华北化工销售公司对区域内的大型无纺布厂家进行电话访问,了解开工时间、原料库存及需求量,及时与炼化板块和生产企业沟通反馈情况,协调防护用品原材料生产。

1月30日,华北化工销售公司向武汉协卓卫生用品有限公司运送应急抗疫物资**210吨**,这些原料大约可生产出4200万只防护口罩和105万套防护服,解决了用户的燃眉之急。

一吨聚丙烯纺粘无纺布专用料可以生产大约5500~6600件防护服、20~25万个医用口罩。

春节前后,总计
精准调运武汉 10420吨
实现应急原材料销售 1667吨
销售 5789吨
调运应急原材料 24843吨

华东化工销售

华东化工销售公司抗击疫情期间，努力克服仓库复工期限、物流限制和操作人员短缺等困难，与客户及仓库方建立了临时应急发货群，在陆路运输全面受阻的情况下，积极协调海路运输，通过断卖送货等方式，为江浙区域下游口罩织造布生产企业紧急供应医卫材料**621吨**，其中主要包括H39S—2、H39S—3、S2040、Z30S等纤维聚丙烯产品，及时保障下游无纺布生产企业资源充足。

西北化工销售

1月1日至2月9日，西北化工销售公司向其他大区化工销售公司调运医卫原料**44137吨**，向新疆华世丹药业等企业销售RP260、HD5502XA等医卫原料**1651吨**。

1月24日到2月9日，销售医卫原料**256吨**。

2月1日，西北化工销售公司与兰州铁路局组成党员突击队，抢装聚丙烯S900口罩料380吨发往武汉生产地。

东北化工销售

东北化工销售公司开通紧急状态下的海上运输"绿色通道"，平均缩减港在途时间2.5天，力求防疫物资原料第一时间运抵前沿生产厂。

自1月24日至2月9日东北化工销售公司抗击疫情期间销售医卫材料**867吨**，主要包括H39S—2、Z30S等纤维聚丙烯产品。

源源不断的医用聚丙烯原材料输送到各口罩制作企业，由他们制作完成后，再输送到市场，小伙伴们对口罩的需求就得到了满足。

问题二：
我国一年能生产多少只口罩？

湖北约贡献了其中的4.5亿

中国一年生产**45.4亿只**口罩

湖北仙桃就被成为"无纺布之都"在仙桃的GDP中2018年，无纺布及制品占据了超过**35%**

根据2018年中国纺织网数据

各地口罩生产企业占比

- 其他省份 56.9%
- 河南 19.0%
- 湖北 10.3%
- 江苏 13.8%
- 江西 15.5%

数据来源 | 中信证券

2月5日，在国务院联防联控机制新闻发布会上，国家发展改革委社会发展司副司长郝福庆介绍，截至2月3日，全国22个重点省份口罩产量已经达到**1480.6万**只，比前一日环比增长3.1%，产能利用率达到了67%，环比提高2个百分点。

其中，最紧缺的N95口罩已经达到**11.6万**只，环比增长48%。其他的医用口罩产量**998万**只，环比增长36%。

截至1月31号全国复产规模
数据来源 | 工信部

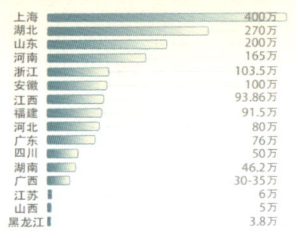

上海	400万
湖北	270万
山东	200万
河南	165万
浙江	103.5万
安徽	100万
江西	93.86万
福建	91.5万
河北	80万
广东	76万
四川	50万
湖南	46.2万
广西	30-35万
江苏	6万
山西	5万
黑龙江	3.8万

而近期中国将有大量口罩上市
2月8日，小编从工信部官微了解到中国口罩生产秒速仪需0.5秒/只然而，一个解析消毒的标准流程需要7天到半个月

也就是说，此前大年初一加班生产的那批次口罩可能最近才刚刚上市

在此，我们承诺中国石油将全力生产医卫原材料让大家能戴上口罩

新冠病毒虽可怕，但全国上下一心
武汉必胜！中国必胜！

素材来源 | 新华社 工信部官微 独山子石化 大连石化 兰州石化 宁夏石化 广西石化 大连西太 东北化工销售 西北化工销售 华北化工销售 华东化工销售

文 | 宋清海 袁艺 赵贞 孙虎 邹菲 马丽 李健 吴晓鹏 柳小龙 王利民 刘元彪 王涛涛

制图 | 张可烨

除了口罩用自主熔喷专用料开发成功，还有……

CNPC 中国石油 2020 年 3 月 9 日

油气就像血液，滋养着一座又一座城市，而油气资源的开发离不开科学技术的发展。

近日，中国石油天然气集团有限公司党组书记、董事长戴厚良到石油科技园调研，看望慰问一线科研人员，了解驻园单位科研攻关最新进展，安排部署科技创新重点工作。

他强调，要认真学习领会习近平总书记关于科技创新的重要论述，把石油科技发展放在党和国家工作全局中去考虑，放在世界石油行业发展大环境中去谋划，切实加强党的领导，大力弘扬科学家精神，加快科技体制机制创新，建设一支政治过硬业务过硬的科研队伍，加快核心技术攻关取得新成效，以创新驱动集团公司高质量发展。

疫情当前，中国石油疫情防控，科研开发两不误，多项工程项目取得了技术性进展。

石油化工研究院成功开发自主聚丙烯熔喷专用料

2月28日，石油化工研究院兰州中心聚丙烯熔喷专用料生产线一次开车成功，产出合格产品，标志着中国石油自主聚丙烯熔喷专用料开发成功。截至3月2日9时，共生产聚丙烯熔喷专用料4.85吨。

自新冠肺炎疫情发生以来，国内口罩、防护服等应急物资需求爆发式增长，特别是生产口罩、防护服的熔喷无纺布及其生产原料供应缺口巨大。

中国石油立即部署熔喷布和熔喷料等口罩原料科研攻关工作，以期解决所需熔喷专用料的燃眉之急。

石油化工研究院兰州中心用8天时间完成关键设备采购谈判、双螺杆挤出机安装，攻克了聚丙烯降解过程中熔融指数波动和残余过氧化物不可控的技术难题，实现了气味控制和产品均质稳定化。

采用兰州石化聚丙烯纤维料S900为原料，通过降解工艺生产熔融指数1500左右的熔喷料，具备日生产2吨熔喷料的试验条件，为实现自产熔喷布打下坚实基础。

石油化工研究院用最短的时间、最快的速度、超常规的手段完成了熔喷料的研发生产任务，全力以赴为医疗防护物资基础材料和防护用品供应提供保障，为集团公司夺取疫情防控和高质量发展双胜利贡献炼化科技创新力量。

塔里木油田空气钻井技术获突破

2月26日，博孜2井空气钻进至井深5015米，总进尺2180米，单趟钻最长进尺达到901米，高效完成空气钻作业，创下311.2毫米井眼空气钻井井深国内最深纪录，刷新塔里木油田单井空气钻进尺最长及单趟钻进尺最长两项纪录。

博孜—大北区块是塔里木油田加快建设的3个万亿立方米大气区之一。这里砾石层平均厚度达4500米，且砾石含量高、粒径大，抗压强度高，地层可钻性差，钻速低、钻头消耗多，施工风险大，先后尝试了多种提速工具及工艺，均未获得实质性突破。

为突破博孜—大北地区钻井提速瓶颈，塔里木油田加强砾石层的精细研究，包括砾石层岩性、厚度、可钻性及浅层水分布规律等，优选空气钻井这一革命性提速技术，并加快防斜、随钻测斜、减少沉砂和钻井液转换等相关配套技术攻关，使空气钻井进尺不断增加，在提高钻井速度方面"大显身手"，有效提高了机械钻速，节约了钻井成本。

博孜 2 井平均机速每小时 4.21 米，对比常规钻井液钻井的邻井提速 213.96%，相同井段节约钻井周期 80 天，节约综合钻井日费 1300 余万元。

管道局刷新我国陆海定向钻穿越纪录

2 月 22 日 5 时 18 分，由管道局承建的浙江舟山 LNG 接收站及加注站项目陆海穿越工程牛头山定向钻一次完成回拖，创造了国内最大管径（1016 毫米）、最大水深（27 米）陆海定向钻穿越纪录。

承担舟山项目牛头山、马目两条陆海定向钻穿越工程的是素有"管道特种兵"之称的管道局四公司。其中，马目定向钻已于今年 1 月回拖成功。

此次施工的牛头山管道回拖长度为 1080 米，主要地质为淤泥和粉质黏土，海水深度达 27 米，水平段埋深 45 米，回拖管道在铺管船上进行预制，由陆地钻机牵引回拖。

为加快推进工程施工进度，管道局四公司项目部发挥现场各方的协同能力，统筹安排施工计划，倒排工期，精细方案，科学调度。

面对突如其来的新冠肺炎疫情，管道局四公司相关领导 24 小时带班值守，做好疫情防控知识的宣传引导工作，做好疫情应急物资的储备工作，确保了施工生产进度和疫情防控管理精准到位。

陆海定向钻穿越具备安全系数高、保护生态环境、节约项目投资等优势，被愈来愈多地运用于海洋管网工程中，行业前景十分宽阔。

东方物探致密砂岩气藏地震地质工程一体化技术取得重大突破

3 月 1 日，东方物探研究院长庆分院深入长庆油田公司致密气作业现场进行致密砂岩气藏地震地质工程一体化技术现场支持。

随着该项技术应用的不断深化，必将对鄂尔多斯盆地致密气的高效开发提供强大支撑，有力保障了长庆油田二次加快发展战略的推动实施。

东方物探长庆分院紧盯油田需求，充分发挥东方物探整体技术优势，创造性地将三维地震技术向工程领域延伸，首次将三维地震成果应用于压裂方案优化，取得了良好效果，单井产量较以往有了显著提高。

2019年下半年至今，应用该项技术，东方物探长庆分院共配合长庆油田在产建区内接连斩获了17口超百万立方米气井，其中G3-*平台诞生超百万立方米"六胞胎"，单井平均试气日产量超170万立方米，同时收获日产气量217万立方米"气王井"，创长庆油田水平井大井组开发历史之最。

随着油田勘探向开发的不断延伸，以致密砂岩气藏地震地质工程一体化技术为代表的三维地震技术必将在油田二次加快发展战略中发挥越来越重要的作用。

西部钻探创北疆最大井眼最大量替浆作业纪录

2月20日，西部钻探公司顺利完成GHW001井18.5大尺寸井眼油基钻井液替换水基钻井液工程，创北疆最大井眼最大量替浆作业纪录。

GHW001是准噶尔盆地南缘首口超深层水平井，该井对落实高探1井清水河组油藏规模，加快南缘高效勘探开发具有重要意义。

GHW001井三开转换正值疫情防控攻坚阶段，西部钻探钻井液分公司运力不到平常生产的三分之一，保障100多口井的生产物资、设备拉运已经非常困难。尤其是现场需配置近600立方米高密油基钻井液，一次替浆量必须要达到440立方米以上，这给整个生产组织和协调带来了极大的挑战。

西部钻探钻井液分公司积极面对，在极其困难的条件下成功组织18辆车，拉运化工料80吨、高密度重粉近1000吨。协调邻井高101井倒运柴油，高102井提前配置基液保障生产。

在钻井队的配合支持下，现场不分昼夜24小时连续作业，仅用7天时间成功配置高密度油基钻井液共计600立方米，为替浆工作的顺利进行打下坚实基础。

替浆过程中，现场钻井液工程师刘胜、郭晓冰实时关注钻井液量的增减及返浆情况，井队人员全力配合倒换闸门、回收钻井液、检测返浆密度及破乳电压变化。各方协调，通力配合，经过4个小时努力，最终于20日凌晨3时30分顺利完成GHW001井一次440立方米替浆作业。

宝石机械有序推进深海多金属结核采矿试验工程

2月20日，由宝石机械公司承担的国家科技部重点研发计划项目"深海多金属结核采矿试验工程"核心内容"水面支持系统研制"课题完成图纸设计交付，正式进入生产试制阶段。

"深海多金属结核采矿试验工程"项目，是2021年建党一百周年献礼的重

点工程内容之一，其核心是要完成 3500 米水深采矿工程海试，形成我国具有自主知识产权的深海采矿技术。

由于项目实施内容多、时间紧，计划于 2020 年 5 月完成制作和厂内试验，发运至船厂与船体一起进行大组装及联调。

面对疫情，特别是项目牵头单位中船重工某所正处于新冠肺炎疫情的重灾区武汉，为确保防疫和技术研发工作同时开展，宝石机械研究院技术人员在春节期间积极开展居家办公，利用电话、微信、邮件和视频会议等形式加强沟通联络。

复产复工后，组织精锐力量，在努力做好疫情防控前提下，加班抢点、抢抓进度、全力推进，按计划控制节点完成了各项技术准备，做到了疫情防控和科研开发两不误，保证了项目研发取得突破性进展。

测井公司孟加拉项目"首秀"过油管射孔

2 月 22 日，测井公司国际事业部孟加拉项目部圆满完成 BGFCL 公司 TITAS-9 井过油管射孔作业任务，为孟加拉油气建设再做新贡献。

TITAS-9 井始钻于 1987 年，投产至今已 32 年，管柱腐蚀严重，井下工程状况十分复杂。此次过油管射孔作业是孟加拉国上游油气开发领域的"首秀"，同时也是测井公司进入孟加拉国市场 10 多年来在该领域的首次施工作业。

1 月末，孟加拉项目部 60357 队接到生产任务后，立刻召集相关配合单位共同召开作业施工准备会，仔细核对井深管串结构、地层信息、井口防喷装置等关键信息，会同生产技术部门制订了详细完备的作业计划，并向各配合单位介绍了过油管射孔的施工工序，强调各环节的重点工作和注意事项，要求配合单位共同落实"双检查、双确认"制度，确保施工安全。

孟加拉项目部担任现场作业指挥的项目负责人张元友介绍说："在国内新冠病毒持续发酵的特殊时期，为减免感染风险，作业队自大年三十起就吃住在井上，虽没能吃上一顿可口的饭菜，但携手在地层深处打响了射孔弹，为BGFCL公司射开了新的天然气层，这在我们看来，是在特殊情况下最好的一份礼物。"

昆仑润滑多个科研攻关项目取得阶段性成果

昆仑润滑代表着国家润滑行业自主研发的尖端水平，获得了润滑油领域多个国家级奖项。面对疫情的严峻考验，昆仑润滑研发人员坚守岗位、持续创新、争分夺秒进行项目攻关。

昆仑润滑研发在多个攻关项目中取得阶段性成果：国家项目高档内燃机油的研制实现重大突破；旨在构建中国"自主柴油机润滑油标准体系"的自主方法研究的评价工作，完成了发动机组装、台架参数调试、各回路系统现场条件的确认等一系列工作；CH-4/CI-4配方优化冲刺收官。

保供工作也在有序推进：经过27小时连续奋战，完成江淮汽车两项试验，并调和两批试验油品；应徐工研究院升级徐工专用液压油的要求，完成徐工台架试验油的方案；完成兰州石化橡胶厂制冷压缩机设备换油方案论证，制定了"昆仑合成冷冻机油KHP1068"应用于约克制冷压缩机的用油方案，并于2月16日紧急提供了4吨"昆仑合成冷冻机油KHP1068"，确保装置平稳运行。

昆仑润滑将继续秉承"军工品质 大国重器"的品牌理念，坚持"做优服务、做强技术、做大品牌"三大定位，持续为中国制造、高端装备、关键核心技术提供润滑服务。

优秀是一种习惯，无论面前有什么困难，中国石油人都能迎难而上，用科学技术、聪明才干为祖国献石油！

素材来源｜中国石油报 管道局 东方物探 西部钻探 宝石机械 昆仑润滑 塔里木油田

文｜袁艺

原油期货每桶 –37.63 美元，暴跌 300%，我们该怎么办？

2020 年 4 月 21 日

2020 年是极为不寻常的一年，只有你想不到的，没有什么是不可能发生的。你一觉醒来，纽约油价崩盘，几乎呈现自由落体式下跌，15 美元每桶、5 美元每桶、0 美元每桶……直至 –37.63 美元每桶。这个结果出乎所有人意料。

本周一，美国 5 月份的西德州轻质原油期货 WTI 价格不仅创下了历史新低，并且还跌至了负值，最后收盘时下挫超过 300%，收于 –37.63 美元每桶。油价跌入负值，这是纽约商品交易所 1983 年开设轻质原油期货交易以来从未出现过的现象。

💧 为什么会出现"负油价"？

值得一提的是，"负油价"并不意味着原油本身一文不值，而是原油运输成本或存储成本已经超过了石油的实物价值。

有分析认为，受新冠肺炎疫情影响，全球范围内原油需求下降，以及交易者担心现货原油存储问题，这些因素都是此次原油期货价格暴跌的主要原因。

原油生产继续或无处存储：雷斯塔能源公司高级副总裁兼石油市场负责人比约纳尔·通海于根说，全球石油供需不平衡的问题开始真正地通过价格显现出来了。由于原油生产继续处于相对未受影响的状态，石油储备设施在日渐被填满。目前全球能储存多少原油没有精确的估计，普氏能源资讯公司的分析师估计为 14 亿桶，到 4 月底可能将有 90% 的存储空间被占满。开采出的原油无地存储可能会是即将面临的大问题。

库存增长，原油需求却在萎缩：更深层次的原因，库存增长的同时原油需求却在持续萎缩。国际能源署 15 日发布报告预计，4 月全球原油需求同比降幅达到每日 2900 万桶，是 1995 年以来最低水平。报告称，5 月和 6 月全球原油需

求仍将大幅下降。石油输出国组织（欧佩克）与多个非欧佩克产油国日前达成的石油减产协议执行缓慢、执行程度存在风险以及部分产油国未能做出明确减产承诺，这些因素都令市场继续承压。多数市场分析人士也认为，减产协议无助于缓解4月原油供应过剩，油价需进一步走低来倒逼更多油气公司减产或停产，从而使市场恢复供需平衡。

"负油价"出现，放弃幻想

从今年低油价开始至今，中国石油集团党组审时度势，相继召开党组会、生产运行及经营效益分析会、全面深化改革领导小组会等一系列重要会议，研讨对策，谋划发展。

戴厚良董事长强调，要深入学习贯彻习近平总书记重要讲话和指示批示精神，认真落实党中央、国务院决策部署，认真落实党组的部署要求，提高政治站位、增强大局意识，敢于斗争、善于斗争，扎实推进提质增效专项行动，广泛开展"战严冬、转观念、勇担当、上台阶"主题教育活动，坚决打赢疫情防控阻击

战和效益实现保卫战，奋力夺取疫情防控和生产经营改革发展"双胜利"。

他还多次强调，"必须清醒地认识到，不能将企业的发展寄希望于油价的攀升，高油价未必带来高利润，同样低油价也未必就导致低竞争力。唯有立足问题导向，拨开低油价的迷雾，辩证地认识和把握当前形势任务，才能明确发力方向，逆势而上，将应对低油价的遭遇战，转化为提质增效的攻坚战。"

如今让人惊叹的"负油价"已发生，对于石油企业来说"低油价寒冬"似乎比我们想象的更加寒冷。这也让我们更加清醒地认识到，我们必须将思想统一到集团公司整体工作安排和各项要求上来，充分落实到每一项工作中去。

如今让人惊叹的"负油价"已发生，对于石油企业来说"低油价寒冬"似乎比我们想象得更加寒冷。这也让我们更加清醒地认识到，我们必须将思想统一到集团公司整体工作安排和各项要求上来，充分落实到每一项工作中去。

素材来源 | 央视新闻 央视财经 中国石油报

文 | 宋清海 薛梅 杨碧泓

假！假！假！你戴的口罩可能没用！

2020 年 4 月 24 日

    熔喷布的价格从 1.6 万一吨，被炒到最高 70 多万一吨。这个之前被人忽略的医用口罩材料，如今成为炙手可热的"宝贝疙瘩"。更有甚者打着中国石油的旗号到处贩售熔喷料和熔喷布！

    近日，国家公安部官网发布的《公安部部署开展严厉打击倒卖生产口罩核心原材料熔喷布违法犯罪专案行动》中提到，针对倒卖熔喷布情况，国家公安部部署开展专案打击行动，共破获案件 20 起，抓获犯罪嫌疑人 42 人，涉案金额 3445 万元。

    3 月 20 日起，"熔喷布之乡"江苏扬中市就相关反映熔喷布企业问题进行了交办，开展集中检查。截至 4 月 15 日晚，扬中市所有熔喷布生产经营企业已经全面停产整顿。

    广东省东莞市公安机关连续破获 2 起疫情期间哄抬价格、非法经营熔喷布案件，抓获犯罪嫌疑人 4 名，涉案金额 1000 余万元。

    浙江省东阳市公安机关从一起哄抬价格售卖熔喷布案件入手，深挖扩线，破获孔某、赵某新等人非法经营、生产销售伪劣产品案件，抓获犯罪嫌疑人 21 人，收缴劣质熔喷布 8.89 吨，涉案金额 2000 余万。

    防护物资是战胜疫情的重要保障，公安机关对涉疫防护物资违法犯罪"零容忍"，发现一起查处一起。

    如果大家在网上见到有人声称可以低价从中国石油买到熔喷布、熔喷料，这些人都是骗子，请立刻报警！

    目前中国石油生产的熔喷布采取定向供应策略，以保证中国石油的口罩生产企业为主，同时兼顾供应具有生产资质，信誉良好的厂家。不可能随随便便发条朋友圈就卖哟！

面对肆意贩售熔喷布的市场乱象，肩负使命与责任的"国家队"中国石油开始发力，投入大量人力物力建设熔喷布生产线，以起到市场压舱石作用。中国石油作为负责任的央企，同时是熔喷布和聚丙烯医卫原料的重要生产商，我们全力生产、严把质量关，严控源头、守住出口、稳定熔喷布市场价格。

中国石油天然气集团有限公司党组书记、董事长戴厚良亲自部署，多次组织召开会议进行专题研究，坚持把生产熔喷布、口罩等防疫物资作为当前一项重点工程抓好抓实，确保防疫物资有效供应，切实担起国家队的重任。

4月19日10时58分，中国石油辽阳石化第二条熔喷无纺布生产线一次开车成功。这是继4月16日第一条熔喷无纺布生产线开车并生产出合格KN95口罩原料后，辽阳石化迅速总结经验，马不停蹄，昼夜奋战，仅用3天时间就安全优质高效地打通第二条生产线全流程。至此，辽阳石化两条新建熔喷无纺布生产线全部投入生产。

加上4月15日兰州石化自建的首条熔喷布生产线投产并顺利产出产品。中国石油已经投产了3条自建熔喷无纺布生产线。未来，中国石油还将继续投产熔喷布生产线，届时将形成熔喷布产能2200吨/年，相当于日产6吨熔喷布，可加工成540万只一次性医用口罩。

价格上，中国石油坚持"优质控价"的原则，在保证成本的前提下，我们绝对不会跟风涨价，确保市场价格平稳。

中国石油已经打通医用口罩全产业链。从石油到口罩，我们都可以。即便市场疯涨，我们承诺，绝不涨价。

素材来源 | 公安部 第一财经 澎湃新闻 辽阳石化 兰州石化 文 | 杜赛男

李约瑟说中国有"第五大发明"

CNPC 中国石油　2015 年 11 月 22 日

中医、武术、珠算……中国的"第五大发明"是什么？"四大发明"已人尽皆知，但第五个没有定论。

钻井技术，被英国著名科学家李约瑟（Joseph Needham）喻为中国"第五大发明"。

李约瑟在研究了中国古代钻井技术后极为赞叹，在他所著的《中国古代科学技术文明史》一书中写到，"今天用于开采石油与天然气的深井是从中国人的钻井技术中发展起来的，这种技术大约在 12 世纪以前传到西方各国。"

最早中国人使用科学方法钻井始于宋代卓筒井的钻凿。

北宋庆历年间（1041—1048 年），四川大英县人发明了开凿小口径盐井的方法，井筒直径碗口大小，井深可达 130 米左右。苏轼的《蜀盐说》中有详细的描述："用圜刃凿，如碗大，深者数十丈；以巨竹去节，牝牡相衔为井，以隔横入淡水，则咸泉自上。"这种以直立粗大的竹筒来吸卤（卤水：用以提取食盐）的盐井被称为卓筒井。

如今，在四川大英县还保留有 41 口卓筒井。当地的大顺灶，仍使用卓筒井的工艺生产食盐。

一口卓筒井的钻凿分为两个阶段：先打大眼，后打小眼。

上层是大眼，口径 15～20 厘米，深约 50 米。打大眼的同时，下放楠竹筒（即套管）。竹筒的作用是防止洞壁渗透的淡水进入井里，如果竹筒不能隔绝渗水，那就成了漏井，不能再钻，只有报废。

隔绝淡水成功后开始打小眼，钻至 100 米深左右，如果每天能产 500～3000 斤的卤水，那就成功了。如果无卤就是选址不准。

卓筒井的钻凿利用了古人舂米时的杠杆原理。所不同的是，它的锥头下吊着一种特殊的圆锉，里面有一把直刃。在人力的作用下，锉不断地被高高吊起，然后依靠自身的重力不断地冲击地下的泥土和岩石。

这种钻井技术被称作"冲击式顿钻法"，开创了人类机械钻井技术的先河。这一深井钻凿技术，后来传到西方，有力地推动了世界凿井技术的发展。

加油站的这个"救命按钮",99.99% 的人都不知道!

CNPC 中国石油　2017 年 8 月 5 日

前一阵,手扶电梯频发事故,一时间变成了"吃人的怪兽"。2015 年湖北荆州市安良百货公司发生一起手扶电梯事故,一名提举着幼儿的女子因电梯与楼面连接的迎宾踏板松动,被卷入电梯内,不幸身亡。后来类似新闻事件接连被曝出,从那时起小编就知道了关于手扶电梯紧急按钮的知识点。

在紧急情况下,可以按这个红色紧急按钮让电梯停下来,救命保命。

同样,在加油站里也有这样的红色紧急按钮,被称为救命按钮,但 99.9999% 的人都不知道它存在。

小编特意来到河北销售保定分公司一探究竟,亲眼看见了这个紧急按钮。而且工作人员告诉小编,按下这个紧急按钮就会出现这样的情况:

该加油机立刻断电,即使正在加油,也会立即停止出油。

加油机上的红色急停按钮只能让单机断电。而罩棚上的紧急按钮可以让加油站的整个前厅断电,并停止出油。

那问题来了,中国石油加油站为什么设置红色紧急按钮呢?

答案显而易见,加油站是严禁烟火的场所,但一些粗心的顾客总是会在加油站接打手机,甚至吸烟,从而带来安全隐患。还有一些破坏分子故意来加油站搞事

情，纵火、破坏加油设施等等。所以非常需要这个紧急停机按钮来应对突发情况。

和小编一起来看看！

（1）因静电引发的加油站火灾事故。

（2）在加油站禁止玩手机，手机使用时会有电波，产生火花，火花足可以引燃空气中挥发的汽油。

（3）一些不法分子的故意破坏。

2017年6月16日早8时16分，一名中年男子手持木棍闯入中国石油陕西销售分公司西安青西加油站便利店，随手提起店内一桶4.5升装武夷山水径直走到加油现场，将水倒洒在现场地面后，要求加油员向空桶内加注油品，被拒后不听劝阻，强行拿起油枪准备自行加油。加油站员工果断按下加油机急停按钮，并将油枪复位，立即关闭系统，锁住前庭所有加油机。该男子仍不罢休，径直将16公斤装滑油桶堆头推倒，又来到车内欲取出裁纸刀行凶，被当班员工按倒在地。该男子不断挣扎并扬言要放火烧毁加油站，现场其余员工上前配合迅速制服该男子，同时立即拨打110报警电话。

看了这些惊心动魄的场面，是不是知道紧急红色按钮的重要性了，关键时刻按下它可以保命。

同时，鉴于一些顾客的好奇心，有事没事就按一下的情况，小编还要再啰唆一句：这个按钮只能在紧急危险情况下可以按，其他时候，一定不要触碰，严重的话，还可能收到行政处罚哦！

素材来源 | 河北销售

福利！中国石油一年拿出 9000000000 元钱给员工加油？！

CNPC 中国石油 2018 年 4 月 1 日

今天，4 月 1 日，愚人节，小编不知道小伙伴们被整了没有，被表白了没有？但小编想说生活不止眼前的狗血，还有那些天杀的谣言，特别是那些年关于中国石油的谣言。借愚人节之机，小编要将这些谣言一并收割。

谣言 1：油价中国石油看心情调整。

关于油价，在朋友圈总有这样的声音，油价又涨了，中国石油真是黑心，总调整油价上涨。

真相 1：

油价调整是国家部委根据国际油价变动，每 10 天进行的价格调整行为。各油企根据相关通知进行调价，没有自主定价的权利。

谣言 2：听说中国石油和中国石化要合并了。

这个事件在 2015 年初，就被传得沸沸扬扬，至今这件事依然被广为流传。

真相 2：

事件的起因是外媒报道称，中国官方正在考虑研究整合"三桶油"的可行性，其中一个方案是将中国石油和中国石化合并，另一个方案是将中国石化和中国海油合并。

不过，小编特意向相关部门求证："第一，我们内部从来没有听说过这个事。第二，相关部门也完全不知情，并不作出相关评论。"所以大家懂得，子虚乌有的事件，还是不要以讹传讹了。

谣言 3：加油量不可能超过油箱标注的容积数。

误区：认为额定容量就是最大容量。一些车主抱怨，"我的车明明标明油箱容量是 50 升，但油站却说加了 55 升油，这怎么可能？！"

真相 3：

"油箱额定容量"即"安全容量"，而不是指油箱能盛装油品的"最大容量"。

按照国家规定，汽车油箱标定的容量，通常为最大容量的 80%～90%，这意味着每个油箱一般可以加出比油箱容量多 10% 以上的汽油。

举个例子，这就好比我们市场上买到的矿泉水一般不会灌满，而是留了少量空气，防止水量过满而溢出。加油箱也是一样，要留出一定的容量，防止因为温度升高引起燃油膨胀而溢出油箱。

谣言 4：听说中国石油员工加油不花钱。

中国石油是产油公司，员工福利加油不花钱。这个说法听起来还真是迷惑性很强。

真相 4：

真是谢谢这谣言了，太体贴了，想着可以加油不花钱，中国石油员工是不是快幸福地飞起来了？不过冷静下来后，小编还是忍不住要算一笔账，按中国石油有 150 万员工计算，如果二分之一员工有私家车算，每人每月油钱 1000 元，中国石油为此每个月要花费：750000 元 × 1000 元 = 750000000 元，一年就是 9000000000 元！这一年九十亿可不是小数目，有这样土豪的企业请告诉我，小编也要奋不顾身投奔。

谣言 5：加油跳枪是在偷油。

有网友发帖称"跳枪"是指加油员会在加油时，把油枪收一下，再放一下，这样加油器上的计量码就会转得飞快，而实际加进油箱里的油并没有这么多，相传加油站通过这种手段实现少加油，多收钱，而且还借此揩油。

真相 5：

小编特意采访了相关加油站，为什么加油时会跳枪呢？其原理是加油枪端口都设有一个自动感应器，一旦这个自动感应器接触到油面，油枪就会自动停止加油，防止加油过满溢出。另外，有的油箱下油不顺畅，加油时会形成回流，这时油枪碰到回流的液面也会自动跳枪，这是一种正常的保护措施啦。

谣言 6：在地上插根管子，石油就冒出来了。

这种无稽之谈真的有人信吗？居然还是某专家说的，请问这得多厉害、多长的管子呀？即使有这样的管子，小编还是要多问一句，随便插哪儿都有油吗？

真相 6：

把油开采出来是个很专业的过程。且不说物探、钻探、测井、压裂这些步骤，就说钻井这个过程吧，井的样子就有好几种，定向井的井口和地下目标点不在同一垂直线上，需要斜着打；水平井就是打到一定程度深之后，需要在油气层中水平钻进，这段距离一般在几百米到两千多米不等，也就是横着打。

以一根钻杆 10 米计算，看起来很硬，但是一口 5000 米的井，需要 500 根钻杆连起来，那就软得跟面条一样了。操纵这面条在各种条件的地层中准确到达目的层，这有多难，小编不说了，大家拿着一米线的一头，用另一端穿针眼体会一下。

谣言 7：中国石油的油没有其他的耐烧。

中国石油的油品质量低下，加相同钱数的油，其他的油更加耐烧。

真相 7：

关于中国石油和其他的油品哪个更好一些这个问题。现在小编就告诉大家，事实上，国内的炼油工艺和执行的标准是相同的，成品油的品质没有太大差异。

另外，还有的消费者说，颜色浅的比颜色深的好。其实油品的色度只是与原油的性质、加工工艺有关，炼厂不同、加工工艺不同，油品颜色会有所不同，与油品质量没有直接关系。

至于有些消费者坚持的某家好、某家不好，其实大多是个人主观判断啦，谁都说服不了谁。其实这年头在产品质量上都很过硬的时候，拼的就是服务了。

至于你选择哪一家，关键在于就近、方便，或者服务态度的好坏。

谣言 8：煤改气会加重雾霾。

鉴于燃煤带来的空气污染，华北地区的"煤改气"成为改善大气环境质量的重要措施。

但《采暖期燃气锅炉排烟释放的水气对北京地区雾霾天气影响的分析与对策》一文中则表示，"天然气燃烧产生的水气增加空气湿度，进而加剧了雾霾污染"。事实究竟是怎样的呢？

真相 8：

其实，天然气产生的水气对空气湿度的影响是微乎其微的。按照我国 2015 年天然气消耗量为 1931 亿立方米计算，天然气燃烧每年产生的气态水为 3.09 亿吨。假设全部转化成 3.09 亿立方米液态水，并假设这些液态水平摊在全国人口比较集中的东部地区，则液态水厚度约为 0.09 毫米 / 年，仅占大气中可降水量的 27 万分之一。

事实上，天然气是清洁能源，大规模利用天然气替代煤炭也是发达国家解决大气污染问题的主要措施。

最后提醒小伙伴们千万不要把愚人节过成愚人劫，不要以讹传讹哟！

文 | 宋青海

CT 做到"海底两万里"……

CNPC 中国石油　2018 年 7 月 18 日

　　深邃而广袤的海洋，总面积大约 3.6 亿平方千米，约占地球表面总面积的 71%。

　　几亿年来，海洋中的各种生物遗体形成大量的有机碳，同时陆地上的河流将泥沙和有机质带入海洋，年复一年把大量生物遗体一层层地掩埋，经过漫长的地质演化，沉积物变成了岩石，形成大量的沉积盆地，在岩层的压力、高温和细菌等因素的作用下，这些生物遗体和有机质逐渐形成了石油。

　　科学统计，地球上近三分之一的石油储量埋藏在海底，仅大陆架的石油蕴藏量就达 1000 多亿桶。在陆地资源开发殆尽的时刻，人们逐渐将目光聚焦在了海底"宝藏"之中。

　　同样是采油，陆地开采与海底开采并没有本质区别：都是要将具有战略价值和经济价值的油气资源开发出来加工利用。所以，跟陆地开采相似，海底石油的开采首先也得普查和勘探。

　　目前，针对海底石油，各国的普查大多从地质调查研究入手，主要通过地震、重力和磁力调查法寻找油气构造。在普查的基础上，运用"地球物理勘探"分析了解海底地下岩层分布、地质构造类型、油气圈闭情况，从而确定勘探井井位。然后，采用"钻井勘探法"取得地质资料，进行分析评价，确定该地质构造是否含油、含油量及开采价值。

　　有业内人士戏称，这就是给海底做"CT"，获得海底地质构造的"CT 图"，就能按图索骥，找到海底油气田了。

　　那么，究竟怎么找到？找到以后又怎么铺设管道把资源输送出来？万一它们在海底"生病"怎么办？一张图带你看究竟。

　　据统计，每 1000 千米管道每年出现管道损伤或泄漏的概率为 0.2%。自 1985 年我国铺设首条海底管道以来，大多数的海底管道已进入中后期使用阶段，其损坏率逐年增长，在海管维修技术被国外大型专业化公司所掌握和垄断的形势下，靠国外引进并自主研发装备，并掌握海底油气管道维修技术具有广阔的市场前景。

还记得尼摩船长和阿龙纳斯吗？作为法国科幻小说家儒勒·凡尔纳《凡尔纳三部曲》中的第二部，《海底两万里》讲述了他们搭乘"鹦鹉螺号"潜艇海底游行的故事。途中他们经历的奇幻场景、看到的瑰丽景象令读者印象深刻，冰山封路、土著围攻、章鱼袭击、鲨鱼搏斗成为了一代人抹不去的童年记忆。

长大后，我们虽然明白了小说里的只是虚构场景，但却与海洋有了更亲密的接触，在未来，我们还会向深邃广阔的海洋发起更多探索！

文｜夏姜　制图｜张可烨　素材来源｜管道局

这种加油卡是骗人的！

CNPC 中国石油　2018 年 8 月 10 日

"1000 元的加油卡，800 元就能买！"同志们知道这样的好事吗？小编告诉你，这绝对是骗子，千万不要相信。

有渠道便宜买到加油卡这件事，小编已经说过很多遍，可是还有很多人上当受骗。这不又人在后台问，便宜途径买加油卡是真的吗？

万变不离其宗，骗子还是利用了人们贪图便宜的心理。今天，小编再和大家深度分析一下他们的骗术。

采用多级传销模式的 "中油卡会员俱乐部"

2016 年，一个名为"中油卡俱乐部"的"加油省钱，推广赚钱"骗局慢慢展开。模式大致是这样的，1398 送 102，每个月可以使用 500，三个月用完，充的越多送得越多，入会需要发展下线。这个骗局在全国各地迅速蔓延开，采

"中油卡俱乐部"骗局

用的是商城三级分销模式，扩展业务快，辐射范围广等特点吸引了大批人员的加入。

相关部门暗访后发现，该油卡充值后并不能使用，并且涉嫌传销，发起该活动的"中油卡俱乐部"被紧急叫停。

利用传销式补贴式"智慧加油"APP

最近，"智惠加油"手机 APP 在福建车主圈颇为盛行。很多用户可以在这个 APP 上，以 8 折优惠充值中国石油加油卡，也就是说，充值 100 元，只要花 80 元。这多划算啊！加上 APP 设计得极具迷惑性，于是有车主就上钩了。

福州车主吴先生共有 2 张中国石油加油卡，一张自己用，一张老婆用。为了省油钱，他在 APP 上登记了两张加油卡号，一次性选择充值 2400 元，每张 1200 元。按照规则，他只需付 1870 元（含手续费），之后每月可返还 100 元油钱到加油卡上。

之后的几个月，他的两张加油卡上，如期收到了 100 元，然而也就前几个月而已。"一张卡返了 5 个月，一张卡返了 6 个月，之后再也没有收到过……"吴先生说。

"智惠加油"手机 APP 骗局

据吴先生了解，"智惠加油"APP 是由一家叫作福建万品网络科技有限公司负责运营的，这家公司相关负责人目前已经无法联系上。吴先生拿不到返现，买卡的钱自然也落入了骗子的腰包。同样受骗的还有好几位车主。

许诺高额补贴回报

还有的骗子利用高利息的方式骗取用户钱财。只要你投钱买加油卡，既有便宜加油卡用，还能获得高收益。刚开始一定是稳赚不赔。"放长线，钓大鱼"，先给一些蝇头小利，而后再实施诈骗，直到无法兑现承诺导致资金链断裂，最后演变成发起人卷钱走人的"庞氏骗局"。

举个例子，沈阳市民李先生看到微信朋友圈有人卖加油卡，1000 块钱面值只卖 750 元。还有群友跟着晒单收到了加油卡，他就心动了。在李先生网上支付完 31 万元购买加油卡后，不仅卡一张没收到，对方的电话也关机了。李先生拨打了 110 报警，这才发现同样的受害人有 40 多人，他们被骗的总金额超过了 200 万元。

其实只要稍留意一下网上的新闻，就能洞察这些骗局的漏洞。例如中国石油多次发布公告声明，明确表示未与一些公司进行任何方式的合作，还表示"因从非正规渠道购卡或充值所造成的损失，中国石油一律不负责。敬请客户警惕网络金融风险，谨防上当受骗。"

天上不会掉馅饼

这些骗局的套路万变不离其宗，无一例外都是利用了消费者"贪小便宜"的心理，只要大家在加油卡购买、充值过程中选择正规的渠道，不要抱有贪念，就不会落入骗子的圈套。

诈骗者固然可恨，细想他们的诈骗手段并不是很高明，只要稍加分析就可以发现，大多数骗子只不过是抓住了受害者"不劳而获"的心理。我们要坚信只有付出才有回报，不要整天想着不劳而获，天上不会掉馅饼。很多人总是觉得奇迹也许会发生在自己身上，殊不知，在希望这种奇迹发生的同时，也给了诈骗犯乘虚而入的机会。

最后，小编重申一下，充值办理中国石油加油卡目前只有以下七种正规充值渠道：

（1）设在中国石油加油站内的售卡充值网点；
（2）设在中国石油加油站内的自助服务终端；
（3）"中油好客 e 站"或"zyhkez"微信服务号；
（4）www.card.petrochina.com.cn 网上服务平台或者 www.95504.net；
（5）支付宝·服务窗"中国石油掌上营业厅"；
（6）http://jiayouka.jd.com 京东商城·油卡充值频道；
（7）中国石油专设的售卡充值网点。

素材来源｜加油在线 央视新闻 文｜宋清海

在中国都是谁在卖油？

CNPC 中国石油　2018 年 11 月 27 日

据中国数据网数据显示：全国共有加油站 9.6313 万座，其中，"三桶油"下属的加油站共计 4.6037 万座，占 47.8%；其他类型加油站 4.9103 万座，占 50.98%。

国内加油站一般有四种形态：国营加油站、外资合资加油站、民营加油站、混合经营加油站。

国营加油站（"三桶油"）

提及中国的石油工业，"三桶油"的地位举足轻重。"三桶油"指的是中国石油、中国石化、中国海油。在国营加油站中，又分为直营店和加盟店这两种，如何区分直营店和加盟店？

（1）直营加油站一般都有对应的直营便利店一起经营。中国石油直营店的便利店是 uSmile 昆仑好客，中国石化的则是易捷便利店，也就是说有易捷或者昆仑好客便利店的加油站一般都是直营的。

（2）中国石油直营店的发票单位是"中国石油"开头。

中国石油便利店　　　　　　　　中国石化便利店

外资合资加油站

我们经常见到的是 BP、壳牌（Shell）、埃克森－美孚（Exxon-Mobil）、埃索（Esso）、海湾石油等，这些加油站以前只能以中外合资的形式出现。

不过现在国家政策进一步开放，大批外资加油站越来越多。

民营加油站

这些年，民营加油站异军突起，他们的背后主要是民间资本主导。

例如莆田系的加油站，据中国商网数据，全国有近 5 万座民营加油站有近 4 万座（超 80%）控制在莆田系手中。如今民营加油站已是油品零售终端不可忽视的力量。

混合经营加油站

混合经营加油站的情况比较复杂，有的是国有企业和中国石油或中国石化合资的。

也有国有和外资合资的。比如，陕西的延长壳牌。

还有一些其他形式的加油站。比如，兵团加油站等。

延长壳牌

总之，油品零售终端市场竞争越来越激烈，特别是今年七月，我国成品油市场全面对外资开放，外资加油站定会迅速扩张，目前国资、民资、外资加油站，呈现三足鼎立格局，加油站行业的"春秋战国"时期已来！

说到这，小伙伴们肯定要问，那这些形式的加油站的油品哪家的好呢？小编可以负责任地告诉你：

兵团加油站

"三桶油"的油品肯定没有问题，油品炼化工艺也都是一样。

民营加油站市场化程度更高，部分民营加油站在管理上不是那么规范，所以让一些人钻了空子。

混合经营加油站中自产原油或者自有炼油厂的加油站一般品质也都可以保证，像北京中油首汽加油站这样的基本就是直接从"三桶油"进货。

北京的中油首汽加油站

更值得一提的是，现在加油站油品当然是很重要的一部分，但服务（用户体验）越来越重要，加油站就好比一个 APP，不仅产品要做得好，用户体验更是要追求极致，这样才能更多地获得客户。

素材来源｜中国石油网 新华网 汽车之家　文｜宋清海

两桶油的油有什么区别？可不可以混加？

CNPC 中国石油　2019 年 1 月 5 日

中国石油的油田比较多，主要集中在北方地区。例如我们都很熟悉的：大庆油田、塔里木油田、长庆油田、辽河油田等。

中国石化国内的油田相对少一些，例如胜利油田。两桶油虽然油的来源不同，但炼油工艺都差不多，经过加工后都符合国际标准，因此没有什么差异。都是符合标准的好油！放心加，没毛病！

因为油品都有国家标准，不管是中国石油还是中国石化，我们的油品都要达到国家标准才能出厂，所以同一标号的油品混加是没有什么问题的。

虽然小编这么说，但是大家肯定想的是，"世界上没有两片完全一样的叶子"，这油肯定也有细微的差别。我的爱车还是想要稳定的油品。作为车主，这么想无可厚非，那就尽量固定在一个地区加同一品牌的油就好啦！根据自己固定的生活规律，可以选择固定的加油站。

当然了，你以为我们的加油站只能卖油？

错！

如今的加油站早已成为一个集加油、汽车美容、零售等为一体的综合服务区。而我们更是致力于打造更加智慧的加油站，为您更好地提供服务。

素材来源｜中国日报网 中国石油官网　文｜杜赛男

"假柴油"炼制过程触目惊心，你还敢用吗？

CNPC 中国石油　2019 年 3 月 19 日

公路车辆、工程机械、工业用发动机、农机、船舶……这些都要使用到柴油。正因为柴油市场广阔，有些不法分子就起了邪念，他们用废塑料、轮胎等化工废品炼制"假柴油"，这种柴油往往不符合国家成品油生产标准，严重危害车辆安全，损害发动机燃油部件。

废旧轮胎炼油

黑炼油厂用极其低廉的价格收购旧轮胎，然后炼制"假柴油"。他们用土办法把废旧轮胎放进锅炉里，经过 8～10 个小时的常压高温熬制后，轮胎里的钢丝、杂质等会沉淀到炉底，较轻的油会浮在上面。

通过架设的管道，油会顺着出口流出，流到油罐冷却后就成了"柴油"。

这种油由于没有经过精细加工和提炼，杂质很多，但是可以燃烧。最后加入脱色剂，黑乎乎的轮胎油变身成色很好的柴油，单凭眼睛看完全看不出来。

废机油炼制

他们将废机油高温加热，当加热到 360～400℃时，废机油中油的成分就蒸发成了油气，蒸发出来的油气沿输汽管进入冷却罐内，经水冷却后油气变成液态油流出。

油刚流出时还是黄色的，但是很快就会变成黑色。为了能够以假乱真，这些柴油出厂前还必须经过最后一道工序——漂白，也叫洗油。经过这三个工序后废机油就成了柴油。

黑柴油脱色

黑柴油，是大炼厂炼油后的残质，或者小炼厂生产的不合格柴油。这类油品的含硫量、酸度值远远超过正常柴油，不能用于机动车。

重柴、煤油、碳九、塑料油勾兑

虽然"假柴油"炼制过程触目惊心，但是依然有人为它买单，因为每升"假柴油"要比正规柴油低 2 块钱左右。小编在此还是劝各位司机不要因小失大，捡了芝麻、丢了西瓜！

劣质柴油的危害

危害一：劣质柴油中含硫量较高的柴油对于柴油发动机的危害还是非常大的。含硫量过高，就会造成机油的润滑度下降，也就是说，高含量的硫将导致机油的质量下降，发动机得不到好的润滑效果，长期使用对发动机损害很大。

危害二：低热值不达标的劣质柴油，会让燃油的消耗率过高，而发动机的功率达不到标准，造成发动机的性能无法达到标准，性能发挥不够正常。

危害三：残炭量过高的劣质柴油产生的危害较大，尤其是产生的积碳较多，积碳会严重影响发动机的燃烧效果，造成发动机燃烧室内的温度过高，高温的环境会造成发动机的活塞以及活塞环等造成损坏，严重影响发动机的使用寿命。

如何辨别真假柴油

一、看颜色

合格的 0 号柴油的颜色一般为淡黄色或黄色，且清澈、透明。若发现 0 号柴油浑浊或玄色、无色时，多为分歧格。

二、闻味道

合格的 0 号柴油，有油腻味或刺激性气息，若发现有臭味时，多为不合格产品。

三、看密度

常温下，0 号柴油的比重为 0.85 左右，若密度太高，则说明该柴油干点过高，在正常工作过程中轻易燃烧不完、冒黑烟、积碳；若太低，则说明该柴油的碳成分过多，机械正常工作过程容易产生爆震、机械加速无力或闪点过低。

四、闪点

闪点是衡量柴油着火危险性的指标，闪点越低，则发生着火的危险性越大。合格的 0 号柴油，国家要求的闪点为 55℃（闭口），然而，只要向其混入一点低沸点烃，其沸点就会骤然下降，特别敏感。

因此，若有前提可以用闪点仪丈量，简朴便利；若无前提，可以取少许柴油，敞口在太阳下，闪点较低时，可以看到油品挥发出来的大量烟气。

最后，小编还是要啰唆一句"假柴油"不能用，损人不利己！

素材来源｜新华网 中国能源报　文｜宋清海

@中国石油
石油为啥以"桶"作单位嘞？

实名购买汽油？买点儿油怎么这么难啊

2019 年 12 月 6 日

    今年七月，日本知名动画公司"京都动画"第一工作室突遭大火。导致 36 人丧生，数十人受伤。该动画公司曾给我们带来《凉宫春日》《境界的彼方》《日常》《幸运星》《冰菓》《玉子市场》等作品，每一部都拥有大量粉丝。此次火灾使第一工作室存放了数部的老作品画稿原稿，还有京都为新作品付出的心血，全部毁于一旦……比起画稿被毁，更让人痛心的是在这场灾难中逝去的动画原画师，作品没了可以重画，人没了谁来重做出一部部经典？

日本出台新规

    小伙伴们可能比较关注纵火理由，也会好奇为何烧得那么严重。关于纵火理由，纵火犯自己被烧得生命垂危，警方无法对其审问。

    那为什么这么严重？办公楼含有大量存档原画纸张和其他纸制品，犯人洒 40 升汽油后在一楼点火，火加石油加纸，哪怕消防员来得再快都没办法。据报道，在火灾发生前，有人在距现场 500 米的加油站购买了 40 升汽油，警方也在确认该人是否与这次案件有关联。

    鉴于该事件造成的无法估量的后果，日本将就管控汽油销售发布新规，新规预期 2020 年 2 月 1 日起施行。对购买桶装汽油的顾客，经销商必须确认购买者身份证件，登记姓名、购买时间和数量并询问用途，违反规定将面临行政处罚。对拒绝出示身份证件、拒绝说明购买用途的顾客，卖家可以报警。汽车加油不受新规限制。

给钱还不卖油？为什么？

    去年 5 月，一陌生男子冲进中国石油加油站，大喊要买汽油与人同归于尽！

工作人员不卖，他就抡起凳子冲货架乱砸一气。随后警察赶到，该男子边哭边大喊"我要烧死他们，太气人了，我要烧死他们。"

该男子明显情绪失控，工作人员当然不会卖散装汽油给他，不过即使是平常，买散装汽油也有严格程序，并不是想买就能买的，毕竟小编多次强调，汽油是易燃物，使用不当会造成危险。

有的小伙伴说，因为极特殊极少出现的情况就让大多数人都不能轻易买到散装油，是否因噎废食？

我们抱怨安检繁琐，但更想要没有安全隐患的环境；我们抱怨驾考严苛，但更希望路上都是遵纪守法的好司机；我们抱怨买散装汽油手续复杂，但更不愿见到不法分子趁机行恶；恶一旦被行，就会造成无法挽回的错误。因此小编认为，虽然购油手续复杂，但为了我们每个人的安全，我们最好还是遵守规定啦！

素材来源 | 新华社 搜狐新闻　编辑 | 杜赛男

冬季油耗飙升？除了暖风原因，还有……

CNPC 中国石油　2020 年 1 月 11 日

原因一：热效率下降导致喷油量增加。

在同等路况下，冬天车辆的耗油量肯定要比其他季节高，因为冬天需要的热能更多，发动机必须多做功才能维持工作温度。冬季由于机油黏稠度高，同时发动机机体温度低，导致燃油雾化差，相当一部分燃油未经充分燃烧就排出去了，没有转化为有效功，发动机为保证原有的输出功率，必须增加燃油喷射量。此外，由于冷却水在循环中会带走部分热量，冬天受气温影响，被冷却水带走的热量要比夏天多，使得发动机不容易保持正常工作温度，在这种情况下，发动机也会靠增加喷油量的方式来维持正常运转。

原因二：热车时间过长。

许多车友尤其是爱车的车主早已保持了热车的习惯，但一定要注意的是热车时间过长、开暖气待命等状况都会增加油耗。此外，油耗增加的原因还可能与水温或进气温度传感器有关，也可能是空气流量计或者电子系统的其他部件，由于低温而失效引起的发动机油耗增加。如果油耗只增加 1～2 升，这属于正常范围，但若百千米油耗增加超过 3 升了那就不太正常了，遇到类似情况的车主应及时对车辆进行保养，或去专业维修店检修。

原因三：冷车启动时燃油消耗大。

冬季车子在外面停驶一晚，第二天早上启动时往往需要一段时间预热才能达到额定工况，而这个过程也是增加燃油消耗的一大原因。冷车启动时由于冷却水温度低，达不到正常工作时的温度值，发动机便启动加浓系统，增加辅助喷射量，直至温度上升到正常行车温度，这段时间通常会比较费油。冬天车辆在启动时的燃油消耗到底有多高呢？有数据显示，冷车行车的油耗通常是正常油耗的 3~4 倍，即使冷车行驶一千米后，车辆油耗仍为平时油耗的 2 倍左右。

原因四：节温器工作不良。

节温器是控制冷却液流动路径的阀门，它根据冷却水温度的高低自动调节进入散热器的水量，改变水的循环范围，以调节冷却器的散热能力，保证发动机在合适的温度范围内工作。节温器必须保持良好的工作状态，否则会严重影响发动机的正常运转，如节温器主阀门开启过迟，就会引起发动机过热。主阀门开启过早，则使发动机预热时间延长或发动机温度过低，此时电脑就会根据水温传感器信号增加喷油量，油耗肯定就会增加了。

原因五：水温传感器失灵。

水温传感器的作用是将冷却水温度转换为电信号，并输入ECU（发动机电脑），ECU会根据冷却水温信息修正喷油量、修正点火提前角以及控制怠速马达。发动机水温低时会增加喷油量，以便发动机尽快进入到最佳的工作温度，反之则缩短喷油时间。如果水温传感器信号失准，传感器提供给ECU的信息总是水温过低，此时ECU就会增加怠速阀门的开度、增加喷油量，油耗肯定就会增加了。

原因六：电子扇不间断运转。

汽车电子扇的主要功用是用来降低发动机温度，电子扇根据水温传感器信息启动低速挡或高速挡，发动机水温达到95摄氏度左右时（各品牌车辆略不同），电子扇低速挡启动，水温超过105摄氏度时（各品牌车辆略有不同）高速挡启动，待水温回到正常值以后，电子扇自动停止运转。

一旦水温传感器信号失准，或是电子扇线路出现异常，电子扇就会进行不间断的运转，此时发动机水温就会下降，发动机水温过低，油耗肯定就会增加了。

在寒冷的季节里，发动机需要的是保温而不是散热，由于受流动空气的影响，发动机水温不易保持在90摄氏度左右，发动机电脑就会增加喷油量。如果这些与水温有关的部件再出现异常现象，那么油耗自然就会增加了，当车主发现油耗异常时，可以先检查一下冷却水温是否正常。

除上述原因外，导致冬天油耗上升的还有一些次要因素：比如由于车子热效率降低，驾驶人为了保持正常车速，会不知不觉地深踩油门；冬天经常刮大风，逆风行驶产生的风阻也会增加油耗；如果赶上雪天路滑，路况和行驶条件差；冬季蓄电池的问题、汽油在冬季的品质问题以及冬季开车路面湿滑、打磨等因素也都不大不小地影响了爱车的油耗表现。这些方面虽然单独看来微不足道，但综合起来对油耗的影响也是比较明显的。

素材来源｜柴油车大师 搜狐汽车　文｜宋清海

更好的机油会让汽车更省油吗？

CNPC 中国石油　2020 年 4 月 8 日

小伙伴们去做汽车保养的时候，经常会想，要不要加点儿钱换个好点儿的机油？更换周期可以更长一点？车子性能会更好？换更好的机油会不会更加省油呢？俗话说得好，便宜没好货，好货不便宜。很多人都认为价格贵的机油质量就越好。但真的可以这么简单粗暴地判断吗？

什么是"更好"的机油？

机油，即发动机润滑油，能对发动机起到润滑减磨、辅助冷却降温、密封防漏、防锈防蚀、减震缓冲等作用。被誉为汽车的"血液"。首先，你要了解，机油都有哪些种类。

一、全合成机油

全合成机油品质较好，使用起来冷启动更加顺畅，更加节省燃油，换油周期更长，延长发动机使用寿命，减少维修率；由于全合成机油的清净性优越，发动机缸体会更加清洁。

二、半合成油

半合成油是使用半合成基础油，即国际三类基础油调制而成的润滑油，是在矿物油的基础上经过加氢裂变技术提纯后的产物，由矿物机油、全合成机油以 4：6 的比例混合而成，是矿物油向合成油过渡的理想产品。

三、矿物油

矿物油基本是从原油提炼而得，也就是原油提出了油气、汽油、柴油、煤油、重油之后，接着提炼出的矿物油基，最后留底的是沥青。

通常矿物机油成本较低，但因矿物油基较容易氧化，虽然现今矿物油都有添加各种进口添加剂，但使用寿命仍为约六个月。

在条件允许的情况下，添加全合成机油是车辆最好的选择，当然性能更好，也比较省油。

什么是"烧机油"？

在等红灯的时候经常能发现有些车辆车尾冒浓烟，老司机会告诉你，这车肯定是"烧机油"了……

发动机在运转的时候，活塞高速地在气缸内上下运动，机油充当两者之间的润滑剂和保护剂。发动机在运行中，难免有一些机油会残留在燃烧室的壁面上被燃烧掉。

如果过量的机油进入了气缸，并与混合气体一起参与了燃烧，导致机油消耗量过大，这种情况就是"烧机油"了。

过量的机油进入燃烧室，更容易形成积碳，使排放超标。同时发动机的动力、噪声、油耗等各方面也会受到影响。严重者甚至会出现拉缸、发动机报废等结果。

关于润滑油的五大误区

润滑油对汽车发动机起着至关重要的作用，使用起来也有些讲究。

误解一：润滑油无需更换。

如果只补充不更换，只能弥补机油数量上的不足，无法完全补偿润滑油性能的损失。润滑油在使用过程中，会带走发动机内各部件摩擦所产生的碎屑，久而久之由于污染、氧化等原因机油质量会逐渐下降。

误解二：添加剂用处大。

真正优质的润滑油是具备多种发动机保护功能的成品，配方中已含有多种添加剂，而且润滑油最讲究配方的均衡以保障各种性能的充分发挥。自行添加其他添加剂不仅不能给车辆带来额外保护，反而易与机油中的化学物质发生反应，造成机油综合性能的下降。

误解三：润滑油变黑了就该换。

对没有加清净分散剂的润滑油来说，颜色变黑的确是油品变质的表现。

但汽车使用的润滑油一般都加有清净分散剂，将粘附在活塞上的胶膜和黑色积碳洗涤下来，并分散在油中，减少发动机高温沉淀物的生成。

故润滑油使用一段时间后颜色容易变黑，但这时的油品并未完全变质。所以大家一般根据汽车行驶了多久，跑了多少千米来决定是否换机油。

首次更换机油需要在 5000 千米或者 3 个月内，以后建议每 6 个月或者 7500 千米进行更换。

机油在车辆的行驶中会不断地吸收杂质等，结合车辆的实际情况提前进行更换是百益而无一害的。

误解四：润滑油能多加就多加。

润滑油的量应该控制在机油尺的上、下刻度线之间最佳。润滑油过多会从气缸与活塞的间隙中窜入燃烧室燃烧形成积碳。其次，润滑油过多会增加曲轴连杆的搅拌阻力，使燃油消耗增大。

误解五：润滑油不分好坏。

润滑油市场存在很多劣质润滑油，这些废油含有各种杂质，劣质润滑油清洗功能弱，油泥严重，导致保养周期短，发动机的工况差，容易产生积碳，严重的可直接导致发动机爆瓦、爆缸。所以，选择一款优质润滑油对您的爱车是非常重要的。

素材来源 | 汽车之家　编辑 | 袁艺

@中国石油
来看看地下是如何固井的吧~

国际油价这么低，油井一关，买买买不好吗？

CNPC 中国石油 2020年5月12日

本周，国际油价反弹收高，美国原油库存增长低于预期，但全球储油能力依旧有限。即便各国正逐步解除抗疫限制措施，但燃料需求也仅是缓慢复苏。

有网友认为，"国际油价现在这么低，我们应该把国内油井关了，从国外买买买啊。"小编今天就是要告诉大家这招行不通！

这么多原油，往哪里存呢？

虽然看起来低油价有利于中国减少原油进口支出，但原油怎么买，怎么运回来，买回来存放在哪里……这些都是需要考虑的问题。

作为全国油气企业最集聚的资源配置基地，浙江自贸试验区拥有近6000家油气企业，共3100万立方米的油库库容。目前，成品油库已基本装满，绝大部分原油油库也已经被预订一空。年初至今，油罐的平均租金已上涨约10%。

在这种局面下，想要从国外大量买入原油并不现实。撇开高昂的运输成本不谈，石油作为危化品，对仓储设备有很高的要求。仓储设备前期需要极大的投资，短期内很难增加。

央视财经评论员刘戈在《央视财经评论》节目中表示，存油和采油一样，都有比较高的门槛。那些海上漂的油轮，可以作为一部分储存空间；沿海的一些城市，比如青岛、大连、浙江的海域都能看到连片大量的储油罐，那也是我们国家储备石油最多的地方；另外，还有陆地上的一些储油罐车；除此之外，美国在墨西哥湾周围把石油灌进岩穴，这形成了美国战略储备的一个主要能力。

这几种储存方式每一种都有技术门槛，每一种都要花钱、花时间，要想临时性多出来很多储存的空间很难，并不是弄几个停车场、租几个罐子那么简单。

油井不是你想关，想关就能关

储存原油没有你想的那么简单，油井的关闭和重启也同样复杂。

关井可能让油井报废，甚至影响一大片产区。在中东海湾国家，自喷井到处都是，地下压力足够大，开个井就冒油，关井也比较容易，但在我国情况要复杂得多。

我国油田地质条件禀赋不如海湾国家，很多压力不足，都是依靠注水、注聚合物的二次采油、三次采油技术来保证产量。倘若油井停产，地下水就会淹没原油，或者压力不够断流了，油井就可能报废。这样不仅高额的前期投资打了水漂，还会影响附近其他油井的生产，甚至这一区块的地下油藏就采不出来了。

而且，很可能刚刚完成油井关停，需求就开始重新增长，到时候重开油井又涉及新的成本。

另外，关停油井更大的潜在风险还在于，可能损害整个油气产业链。油井关停再重启，不利于上游油田的长期稳定生产，从而波及中游管道和下游炼化企业，影响整个产业链的运行和效益。上中下游一体化的大型石油公司，更不会轻易打断产业链上任何一环的生产经营。

拿炼化产业来说，每个炼油厂都是根据所炼原油品种来制定自己的炼制工艺和设备，如果原料供应中断，或者原料品种改变，炼厂就需要进行调整，但这绝非一两天就能完成。油井关停还可能破坏所在区域管网和站库的正常运行。

因此，对于全球石油生产商来说，即使在一个无法获利的极低的价格环境下，都宁可让油井保持运转，来保全油井和产业链的未来。

如果需要关停油井，也必须通过严谨的风险评估，才可以做出决定。简单来说，一口油井如果生产力十分低效，既无法创造经济效益，也没有更多挖潜空间，同时它又地处边远，不对周边区块和相关配套设施产生影响，才能关停。

低效油井如何降本增效？

在低油价形势下，一些油井低效但又无法一关了之，油田企业是如何做的呢？

举个例子，一个低产油井，每天能抽出油的有效时间可能只有 8 个小时，剩下的时间都是干抽。油井长时间干抽，耗电量巨大，且管杆长期处于干磨状态，需要更多的作业维护，经济损失很大。

对于这些油井，可以实施间歇生产、捞油生产的措施。

说到这里，就得引入单井经济极限产量的概念。单井日产油量的税后收入与

维持油井正常生产所必需的最低日消耗费用刚好持平时，其日产油量就是该井的经济极限产量。

具体来说，对于产量低于单井经济极限产量，但间歇生产后能达到这一指标的油井；或者产量虽然高于单井经济极限产量，但间歇生产后效益好于连续生产条件下的油井，可以实施间歇生产。间歇生产会使采油成本下降，是低油价形势下的有效措施，但仍需视每个井情况而定。

"譬如抽2小时，停4～5小时，等油层供液能力恢复原油重新补充进去后，再抽。当然具体的时间安排需要根据每个井的情况来定。新疆油田很早就开始用这一办法来管理低产井。"新疆油田重油开发公司高级技师肉孜麦麦提·巴克说。

此外，对于产量低于单井经济极限产量，且间歇生产也无效益的油井，抑或是边远地区且无评价意义的零散井，可以组织捞油生产，即依靠提捞采油工程车，而非抽油机，来机动"捞"油。

万不得已，即使一些仍有潜力的油井关停了，也不是一关了之，还要进行关停井后期强化管理。

总的来说，关停油井绝不是一件简单的事情。在低油价环境下，油田仍需保持生产能力稳定、井网完整、地面系统完好、技术可采储量不损失等，确保自身的生产功力基本不减失。

素材来源｜央视财经 新华网 中国石油报 每日经济新闻　文｜袁艺 王歌

加满一箱油，为什么有时跑 500 千米，有时跑 460 千米？

CNPC 中国石油　2020 年 5 月 23 日

很多人去加油站加油时，都习惯性地要求把油加满。几次之后，就有人发现，即使是在加油前油表位置基本相同的情况下，同样是加满，每次汽车行驶的里程数却不一样。这是为什么呢？

"加满"到底是什么意思？

"加满"，代表的并不是一个确切的标准。对加油站的员工来说，"加满"一般有两种意思：一种含义是加油站使用自动加油枪加油，当油枪跳枪时就是"加满"了，此时加油量与油枪进入油箱的深度有关，加油枪插入油箱口越深，那么跳枪时"加满"的体积量就越少。另一种含义是油一直加到油箱口才算"加满"。

有的小伙伴们加油时，要求加油员把加油金额凑成整数。这样加油员在跳枪后会把油枪再往外提一点然后继续加油，直到加油金额凑成一个整数才停止。

这两种情况下加油量自然会产生差异。对于油箱容量很大的货车来说，后一种"加满"比前一种"加满"有时能多加十几升油。

同样是加满，行驶里程为什么不同？

还有些车主觉得，有时加满一箱油可以跑 500 千米，可有时加满只跑了 460 千米，这是不是加油站耍了什么手段？其实，影响油耗的因素有很多，一起来看看。

（1）车辆的使用环境。车辆的油耗数据在市区拥堵路面行驶和跑高速的时候是不一样的。市区路面拥堵车辆频繁启停或者长期处于低速和怠速状态都会造成油耗的增多，而高速路面能够更好地发挥发动机的功效，车速和转速都处于平稳状态，燃油消耗值也会很平稳。

（2）驾驶习惯。有些小伙伴驾车比较随性，心情不好时开车比较狂野一些，大脚踩油门和刹车。心情好时，开车又比较平稳，这两种截然不同的驾驶习惯对油耗的影响很大。

（3）车身负重。有人把后备厢当成了仓库，不管有用没用的东西一股脑地塞在后备厢里，这样增加了汽车自重，油耗也会随着增加。

（4）轮胎情况。轮胎是汽车的关键承载部件之一，是影响油耗的重要原因，不同的胎压、负荷以及花纹都能影响油耗。正常情况下，车技熟练的驾驶员比新手省油，行驶在高速路上比在市区省油，空车比重车省油，不开空调比开空调省油。

"加满"也不能加太满

加油加得太满，对汽车有害无益，甚至会造成汽车故障。

（1）漏油易引发火灾。在炎热的夏天，热胀冷缩，如果油加得太满，油极有可能从通气孔中溢出，一旦遇到明火，极易引发火灾，严重的甚至还会爆炸。

（2）堵塞通气孔。汽车刚加完油打不着火？高速行驶汽车一蹿一蹿的？可能是你的油箱加得太满啦！加满油容易堵塞通气孔，通气孔一旦堵塞，油箱内就会产生负压，造成供油不畅，甚至供不上油。

（3）对活性炭罐构成危害。活性炭罐一般安装在油箱和发动机之间。我们都知道，汽油是一种易挥发的液体，因此在常温下油箱里面经常有蒸气。燃料蒸发排放控制系统的作用是将蒸气引入燃烧并防止挥发到大气中。这个过程中，活性炭罐贮存装置会发挥作用。如果加油太满，汽油就会进到活性炭罐，对活性炭罐造成损害。

（4）车厢充满汽油味。活性炭罐一般靠近外循环进风口，当油加太满时，活性炭罐饱和、压力过大而泄压排气，含汽油成分的空气进入车厢内，令人不舒服的"汽油味"会一直围绕着你。

那么到底加多少油才最合适呢？

其实，加到油箱容量的四分之三就很合适，这样既能保证汽车续航，也能避免油箱过热。

由此看来，单纯根据某次加油量与行驶里程的关系，判断加油站短斤少两是不科学的。

素材来源 | 加油在线 太平洋汽车网 搜狐汽车　　文 | 袁艺

德国汽油无色？国内汽油泛黄？
国外月亮比国内圆？

2020 年 6 月 9 日

    这两天，国内外汽油颜色对比又上热搜。这事因某 app 上的两个视频而起，这位评测人员自信满满，娓娓道来声称第一瓶像水一样的"它是从一部进口商品车里面抽出的德国汽油"，第二瓶泛黄的则是国内汽油，第三瓶则是矿泉水，紧接着又有人通过燃烧国内和进口汽油得出国内汽油燃烧时烟大且不耐烧的结论。于是网友纷纷表示：国外无色的汽油品质更好。事实真是这样吗？国内汽油真是黄色的？国外汽油是纯净无色的？纯色的比黄色的品质更好？

    为了了解情况，有关记者从德国车里抽出了一些汽油样品，然后和我国国内用的汽油一起带到专业的检测机构，进行了详细对比、检测。检测结果显示：

    （1）初装油和我国 95# 汽油，大部分指标都符合我国标准。但是硫含量和密度方面，初装油不能满足我国的标准要求。

    硫含量：初装油高达 84 毫克每千克；按照我国标准，每千克应小于 10 毫克。初装油的硫含量不仅不符合我国的标准，也不符合欧盟的标准。

    密度：我国的要求是在 0.71~0.75 之间；初装油的密度只到 0.689，它的密度较轻，意味着初装油更不耐烧。

    （2）两个油品的其他指标，存在一定差异，但是都符合我国标准。

什么是初装油？

    从新车中抽出来的叫初装油，初装油仅适用于刚刚出厂的新车。新车的销售具有不确定性，一般汽车销售企业很难确定新车要卖到什么地方，也不知道什么时候能卖出去。所以要求初装油要有良好的安定性性能，所以它的组分比较单一，经济性也较差，并不适合普通车使用。当然，更不要把初装油和德国日常销售的汽油混为一谈。

为啥汽油有很多颜色？

很多朋友要问了："为什么我看到的汽油颜色各异？汽油到底应该是什么颜色？"

这个还真说不准。

第一，石油是生物残骸经过数千万年地质变化形成的产物，受产油地土质、岩层、地理、气候环境的影响，采出油品的成分和其比重也大相径庭，颜色也不例外。

第二，由于炼油厂的加工工艺、放入的添加剂不同等，即便同样的原油，不同炼油厂炼化的成品油也会有颜色上的差异。

第三，即便是同一炼油厂生产的不同标号汽油，颜色也不尽相同。汽油在生产时的调和组分主要有：催化汽油、MTBE（甲基叔丁基醚）和芳烃。催化汽油、MTBE 是无色的，芳烃组分的颜色偏黄。

有些生产企业在生产低标号汽油时（如 92 号汽油），可以不添加芳烃组分，汽油的颜色就是无色透明。高标汽油（如 95 号、98 号汽油），为了提高汽油的抗爆性，需添加芳烃组分，汽油颜色就偏淡黄。

此外，油品存放油库不同、存放时间长短不同等，也会影响颜色。

汽油的颜色差别与质量高低无关

事实上，世界多个国家的汽油标准体系都没有对汽油颜色作出明确要求，汽油颜色差别无关质量高低。国家标准化管理委员会 2016 年 12 月 23 日最新发布实施的车用汽油国家标准，对汽油外观的技术要求仅有无机械杂质及水分一项，并没有颜色方面的指标。欧洲汽车制造商协会、美国汽车制造商联盟以及日本汽车制造商协会等共同制定的世界燃油规范（2002 年 12 月最新修订版本）：无铅汽油外观应清澈透明，无悬浮和沉降的水分和杂质。同样，没有颜色方面的规范。无论是国内还是国外，汽油正常的颜色是淡黄色或淡黄绿色，也有少部分汽油是无色的。我们不能通过颜色判断汽油的品质。目前，我国国六车用汽柴油标准全面达到欧盟现阶段车用油品标准水平。

近几年，中国油品一路升级，用十几年的时间便完成了从国二到国六的更新换代，而国外则用了几十年时间。

大家切不可存有"国外月亮比国内圆"的心理，当然为了更好地保护环境，我们还有很多路要走，未来我们还将不断升级油品和各位携手共同建设美丽中国！

素材来源 | 新华网 湖南卫视 大庆炼化 福建销售　文 | 宋清海

加油站这么做，是在偷车主们的油吗？

CNPC 中国石油　2020 年 6 月 13 日

说起汽油味，大家最先想到的就是汽油最多的地方——加油站。但是细心的你有没有发现，现在的加油站也很少闻到汽油的味道了。那是因为加油站安装了油气回收装置。那么，加油站回收油气，回收的是谁的油气呢？

油气回收装置是什么？

首先大家需要了解的是，汽油是一种很容易挥发的物质。简单来说，加油站油气回收的作用就是将加油站在卸油、储油和加油过程中产生的油气，通过密闭收集、储存、送入油罐汽车的罐内，运送到储油库，集中回收变为液态汽油。

而加油站油气泄露主要发生在以下这些区域：通气管油气泄露（空气污染）；油罐及管线接头等不密封（地下水、空气污染）；加油时的滴油或溢出（安全、空气污染）；加油时的油气溢出（健康、安全、空气污染）。

小编知道大家最关心的就是加油时发生的油气回收！"加油时，加油站要回收油气，那是不是在偷车主的油呢？"

油气回收会减少加油的量吗？

细心的客户加油时一定会注意到，加油枪前端带有一个橡胶皮碗，它的前端，还设有吸气孔。

我们开车用油，油会越来越少，油气会充满油箱上部。当你准备给车加油时，打开油箱口，油气就会顺着油箱口和油枪的缝隙蔓延到空气中。

如果有了油气回收专用加油枪，皮碗会挡住油气溢出，吸气口则会把多余的油气吸走，所以加油枪只对加油过程中，从油箱口挥发出来的油气进行收集，并不会造成加油量的误差。

一个正常运转的油气回收装置，每加出 1000L 的油，就会吸进大约 1000L 的气。这个气还是油气混合物，需要回收后经过各种方法处理，实现对大气的零排放。

有网友又有疑问了，"吸气口会不会把油也给吸走呢？"事实上，吸气口是不会埋进油箱液面的，当加的油越来越多，接触到油枪时，会发生"跳枪"，这时，油面离吸气口还远着呢！

油气回收的重要作用

油气，看不见，摸不着，释放到空气中，一会儿就随风而散了，中国石油为什么要安装油气回收装置呢？

首先是为了节约资源，汽油很容易挥发，与其让油白白流失，不如收集起来再次利用。其次，汽油成分中含有芳香烃，其中的苯是公认的有毒致癌物质，会伤害人身健康、引发多种疾病。最后也是最重要的，当加油现场油气浓度达到一定数值的时候，飘浮着的油气遇到明火、火花、静电，很容易引发爆炸。

有了油气回收装置，大家加油的时候是不是放心多了？

油气回收装置不仅存在于加油站，油库也配置有油气回收装置。

中国石油油库的油气回收装置，主要回收油罐车付油过程中产生的混合油气。油品装车过程中，油罐内部油气挥发，随着油品液面上升，混合油气经油罐车油气回收气相系统进入油库的油气收集管线，在回收处理装置中经过活性炭吸附、真空解吸、循环冷凝等步骤进行回收，再循环回到储罐，大幅减少油气排放。

以安徽销售为例，单座油库的油气回收处理能力在 200m³/h，八座油库理论每年可减少排放约 200t，有效减少大气污染。

素材来源｜安徽销售 上海销售 加油在线　文｜袁艺

"油品不行就推燃油宝，是让我交智商税？"

CNPC 中国石油　2020 年 6 月 21 日

大家是不是都有这样的经历，去加油站加油，"大哥，来瓶燃油宝吧，这个可以清洁发动机，可以让油充分燃烧……"越推销越不想买。"这中间一定是有猫腻""加燃油宝就是交智商税""油品质量不行就再让我们买燃油宝"，这是不少人的想法，那么燃油宝是不是一场骗局？燃油宝究竟有没有用？什么情况下需要用？今天咱们就来好好聊聊燃油宝。

什么是燃油宝？

要解释燃油宝，首先需要说一下积碳。积碳就是发动机运转过程中，汽油里的不饱和烃和胶质在高温状态下产生的焦状物。开车的都知道，发动机只要运转，积碳就是在所难免的。

发动机的积碳过多，会造成冷启动困难，怠速不稳、动力下降、油耗上升甚至损害发动机等问题。所以雪佛龙、巴斯夫等化学巨头就开发出了各种燃油添加剂，用来清洁发动机内部的积碳。而燃油宝的主要作用就是清理积碳，提升汽油辛烷值、减少磨损、保护引擎。燃油宝对车辆没有副作用。燃油宝加在燃油里，随着燃油一起进入油路，清除油路里面因燃油燃烧生成的积碳。燃油宝给汽车带的所有益处都是建立在防止车内产生积碳和清洗车内已有积碳的前提之上。归根结底，燃油宝作用于积碳，而非车辆。

油品不好所以需要加燃油宝？

"我的车为什么会有积碳？还不是因为你们的油品不好？国外的油就不需要

加这玩意儿，承认别人优秀有这么难吗？"有些网友又会这么想了。

不是不承认别人优秀，燃油宝本来就是外国人发明的。1921年，美国发明家查尔斯·凯特林发现把一种化合物加入汽油中可以有效减少汽车发动机的"爆震"现象。这种化合物就是四乙基铅，TEL，这就是最早的汽油添加剂。

如今，在许多国家与地区，燃油宝早已被普遍使用。美国、日本、欧洲售卖的汽油中都已经添加了燃油宝。

2008年，我国《国家发改委关于降低成品油价格的通知》提到："统一取消清净剂加价。成品油销售企业销售成品油时，不得以添加清净剂或其他名目在国家规定的成品油价格之外加收或代收任何费用。凡此前出台的清净剂加价政策一律取消。鼓励成品油零售企业以小包装形式单独销售清净剂，由消费者自由选择。"

也就是说，美国和欧洲等国家的汽油中已经有了燃油宝，而我国是鼓励消费者自愿购买。当前中国使用的汽油标准是国六标准，是世界上标准要求最高的汽油之一。

💧 什么情况下使用燃油宝？

当有人向你推销燃油宝的时候，好多人不太了解，自然而然比较排斥，今天小编就说说，什么情况下需要添加燃油宝。

第一种情况是大排量车。大排量汽车发动机的结构一般比较复杂，气缸多，大多数大排量发动机是国外研发的，部分油品无法在这种发动机里充分燃烧，所以我们会看到开超跑的人在车里放成箱的燃油宝。

第二种情况是对于油品要求比较高的小排量发动机汽车。它们大多是直喷发动机，比较容易产生积碳，一般几千千米加上一瓶。

最后一种情况比较普遍，车开了几万千米以后，感觉动力不如以前，起步变得乏力，这种一般都是积碳比较严重，加入燃油宝可以有效清理积碳。

如果您不是以上三种情况，燃油宝可加可不加。

💧 燃油宝加不加都没什么效果？

关于这个问题，小编建议各位把燃油宝当作保健品就更好理解了。

燃油宝对车还是有一定好处的，但车况、路况的不同，让司机很难通过驾驶感受判断是不是真的省油了，动力是不是真的变强了，积碳是不是真的减少了，自然觉得好像用处不大。大家可以去看一些专业测评机构的数据对比。

素材来源｜新华网 途虎养车 安徽销售　文｜杜赛男

燃气灶点不着，多次扭动点火开关！结果很可怕！

CNPC 中国石油   2020 年 7 月 4 日

近日，江苏无锡石岩派出所接到一宗警情，报警人称家中燃气着火并有人受伤。消防民警迅速赶到现场后，发现已无明火，受伤人全身皮肤烧伤面积达 60%。

据消防调查，当天下午，户主准备开火做饭，她先是将燃气阀门打开，然后多次扭动点火开关，此时火没有点着但燃气灶周围及上方已经有了一些泄漏出来的燃气，明火与混有燃气的空气发生接触，嘭的一下，发生爆燃。

事后事故原因分析：用天然气等燃气做饭时，天然气从燃气灶眼里喷出来，随喷出来随燃烧，但如果泄漏出来却没有燃烧，且在空气中达到一定浓度，此时一旦遇到明火，就会在瞬间全部燃烧，剧烈发热而膨胀，这就是可怕的爆燃。

在此提醒广大用户，短时间内多次点火没有成功时，千万不要再去尝试点火，而是要迅速打开门窗通风，待燃气散尽后再尝试点火。平时也要及时更换连接胶管和燃气灶电池，防止出现泄漏及打不着火等情况。

使用燃气应注意哪些事项？

（1）确保燃气设施的安全。

我们的住宅安装燃气管道都是经过严格施工和检测的，个人不能随意改变管路。在装修房子的时候，如果需要改造，要经过燃气公司的同意才能进行。

同时，要合理布局厨房的功能。在管道通过的位置，不能对管道挤压、悬挂承重，腐蚀或磨损，也不能有热源和电路经过，要保持安全的距离。连接固定管道和燃气用具的软管，两端要有喉箍固定，而且长度不能超过 2 米，不能随意增加长度，使用年限最高不超过 2 年。

因为有燃气管道的存在，厨房是不能改造成房间供人员居住的，这样做不仅不安全，而且是违法的。我们在室外也会见到通常刷成黄色的燃气管线，同样要防止撞击或者磨损。

（2）选择安全的燃气用具。

现在市场上的燃气用具品种繁多，用户在选择产品时除了使用功能和外观，安全也必须考虑在内。好的燃气灶具在设计和用料方面都会更加注重安全，同时在安装和售后方面也会有更多的保障。但是对于几年才会去购买一次的用户来说，选择正规厂家、大品牌的产品就足够了，虽然会比那些小品牌的贵一些，但毕竟一分价钱一分货。燃气具的最高使用年限为 8 年，一定要及时更换。一个天天都在使用的产品，而且和我们的生命财产安全息息相关，这笔账一定要算清楚。

（3）使用时要注意安全。

燃气灶周边不要放易燃易爆物品，比如杀虫剂、空气清新剂等，这些东西温度高了或者遇到明火也会引发爆炸起火，其他可燃物品也要尽量远离灶具。平时使用时，不要长时间远离灶具，避免把锅烧干。虽然现在的燃气灶具都有熄火自动切断的功能，但是不使用时要关闭总阀门，这点容易被人忽略。

（4）平时定期检测维修。

虽然燃气公司的工作人员会定期入户检查，但是自己也要经常查看软管连接情况，看看是否有松动、破损老化、管道变形等情况。还要经常闻一闻有没有燃气泄漏。如果发现异常，要及时拨打燃气公司的服务热线进行维修。同时，家里也可以安装燃气报警器，它能实时监控燃气的安全状况，有些还有自动切断和远程监控功能，可以随时随地掌握情况。

素材来源｜昆仑能源 健康时报 新华网

"夏天，汽油越来越不耐烧了！"

CNPC 中国石油　2020 年 7 月 11 日

夏日炎炎，温度越来越高，很多车主总有这样一种感觉："夏天，汽油越来越不耐烧了！"到底存不存在这样的情况呢？

汽油真有耐烧不耐烧之分吗？

答案是肯定的。不同加油站的油，由于温度、油品质量、储存方式等等原因，确实有耐烧与不耐烧之分，再加上有些司机心理上的偏差，感觉会更明显。

温度改变油品密度？

汽油密度是会影响到我们实际上得到的汽油使用量，但是汽油的密度，它不是固定值。根据 GB 17930—2016《车用汽油》规定，在 20℃的情况下汽油的密度在 720~775g/L 之间都是合格的。

我们按照一箱油 50 升来算的话，一箱油，最多可以相差 2700 克，也就是 5.4 斤。这样算起来温度的确影响了加进油箱的油，而且确实是少了。所以有时候加满了油感觉没上次耐烧，其实是油品密度发生了变化。

虽然说汽油密度值可能会受到温度的影响而热胀冷缩，但是像中国石油、中国石化这样正规加油站在设计加油站之初就考虑到这个问题。

以中国石油为例，汽油运输采用具有保温措施的输油管路，加油站的汽油存储 100% 埋地油罐，地面上的冷热对于地下汽油影响几乎可以忽略不计。

"天热的时候我们加的油会变少"，这种说法对中国石油加油站来说完全不存在。

中国石油从炼厂到油库大多采用具有保温措施的管道运输，即使经历季节更替、气候变化，运输管道中汽油所受的影响也可以忽略不计，油温几乎不会发生

变化，对密度值的影响可以忽略不计。

油品从管线到加油机采用埋地式复核管线，油品从油罐到汽车油箱的过程温度变化微乎其微。

油品加入油箱后，油箱排气口上面有个碳罐，它负责回收汽油蒸气，不会让汽油跑到外面的空气里面去，所以在这点上温度对于汽油耐烧度没有影响。

汽油成分也会影响耐烧性

除了密度不同，汽油里面各类碳氢化合物的含量不同，也会影响到汽油的耐烧程度。

GB 17930—2016《车用汽油》规定，对这些碳氢化合物的含量只有一个上限标准，只要不超标就可以，但是没有一个固定标准，再加上原油品质本身就因为不同的产地就会有差别。碳原子数量相同的时候，汽油里面各种碳氢化合物的热值，按照烷烃、烯烃、环烷烃、芳香烃的顺序来递减。

比如说汽油里的烷烃含量越高，释放的热量越高，这些成分含量的比例不同，就会造成汽油的热值不一样。这个热值就是指相同质量的物质烧掉，放出去多少能量，热值越高，汽油越耐烧。

夏季油耗大？其实它比冬季更省油！

夏天温度比较高，汽油蒸发性强，雾化的效果比冬天好，燃烧更充分，效率更高，使用起来会更省油。

冬天需要靠喷油量和发动机的转速增加帮助发动机提高温度，达到标准的工作温度。而夏天气温高，发动机更容易达到工作的温度，同时能长时间维持在这个温度，无需耗费额外的汽油。

那么，为何有些车友觉得夏天比较耗油，那肯定是汽车空调的原因，空调制冷是消耗汽油的，一般来说每百千米油耗大约为 0.7 升到 1.5 升。

素材来源｜大庆石化 河北销售 辽宁销售　文｜宋清海

拥抱每一种生活

@中国石油
加油站就像一个大家庭，
每个人都超级有爱 ❤

车主当心新骗局！加了 200 块钱的油，油表竟原地不动！

CNPC 中国石油　2020 年 7 月 31 日

经常有车主朋友们这样问小编，在一些加油站加完油后，我车的油箱标称 X 升，也加满了 X 升，可油箱还有富余，这中间是否有什么猫腻？

近日，一条"加油站工作人员偷油"的视频在网上传开，视频显示，一名私营加油站工作人员正在给一辆运钞车加油，然后趁司机不注意取出加油枪，将油加到放在加油机另一面的壶里。

事后，该涉事工作人员已被公司开除。

如果上述手段比较老套，那接下来这个加油站则用上较高手段偷油。

成都市民周先生开车路过位于绵阳市涪城区磨家的成绵加油城，发现汽车油快用完，便到该加油站加油。按照习惯，周先生请工作人员给他加 200 元的汽油。按正常加油量，200 元可以加半箱多油。可是等加完油付过钱后，周先生上车打火，却发现仪表盘油量显示车子只加了 10 多升的油，油量严重不足。

"这简直是坑人嘛，油都加到哪里去了？"周先生向绵阳市市长热线拨打了举报电话。

随后，绵阳质量技术监督局执法人员和绵阳市计量测试所技术人员来到该加油城，对周先生反映有问题的加油机进行检查。技术人员打开加油机先是进行了计量检查，没有发现加油机计量不合格。

紧接着，一个细节引起了执法人员的注意，税控加油机的主板上有一根很细的连接线。专业人员经过仔细核查，发现此线一直蜿蜒到加油站旁边一栋两层房屋背后，有近 50 米长，在连接线的另一头，执法人员发现了藏在暗格里的遥控装置。

据调查，该加油站由一名姓黄的福建人承包经营，他利用遥控器进行加油计量作弊，对加油量大的柴油、汽油货车以及外地车平均克扣率为 10%~20%，最大克扣率达到 40%。执法人员对该加油站作弊工具、加油机依法予以查封。

💧 油到哪去了？

据调查，大部分的加油机都是由电脑控制，如果有专业技术人员修改加油机电脑程序或者直接改装线路板，在流量计上做手脚，加油机就会出现光走字不出油的情况。除了以上这种情况，还有一些加油站竟一直这样偷你的油。

一、调整当量

油计量器具中的当量是计量准确度的标志部位，加油员为了少加油，故意将当量的准确位置调偏，让消费者在不知情的情况下挨宰。

二、偷换齿轮尺寸

加油计量器的传动齿轮每转一周，显示器上就能显示加油数量。有些加油站将传动齿轮的标准尺寸偷换成加长尺寸后，消费者就无法获得等额的足量汽油。

三、显示屏虚报

部分加油站通过修改加油机显示屏程序，也可以达到"数字够了油没够"的目的。更有甚者，在加油枪上安装跨线，同时连接一个车用遥控器，在给消费者加油的过程中，一部分油自动回流进加油机。

四、私接回流管

加油时，汽油或柴油必须经过油泵，再通过油管流进油机，最后从油枪注进油箱。有的加油站在油泵周边悄悄地接通一节小回流管，使油经过油泵计量后又有一小部分回流。

五、提前拔枪

因加油快结束时，加油枪是慢慢走字的，有些消费者没注意，以为加完了就让加油员挂枪结账；有的是加油员提前拔枪，谎称加完油了；有的加油站甚至会给上一个车主加完油不挂枪，接着给下一个车主加油，以此达到克扣斤两的目的。

虽然质检部门会对加油机定期进行计量检验，检验合格的加油机设备上也全部加有铅封，但是由于这些铅封加在计量主板、流量计等设备上，在加油机内部，消费者从加油机外观上无法辨认出加油机内相应设备的铅封是否正常，所以即使加油站改动了相关设备，消费者也无法辨认出来。

需要注意的是，现今加油站的偷油手段越来越隐蔽，不易被消费者察觉。要想避免"被宰"，需要自己多观察，平时尽量选择大型正规加油站，以免遭受不必要的损失。

我们怎么把关？

尽管铅封加在计量主板、流量计等设备上，消费者也无法直接辨认出来。但请大家放心，中国石油对加油机的定期检查是非常严格频繁的。

政府质计监部门：每半年一查。

中国石油省公司：每季度一查。

第三方神秘客户：每月一查。

中国石油地市公司、区域：每周一查。

中国石油加油站：每天各班互查。

加油站监测系统：24小时监测。

这就从源头上杜绝了加油机作弊偷油。

就像这样

加油机上的主板、流量器和传感器等重要部件，计量部门在检查完毕后都会打上一道道铅封。铅封虽小，作用却大。如果有人想对加油机主板、流量器等做手脚，必然得毁坏铅封。而计量部门会定期检查铅封的完整性，一旦发现损坏，就将重罚。

所以，如果你发现加油机里没铅封，就要多点心眼。因为很可能这个加油站不是正规的，是部门监管的盲区，很有可能在付油量上动手脚。

像中国石油这样的大型加油站，在政府部门的铅封基础上，还要再加一道铅封，实行双铅封管理，彻底规避作弊风险。

如何避免被"偷油"？

（1）查看加油机强制检定标志，看是否在强制检定周期范围内。

（2）加油前看加油机有没有归零，加完油后自己查看加油机数额。

（3）熟知自己车辆油箱能装多少油，加油前后注意查看油表数。

（4）采用加油站内公正量具进行测量，看测量结果。

（5）尽量去正规有保障的加油站。

（6）加完油后要索要发票凭证。

司机朋友们，在加油时请一定注意加油机有没有被做手脚。如果发现加油站有违法行为，请及时报警，维护自己的合法权益！

素材来源｜人民日报 成都商报 湖北经视　文｜宋清海

92 号和 95 号汽油加错了，怎么办？

CNPC 中国石油   2020 年 8 月 9 日

在电影《命中注定》中，有这样一个经典桥段，汤唯给廖凡小车加油，不料竟然加错了，柴油车加成汽油……

我们经常看到加错油的新闻，可是有一些车低调地让加油员认不出来。

一个真实案例，一位辉腾车主开车到加油站加油，在车主去趟便利店的功夫，加油员把这车当成帕萨特，加了 92 号汽油。车主当时傻眼，幸亏发现得早，不然汽车开出去可能会报废！真是应了那句话，"不怕奔驰和路虎，就怕大众带字母"。

这样的事还真不少，小编在某知名汽车论坛上又看到这样一则新闻，有一辆价值 50 万元的低调车被某加油站加油员加错了油。这辆车相貌平平，车主对这款车进行了改装，开在路上辨识度也非常低，车主开着这辆车去加油站加油，加油站的员工就以为这是一辆平价车，问都没问车主，就直接给这辆车加了 92 号汽油。等到车主反应过来的时候，已经加了大半箱油，而这辆车只能加 95 号汽油。

车主说该加油员态度恶劣，没有意识到自己的错误，当车主告诉他自己的车加错之后，加油站的员工居然说，"这不就是十几万的车子吗？我家的凯美瑞也是加的 92 号汽油。"车主在听到后，也是非常无奈。

在这里还是要提醒各位加油员，还是要询问完车主加多少号油后再加油。

如果万一爱车加错油，该怎么办呢？今天，小编就科普一下加错油应该如何处理。

汽油最好不要混加

95 号汽油和 92 号汽油的区别在哪呢？

首先是正庚烷和异辛烷的比例不同。95 号汽油的抗爆性是比 92 号汽油好一些。95 号汽油含有 95% 异辛烷，5% 正庚烷，而 92 号汽油含有 92% 异辛烷，8% 正庚烷，而异辛烷比例与抗爆性成正比。

汽油混加其实对汽车本身不会造成明显的影响，不过车主尽量不要混加汽油。因为汽油是混合物，对发动机的影响不会太大，但是要保证车辆安全，最好不要混合加油。

低标号油的车加了高标号油

如果是低标号油的汽车误加了高标号油，这就好比吃惯了粗粮偶尔吃一回细粮，一般来说对汽车并没有什么负面影响。高标号汽油的辛烷值要比低标号汽油更高，燃烧也更充分，所以车辆在动力表现方面也将更好。

高标号油的车加了低标号油

如果平常加高标号汽油的汽车，却误加了低标号汽油，例如把原先的 98 号油加成了 92 号油，就需要引起注意。

当把高标号汽油加成了低标号汽油时，车辆会出现动力不足、油耗升高等情况，有些车辆的发动机故障灯会报警，甚至出现熄火无法启动的现象。如果误加的汽油标号之间差别较大，车主要及时将油箱中的汽油导出，并及时清洁油箱和油路系统，以减少低油品对发动机的伤害。

汽油车加了柴油，柴油车加了汽油

如果汽油车误加了柴油，或者柴油车加了汽油，那么问题就比较严重了。这两种情况都会损坏汽车的油路系统，甚至可能造成发动机报废。

所以车主如果发现加错了油，尽量不要点火启动，建议尽快联系 4S 店或维修厂，让专业的维修人员清洁油箱和油路系统，然后再对发动机进行全面检查。

值得一提的是，汽车出厂前，对添加什么样的燃油是有明确规定的。添加汽油的型号取决于发动机的压缩比，如果你的爱车规定加高标号油而不小心加了低标号油，发动机会产生爆震、功率下降、水温升高，工作时伴随金属敲击声。

如果是低标号的非要追求高标号，以提升动力，就没有必要。因为发动机的压缩比达不到标准，即使再好的油也不会发生作用。顶多可以低碳、清洁一些，当然这些效果都不那么明显。

需要注意的是，因错误添加燃油导致车辆故障的情况，4S 店或保险公司都不予以保修或赔偿。所以对于那些易弄混油品的车辆，车主加油时一定要多加注意。

素材来源 | 搜狐汽车 腾讯汽车　文 | 宋清海

这个区域手机扫码支付，很危险！

CNPC 中国石油　2020年9月3日

在加油站内有一个共识就是不能拨打电话。

2008年起实施的加油站作业安全规范明确了加油站内严禁使用手机，然而随着移动支付的不断发展，不少人出门开始不带钱包，越来越多的加油站推出手机扫码支付服务。

近日，一些省市相继出台的关于加油站加气站作业区内禁止扫码支付的相关政策引起了社会热议。

继河南洛阳、江苏南京全面禁止在加油站加油加气作业区内用手机扫码支付后，据悉，北京市、天津市等地也相继出台相关政策，一起来了解下。

北京市应急管理局、市公安局、市城市管理委、市商务局、市消防救援总队等五部门日前联合印发了《关于严格加油加气站内扫码支付等使用手机行为安全管理的通告》，其中明确，严禁在加油加气作业区内进行扫码支付等使用手机的行为。

天津市安委会办公室、应急管理局等部门联合印发了《市安委会办公室关于进一步加强加油站安全管理工作的通知》，依据现行标准要求在爆炸危险区域范围内严禁使用非防爆型移动通信设备进行通话或扫码支付等移动支付，爆炸危险区域范围外可以使用移动通信设备，天津市加油站均按照国家标准设计，其站房均位于爆炸危险区域范围外，因此建议需要进行移动支付的市民选择在站房内进行支付。

为什么严禁在加油加气作业区内进行扫码支付等使用手机的行为？

近日，浙江海宁市检察院专门为这个问题召开了一场听证会。海宁市检察院接到群众举报称，海宁某加油站存在车主在加油机旁通过扫码支付油款的现象。这些加油站紧挨海宁市客运中心、居民小区、建材市场等人流密集场所，如果爆

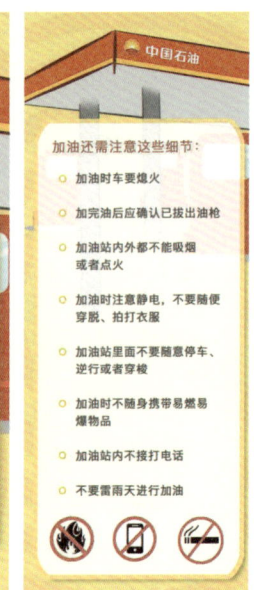

炸，后果难以想象。

那么，移动支付是否存在安全隐患？为了论证这一问题，海宁市检察院向相关行业专家进行问询，并会同通讯专家对四种场景下手机的等效平面波功率密度（W/m^2）进行了测试。

结果证实，扫码支付的电磁辐射功率远大于通话的功率。可见，在加油站易燃易爆范围内使用手机扫描支付存在一定风险性。经过讨论，专家评议团得出"在加油机旁进行移动支付存在安全隐患"的结论。

而一些不明真相的自媒体开始炒作，加油站内不能使用手机支付，是逆潮流的行为，不人性。

在这里小编要强调的是，各位要明确区域，加油加气作业区内禁止使用手机支付，便利店内仍可以使用手机支付。

另外，与现场扫码支付不同，不下车支付是从 APP 线上直接下单，在进站前就可以实现，车主进站加完油后直接从系统扣款，不需要进行其他操作流程。

素材来源｜人民日报 北京市应急管理局 天津市应急管理局　文｜宋清海

往事

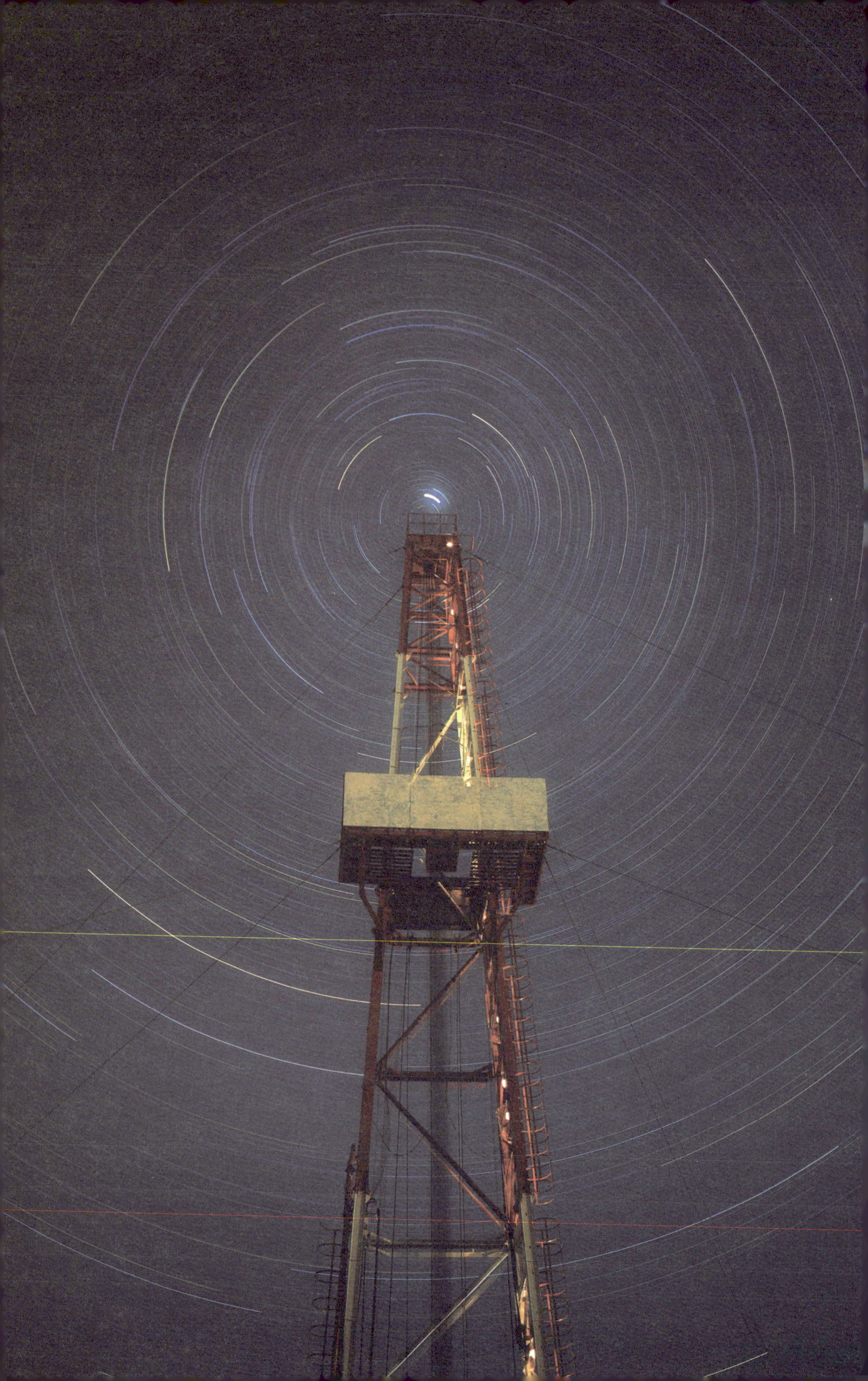

新年忆故人："石油赤子"康世恩

CNPC 中国石油   2016 年 1 月 31 日

1995 年 4 月 21 日，他突然病情加重，呼吸困难。在弥留之际，旁人见他双手抖动，急忙给他递来纸笔，此时他已经无法很好地控制双手，仅凭直觉在纸上歪歪斜斜地写下此生最后一个字："油"，随后便停止了心跳。

他是康世恩，国务院原副总理、石油工业部部长，被誉为中国最受敬重的"石油赤子"第一人，直接领导和指挥了克拉玛依、大庆、辽河等石油会战，从根本上改变了中国石油工业的面貌。

要给祖国抱出几个"金娃娃"

新中国成立前，全国只开发了台湾出磺坑、陕西延长、新疆独山子和甘肃玉门老君庙 4 个油田，气田也仅有 7 个。纵观全国上下，也只有 8 台钻机，石油年产量为 12 万吨。更要命的是，当时的中国极度缺乏石油工业方面的人才，从事石油地质技术行业的干部只有 20 多人，钻井工程师 19 余人。

在这几乎一穷二白的情况下，康世恩却坚定信念——快速走遍祖国的山山水水，一钻出油，给祖国抱出几个"金娃娃"。在艰难而漫长的建设初期，康世恩率领技术人员对陕北地区和河西走廊及贺兰山一带进行了地质勘探，了解石油与天然气的储备情况。

为了尽快培养人才，他极力团结过去留下来的石油工业技术人员。同时，他与清华大学、北洋大学、南京矿冶学院等高等学府建立联系，开办速成地质班与各种培训班。在中央燃料部批准后，又一手筹办西安石油学校，为新中国的石油建设培养了第一批人才。

在他的不懈努力下，新中国的天然油年产量在 1952 年底达到了 19.54 万吨，发现储油构造 50 个。而康世恩本人更是被大家戏称为"最不会休息的人"。

"他说他的，咱们干咱们的"

在余秋里担任石油工业部部长后，康世恩同余秋里一起考察了川中地区，在经历了川中石油会战的挫折后，两人共同决定要在当时地质勘探情况良好的松辽平原干出一番事业。

当时松辽平原的开发技术指导是来自苏联的米尔钦科。米尔钦科是石油勘探方面著名的专家，康世恩在苏联学习时，随着米尔钦科学习了许多关于地质勘探的知识。

然而，松辽平原的采油进程并不那么顺利，前两口基准井都没有显示出丰富的油藏。在松基三井开钻到1460米后，米尔钦科认为此处油气储藏良好，应该继续打钻下去。但康世恩却不这么想。

"第一，我们打井目的就是为了找油，见到了油气显示，就要马上把它弄明白。从这口井的资料来看，希望很大，但能不能试出工业油流要看实践。第二，这口井打了1460米，井斜就有5.7度，井身不直，再打下去钻井速度会受到影响。第三，如果打到预计井深得一年多时间，油层被泥浆浸泡久了，有油也试不出来……"米尔钦科还没等康世恩说完，便打断了他，大声嚷道："你这样做是不对的！松基三井是基准井，基准井的目的就是取全地下资料，这是勘探程序规定的，不能随便更改。"

见此番情景，康世恩依旧不为所动。在米尔钦科离开后，康世恩便对大家说："他说他的，咱们干咱们的。"

随后康世恩电话联系了远在北京的余秋里，在获得余秋里的大力支持后，他便组织开展了松基三井的固井工作。康世恩用行动证实他的决定是正确的。1959年9月26日下午，棕褐色的油柱从松基三井的井口喷涌而出，这标志着大庆油田——一个世界级特大型陆上砂岩油田诞生。

"一看地质图就来精神，比吃药还强！"

在20世纪80年代，康世恩曾患膀胱癌，尽管后来由于治疗得当，病情得以缓解，但他的身体却每况愈下。

一日，康世恩正在北京301医院住院，医护人员不许他工作，他就通知油田同志以看病的名义，偷偷将地质资料带进病房，等护士进来看的时候，地质图铺的满床满地都是。见此状，康世恩还对护士打趣说："我一看地质图就来精神，

比吃药还强！"

1994 年，康世恩带病从四川归来，又被确诊患上肺癌。面对现实，康世恩只是淡然地说："有病就治，没有什么了不起。我 80 年代得了膀胱癌，战胜了它又活了 10 年。如果这次我能战胜肺癌，我还可以再活 10 年。"但此时癌细胞已经扩散，这样的情况不允许他再继续工作。不过，每当石油界的同事来看望他，他总会关切地询问起石油和石化生产的发展情况。

曾任国务院总理的朱镕基有一次去康世恩居住的四合院拜访他时，看到满屋的地质图纸，也不禁为老人专心致志研究石油的执着精神感动。后来，朱镕基在一封信中缅怀康世恩："康世恩同志对发展中国石油工业那种执着追求、锲而不舍的精神，严格要求、实事求是的作风，给我留下了深刻的印象。"

余秋里、康世恩、王进喜、薛崇仁、王继谔、王警民、陈家良、李松安、张忠生、徐寅福……

CNPC 中国石油 2019 年 4 月 5 日

"清明时节雨纷纷，路上行人欲断魂。"杜牧的一句诗，唤来人们数百年的愁思断肠，它表达的不仅是对已故亲人的思念与回忆，还有对生命流逝的无奈和惋惜。回想起石油先烈们时，斯人已逝，精神永存。

石油，与国家的振兴、人民的生活息息相关。中国石油工业在艰难中创业，在荒原上崛起，在拼搏中奋进，而辉煌的背后，印证着一个行业和群体的坚持与执着。他们是石油的形象，更是民族的形象！

他们与天斗、与地斗、与自然灾害斗，没有条件，创造条件，以不怕牺牲的精神克服了种种困难。住地窝子、睡帐篷、立足高原、踏荒漠，他们白手起家，为我国的石油工业奠定了坚实基础。让我们一起走进那段峥嵘岁月。

铁人王进喜

1959 年 9 月 25 日，中国石油勘探队在东北松辽盆地陆相沉积中找到了工业性油流。时值国庆 10 周年，所以这个油田以"大庆"命名。大庆油田的发现，打破了中国是"贫油国"的论调。解放前，中国只有甘肃老君庙、新疆独山子、陕西延长 3 个小油田和四川圣灯山、石油沟 2 个气田，年产原油仅 10 余万吨，石油基本上靠从外国进口。大庆油田的开发，使原油产量大幅度增长。到 1963 年 12 月，周恩来总理终于可以自豪地宣布：中国需要的石油，现在已经可以基本自给了，中国人民使用"洋油"的时代，即将一去不复返了。

提及大庆油田，王进喜是我们必说的人。他纵身一跳，被永远定格在历史中，这是石油人心中最撩人的动作。1960 年 4 月 29 日，1205 钻井队准备往第二口井搬家时，王进喜右腿被砸伤，他在井场坚持工作。由于地层压力太大，第二口井打到 700 米时发生了井喷。危急关头，王进喜不顾腿伤，扔掉拐杖，带头跳进钻井液池，用身体搅拌钻井液，最终制服了井喷。

中华人民共和国成立40周年之际，他与雷锋、焦裕禄、史来贺、钱学森一起被中共中央组织部命名为"建国以来在群众中享有崇高威望的共产党员优秀代表"。世纪之交，他被评为"百年中国十大人物"，写入中华民族的光辉史册。

冷湖四号公墓

发现认识油砂山、初探柴达木、沙漠领路人、降工资保勘探、万人帐篷、泉一井、英雄地中四井、工业学大庆、甘青藏会战……20世纪60年代，因油田勘探开发的需要，大批石油人涌向这里奉献自己的青春年华，先驱者长眠此地。

青海油田发现于1954年。1992年油田的生产生活基地从冷湖和花土沟搬迁到敦煌。但是，数以百计为青海石油事业付出宝贵生命先辈的遗骨依然长眠在柴达木盆地的茫茫戈壁滩里。

为纪念献出生命的先烈，1983年青海油田筹建了冷湖四号公墓，长眠着自青海油田开发以来，先后因公和因病去世的400多名石油人。他们的墓碑都朝向东方，因为那是家的方向。

原青海油田副局长薛崇仁也长眠于此，1976年11月4日在涩北地区组织天然气勘探会战的他，来到了正在试气的涩深15井时，闸门刚一打开，一股有着130多个大气压的强大气流冲出放喷管线，四根放喷管线飞速倒转，距离井口10多米远的薛崇仁等6位同志倒在了血泊中。这年，薛崇仁刚刚41岁。其他5位英烈的名字分别是王警民、陈家良、李松安、张忠生、徐寅福。为中国石油献出的生命不在少数，但柴达木盆地是最多的。

征服塔克拉玛干纪念碑

从1978年物探局（今东方物探）地调三处首次入疆，到1993年的15年间，数千地震队员在塔里木盆地艰苦奋战，其中有44位同志献出了年轻的生命。为了纪念他们，中国石油天然气总公司在库尔勒市郊树起了一座汉白玉纪念碑，上书："征服塔克拉玛干纪念碑"。在纪念碑的另一侧，镌刻着地震队员征服大漠的功绩。

库尔勒维吾尔语意为"眺望"，又被称为守望沙漠的城市。在库尔勒市新市区机场路西侧，1993年，东方物探塔里木前线指挥部西院区内，一片绿树掩映中，由汉白玉建成的征服塔克拉玛干纪念碑直指蓝天，和70多千米外的茫茫沙漠遥遥相望。

塔里木石油会战开始时，原中国石油天然气总公司总经理王涛曾感慨地说："没有石油物探的 10 年准备，就没有塔里木的今天。"

30 年来，在塔里木恶劣严酷的环境中，石油物探人克服了常人难以想象的困难，甚至以生命为代价，为祖国的石油事业拼搏奉献。

1983 年，石油物探队伍从国外引进先进的地震设备和沙漠运输工具，石油物探局地调三处与美国 GSI 公司合作，组建了 1830、1831、1832 三支大沙漠地震队，500 多名石油物探人，勇闯号称"死亡之海"的塔克拉玛干大沙漠。

1985 年 6 月，1832 队开赴罗布泊。风是罗布泊的主宰，风沙一来就裹挟着 8 级以上的威力，疯狂地肆虐。勘探队员们像打游击一样，风沙略小就趁机大干一阵。实在难以作业，就暂时停下来，再等时机。7 月底开始，一场特大沙暴向他们袭来，生产被迫停止，120 多名队员被困在营地，一天、两天、三天……

风势有增无减，翻卷的飞沙与弥漫的烟尘，令人窒息难耐。营地通往沙漠边缘的唯一通道被大风全部吞没，派去的水罐车一直没回来，直升机几次飞临营地上空都无法降落，也无法空投。储存的饮水、食品所剩无几。危机四伏的无人地带，队员们唯一能做到的就是坚持和忍耐。水罐车司机刘建旭被风沙困在路上，他完全可以放掉水罐里的水，轻车脱离险境，但他没有。四个昼夜，与风沙抗争，队友找到他时，几近昏迷，依然守着水罐车。

在罗布泊特大沙暴中，1832 队的勇士们与风沙搏斗了整整 15 天。

柴桂林，是个传奇人物，他是物探局原来的副局长。自踏上塔里木这块热土，他就把自己的后半生献了出来。他执拗地要从塔里木这块贫瘠、干涸、荒凉的土地中，找到石油。他身患癌症，几次与死神擦肩而过，都奇迹般地挺了过来。他先后获得河北省劳动模范、能源部特等劳动模范、全国劳动模范等光荣称号。

2222 队指导员吕元平，1978 年进新疆，在沙海里拼打了 30 个年头，被誉为"沙海铁人"。247 队队长吉承，征战沙漠 19 个春秋，先后运作地震项目 38 个，为发现轮南、塔中、牙哈、英买力和大北 3 等油气构造奉献了青春，有"物探虎将"之名。

三十多年过去了，先后有 80 多名物探人，在塔克拉玛干沙漠地区的地震勘探中，把英魂留在茫茫沙海。

喀土穆：海外石油人的坚守

2000 年 11 月 14 日，在苏丹首都喀土穆郊外的戈壁上，用苏丹管道建设中剩余钢管作为材料的"苏丹管道建设纪念碑"落成。碑文主要记述了苏丹输油管道的建设情况，最后写道："中国管道工人为此付出了极大的努力和代价，张立福、郑德宝、徐庆、吕焕仁、老士敏五位员工长眠于此。我们将永远怀念他们。"

　　海外石油人在异国攻坚克难、在他乡执着坚守的故事虽各有不同，闪耀的精神却同样感人。时至今日，祖国快速发展需要更多的油气资源，石油人又走出国门，在海外奋斗着。据不完全统计，2004年至今，87名中国石油员工因恐怖袭击、暴力犯罪、疾病和交通意外等原因永远留在了海外！

　　值得纪念的还有很多，他们有的默默无闻，有的功绩显赫，但都有一个共同点：热爱自己为之奋斗一生的石油事业。伟大的时代，孕育伟大的事业；伟大的事业，造就英雄的群体。在这个特殊的日子里，作为石油人，我们不仅要缅怀故去的亲人，还要纪念那些为了石油事业献身的人们。我们谨以此文向他们致以最崇高的敬意，也希望后人了解过去，铭记老一代石油人的付出和奉献！

素材来源｜中国石油报 中国石油网　文｜宋清海

@中国石油
王进喜：宁可少活二十年，拼命也要拿下大油田！缅怀！致敬！

铁人"学霸"是如何炼成的

CNPC 中国石油　2015 年 11 月 4 日

　　从一名钻井工人到中央委员，从不识字到能读书看报、起草文稿，王进喜在成为石油人榜样的同时，也成长为一个典型的"学霸"。

　　6 岁讨饭为生，10 岁给地主放牛，15 岁在玉门油矿做苦工，1923 年出生的王进喜在 27 岁之前与上学无缘。27 岁之后，王进喜从一名钻井工人到中央委员，从不识字到能读书看报、起草文稿，他在成为石油人榜样的同时，也成长为一个典型的"学霸"。王进喜的"学霸"之路并不顺利。1950 年春，为了能通过考试，从一名勤杂工成为一名正式的钻井工人，王进喜上了几天识字速成班。不幸的是，速成班没能让他通过笔试，好在王进喜凭借扎实的技术最终被录取，成为中国第一代石油工人。不过，"学霸"绝不会因一次失利而终止学习。小编研究铁人的学习经历，总结出"学霸"秘籍六条，以飨诸君。

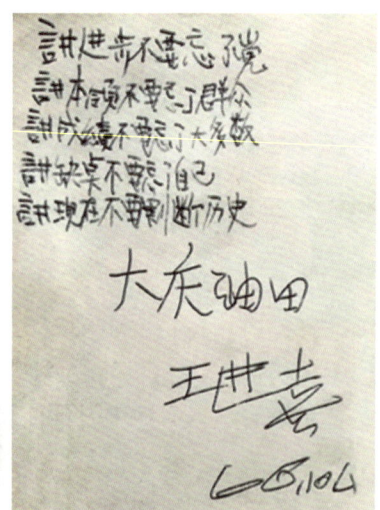

不会做笔记的"学霸"不是好"学霸"

学习"两论",不会写"矛盾"两字时,王进喜在本子上画了一个贫农、一个地主。领导在大会上讲李居仁的故事,"居"不会写,王进喜就画了一把小锯。

王进喜在钻井台上写烂过许多笔记本,他有一个笔记本名为东方红,记录了他 1968 年 9 月到 1969 年期间的工作,里面有毛主席在一次扩大的中央工作会议上讲话的全文抄录,也记录了在大庆北安农场 5 队与各位同事的促膝长谈。

兴趣是最好的老师

从玉门到大庆,作为资深的秦腔爱好者,王进喜特意带了几本秦腔剧本,通过学剧本来识字。

"我从来不熬夜",那都是假的

"学霸"过的是美国时间。为了能读懂工人规范、工作操作流程等,王进喜常常挑灯夜战,一个人捧着书学习到半夜。

"谦虚使人进步"是真理

20 世纪 60 年代,大庆油田最流行的出版物是"两论",这也是王进喜最爱的读物。每天,王进喜把不认识的字画在纸上,随身携带,一有空就拿出来向工友或身边的文化人请教。

实践是最好的学习方法

1964 年 12 月 21 日,王进喜代表工人在第三届全国人民代表大会上做了《用革命精神建好油田》的发言。这是石油工人第一次登上人民大会堂作报告,也是王进喜第一次在国家级会议上宣读自己写的演讲稿。1966 年国庆期间,王进喜应邀到北京人民艺术剧院作报告,他在一本《毛主席语录》上写下"五讲"。

最重要的:做学问先做人

1961 年秋,王进喜在解放村建起大庆的第一所小学——"鸡笼子"小学。学校只有 7 名学生 4 个班级,王进喜担任第一任校长,亲自上了第一堂课,教的第一个字是"人"字。

铁人一生都在诠释这个字。

她用生命为大地命名

CNPC 中国石油　2016 年 9 月 22 日

白牙齿弯眉毛，是你最美的记号，长头发迎风飘，美丽得无可救药。仅存的几张黑白照片上，刻着你的微笑、你的青春、你的美好……

缺失父慈母爱的童年

照片上的女孩儿叫杨拯陆，是杨虎城将军的女儿。这是个另类女孩儿，所作所为都不像女孩儿，或者说，她是女孩儿中的一朵奇葩。

1936 年 3 月 12 日，她出生于西安。9 个月大时，张、杨两位将军发动"西安事变"，随后，杨虎城身陷囹圄，她的母亲谢葆真前去陪伴。外婆带着杨拯陆逃往四川，颠沛流离。

祖国需要就是我的理想

在颠沛流离中长大的她却有着高大上的理想。这在金钱、名利、地位霸占了人们心灵的今天，梦想、理想很可能会遭到吐槽，嬉笑着说这样的人是"傻帽儿"。事实上，人们正得益于这些"傻帽儿们"高大上的理想！

杨拯陆的中学是在西安女子中学读的，成绩优秀，是班级的团支部书记。1953 年考入西北大学石油地质系，因各方面表现突出，18 岁就入了党。她眼界宽、知识面广，知道新中国缺少能源，急需地质人才；她文笔好，在《陕西日报》上发表过文章《我要做一名祖国工业化的尖兵》。

最重要的是，作为一个女孩子，她还下决心搞什么"野外地质勘探"，为祖国的石油事业做贡献。谁都知道野外地质勘探是个苦活儿，男人们都迟疑的事情，她一个小女孩儿非要去做，这份勇气和毅力，的确非常人能够拥有。

非要去野外搞勘探

作为名将之女，毕业时她可以有多种选择，留在西安或者去北京、上海，对她来讲都是很容易的事情。但她选择了最艰苦的地方，她的第一志愿是到新疆去。"我是祖国一块砖，哪里艰苦哪里搬"。

当时，新疆石油管理局的领导考虑到她是烈士的后代，又是一个女同学，准备把她留在新疆地质科。她急了，找到领导表示一定要到野外搞地质勘探。局领导见她决心已定，只得答应。她高兴得手舞足蹈，情不自禁地唱起《勘探队员之歌》："是那山谷的风，吹动着我们的红旗；是那狂暴的雨，洗刷着我们的帐篷……"

她的种种"野蛮言行"，却正好印证了毛主席的那句诗：中华儿女多奇志，不爱红装爱武装。

衣食住行极为简单

马上的她笑得那么灿烂！古代替父从军的花木兰也会笑得这样灿烂吗？

地质勘探工作却不像她的笑容那样轻松，要翻山越岭、风餐露宿。夏日的中午，整个戈壁像个大蒸笼，到了晚上，却寒气逼人。正像俗语描绘的"早穿皮袄午穿纱，围着火炉吃西瓜"。

她的行装很简单，一个帆布地质包和一个军用水壶。住的是简陋的帐篷，看

杨拯陆（右二）与同学们在校门前留影　　杨拯陆在野外勘探

上去似乎难抵戈壁的狂风巨沙。

1957年，杨拯陆担任了地质勘探队队长。一次野外勘探，因为路途很远，无法回到大本营，只好找一个山洞住下。夜幕降临，洞外传来阵阵狼嚎。杨拯陆让同伴先睡，自己捡了一些树枝将洞口堵住。半夜里，狼嚎声越来越近，她用火柴点燃草把后，扔出洞外，吓退野狼。天亮后，她们洞内洞外观察了一番，恍然大悟，昨夜她们住在了狼洞里。夏天的戈壁酷热难耐，队员们的水常常不够喝。杨拯陆总是把水留给队友，自己的嘴唇却干裂得流血。

一次野外勘探，正前行时发现了一洼浅水，水中浮着许多红色的小虫。杨拯陆见了，不顾水脏，伏下身去就喝了几口。实习队员看到队长渴成这个样子，心里很难受，后悔不该喝队长的水。

将最高的山留给自己去爬，将最远的路留给自己去走，将最艰难的任务留给自己去完成，年纪轻轻的杨拯陆因此深得队友们的拥护和爱戴。

给山川取个温暖的名字

时而烈日灼烤，时而狂风大作，时而野狼出没，野外勘探是个危险工种。先后有多名地质队员牺牲了：113地质勘探队戴健、李月仁；轮台吐格尔明地质勘探队李乃春、杨秀荣；115地质勘探队周正淦等。

杨拯陆得知这些不幸的消息后，经常叮嘱战友：提高警惕，爱护自己；不能因此而产生害怕思想，我们应当以更勇敢的行动来弥补这些损失……

艰苦的工作环境锤炼了她的意志，但丝毫没有减退她对工作对生活的热情，在勘探中，她们给一个个典型的地质构造起了一个个温暖的名字：五彩湾、火烧山、北三台等。后来，随着石油的大规模开发，这些名字被永久地写进了中华人民共和国的地图册！

给每一座山取个温暖的名字，是海子的诗《面朝大海，春暖花开》里的一句。只要心里有春天，即便面对的是茫茫戈壁，也会有诗人一样的情怀。

拯陆背斜

1958年5月底，杨拯陆所在的独山子矿务局106地质勘测队完成了克拉玛依地区1950平方千米的地质详查任务，并撰写了《克拉玛依山区地质总结报告》，明确指出在克拉玛依地区存在生油层，存在储油构造。后来的石油开发建设证明，杨拯陆给出的结论是正确的，可见她们队的地质勘测水平之高。

队长杨拯陆原定在 9 月份举行婚礼。就在此时，她们又接到了三塘湖地区勘测任务。她立即推迟了婚期，告诉男友，她将用新的勘测成果作为新婚贺礼。

1958 年 9 月 25 日，也是那一年中秋节。106 地质勘测队队长杨拯陆给全队五个小组安排好搬迁任务，她和队友张广智搭乘搬迁的车，在距三塘湖约 35 千米的石板墩泉下了车，打算额外再勘测一下。不料天气骤变，狂风夹着暴雨，不一会儿，雨变成了雪，气温由 20℃骤降至 -20℃。整个荒漠都被冰雪冻住了，可杨拯陆和张广智穿的都是单薄的衣服。

第二天，营地的队员们找到了她们冻僵的尸体。从雪地上的印迹判断，张广智先倒在雪地里，杨拯陆拖拽着冻僵的她走了几步。随后倒在距离张广智十几米远的地方。她倒下以后还坚强地向前爬行着，曲张着僵硬的十指，一次又一次地交替着嵌进冰雪中，拖着沉重的身体，向着归队的方向缓缓地前移、前移……

当人们发现她胸前衣服内保存的地质资料完好无损时，都不禁失声恸哭。那样一个雨雪交加的恶劣天气，人都冻死了，资料却保存完好，人们被她献身石油的崇高精神深深震撼。

杨拯陆牺牲了，年仅 22 岁。正如臧克家所写的那样：有的人活着，他已经死了；有的人死了，他还活着。杨拯陆会永远地活在我们的心中，且容颜不老。

她牺牲后，党组织把她勘察过的三塘湖盆地的一个含油地质构造命名为"拯陆背斜"。她心里装的是"祖国的需要""石油事业"，那么也让广袤的戈壁永远记住她吧，记住这个青春永驻的女孩儿！

素材来源 | 独山子石化"独山子在线"公众号

从 13 米山丘到一座城池

CNPC 中国石油　2015 年 11 月 4 日

维吾尔族年轻人赛里木巴依在黑油山附近挖了一个地窖，成为此地第一位长住居民。后来这里发展出一座城市，叫克拉玛依。

位于准噶尔盆地西北边缘的黑油山，经历 2 亿年的历史，只长高了 13 米，这样的高度搭一条钢丝，勇敢的达瓦孜勇士会不屑一顾。一座腿脚还没迈开即可登顶的山，总是轻易地被历史的车轮碾过。

伊犁大都督府的察哈尔马队曾匆匆经过青石峡，距离黑油山不过几百米，搅弄了油池中的油珠，又匆匆赶往精河古尔图的战场展开一场杀戮。土尔扈特亲王帕勒塔出逃阿尔泰的马蹄也曾踏过黑油山，却一路狂奔长满鲜草的吉木萨尔牧地。

20 世纪 90 年代，42 岁的沙皇俄国托木斯克工学院教授费·阿·奥勃鲁契夫在当地向导阿依克孜带领下用皮囊装着黑乎乎的原油送回俄国。

长时间以来，这些来自黑油山沥青丘上的黑油被阿不力孜的爷爷用在去往伊犁的车轴上，被同乡的哈萨克牧羊人用来治羊疥癣，也被一批批商人卖给俄国人或者有钱的迪化（乌鲁木齐）人、西湖（乌苏）人、伊犁人。

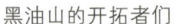

黑油山的开拓者们　　　　黑油山

赛里木巴依则用梭梭搭起了围栏，用黑油浇淋了屋顶，养了一匹青鬃马，一条猎狗。他平日的活动是掏油，用原油在距离六百八十里的省城换来了捕兽夹、粮食和盐。

历经 42 年的光阴，赛里木巴依在黑油山陪伴着荒蛮上的九个油泉，掏油、卖油，打猎，他已白头，阿依克孜则已为老妇。日子波澜不惊，一切就像是为了等候 1954 年那个春天的到来。

1954 年的春天，地质师张恺和苏联人乌瓦洛夫第一次来到准噶尔盆地西北边缘的黑油山。

张凯见到了已经长成络腮胡子的赛里木老人，不久之后，张凯在昏黄的地窖里，编制出黑油山的总体勘探规划方案。这个方案为 50 年后的 21 世纪准噶尔盆地石油产量突破一千万打下了最初的印痕。

1955 年 6 月 14 日，一支由汉族、维吾尔族、哈萨克族等不同民族 36 名青年人组成的独山子矿务局钻井处 1219 钻井队进驻黑油山，这是黑油山迎来的第一支钻井队。

10 月 29 日，克一井出油，11 月 26 日新华社电讯稿用黑油山来称呼这个新油田，"黑油山油田第一口探井钻成。"

克拉玛依在荒蛮之地上屹立了一百年，才抵达黑油山的另一面。

1956 年 9 月，人民日报社论《支援克拉玛依和柴达木油区》发表，维语中表示石油意思的克拉玛依作为地名完全固定下来。

两年后，克拉玛依市正式宣告成立。

克拉玛依只用了三年时间成为一个拥有四万人口的、中国西北的工业重镇。

克拉玛依从黑油山获得了自己的形状，城市中心就是那 13 米高的山丘，地形成斜条状，南北长、东西窄。

黑油山下的一间砖砌的发电站最先点亮这座城市，1 台苏制 50 千瓦的柴油发电机组彻夜发出轰隆隆的响声，从油区响到居民区。

凌晨两点，司机栾伍信在为钻井队送物资的路上迷了路。彼时的克拉玛依修建了一条三级公路：独山子—克拉玛依—乌尔禾—和什托洛盖公路。他回到那辆没汽油的解放牌卡车的驾驶室，右手点燃火柴，警惕着随时可能出没的狼群。

25 岁的燕建铭正在处理刚从小拐和中拐拉回来的水，这些水很浑浊，得先沉淀用纱布过滤后再用。冬天的时候，这位年轻的医生更愿意用雪化的水。燕建铭身边有一个保健箱、一点急救药和常用药，三位 1219 钻井队的受伤工人正等

克拉玛依的钻井　　　　　　　　　　　工人们在建设克拉玛依第一栋楼

克拉玛依的运油车　　　　　　　　　　克拉玛依的雏形：地窝子

待着克拉玛依的第一位医生的包扎。

独山子邮电支局业务员马成荣还没来得及卸下沉甸甸的邮报，就已经在清晨的1219青年钻井队掀起了不小的波澜。马成荣每个月来回两次，带来报刊和信件，回收工人们的回信、汇款单和新的报纸订阅收据。

距离市区东南3.2千米处，2479.6平方米的机场，一架国产运-5型飞机首次起飞，这座由新疆石油管理局投资建成的克拉玛依到乌鲁木齐的航线，每周二、四、六各发一班。

而飞机起飞的那一刻，市中心的两顶帐篷也迎来了最繁忙的时候，这是市里唯一的贸易公司，商品常常被克拉玛依的大风天气吹走。

黑油山附近还有另外一座帐篷，那是克拉玛依矿区的第一所职工业余学校，里面的学员早就已经端坐在简陋的篷内，为新一节课合唱着《克拉玛依之歌》。

手风琴演奏员唐志华则在一个寸草不生的钻井台附近表演了一曲，舞台是用木板随意搭建的。此时，维吾尔族、汉族的工人们纷纷从帐篷里、地窖里走出来，跟着唱出了声：

当年我赶着马群寻找草地
到这里来驻马我瞭望过你
茫茫的戈壁像无边的火海
我赶紧转过脸 向别处走去
啊克拉玛依 我不愿意走进你
你没有草没有水连鸟儿也不飞
啊克拉玛依 我不愿意走进你
你没有歌声没有鲜花没有人迹
啊克拉玛依 你这荒凉的土地
我转过脸向别处去
啊克拉玛依 我离开了你
今年我又赶着马群经过这里
遍野是绿树高楼红旗
密密的油井和无边的工地
我赶紧催着马
向克拉玛依跑去

走了十万八千里，还是错过了

CNPC 中国石油　2015 年 11 月 5 日

　　西汉公务员张骞的公费出访并不顺利，刚过玉门关，他就碰到匈奴骑兵。好在匈奴人十分善待他，为了留住人才不仅好吃好住款待，还给他娶妻。但张骞没有忘记"以郎应募，使月氏"的使命，趁夜色成功出逃，终成开创丝绸之路的壮举，可谓是一段爱与和平的旅程。

　　西出玉门关，经楼兰、龟兹，返程时路过于阗，经河西走廊回长安，仔细看张大使的行进路线，他竟然走过占中国石油储量近半壁江山的石油重镇。遗憾的是，张大使一再错过成为石油富豪的机会。

　　大漠孤烟，荒凉的玉门却是一块富饶之地——它的地下蕴藏着丰富的石油。1939 年开发的玉门油田，画下了中国现代石油工业的第一笔浓墨。抗战期间，玉门油田累计生产原油 25 万多吨，对当时遭石油禁运的中国来说犹如雪中送炭。

　　新中国成立后，玉门建起新中国第一个石油工业基地。20 世纪 50 年代，这里生产的原油占全国的一半，可谓是"一处水源供全国"，铁人王进喜也从这里走出。

　　时过境迁，张骞出使西域途经的楼兰早已成为新疆罗布泊西北岸边的一堆遗迹。罗布泊位于塔里木盆地东部，现在是西气东输管道经过的地方。

　　于阗国也不复存在，现在这里成了人们耳熟能详盛产和田玉的和田，该地区油气田可开采储量达 445 亿立方米。

　　而龟兹国都城延城变成了今天新疆的库车县，属阿克苏地区。位于塔里木盆地西北边缘的阿克苏，境内石油、天然气蕴藏量分别占塔里木盆地探明储量的 84% 和 93% 以上，已探明油气田 74 个，"西气东输"工程气源的 96.32% 均在阿克苏地区。

　　根据全国第二次油气资源评估，让张骞耗尽十多年光阴的西域即今日的新疆，其石油资源约占全国陆上石油资源量的 30%，天然气占全国陆上天然气资源量的 34%。然而，张骞与这一切失之交臂。

如果说张骞凡夫俗子，有眼不识黑石油，就在张骞去世（公元前 114 年）当年，按照吴承恩《西游记》的说法，孙悟空诞生了，并在他 342 岁时大闹天宫，被如来压在五指山下。

500 年后，孙悟空遇到了立志取西经的唐三藏，然后找到另外 2 个合伙人组成了 5 人小团队，最终创业成功。

现实跟神话是有差距的，玄奘（唐三藏的原型）走了与张骞一样的路，也错过了相同的东西——石油。

又过了 500 年，靖康之变金人入汴京，根据金庸《射雕英雄传》的描述，几年后由此得名的郭靖出生。小说中，郭靖年轻时也曾随成吉思汗征战西域，在这里，郭靖与黄蓉重逢，并与西毒欧阳锋斗智斗勇，却看不到脚下石油的黑色，即使欧阳锋把头倒过来。

倒是小说中黄蓉的一段话道出某些宿命："这些珍宝虽无知觉，却是历千百年而不朽。今日我在这里看着它们，将来我身子化为尘土，珍珠宝玉却仍然好好地留在人间。"

1962，中国女合伙人

CNPC 中国石油　2015 年 11 月 6 日

女人创业，在 21 世纪是一件平常事，但在五十多年前，人们几乎不敢想象，更别说是五个带着孩子白手起家的妈妈。

"五两保三餐"，这是大庆石油会战初期一个钻工的粮食定量。当时正值三年自然灾害，全国饥荒。石油工人在前线苦战，他们的爱人为如何让"铁人们"吃上饱饭动起了脑筋。45 岁的薛桂芳和她的四个姐妹，组成"合伙人"，义无反顾离家"创业"，自己开荒种地。

女人创业，在 21 世纪是一件平常事，如今代购和微商已承包了我们的朋友圈。但五十多年前，女人创业，人们几乎不敢想象，更别说是五个带着三个孩子白手起家的妈妈。1962 年 4 月 16 日，薛桂芳、王秀敏、杨学春、丛桂兰、吕以连五姐妹背着行李、扛着铁锹、领着不满四岁的孩子，步行来到离家 15 千米远的"八一新村"开荒种地。

王秀敏（左一）、丛桂荣（左二）、杨晓春（右二）、
吕以连（右一）、薛桂芳（中）

薛桂芳

"八一新村"并不"新"

那时创业不像现在可以找天使投资、拉风投，实在不行还能众筹。五位合伙人来到"八一新村"时，这里仅有钻井队留下的活动房架：四根柱子，没有房顶，也没有墙。五姐妹用一块帆布套在活动房架上搭了一个帐篷，抱干草铺在地上作床。

有了房，有了床，想睡个好觉仍不简单。那时荒原上经常有野狼出没，大家只能把五把铁锹插在门口，轮流守夜。

四月的大庆，天气还很冷，地没有完全化冻，草根又深，挖起来非常费劲。从早上七点干到晚上五点，仅用三天，五姐妹就用铁锹开了五亩地。手上磨出了大大小小的血泡，但没人叫苦叫累。

进入五月，天气渐渐暖和，但其他问题接踵而至。每逢雨天，帐篷外下大雨，屋里下小雨，地铺被浸湿，睡着又潮又闷。蚊虫也开始活跃起来，当时并没有驱蚊物件，而草原上的蚊虫也不同于平原地区，更加凶悍。大人小孩经常浑身是包，痛痒难耐。吃饭同样是难题，没有菜，只能就着水泡子里的碱水吃窝窝头。

创业成功，吸纳"新股东"

虽然条件恶劣，但五姐妹没有一个打退堂鼓。很快，薛桂芳五姐妹在用铁锹"创业"的消息传开了，很多大庆石油会战的工人家属闻风而至。人多了，除了用铁锹挖地，她们还学着用人拉犁，终于赶在春播前开出32亩地，种上了农作物。1962年秋天，收获了一千八百多公斤粮食。

1963年，铁锹生产队扩大到71人，种地92亩，收获粮食1.5万多公斤。团队每人分到粮食两百多公斤，菜300公斤，让家人吃上了饱饭。同时，她们给职工食堂免费提供了两千多公斤蔬菜，有力支援了大庆石油会战。

到1965年底，大庆已有95%以上的职工家属参加了生产劳动。她们不仅生产粮食，还陆续开办了各种作坊、食堂、托儿所、缝衣组、理发店等，遍及矿区各个居民点。

从五把铁锹到万把铁锹，薛桂芳五姐妹铁锹"创业"形成的"五把铁锹闹革命精神"，成为了大庆创业的"六个传家宝"之一。

西方人为何用桶装石油？

CNPC 中国石油   2015 年 11 月 24 日

上个星期，美国能源信息局公布数据，美国全国的商业原油库存增加 30 万桶，增幅低于市场预期。

原油计量以"桶"为单位，在国际上已约定俗成。不过，"桶"是石油输出国组织（OPEC，中文音译为欧佩克）和英美等西方国家常用的原油计量单位，中国及俄罗斯等国则更习惯用"吨"计量。

为什么西方人爱用桶装石油呢？

凯尔特人与"木桶的复兴"

桶，之所以能成为国际油价计量单位，是有故事的，而且距离现在非常久远。

公元前 13 世纪，西欧最古老的土著居民凯尔特人从两河流城（今伊拉克）的人们那里学到了制桶手艺，开始使用木桶作为运输工具，为"木桶的复兴"埋下了伏笔。

进入铁器时代后，一系列发明为木桶锦上添花，比如固定木桶用的铁箍，就是在这时被发明的。如此一来，木桶更结实了，能够承受长距离运输过程中的剧烈颠簸。

再往后，木桶的使用范围更加广泛。大约公元前 700 年的时候，古代高卢人从凯尔特人手里学来了制桶手艺，并将之发扬光大。高卢人用桶盛放的东西五花八门，装水也行，装啤酒也行，甚至小麦、玉米、盐、火药之类的固体也一律入桶。

古代高卢人用桶装生活物资的习惯沿袭下来，西方人用桶装更多的东西，如糖浆、肥皂、黄油、葡萄酒、鲸油等。

当石油被发现时，用啥装？他们第一时间想到的器皿，自然是桶了。

美国人最早用桶装石油

最早用桶装石油的是一个美国人。

1859 年，美国宾夕法尼亚州泰托思维尔镇的居民德雷克非常意外地发现了石油。这位美国人也是误打误撞，他和中国北宋庆历年间的四川人一样，本想挖井找盐巴，却找到了石油。

德雷克共挖了 24 口生产井，1860 年产出原油 9 万吨，1862 年生产了 27 万吨。

这么多石油放哪儿呢？起先，德雷克用一个个啤酒桶分装，用马车拉到河边，装上船沿河运送到各地精炼厂。1865 年，铁路延伸到油田区，德雷克利用火车的平板车台将石油一桶一桶放置运送出去。

德雷克创造了石油与桶不可分割的关系。

一吨油等于多少桶？

不过，因为桶的大小、容积不同，也给石油的买卖双方造成了很大的困扰。对政府而言，也是一个难题，要公告价格与收税没有标准，所以要定一个标准量的桶。

美国是在 1876 年内战前，采取了英国商人和美国商人都能接受的一个标准—— 42 加仑为 1 桶，并且沿用至今。加仑是一种容（体）积单位，分英制加仑和美制加仑。美制 1 加仑等于 3.785 升，英制 1 加仑等于 4.546 升。

那么，对于中国和俄罗斯等习惯了用吨计量原油的国家来说，一吨石油到底是多少桶呢？

其实，吨和桶之间存在较为固定的换算关系：1 吨约等于 7 桶，如果油质较轻（稀），1 吨约等于 7.2 桶或 7.3 桶。

虽然桶已经被西方国家使用了一个多世纪，伴随石油市场进入买家时代，中国已然成为石油进口大国，未来很多石油出口国使用吨为计量单位也说不定。

文 | 邺琰游

"三桶油"的前世今生

CNPC 中国石油 2015 年 12 月 8 日

石油如何被管理一直备受关注。众所周知,目前中国的石油市场主要是"三桶油"的时代。不过,在此之前,中国石油的管理机构经历了一百三十多年的变迁。"一桶油"发生了怎样的合分,才走到今天?

第一个吃螃蟹的人

中国最早采集和利用石油的记载,始于南朝(公元 420 年—公元 589 年)。范晔所著的《后汉书·郡国志》记载有:"县南有山,石出泉水,大如,燃之极明,不可食。县人谓之石漆"。"石漆",当时即指石油,当时的人们使用石油作为润滑油"膏车",还用于照明、用作燃料等。

不过,中国石油工业管理机构的故事却是发生在一千多年以后了。

1877 年,福建巡抚丁日昌、秦呈清开发台湾苗栗出磺坑石油,当时可日产原油 1.5 吨左右。为管理当时苗栗的石油开采工作,1878 年,清政府在台湾苗栗设置矿油局,负责出磺坑油田的钻井采油业务,中国近代石油工业的第一个管理机构诞生。

首任台湾巡抚刘铭传在苗栗地区钻探,先后钻五口井,井深 120 米,仅一口见油气,产量很少。加之晚清政府已自身难保,不重视石油开采,因而苗栗矿油局没有领导中国石油工业。

十九世纪初,美孚、亚细亚等外国石油公司进入中国市场。当时美孚在中国的销售系统遍布中国沿海城市及内陆主要城市,煤油成为家居必需品,销路兴旺。

随着外商在华倾销石油牟取巨额利润,并且石油广泛应用于军事,北洋政府慢慢开始重视石油开采。1914 年,北洋政府在北京设立"筹办全国煤油矿事宜处",统一经营全国的石油。

资源委员会时代

国民政府时期，石油成为人们必需的生活物资，中国人在开门七件事（柴米油盐酱醋茶）之外，增此一件。

1934年，国民党成立资源委员会，经营重工业厂矿，其下辖玉门、台湾等油矿，隶属军事委员会。后又改隶经济部，之后又改隶行政院。到1945年底所辖企业达128个。此外，国民政府还建立了石油勘探处、各大城市设立营业所、石油运输公司等。

抗日战争胜利后，资源委员会将其手中多家重、轻工业进行整合，于1946年6月1日在上海创建中国石油有限公司，其下辖高雄、东北、上海、玉门等油矿和炼油厂。

与此同时，中国石油有限公司在上海、天津等各大城市设立营业所，销售和分配石油产品，并与招商局合组中国油轮公司（后直辖资源委员会），负责运输石油。

1949年，中国石油有限公司迁往台湾，改隶经济部，更名为"台湾中油股份有限公司"。

80后的"三桶油"

1949年10月1日，新中国诞生。建国初期，中国能源行业发展程度低，当时全国人均生活用电不足1千瓦时，居民生活用能以薪柴和燃煤为主，到1952年底，全国原油产量只有43.5万吨。

国家为统一管理能源行业，设立燃料工业部，其下设西北石油管理局、东北石油管理局。

1955年，国民经济得到恢复和发展，对能源的需求迅速膨胀。燃料工业部分拆成煤炭工业部、石油工业部、电力工业部。1970年6月，这三个部又合并成立燃料化学工业部。1978年3月5日，撤销燃料化学工业部，成立石油工业部和化学工业部。

也就是在石油工业部的领导下，1982年2月成立中国海洋石油总公司（CNOOC），全面负责开采海洋石油对外合作业务。

1983年7月，成立中国石油化工总公司（SINOPEC）。1988年9月，石油工业部改组为中国石油天然气总公司（CNPC）。

1998年3月16日，国家将化学工业部、中国石油天然气总公司、中国石油化工总公司的政府职能合并，组建国家石油和化学工业局，"三桶油"实现政企分开。

原属中国石油天然气总公司的八个油田：胜利、中原、江苏、河南、江汉、滇黔桂、安徽和浙江等转移到中国石油化工集团公司。中国石油天然气总公司更名为中国石油天然气集团公司（CNPC）。原属中国石油化工总公司的13座主要炼厂包括大庆、抚顺、辽阳、锦州、锦西、大连、兰州和乌鲁木齐等转移到中国石油天然气集团公司。中国石油化工总公司更名为中国石油化工集团公司（SINOPEC）。

2001年，国家石油和化学工业局被撤销，并改组为中国石油和化学工业协会，负责行业的协调。

伴随着公司股份化进程，行政和企业完全分离成立集团公司走向国际市场。1999年9月，CNOOC成立"中国海洋石油有限公司（香港）"。1999年11月，CNPC成立"中国石油天然气股份有限公司"，随后在纽约、香港股市上市。2000年2月，SINOPEC成立"中国石油化工股份有限公司"。

至此，"三桶油"时代正式形成，并平稳运行至今。

揭秘世界三大石油家族

CNPC 中国石油　2016 年 4 月 29 日

现代的工业体系对于石油的依赖已经达到了不可或缺的地步。这种特殊的地位，在人类开发石油短短 150 年左右的时间里，造就了以石油产业为核心的财富集团，其中很多是家族企业的形式。

他将石油与历史相连

约翰·D·洛克菲勒（1839—1937 年）还在世，他的身价大约可以折合为 2000 亿美元。漫步纽约街头，随处可见洛克菲勒家族过往的辉煌：摩根大通银行、洛克菲勒中心、洛克菲勒基金会、现代艺术博物馆、在生命科学领域位居世界前列的洛克菲勒大学。老洛克菲勒的遗产依然支配着世界石油产业，他本人也堪称今天无所不在、无所不能的西方石油工业的人格化象征。

1859 年美国宾夕法尼亚州的第一口油井——德雷克油井获得了商业性成功，标志着现代石油工业的开始。1870 年，洛克菲勒创办美孚石油公司。很快，他就毫不手软地挤压、吞并建立起自己的帝国。洛克菲勒时期，石油产品价格大幅度下降：汽油的价格从每加仑 88 美分下降到 5 美分。

1911 年 5 月 15 日，美国最高法院判决，依据《谢尔曼反托拉斯法》，美孚石油公司是一个垄断机构，应予拆散。根据这一判决，美孚石油帝国被拆分为约 37 家地区性石油公司。尽管有最高法院的判决，尽管媒体此前早已将洛克菲勒定性为"邪恶的"、为达目的不择手段的垄断资本家，投资者依然热衷地追捧这些"婴儿美孚"的股票，使得拆分后公司的股票市值合起来远远超过原来美孚公司的市值，洛克菲勒家族的财产非但没有减少，反而比从前更多了。

洛克菲勒家族从发迹至今已经绵延 6 代，仍未现颓废和没落的迹象。这与他们的财富观念和从小对子女的教育息息相关。他们的家族崇尚节俭并热衷创造财富。

这两点从洛克菲勒家族的中兴之主劳伦斯·洛克菲勒的一生中体现得尤其充分。

老约翰·D·洛克菲勒唯一的儿子和继承人是小约翰·D·洛克菲勒。小约翰·D·洛克菲勒共有6个子女，姐姐芭布斯最大，其他都是男孩，从大到小分别是约翰、纳尔逊、劳伦斯、温斯罗普和大卫。

童年时期，劳伦斯与年长他两岁的纳尔逊关系最亲密，他们曾一同饲养兔子卖给科学实验室换取零用钱。这样的事情听起来很难和富可敌国的洛克菲勒家族联系起来，但事实的确如此。父亲鼓励劳伦斯等孩子做家务挣钱。劳伦斯和哥哥纳尔逊，分别在7岁和9岁时取得了擦全家皮鞋的特许权，每双皮鞋2分，长筒靴每双1角。

老约翰洛克菲勒曾说，赚钱的能力是上帝赐给洛克菲勒家族的一份礼物。劳伦斯从祖父那里继承了赚钱的天赋，他名下拥有15亿美元的资产，在《福布斯》全球587位亿万富翁中排名第377位。

2004年7月11日，坐拥亿万家财、在美国叱咤风云的劳伦斯·洛克菲勒在睡梦中与世长辞，享年94岁。从约翰·D·洛克菲勒成为美国历史上的第一个10亿富翁到现在已经经历了一个多世纪的洛克菲勒家族，仍在续写着辉煌的历史。

今天的美国，要完全躲避这个家族的影响几乎是不可能的，毫不夸张地说，洛克菲勒家族在过去150年的发展史就是整个美国历史的一个精确的缩影，并且已经成为美国国家精神的杰出代表。

从约翰·D·洛克菲勒成为美国历史上的第一个10亿富翁到现在已经经历了一个多世纪的洛克菲勒家族，仍在续写着辉煌的历史。

石油中练就的权杖

在米兰，有一个经济实力颇为雄厚的工业家族，他们拥有足球，同时控制着一家庞大的石油财团，他们就是对国家的政治经济生活产生重要影响的莫拉蒂家族。

莫拉蒂家族的历史可追溯到19世纪中叶。当时一个名为安杰罗·莫拉蒂的农民，在意大利北部的贝加莫河谷过着悠闲的生活，和老伴相依为命，他们一生中共养育了21个子女，在兄妹中排行第16的阿尔比诺最有出息，聪颖过人，早年就在米兰经营一家药店，生意十分火爆，婚后不久便生下了与祖父同名的儿子安杰罗·莫拉蒂，这是莫拉蒂家族的第三代传人。

幼年的安杰罗心灵手巧，十分能干，14岁便干起了矿物油营销，28岁时年利润首次超过100万意大利里拉，令人刮目相看。在著名企业家恩里科·法尔科的资助下，他购买了一座褐煤矿井，又在南部较为贫穷的西西里买下一座炼油厂，在撒丁岛买下了萨罗琪化工企业，生意越做越大。1963 年，安杰罗创建萨拉斯石油公司，他亲手创建的这家财团如今已成了意大利国内最大的燃料生产大王。

1955 年，安杰罗巨资买下国际米兰足球俱乐部。但国际米兰的真正老板却是他的妻子埃尔米尼亚。莫拉蒂家族中，真正掌权的从来都是女人。球迷们对她也格外尊重，无论她在哪里出现，球迷都会对她报以掌声。这种田园诗般的热恋一直持续到 1968 年国际米兰队脱离莫拉蒂家族为止。在这期间，国际米兰队战绩辉煌，共夺得 3 次全国甲级联赛冠军，2 次欧洲冠军杯冠军，2 次丰田杯冠军，为莫拉蒂家族赢得了荣誉。

很早的时候莫拉蒂家族就开始经营石油与足球这两个毫无关联却都是利润丰厚的产业。

莫拉蒂家族庞大，人丁兴旺。安杰罗与埃尔米尼亚夫妇俩婚后共有 6 个孩子，他们是莫拉蒂家族的第四代，也是目前整个家族的核心人物和"顶梁柱"。而其中事业最成功、声名最显赫的莫过于 65 岁的詹马尔科·莫拉蒂和 56 岁的马西莫·莫拉蒂兄弟俩。

目前莫拉蒂家族控制的萨拉斯财团约有 1500 名员工，营业额达 1.5 万亿里拉。母公司是以炼油为主业的 Saras SpA，下属六个子公司，分别是 Sarlux（发电）、ARCOLA PETROLIFERA（石油产品销售）、SARAS ENERGIA（负责在西班牙销售石油产品）、SARDEOLICA（可再生物资利用）、SARAS RICERCHE E TECNOLOGIE（石化行业环境监测电子设备的生产和销售）、AKHELA（信息技术）。他们以智慧和实力表明，自己将成为影响意大利未来政治经济生活中一支不可忽视的重要力量。

以石油书写地缘政治

沙特是目前世界上唯一的一个以部族名称命名的国家，并实行一种兄终弟及的古老的王位继承体制。在该国的君主体制下，王室拥有和支配全部的石油资源。

以前，王室成员可以凭借滚滚而来的石油美元过着奢华腐败的生活，由于王室成员膨胀太快，石油美元现在已经无法满足很多王子们动辄上百万美元的消费，于是他们开始利用特权搞敲诈勒索。同时，由于人口的急剧膨胀，沙特民众的生活水平却开始下降，该国人均收入从 1981 年的 28600 美元下降到 2001 年的 6800 美元。

在君主体制下，沙特王室拥有和支配全部的石油资源。沙特王室的权力更替是世界政治领域中的一件产生长远影响的大事。原因很简单：在工业化时代，石油地缘政治对全球经济的影响太大了。

简单来说，目前围绕着沙特未来发展前途以及与西方国家关系进行的政治权力斗争的主角有两派：即所谓的亲美派或改革派，以及反美派或保守派。

维持现状，即沙特王朝的亲美改革派将持续掌权并能有效控制国内局势，长期来看，这种可能性不大，美国和沙特的关系基本上不可能再恢复到 20 世纪 80 年代的水平，由于巨大的石油利益，王位继承斗争将极大破坏沙特王室的团结。

根据王朝统治的规律，随着时间的推移，继位国王的道德权威和个人威望有一种边际递减的趋势。这就意味着，沙特以后继任的国王将无法享有其前任国王的那种巨大道德资源，所以维持统治精英内部的团结将变得日益困难。

民主化，即沙特王室主动地对沙特的政权体制进行自由民主式的改造，这样的一种可能性微乎其微。沙特王室自然也知道自己统治基础的薄弱性，所以它将大量的石油美元花在了军队上，也因此成为世界上人均军费开支最高的国家。

不过，沙特军队本身却被保守势力控制着，军队的忠诚度无疑会受到很大的考验。如果沙特政界上层精英分裂，国家也极其可能陷入内乱。由此导致的结果是，沙特的石油基地和运输线将更易受到破坏，并且仅此就足以对世界石油市场产生毁灭性打击。

以一个家族来影响世界，只有绝对君主制国家的统治者才能做到，在今天的世界格局中，绝对君主制的国家体制是要受到极大挑战的。如果沙特王室不能有效地把握国家未来政治局势，那么这个世界最强大的石油家族覆灭的厄运将会到来。而更有冲击力的世界石油危机会接踵而至。对世界经济的影响只能用"灾难性"来形容。

这个繁花似锦的世界的命根就紧紧地攥在有数的几个家庭的手里，让人又惊奇又紧张。但事实并没有看上去那么简单，石油，这种泛着幽光的黑色液体已经远远不是"工业血液"那么简单，而是已经成为人类文明赖以维持的基础。

这一天，解放军有个师放下钢枪

CNPC 中国石油　2016 年 8 月 1 日

21 岁的战士王利智之前从没见过汽车，第一次启动汽车时，心怦怦直跳，他在大广场开着车转圈。那天晚上，他一夜都没睡着。

这一天是 1952 年 8 月 1 日。在解放陕南地区立下赫赫战功的 19 军 57 师全师改编为石油工程第一师，7741 名战士从烽火战场走向石油生产前线。

七千战士放下钢枪

上午 9 时许，57 师接受最后一次检阅后，陕西省军区政治部主任牛书申宣读了毛主席亲自签署的中央军委命令："……我批准中国人民解放军第五十七师转为中国人民解放军石油工程第一师的改编计划，将光荣的祖国经济建设任务赋予你们。你们过去曾是久经锻炼的有高度组织纪律性的战斗队，我相信你们将在生产建设的战线上，成为有熟练技术的建设突击队……"

"宣读完命令后，紧接着宣布三个团的分工，一团学习钻井，二团学习炼油，三团学习开车。我在三团，就地学习驾驶技术。"今年已过八旬的王利智回忆当时的情景说。

张复振是这支队伍的师长。他一生戎马，1925 年参军，参加过北伐、中条山战役等多次战役，经历过西安事变。

1952年结束了27年的军旅生涯的张复振决心扎根玉门油田，除了让妻子到油矿工作，还把远在西安的儿子托人带到玉门油矿，在油矿安家落户。

"高举石油工程第一师旗帜，百万健儿英勇向前……一声令下赴油田。"军歌嘹亮，张复振带领7741名战士放下钢枪，由战场转到"油场"。

"驾校"30人一辆车

和石油师大多数战士一样，李先生参军之前没有机会学习文化知识，斗大的字不识几个。但作为石油工人要掌握石油术语，不识字就无法开展工作。

从战场转业到油田的部队第一条命令就是识字——"全师立即展开学习文化运动，向文化进军"。以前舞枪弄棒的战士拿起笔杆子，从零开始认识天书一般的汉字，认识看不到摸不着的石油地质、钻探技术理论。

最夸张的是，军营能写字的地方都被战士们写满了字，军歌嘹亮的军营一时书声琅琅。57师政委张文彬形容说，战士们把苏联人编写的《油井钻探读本》等专业书都啃碎了。

除了学习文化知识，专业技能也得练。"一团钻，二团炼，三团开车转"，这是当时石油师的流行语。

王利智所在的三团一千多人，教练车本来就少，平均三十多人才能拥有一辆车，理论知识学习后，下课根本找不到实地训练的教练车。

"大家用柳树枝圈个圈，插个木杠，模拟练习开车。"1980年，王利智因安全行驶168万千米无事故被评为全国安全标兵，当年学习的扎实基本功，让王利智受益终身。

在这种近乎苛刻的条件下——累计只有26个学时，三团1285名战士参加了系统培训，1226人一次考取了驾驶执照。

"大白牙""油鬼子"

玉门只是石油师的起点。从20世纪60年代起，玉门油田担负起"三大四出"（大学校、大试验田、大研究所，出产品、出人才、出经验、出技术）的重任，向全国输送石油人才。

从玉门到克拉玛依，从青海到四川，石油师人转战在大江南北。

"我们的战友，有的到了胜利油田后，还去青海油田支援过会战；从青海回来，又去了河北的任丘油田。中国所有的油田，都有我们石油师的战友。"石油师老兵尚全章回忆说。

石油师人手拉肩扛搬运设备

以大庆石油会战为例，那时物资保障困难，战天斗地的石油师经常食不果腹，忍着饥饿参加大会战。

"我的爸爸在大庆住过泥坯房，冬天零下40多摄氏度，在房中生个土炉子，因没有足够的柴火，就烧原油。原油燃烧黑烟四起，一早起来，屋里的人的脸都被熏黑了，只见两只眼睛咕噜咕噜在动，一张嘴露出'大白牙'，'油鬼子'由此得名。更糟糕的是吃不饱，忍着饥饿打会战，1959年正值三年大饥荒，高粱碴子、土豆都不够吃，一时间全队都胖了，其实是身体浮肿，身上一摁一个坑儿。"一位石油师老战士的女儿这样讲述到。

彼时的大庆，像这样的专业军人有3万人，其中就包括了大多数石油师人。

永不磨灭的番号

1956年鉴于解放军的建制序列已不存在，57师党委向总参报告，经批准撤销了部队番号。但正如朱德评价这支队伍时所说的那样，"石油师变成了一支掌握现代技术的解放军……很好地保持了解放军的优良传统，起到了改造客观世界的主体动力作用。"

毫不夸张，石油师所代表的军人组成了新中国石油工业建设的主力军，而他们也在某种程度上决定了石油工人的基因，从这个意义上说，57师的番号永不磨灭。

素材来源｜中国石油网

一张图记清楚中国各大油田年龄

CNPC 中国石油　2016 年 10 月 8 日

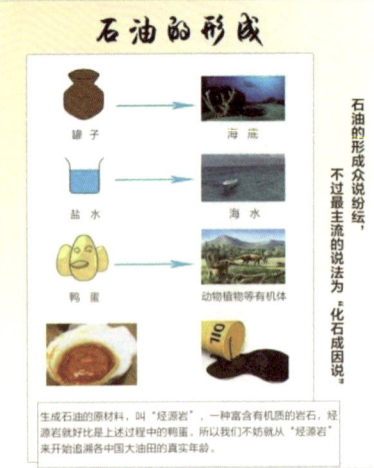

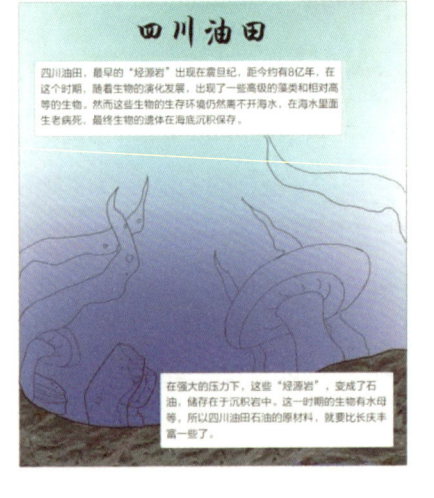

塔里木油田

塔里木油田最早的"烃源岩"出现在奥陶纪，距今约有5.1亿年。在这一时期，海洋范围比较大，海生无脊柱动物真正达到繁盛时期。

这一时期的代表生物是三叶虫，但是在这个时期，仍然没有任何生物可以生活在陆地上。所以塔里木油田出产的石油，仍旧是一股海鲜味儿。

青海、玉门、吐哈油田

青海油田、玉门油田和吐哈油田最早的"烃源岩"是出现在侏罗纪，距今约有2.08亿年。在这一时期是恐龙的鼎盛时期，并开始迅速的成为地球的统治者。翼龙类生物是统治着侏罗纪天空的王者，最著名的始祖鸟就出现在侏罗纪时期。

这一时期的代表生物是恐龙，所以如果发现青海油田、玉门油田和吐哈油田出产的石油有骨头汤味，请不要惊讶。

江汉油田

江汉油田最早"烃源岩"出现在志留纪，距今约有4.39亿年。志留纪的生物面貌与奥陶纪相比，有了进一步的发展和变化。

在这个时期，陆生植物中的蕨藓植物首次出现。植物终于可以从水中走出，开始向陆地发展，标志着生物摆脱海洋走向陆地。江汉油田出产的石油，终于有了陆地的气息。

大庆、吉林油田

大庆油田和吉林油田最早的"烃源岩"是出现在白垩纪，距今约有1.35亿年。白垩纪恐龙种类达到极盛，然而在白垩纪末，地球上又一次经历了重大的灭绝事件，有一半以上的植物和陆生动物不知道跑哪里去了，大量爬行动物灰飞烟灭，恐龙完全被干掉。

称雄一时的爬行动物至此一蹶不振，退出历史舞台，自此之后再也找不到有恐龙骨头汤味的石油了。

新疆油田

新疆油田最早"烃源岩"出现在二叠纪，距今约有2.9亿年。脊椎动物在二叠纪发展到了一个新阶段，地球终于由无脊柱动物进入到有脊椎动物占主导地位的时期。

在经历了漫长的演化之后，鱼类成为当时的霸主，所以说新疆油田的石油，宛如一碗"鱼汤"。

辽河、大港、胜利油田

辽河油田、大港油田和胜利油田等油田最早的"烃源岩"出现在新生代，距今约有0.65亿年。这一时期的生物与之前的生物面貌迥异，标志着"现代生物时代"的来临。

这一时期的生物在海陆空方面全面发展，被子植物极度繁盛。植被带分化日趋明显，哺乳动物、鸟类、真骨鱼和昆虫一起主宰着地球，所以辽河、大港、胜利油田这三家的石油，口味绝对是最新鲜、也最丰富的。

制图 | 张帅

老君庙不老

CNPC 中国石油　2019 年 8 月 30 日

　　从前有座山，山里有个庙，庙里有个老和尚，给小和尚讲故事。故事讲的是：从前有座山，山里有个庙……歌谣循环往复，放现在也是红遍街头的民谣。

　　在中国石油的大家庭里，打过交道的山有很多很多座：龙泉山、库车山、黄瓜山、秋里塔格山……但是庙，却只有一座。那就是玉门油田的老君庙。

　　玉门油田老君庙坐落在玉门老市区南端，最早建于清同治二年（1863 年）。据史籍记载，古玉门县东六十里的山中出产黄金，赤金堡一带的乡民有很多常去祁连山中采金，他们往来于石油河一带，发现石油河中也有金砂，一些人遂在石油河畔淘金。由于此地远离村镇，淘金人只好在石油河谷和峭壁上挖掘洞窟栖身。他们在恶劣的自然环境中忍饥挨饿，终年劳作，还要受到官府豪绅的掠夺。为了祈求神灵的"保佑"，清同治二年，淘金人集资修建了一座占地 15 平方米的庙。庙内供奉着"太上老君"和"土地""山神"的塑像各一尊，常有淘金人到像前烧香叩头，祈祷还愿。

　　淘金人在淘金过程中，发现从河谷两岸峭壁的缝隙中渗出的石油可以照明取暖、润滑车轴，一些人遂以采集石油为生。

这是目前资料中最早的老君庙影像　　玉门油矿航拍

他们在老君庙下的悬崖底部挖掘出形如锅状的油泉，待坑内油渗满后，用瓢将水面上的油撇到桶内，待储存到一定数量后，运往外地销售。至民国初期，老君庙一带的石油开采已发展为合股经营，共有大小油泉41个，出油较多的有15个。

　　8月11日，采用现代技术开采的中国第一口油井在此出油，中国从此甩掉了"无油国"的帽子。解放前的10年间，玉门石油产量占当时全国总产量的90%以上，奠定了中国石油工业的基础。

　　1946年6月，隶属于经济部资源委员会的中国石油公司在上海成立。1947年7月，邀美孚、得士古、亚细亚石油公司组成甘青联合调查团，对甘肃、青海进行调查，在玉门至高台进行地球物理勘探。

　　从航拍图中，我们能够看见密密麻麻的窑洞，那是曾经淘金人留下的住所。王进喜和他的工友曾在此居住，条件十分艰苦。

　　老君庙油田是我国第一个采用现代技术开发的油田，被誉为"中国现代石油工业第一矿"。在老君庙油田开发的豪迈历程之中，一代又一代石油人艰苦奋斗，在石油河畔，留下了无数动人的篇章，造就了大批技术人才。

1980年，玉门石油管理局为纪念玉门油田发现和开发，重建了老君庙，并在老君庙前原玉门油田第一井的钻凿处安装了抽油机，铭刻了"老一井"的碑文。老君庙和老一井现由玉门油田分公司老君庙采油厂管理。

老君庙不老，玉门不老

1995年，老君庙油田旧址被中共甘肃省委定为"甘肃省爱国主义教育基地"。2004年，国家旅游局已经把玉门油田命名为"全国工业旅游示范点"，老君庙油田展览室被定为中国石油天然气集团公司"企业精神教育基地"。2019年，玉门油田开发80年，油田对老君庙再次进行修葺。

老君庙，见证了中国石油工业的诞生，来玉门油田参观访问的宾客，大都要到此一游。如今我们看到的是老君庙焕然一新的样子，油彩鲜艳、洁净整齐，有不少游客乘大巴前来，一睹这座庙宇的风采。特别是参加过玉门油田早期开发建设的"老玉门"回来时，总要到这个玉门油田的发祥地进行"朝圣"，追忆创业之初的艰难历程。

随着几部影视剧先后在玉门老市区拍摄，这里再次引起了人们的关注。

老市区依托独有的资源优势，积极打造以红色、石油、年代剧为主题的影视拍摄基地，进一步提升对外知名度和影响力。取景于玉门市老城区的公路电影《未择之路》，讲述了茫茫戈壁滩上，负债累累的二勇带着来历不明的孩子踏上了"追妻之路"。玉门市老城区的风貌首次以公路片的艺术风格登上电影荧幕。

40集电视连续剧《共和国血脉》在玉门取景拍摄，为了打破帝国主义的经济封锁，正在陕南剿匪的西北军区某部近万人，奉毛主席之令，在汉中就地改编，踏上为共和国寻找"血脉"之路。

玉门在本剧中采用实景拍摄，玉门的很多小伙伴得到了参与体验拍摄的机会。此外，《查理九世》《玉门》等也都在玉门老城区取景。"来旅游还是拍片？"成了玉门人和游客聊天的开场白。

铁人故里、石油摇篮……玉门油田还会焕发勃勃生机！

部分素材来源｜玉门在线 搜狐新闻 南方人物周刊
部分图片来源｜玉门油田党委宣传部　文｜夏姜

中国石油新媒体矩阵

官方微信公众号

中国石油	中国石油微门户	海外油气合作	中国石油国际事业	大庆油田
辽油小微	中国石油辽河油田	长庆油田	中国石油塔里木油田	新疆油田
西油记	吉林油田	微观油城	港油灵通	青海油田
华北油田时空	吐哈油田	冀东油田	石油摇篮	中国石油浙江油田公司
中石油煤层气公司	南方勘探	储气库公司	大庆石化	美丽吉化
中国石油抚顺石化	抚顺石化人	中国石油辽阳石化	微美石化	独山子在线官微
乌石化在线	宁夏石化	中国石油大连石化公司	大连西太平洋石油化工有限公司	中石油锦州石化微平台

官方微信公众号

中国石油锦西石化	中国石油大庆炼化	哈尔滨石化	中国石油广西石化公司	中国石油四川石化
中国石油广东石化	中国石油云南石化	大港石化心力量	中国石油华北石化	中国石油呼和浩特石化公司
辽河石化	长庆石化员工微平台	克石化	庆阳石化员工微平台	中石油燃料油有限责任公司
昆仑润滑	昆仑润滑 Kunlun	中油东北化工销售	中国石油西北化工销售公司	华北化工销售
华东化工销售	中国石油华南化工销售公司	中国石油西南化工销售公司	中油好客 e 站	东北销售
石油金桥	中国石油四川销售分公司	中油优途	油惠辽宁	辽宁石油之声
好客广东	岭南油微	中国石油内蒙古销售公司	中石油新疆销售	好客新疆

官方微信公众号

中国石油陕西销售公司	中国石油甘肃销售公司	中国石油山东销售	中国石油江苏好客e站	中油苏声
中国石油河北销售公司	中国石油北京销售	中石油上海加油站	中国石油黑龙江销售公司	中国石油吉林销售
中国石油河南销售公司	中原宝石花	中国石油云南销售公司	中国石油重庆销售公司	中国石油湖北销售
畅油荆楚	中国石油广西销售	中国石油浙江销售分公司	浙里油微	中国石油安徽销售
中油徽韵	中石油福建	加油在线	中国石油湖南销售分公司	中国石油宁夏销售公司
塞上中油人	中国石油贵州销售公司	中国石油山西销售公司	加油微驿站	中国石油青海销售分公司
中油赣之声	团聚津销	中国石油天津销售公司	中国石油西藏销售分公司	中国石油海南销售有限公司

官方微信公众号

昆仑能源	微美北方	紫气东来和合共赢	南方正气	西部钻探
中国石油长城钻探	中国石油渤海钻探	今日川庆	东方地球物理公司	中国石油测井
中国石油海洋工程	中国石油天然气管道局有限公司	中油工程建设	寰球工程	中国昆仑工程有限公司
中油工程项目管理公司	中国石油技术开发有限公司	渤海装备	宝石机械	石油钢管
济柴动力	中油财务工会	昆仑银行	昆仑信托	昆仑信托金融理财中心服务号
昆仑金融租赁	中石油专属财产保险股份有限公司	石油大院 RIPED	石油规划设计	炼化科技动态
国际石油经济	国际油价观察	油气经纬	中石油工程院	石油绿苑

官方微信公众号

| 石油管工程技术研究院 | 车轮滚滚青春行 | 中国华油集团有限公司 | 北京石油管理干部学院 | 中国石油报 |

| 中国石油审计 | 石油工业出版社 | 中国石油物资采购中心 | 广州石油培训中心 |

官方微博

中国石油	3-7zhongyougongcheng_426	大庆油田	辽河油田	长庆油田
塔里木油田	新疆油田公司	中国石油西南油气田公司	吉林油田	大港油田公司
青海油田	华北油田公司	吐哈油田	冀东油田发布	石油摇篮
浙江油田公司	中石油煤层气公司	南方勘探	中国石油大庆石化公司	吉林石化公司
抚顺石化人	中国石油辽阳石化	中国石油兰州石化公司	独山子在线	乌鲁木齐石化公司
中国石油宁夏石化公司	大连石化公司	大连西太平洋石化官微	中石油锦州石化微平台	中国石油锦西石化
大庆炼化	哈尔滨石化	中国石油广西石化公司	中国石油四川石化有限责任公司	中国石油广东石化

官方微博

中石油云南石化有限公司	中国石油大港石化公司	中国石油华北石化公司	辽河石化	长庆石化
克拉玛依石化公司	庆阳石化公司	中石油燃料油有限责任公司	昆仑润滑	中油东北化工销售
中国石油西北化工销售公司	华北化工销售公司	中国石油华南化工销售公司	中国石油西南化工销售公司	中国石油东北销售
石油金桥	中国石油四川销售公司	中国石油广东销售公司	中国石油内蒙古销售公司	中石油陕西销售
中国石油甘肃销售公司	中国石油山东销售	中国石油河北销售分公司	中国石油北京销售公司	中石油上海销售公司
中国石油吉林销售公司	中石油云南销售	渝人车生活	畅油荆楚	中国石油广西销售公司
中石油浙江销售公司	中油徽韵	加油在线	中石油湖南销售分公司	中石油宁夏销售公司

官方微博

中国石油贵州销售公司	中石油青海销售	中油赣之声	中石油海南销售有限公司	昆仑能源	
中石油天然气销售东部公司	中国石油天然气销售南分分公司	西部钻探公司	长城钻探	东方物探	
中国石油管道局	中国寰球工程有限公司	渤海装备	宝石机械	宝鸡钢管	
中国石油济柴动力	昆仑银行	昆仑金融租赁	中石油专属财产保险股份有限公司	中石油工程院	
中国华油集团有限公司	中国石油报	石油工业出版社有限公司	中石油审计服务中心	中国石油物资采购中心	

官方抖音

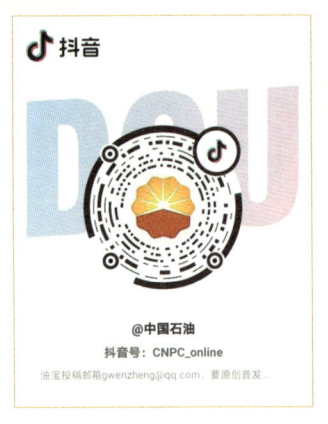

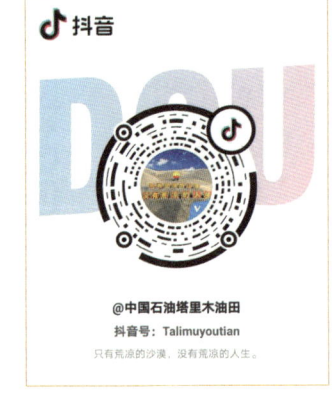

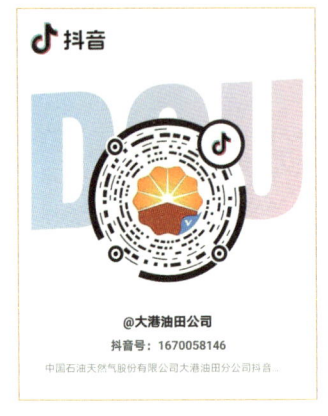

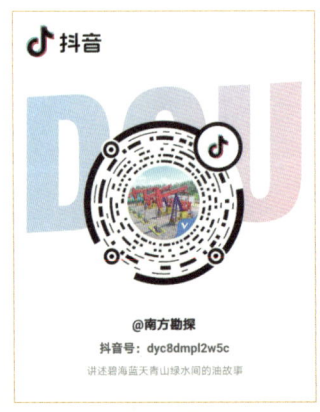

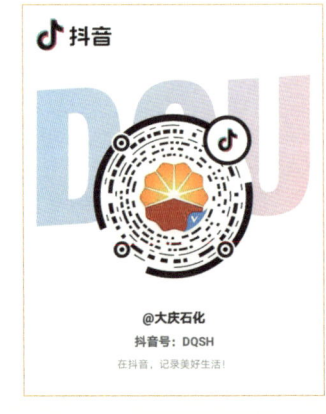

抖音	抖音	抖音
@中国石油	@大庆油田	@中国石油辽河油田
抖音号：CNPC_online	抖音号：CNPC_DaQing	抖音号：LHYT_online
油宝投稿邮箱gwenzheng@qq.com，要原创首发。	短视频征集邮箱dqytfb@126.c...	真实 新鲜 多元 有趣的辽河石油人...

抖音	抖音	抖音
@中国石油长庆油田	@中国石油塔里木油田	@中国石油新疆油田
抖音号：PCOC	抖音号：Talimuyoutian	抖音号：xjyt
在抖音，记录美好生活！	只有荒凉的沙漠，没有荒凉的人生。	在抖音，记录美好生活！

抖音	抖音	抖音
@大港油田公司	@青海油田	@中国石油华北油田
抖音号：1670058146	抖音号：CNPC_qhyt	抖音号：Cnpc_HuaBei
中国石油天然气股份有限公司大港油田分公司抖音。	运营者：青海油田新闻中心	在抖音，记录美好生活！

抖音	抖音	抖音
@中国石油浙江油田公司	@南方勘探	@大庆石化
抖音号：2159236017	抖音号：dyc8dmpl2w5c	抖音号：DQSH
在抖音，记录美好生活！	讲述碧海蓝天青山绿水间的油故事	在抖音，记录美好生活！

官方抖音

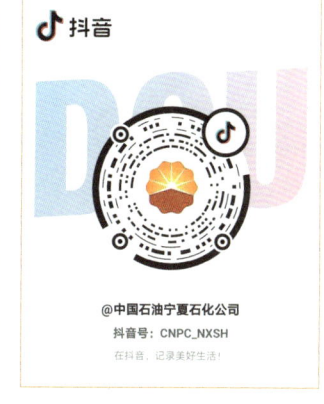

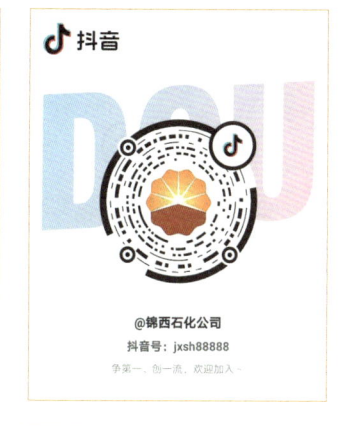

@中国石油抚顺石化公司
抖音号：281895307
这里汇聚抚顺石化员工原创的作品一等您来！❤作...

@中国石油辽阳石化
抖音号：CNPC0419
中国石油辽阳石化公司

@微美兰州石化
抖音号：lzwmsh
讲述兰州石化人自己的故事...

@独山子在线
抖音号：dsznews
独山子——中国石油发祥地，西部大型石化城，天...

@乌石化在线
抖音号：UPC_online
在抖音，记录美好生活！

@中国石油宁夏石化公司
抖音号：CNPC_NXSH
在抖音，记录美好生活！

@中国石油大连石化分公司
抖音号：dalianshihua
展示大石化人的快乐生活

@中国石油锦州石化
抖音号：cnpc_jzsh
以技术为支撑 打造精品炼厂

@锦西石化公司
抖音号：jxsh88888
争第一、创一流、欢迎加入

@中国石油大庆炼化
抖音号：CNPC_DQLH
谢谢关注

@中国石油天然气股份有限公司广西石化分公司
抖音号：CNPC_GXPC
用不同的视角，去看当代的石油人。

@中石油云南石化
抖音号：946766487
在抖音，记录美好生活！

官方抖音

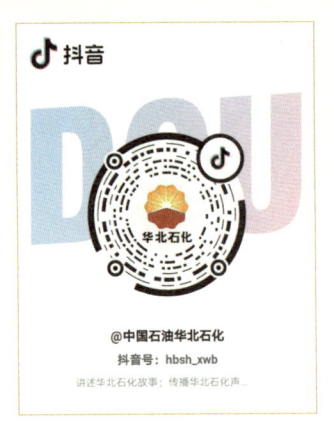

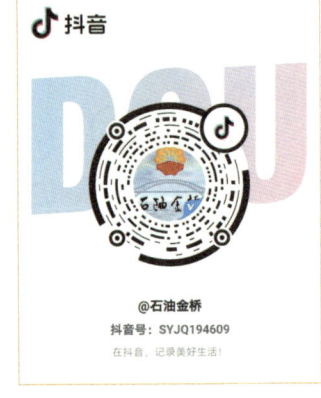

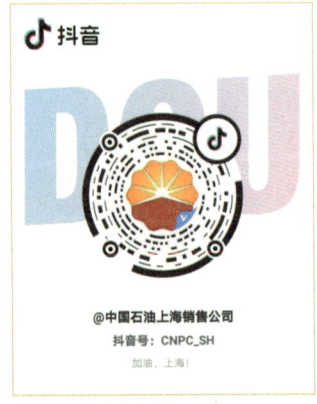

抖音	抖音	抖音
@中国石油华北石化	@长庆石化	@昆仑润滑
抖音号：hbsh_xwb	抖音号：2163670250	抖音号：kunlunlube
讲述华北石化故事，传播华北石化声...	讲述石油人自己的故事	欢迎投稿kunlunrunhua@qq.com，我们等你哦！

抖音	抖音	抖音
@东北销售	@石油金桥	@中国石油四川销售分公司
抖音号：363997184	抖音号：SYJQ194609	抖音号：CNPC_SCXS
抖壳逗豆♫	在抖音，记录美好生活！	快乐加油，快乐生活

抖音	抖音	抖音
@辽宁石油之声	@中国石油广东销售公司	@中国石油内蒙古销售公司
抖音号：CNPC_LNXS	抖音号：1267201186	抖音号：ZGSYNMGXSGS
奉献能源 创造和谐	在抖音，记录美好生活！	在抖音，记录美好生活！

抖音	抖音	抖音
@中国石油陕西销售公司	@中国石油上海销售公司	@中国石油吉林销售公司
抖音号：1976595694	抖音号：CNPC_SH	抖音号：CNPC_JLXS
奉献能源 创造和谐	加油，上海！	中国石油吉林销售...

官方抖音

抖音	抖音	抖音
@中国石油河南销售分公司	@中国石油云南销售分公司	@中国石油重庆销售分公司
抖音号：CNPC_hnxs	抖音号：2199348523	抖音号：602460989
在抖音，记录美好生活！	各位油友，投稿请联系各分公司党群部人员	在抖音，记录美好生活！

抖音	抖音	抖音
@中国石油广西销售公司	@中国石油浙江销售公司	@中油徽韵
抖音号：zgsygxxs	抖音号：CNPC_ZJ	抖音号：774233040
投稿邮箱969728491@qq.com	今天也要加油鸭	在抖音，记录美好生活！

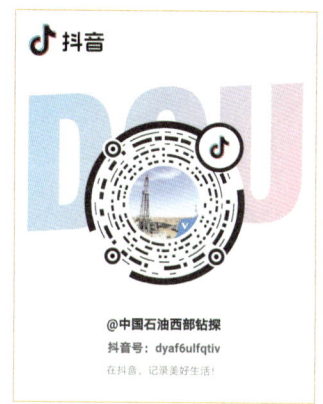

抖音	抖音	抖音
@中国石油江西销售分公司	@中国石油西部钻探	@中国石油管道局工程有限公司
抖音号：zgsyjxxs	抖音号：dyaf6ulfqtiv	抖音号：CNPC_CPP
欢迎大家踊跃投稿…	在抖音，记录美好生活！	投稿邮箱：cnpc_cpp@qq.com

抖音	抖音	抖音
@中国石油宝石机械	@宝鸡石油钢管	@中国石油报
抖音号：BOMCO	抖音号：baojishiyoug	抖音号：zgsyb
宝鸡石油机械有限责任公司官方抖音	在抖音，记录美好生活！	来，跟石油人一起抖起来

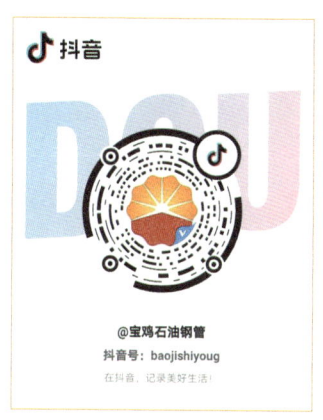

官方抖音

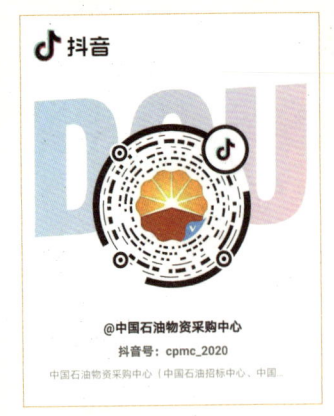

抖音
@中国石油物资采购中心
抖音号：cpmc_2020
中国石油物资采购中心（中国石油招标中心、中国...